現代資本主義の終焉とアメリカ民主主義
―― アソシエーション，プラグマティズム，左翼社会運動 ――

永井 務 著

The End of Contemporary Capitalism

and

the American Democracy

創風社

はじめに

　1880～1940年代，巨大企業が支配する経済の独占資本主義化，集権的産業組織（フォーディズム）の導入による高度産業化が進むなか，労働者階級の搾取と広く市民のアソシエーション（association）の蚕食に抗して、社会主義労働運動や左翼改良主義，プラグマティズムが登場した。第二次大戦後アメリカは，対外的には圧倒的な経済力・軍事力・文化力によって〈帝国〉アメリカ（＝パックス・アメリカーナ）を確立し，対内的には国民国家（nation-state）の枠内でフォーディズムのフル稼働による経済成長とその成果の一部を労働者など広く国民へ還元することで中間階層を増大する協調的福祉資本主義（Offe 1984: 292-96，後期資本主義，リベラリズム）を確立した。1960年代の青年運動や対抗文化運動（総称としてのニューレフト運動）は，集権的産業組織（フォーディズム）と協調的福祉資本主義による管理強化とそれを支える近代化（modernization）文化に対する異議申し立てであった。

　〈帝国〉アメリカの寄生性・腐朽性に甘えて実体経済の経済成長が不可能になり，貿易赤字・財政赤字に耐えきれなくなった事態を示すニクソン・ショック（1971）を境に，〈利潤の極大化〉を求める財界と経済エリート層（Establishment）は，とりわけレーガン政権以降（1981～）利潤率低下・資本蓄積減少に対応するために「市場」（market）の調整力を重視する新古典派経済学とその極右に位置する新自由主義（マネタリズム）を選択し，協調的福祉資本主義を捨てた。さらに，金融領域に新たな利潤極大化を求めて，銀行・証券会社分離法に代えて銀行による証券業務を認めるグラム＝リーチ＝ブライリー法を可決（1999）した。ドルが通貨基軸である「信用」に仮託して，実体経済・金の裏付けのないドル紙幣や国債券を増刷し，金融派生商品を売り出し，旧来の国内市場に加えて東欧社会主義国の崩壊によって広がった世界の市場からも「財」（goods）を収奪する金融資本主義（それら総称としての反リベラリズム）を確立した。しかし，リーマン・ショック（2008）は，その「信用」が虚構であること暴露した。

　この間，財界と経済エリート層は，対外的には，多国籍企業と巨大金融企業を軸に，国民国家の枠組みを越えるグローバリゼーション（globalization）を御

旗に掲げて，世界の財を収奪し，またドルのアメリカへの還流を追求してきた。対内的にも，それら巨大企業が実体経済と金融経済を支配し，果実の多くを超富裕層・富裕層が食し，国民の多くは滴り（trickle down）に与かれず，人口の多数を占める中間層と下層は生活に苦しむ，という社会分裂・超格差社会が進んだ。その結果，アメリカ民主主義の基盤である国民国家（community・association）の枠組が崩壊しつつあり，その担い手である市民も混迷を深めている。

他方，左翼改良主義・労働運動・リベラリズム・ニューレフト運動の伝統に連なりながら，新自由主義と集権的産業組織の機能不全（ポスト・フォーディズム）の下で，1970年代終わり頃からフランクフルト学派第2世代の「コミュニケーション論」の議会闘争主義をより積極的に止揚すべく，「市民社会をいっそう民主化するプロジェクト」（Arato and Cohen［1988］1992=1997:51）を通して「生活の質」（Hirsch1983:75-87，D'Anieri et al 1990:445-58）向上をめざす「新しい社会運動」が登場した。

また，実質賃金の低下，労働条件の改悪，福祉費削減などに苦しむ労働者は1990年初頭から反NAFTAなど再び労働運動を活発化し，中間層や若者も2010年頃から金融資本主義の総本山「ウォール街を占拠せよ」に見られるように抗議行動を組織してきた。

前書『アメリカ知識人』（2006）と本書『現代資本主義の終焉とアメリカ民主主義』に先立つきわめて優れた研究として高橋徹（1926～2004）の『現代アメリカ知識人論——文化社会学のために』がある（高橋1987a）。

高橋は，まず1950年代後半から1970年代初頭のニューレフト運動を取り上げ，それらが「新しい社会運動」（反核・平和運動，エコロジー運動，差別反対運動，都市社会運動，新宗教運動，フェミニズム運動など）に先立つ創始的モデルであったと位置づけ，次いで，両運動がともに後期資本主義国家あるいは「協調主義的福祉資本主義国家」における「ポスト・ブルジョア市民社会」の道筋を探ったものと定義する（高橋1987a:4）[1]。

副題の「文化社会学のために」は，従来の社会運動論における「構造主義」モデルと「主意主義」モデルとの統合を，つまり両モデルの統合を目指した「自己反省社会学」「ラディカル社会学」（Gouldner 1970）を踏まえながら，「ポスト・ブルジョア市民社会」に向かうにあたって「体制変革にはアイデンティテ

ィ変革」が不可欠である，という高橋の思いを示している。というのも彼は，「システムによる生活世界の植民地化」（Habermas 1981=1985-7）によって人びとは疎外されおり，その結果「緩慢な，だが確実な人間の死に通ずる」（高橋 1987a:6）という実存的疼きを感じているからである。

　筆者は，詳細は第2章以降で論ずるが，以下に述べる9つの視点を付け加え，高橋の考察を深め前に進めたいと考えている。
　第1に，市民社会やアメリカ建国期コミュニティー・アソシエーションの崩壊にたいする憂慮から1890代に誕生した西欧における経験批判論や現象学とアメリカ・プラグマティズムとの関連性に，また，第一次大戦後の1920〜1950年代前半のアメリカ社会に言及すること。
　第2に，ニューレフト社会運動から「新しい社会運動」の「ポスト・ブルジョア市民社会」構想も，初期資本主義とアソシエーションが成立した「近代」の地平に位置している，という世界観を筆者は採っていること。L. ゴルドマン（Lucien Goldmann, 1913〜1970）が『隠れたる神』（1955）で論じたように，その「近代」とは，普遍的共同体価値や超越的神の顕在を前提できた古代や中世とは異なり，普遍的価値や超越的神への追求は挫折を運命づけられながら，それでも反省する理性によって普遍的共同体の構築やそれらを追求せざるを得ない時代である。
　第3に，ニューレフト社会運動に参加した青年達と「新しい社会運動」に参加しているより広汎な市民が，第1，第2と重なるが，その近代の「悲劇的世界観」と共鳴するプラグマティズム哲学を自らの母胎としていること。
　生涯を通じて戦後日本社会の民主化を願った田中清助（1923〜1995）は先駆的なアソシエーション論を書き（田中 1967:2-21），久野収（1901〜1999）はプラグマティスト C. H. クーリー（Charles H. Cooley, 1864〜1929）社会学に注目し，〈市民〉の再生をめざすクーリーの「第一次集団」（primary-group）や世界宗教におけるヒューマン・ブラザー＝シスターフッド（human-brother=sisterhood）の大切さを強調した（久野 2000:20-36）。またドレフス事件における知識人の役割の解明を生涯の仕事とした稲葉三千男（1927〜2002）も，プラグマティスト G. H. ミード（George H. Mead, 1863〜1931）の『精神・自我・社会』（1934）を翻訳し，ミードに関する諸論文を著した（稲葉［1973］1992:260-346）。というのもミードが，アメリカ建国期アソシエーションの〈個―社会〉や〈市民―

国家〉を〈主我（I）－客我（Me））と捉え直し、反省を核とする〈主我〉が，他者や社会に積極的にかかわり，諸問題に直面して自己を再構成しつつ，諸問題解決のために他者とともに社会を再構成する，そういう絶えざる他者との対話（コミュニケーション）や協同による民主主義的改良の枠組みを提案していたからである。

上記の社会運動を担った青年たちだけでなく，今日の左翼を代表するN.チョムスキー（Noam Chomsky, 1928～）へつづくアメリカ左翼知識人も，対話と民主主義を大事とするプラグマティズム的良識を母胎としている。その脈絡を「第3章 アソシエーション，プラグマティズム，現象学的マルクス主義，新しい社会運動」で明らかにしたい。

第4に，アメリカ・プラグマティズム哲学とドイツ・フランクフルト学派第二世代のJ.ハーバーマス（Jürgen Habermas, 1929～）批判理論が掲げるカント的「自律人間」や「合理的コミュニケーション論」が軌を一にしていること。

第5に，「体制変革にはアイデンティティ変革」が不可欠であるという高橋の実存的思いを受け継ぎながら，アンデンティティ変革にかかわって，後期資本主義に強く現れている社会現象としてのヒトのモノ化（物象化）にかかわる精神医学の知見を筆者は重視し，近代の「自律的人間」を理解するさいの基本的見方としていること。

精神科医でフランス・マルクス主義社会学者J.ガベル（Joseph Gabel, 1929～）は『虚偽意識：物象化と分裂病の社会学』（Gabel 1962）を上梓した。きわめて簡単に要約すれば，人びとが生活する「世界」が主体と客体の統一から成っているように，正常な人格や意識も主体（＝質的時間・「生」）と客体（＝空間的時間・「物象化」）の弁証法的均衡からなり，過剰な物象化（過去の過剰な現在支配）は，あたかも「祭のあと」のように，すべてが終わったという保守的な鬱的精神症状をうながし，逆に，過剰な物象化に反発するあまりの生の渇望は，あたかも「祭を待つ」ように，今に静かに停まれず未来の兆候に賭ける焦燥感にかられる統合失調（分裂病）的精神症状をうながす，というものである。体制変革とアイデンティティ変革にかんして筆者は，「生」と「疎外・物象化」の間には弁証法的均衡が必要である，とみる準拠枠を採っている（木村1982:永井1991:3-56)[2]。

第6に，プラグマティズム哲学やフランクフルト学派哲学（第一世代と第二世代を問わず）は，近代啓蒙哲学の自律的人間（時間－空間の弁証法的均衡が

なされている人間）を理念にしているが、1980年代の言語論を核とするフランス脱構造主義は、そうした近代の自律的主体像への挑戦であり、両陣営の間に論争がおきた、その熾烈な論争を考察すること。

筆者は、脱構造主義的人間論に対しては、正常な人格や意識の時間－空間の弁証法的均衡という知見を応用した『ハイデガーとルカーチ』（Goldmann 1973）に拠って、また、脱構造主義の言語論にかんしては後期ヴィトゲンシュタインの語用論的（pragmatics）言語論の知見に拠って論じる（Whitebook 1993=2000: 289-9）。

第7に、両陣営の言語・人間論の論争を踏まえた、1990年代のフェミニズム論争に留意すること。「新しい社会運動」の一翼を担ってきたフェミニストは、近代の自律的な理性的主体とは、自然科学・空間的認識に優れた男をモデルとする人間像であって、女はそこから排除されてきたのではないか、と異議申し立てしてきたからである。先のコーエンは「ポスト・ブルジョア市民社会」と並んで「ポスト・家父長的市民社会」（Cohen 1985）を提案している。

第8に、後期資本主義国家における大衆社会化のなかで脱構造主義的言語論とハーバーマス的コミュニケーション論の論争は、アメリカ批判理論の理論的前進をうながしたが、大学内での論争に終始した。そうした「新しい社会運動」論も含めた「大学左翼」「文化左翼」の限界について論ずること。

第9に、アメリカ批判理論は、後期資本主義においても〈資本〉〈資本―賃金労働〉が中枢的・物神的位置を占め社会諸関係を貫徹している視点の軽視し、また大衆の潜在的解放力ではなく大学知識人にしか期待できないとする短所を抱えているが、それと表裏をなす長所に言及することである。

以上の9つの視点を付け加えた本書は、副題（「――アソシエーション、プラグマティズム、左翼社会運動――」）が示しているように、とりわけ以下のテーマを描くことにも努める。

第1に、アメリカ左翼知識人は、建国期アソシエーションとプラグマティズムを水源としながら、西欧の経験批判論、現象学、西欧マルクス主義などの哲学・社会学的知見をも受容し、後期資本主義国家アメリカを分析する現象学的マルクス主義を育ててきた。とりわけプラグマティズムも母胎とする現象学的マルクス主義は、プロレタリアート階級や前衛党をのみ変革主体とするルカーチ的認識論に代えて、ニューレフト運動や「新しい社会運動」などの諸社会運動

など，知識人や広く「普通の人びと」（J. デューイの common man, populus）をも変革主体とする新しい認識論を提示していること。

　第2に，レーガン政権が採用した国家戦略とそれを補完してきた F. A. von ハイエク（1899～1992）の保守主義や，ユダヤ教を出自とし，かつてマルクス主義に共感していた D. ベルなど多くの「ニューヨーク知識人」の新保守主義への転向について論ずること。

　第3に，自動車会社ビック・スリーなどアメリカ経済を牽引してきた実体経済の不振に加えて，2001年の9・11テロ事件と，2008年9月のリーマン・ブラザーズ破産を発端とする金融資本主義の危機は，アメリカ財界と経済エリート層による危機管理が機能していない（「危機管理の危機」）と示すこと。

　〈利潤極大化〉を本性とする私的企業・資本は，資本主義の論理に従って，搾取を強め，すべてを商品化し資本蓄積を高めながら世界市場制覇（globalization）を目指しているが，その行き着く先が国民国家（nation-state）の破壊であること，また産業主義の論理に従って，商品資本による諸人格とその諸関係のモノ化（「物件化」・「物象化」）に加えて，すべての存在と諸関係のモノ化を促しているが，その行き着く先が自然搾取と農業破壊また人間の緩慢な死にいたるのこと。つまり〈利潤の極大化〉が嚮導する資本主義と産業主義は，自らの基盤であるとともに抵抗する諸要素・〈否定性〉（negativity）としての自然・ヒト・コミュニティの破壊を進めて，均衡の限度を越えた場合，自己否定（資本主義と産業主義の終焉）に陥る，そのアイロニーを示すことである。

　第4に，資本主義や産業主義の〈利潤の極大化〉に抵抗し，〈否定性〉を突きつける労働運動や「新しい社会運動」は困難な状況にあるが，「労働権をはじめとする人権や環境保全などの合意が，WTO 協定の中軸にすえられないかぎり，WTO を拒否する」と結集した「シアトルの闘い」（1999. 11），また金融資本主義の総本山「ウォール街を占拠せよ」「われわれは 99% の側だ」を掲げた社会運動（2011. 9）のように，財界と経済エリートや支配の巨大メディアに対するフェイスブックを介した旧来の労働運動の活性化と「新しい社会運動」の協働による新しいベクトルの登場に焦点を合わせること。

　第5に，〈利潤の極大化〉に奉仕する資本主義と産業主義は，あまりにも成功裏に自らの論理を貫徹させてきた結果，正義・公正さに配慮してきたコミュニティーとアソシエーションの担い手である市民・中間層を没落させ，超格差社会化とヒトのモノ化（その反映である「ナルシシズムの文化」（C. Lasch, 1980）

を進めてきたが，その〈利潤の極大化〉の論理は，国民国家の枠組とその市民が創出した契約である民主主義を危うくし，他方で，それを擁護し発展させようとする対抗運動を誕生させていること。つまり，ナルシシズムの感情から不安と怒りを高めつつある現代アメリカ市民は，「所有権」最優先させる反民主主義（いわゆるファシズム）への過程と「市民権」を擁護する親民主主義の過程の岐路にある，と考察することである。

注

1）コーエンの見解を紹介しながら高橋は，次のように要約している。
　　① 一切の権力や不平等の廃止というロマン主義的共同体への帰還を夢見るのではなく，社会的自立のための場の防衛と拡大の追求，② ブルジョワ的市民社会の形式的平等主義や形式的民主国家の普遍的原理を継承したうえで，実質的に排除されてきたマイノリティをふくむ市民のより一層の自立性や多元性（ポスト・ブルジョワ的市民社会）の獲得，③ 自己自身の価値観についても自己抑制的であること，④ ポスト・ブルジョワ的市民社会の雛型として民主的構造をもつ自発的結社，自律的公衆の場，民主的政治文化の創出である。また「新しい社会運動」は，ニューレフト運動が壮大な革命や全面否定を特徴とするに対して，国家や市場経済の過剰な侵入から市民社会を防衛する運動，構造改革運動・「自己限定的ラディカリズム」を特徴とし，生産手段の国有化ではなく，適正な所得再分配をする社会主義実現を目指している（高橋1987a:4）。
2）廣松渉（1926～1994）は，ガベルを評価する筆者の論文が西欧マルクス主義の「原理的掘り下げ」を行なっている，といち早く評価した（廣松1992:21-3）。

参考文献

Arato, Andrew and Jean Cohen, *[1988] 1992, Civil Society and Political Theory*, MIT Press. (=1997, 竹内真澄訳「市民社会と政治理論」『ハーバーマスとアメリカ・フランクフルト学派』青木書店).
稲葉三千男（1992）『コミュニケーションの総合理論』創風社。
Cohen, Jean, L. 1985,"Strategy or Identity: New Theoretical Paradigms and Contemporary Social Movement", *Social Research*, 52（4）.
D'Anieri, Paul, Clarie Ernest and Elizabeth Kier, 1990, "New Social Movements in Historical Perspective", *Comparative Politics*, 22（4）July.

Gabel, Joseph, 1968, *La fausse conscience —— Essai sur la réification*, Troisième édition, Les Editions de Minuit（=1980，木村洋二訳『虚偽意識』人文書院）．

Goldmann, Lucien, 1955, *Le dieu caché; étude sur la vision tragique dans les Pensées de Pascal et dans le théâtre de Racine*. Paris, Gallimard（=1972-3，山形頼洋・名田夫訳『隠れたる神』上下，社会思想社）．

―――, 1973, *Lukács et Heidegger: fragments posthumes*. Paris: Denoel-Gonthier（=1976，川俣晃自訳『ルカーチとハイデガー：新しい哲学のために』法政大学出版局）．

Hirsch, Joachim, 1983, "The Fordist Security State and the New Social Movement", *Kapitalstate*, 11/12.

廣松 渉（1992）「日本の哲学界は今？」『理想』648，理想社．

Jay, Martin, ed.1995（=1997，竹内真澄監訳『ハーバーマスとアメリカ・フランクフルト学派』青木書店）．

―――, ed., 1995（=2000，永井務監訳『アメリカ批判理論の現在』こうち書房）．

木村 敏（1982）『時間と自己』中央公論社．

久野 収（2000）「自治哲学を固める必要」『戦後民主主義「知」の自画像：21世紀へのダイアローグ』北川隆吉編，三省堂）．

永井 務（1991）「ポスト・モダンにおける時間―空間論――物象化と分裂症・鬱病症」永井務ほか編『物象化と近代体』創風社．

Lasch, Christopher, 1987, *The Culture of Narcissim: American Life in An Age of Diminishing of Expectation*, W. W. Norton & Company Inc., New York（=1984，石川義弘訳『ナルシシズムの時代』ナツメ社）．

Offe, Claus, 1984, "Reflections on the Welfare State and the Future of Socialism", *Contradiction of Welfare State*, ed. John Keane, Cambridge, Mass: The MIT Press.

Piccone, Paul, 1977, "The Changing Functional of Critical Theory", *New German Critique*, 12.

高橋 徹（1987a）『現代アメリカ知識人論――文化社会学のために』新泉社．

―――（1987b）「祭のあと」私家版．

田中清助（1967）「マルクスにおけるAssoziationの概念について」日本社会学会編『社会学評論』有斐閣，18（3）．

Whitebook, Joel, 1963, "From Schoenberg to Odysseus: Aesthetic, Psychic, and Social Synthesis in Adorno and ellmer", *New German Critique*, 59（=2000，小林清治訳「シェーンベルクからオデュセイスへ」『アメリカ批判理論の現在』こうち書房）．

目　次

はじめに……………………………………………………………………3

第1章　アメリカ社会と近代知識人……………………………17
第1節　アメリカ社会の特性………………………………………17
第2節　近代知識人の特性…………………………………………26

第2章　アメリカ批判理論…………………………………………41
第1節　「近代」とアメリカ………………………………………41
第2節　プラグマティズムとアメリカ……………………………44
第3節　「黄金の時代」と苦悩する左翼知識人…………………47
第4節　フォーディズムとニューレフト運動とフランクフルト学派……51
第5節　新古典派経済学とマネタリズムと新保守主義…………60
第6節　ポスト・フォーディズムと「新しい社会運動」………66
第7節　ニューレフト系知識人の言語論：ハーバーマス的見解…68
第8節　対抗文化系知識人の言語論：脱構造主義的見解………71
第9節　多彩なフェミニズム論……………………………………73
第10節　左翼知識人の人間観と歴史観：言語論・精神医学……77
第11節　大学左翼知識人と大衆：
　　　　『テロス』誌，『ソシアル・テキスト』誌，
　　　　そして「北米フランクフルト学派第三世代」………………81
第12節　アメリカ左翼知識人の哲学：プラグマティズムと
　　　　現象学的マルクス主義…………………………………………84
結びにかえて…………………………………………………………88

第3章　アソシエーション，プラグマティズム，
　　　　現象学的マルクス主義，「新しい社会運動」………………97
はじめに………………………………………………………………97
第1節　建国期のアソシエーション………………………………98

第2節　改良主義的左翼運動と諸思想………………………………101
　第3節　経験批判論と現象学……………………………………………103
　第4節　プラグマティズムとデューイの「経験」…………………105
　第5節　デューイの「相関」と『公衆とその諸問題』……………109
　第6節　現象学的マルクス主義…………………………………………114
　第7節　新プラグマティズムと「新しい社会運動」………………122

第4章　2008年 アメリカ ──リーマン・ショック── …………139
　第1節　2008年 アメリカ………………………………………………139
　第2節　アメリカの国家戦略……………………………………………145
　第3節　F. A. von ハイエクと新保守主義者…………………………156
　第4節　2008年アメリカ再論……………………………………………169

第5章　正義論とカジノ金融資本主義……………………………………179
　第1節　2011年のアメリカ社会…………………………………………179
　第2節　新自由主義とカジノ金融資本主義……………………………180
　第3節　功利主義価値観の浸透…………………………………………182
　第4節　J. ロールズと M. サンデルの正義論…………………………183
　第5節　等価交換と正義…………………………………………………186
　第6節　非等価交換とカジノ金融資本主義……………………………188

第6章　新保守主義知識人と左翼知識人…………………………………193
　　　　──D. ベルと N. チョムスキー──
　はじめに……………………………………………………………………193
　第1節　『イデオロギーの終焉』時代の D. ベル………………………194
　第2節　新保守主義知識人としての D. ベル…………………………198
　第3節　左翼知識人：N. チョムスキー…………………………………203
　結びに………………………………………………………………………209

第7章　アメリカ大統領（予備）選挙……………………………………213
　　　　──2016年のアメリカ──
　はじめに……………………………………………………………………213

第1節　大統領選挙前（1993〜2016）のアメリカ……………………………213
　第2節　大統領（予備）選挙（2016）のアメリカ………………………………224
　お わ り に………………………………………………………………………229

第8章　現代資本主義の終焉とアメリカ民主主義……………………………235
　　　　　──理論的検討──
　は じ め に………………………………………………………………………235
　第1節　資本主義と超技術社会・超国民国家…………………………………236
　第2節　所有権と市民の権利（分配）との緊張関係…………………………239
　第3節　アソシエーションと自主管理…………………………………………242
　第4節　現代資本主義の終焉とアメリカ民主主義の脆弱……………………250
　お わ り に………………………………………………………………………252
　　　　　──労働運動・「新しい社会運動」とアメリカ民主主義の希望──

付　　論………………………………………………………………………………265

あ と が き……………………………………………………………………………283

現代資本主義の終焉とアメリカ民主主義
―― アソシエーション，プラグマティズム，左翼社会運動 ――

第1章　アメリカ社会と近代知識人

第1節　アメリカ社会の特性

1　ヨーロッパ的近代とアメリカ的近代

　西欧諸国と同じくアメリカは，唯一の「神」を仰ぐ中世世界から世俗化（secularization）・資本主義（capitalism）・産業主義（industrialism）という3ベルトルが重なる場で誕生した「近代」の国民国家（nationstate）である。その西欧諸国を分析にあたっては，〈利潤の極大化〉を追求する私的企業・資本が，資本主義の論理に従って，自らの支配する国民国家をこえて（globalization），世界支配を目指してすべてを商品化し資本蓄積を深めてゆくが，行き着く先は国民国家の破壊と自然破壊に至ること，また，産業主義の論理に従って，すべての存在をモノ化してゆくが，その行き着く先が農業破壊と人間破壊に至ること，そのような準拠枠で捉えることが必要である。自然とヒトと国民国家を存立基盤とする資本主義と産業主義は，自己の論理の貫徹に成功するにつれて，否定の要素を蓄積していき，均衡の限度をこえると自己否定に陥るという歴史観が，西欧諸国とアメリカを分析する際に必要となる。

　しかし，アメリカは，広大な未開地の新大陸，イギリス植民地，そして独立革命にあたって「アメリカの大義は全人類の大義」（T. Paine, 1776）を掲げて，個性的に誕生し，その後発展してきた。S. M. リプセット（Seymour M. Lipset）の用語を借りれば，西欧諸国とは異なる「アメリカ例外」（American Exceptionalism）の道を歩んできた。その個性は，「両刃の剣」（a double edged sword）として働き，近代の光と影，世俗化，グローバリゼーションそして資本主義・産業主義の光と影が，現代アメリカに凝縮している，と診るべきだろ（Lipset1996=1999: 263-315）。

　西欧哲学史を振り返るならば，古代人や中世人は，宇宙を閉ざされた存在，神を永遠の存在と理解し，その中に人間の目指すべき目的（telos）を探り，それを目指す生き方を自らに課してきた。古代ギリシャ人は血縁・地縁・宗教祭

儀で結ばれた「小都市国家」(polis)のなかに，ローマ人はストア学派に見られるように「宇宙」(cosmos)のなかに，中世人は「神」のなかにテロスを探ってきた。他方，近代人は，まず世界を無限に開かれ，時間を帯びたモノ存在（en soi, an sich）と捉え，それを宗教・科学・社会・芸術といった実践・対自（pour soi, für sich）の対象と捉え直し，次いで，これらの実践によって自らの諸目的を世界に投企し，新しい世界の再構築に努めてきた。

この「近代」理解を深めるために，「中世」を宗教と共同体という2つのカテゴリーの下に浮き彫りしておきたい。

宗教社会学者 R. N. ベラー（Robert N. Bellah, 1927 ～ 2013）によれば，中世の宗教であるキリスト教の特徴は，絶対にして全知全能の〈創造主たる父なる超越神・裁きのヤハウェ神・歴史の神〉―〈原罪の人間〉というユダヤ神学に〈子なる贖罪神キリスト〉を重ね，さらに，そこにギリシャ的要素である理性的意識（ロゴス）を融合させたことにある。『旧約聖書』預言に記されたように，父なる超越神は，イエスを十字架上に贖罪死させるという歴史的事件によって，一度だけ自己啓示し，イエスを介して〈原罪の人間〉との間に新しい契約をなさせた，というのである（Bellha 1985=1991）。

一方，K. マルクス『資本論』によれば，中世の共同体である封建的共同体の特徴は，「人的従属関係」(Persönliche Abhängigkeit)が，物質的生産の社会的諸関係やその上に築かれる生活諸部門を規定していることにあった（Marx 1867-94=1972:103-4）。

そのようなキリスト神学と封建制が融合した道徳的政治的共同体（Corpus morale et politicum）のなかで，中世人は，唯一なる神・啓示する神を仰ぎながら，全宇宙が階層的秩序（hierarchy）をなしており，宇宙創造の始原から「最後の審判」が下るまでの直線的時間上にあって，永遠に変わらない宇宙のなかで，自分たちが生きている，と信じてきた。その世界は，死後の救済をひたすら願いながら，唯一なる神を仰ぎ見るそれであり，クロード・レヴィ＝ストロース（Claude Lévi-Strauss, 1908 ～ 2009）の『構造的人類学』(1958)を踏まえた，稲葉三千男の用語を使えば，親族体系と経済体系と言語体系とがある種の類似を持ち，かつ生者は死者とともに生きているという中世的「死のための共同体」と言うべきものである[1]。

他方，「近代」の特徴は，なによりも反省的自己意識の深まりである。すでに初期キリスト教神学者 A. アウグスチヌス（Aurerlius Augustinus, 354 ～ 430）の

『神の国』（413-426）にその萌芽が見られたが，宇宙創造から最後の審判への直線的時間上で一回限りの生が営まれるというカトリック神学が，自己を対自化・反省する意識を深めた。その反省的自己意識は，さらに自己と超越神，自己と宇宙（＝自然），自己と中世的共同体，自己と自己自身の間に距離を設け，後者を認識対象とするにいたる。その過程が，M. ヴェーバー（Max Weber, 1864 ～ 1920）がいう「世界の魔術からの解放」である。

それに伴うもう1つの特徴は，死の共同体あるいは共同体それ自体から離郷したことである。超越神・宇宙に抱かれた人間の畏敬感情の解消は，B. パスカル（Blasie Pascal, 1623 ～ 1662）の『パンセ』（1670）において「無限空間の永遠の沈黙」・怯えとしても表現されているが，析出された近代的自己は，そうした離郷の怯えを伴っている，ということである。

少しだけ詳論すれば，アウグスチヌスの『告白』（397-401）に端的に吐露されている死を宿命とする人間の有限性の覚醒（魂の内部のうめき声）を基調としながら，R. デカルト（René Descartes）の『方法序説』（1637）や G. W. ライプニッツ（Gottfried. W. Leibniz）の『単子論』（1720）に表明されている近代的自己（cogito, monad）は，一度は決別し離郷した自然・神・社会を新しい目的（テロス）の下にどのように再構築するか，また構築された世界のなかで自己をどのように位置づけるか，を永遠の課題として引き受けることになった。死にゆく自我・離郷した自我としての近代的自己は，思慮する者あるいは生産する者（homo faber）として，自己と自然・神・社会をどのように未来に向かって再統合するか，それによってどのように再救済されるか，をつねに問い直さざるを得ない栄光と悲劇，それを自らの宿命として引き受けている。

その際，多くの西欧諸国は，さまざまな哲学学派の消長があるが，とりわけ新カント哲学に見られるように，超越的宗教や没価値的な実証主義科学に対して「批判主義」（Kritik）を対峙させながら，祭政分離の方向で，自己と宇宙・神・社会との再統合・実践を模索してきた。

一方，建国の事情からしてアメリカ社会の主流をなしてきた多くの保守的国民は，祭政一致の方向で新たな共同体の構築，つまり帰郷という実践（保守的千年王国主義）を選択してきた。19世紀初頭に始まった西漸運動におけるテキサス武力併合やオレゴン領有，太平洋を越えたアジアへの膨張政策を正当化する「明白な運命」（Manifest Destiny, 1845），その選民意識濃厚なキリスト教イデオロギーは，その具体化であろう（永井 2008:24-31）。

他方，社会的傍流に位置するアメリカ知識人とりわけ左翼知識人は，近代ヨーロッパ諸国の批判主義を糧としながら祭政分離の方向で，自己と宇宙・神・社会との新たな構築を模索してきた。

ともあれ，絶えざる移住者を受け入れてきた新大陸アメリカでは，西欧諸国と比べた場合，J. ロック（John Locke, 1632～1704）が『市民政府論』(1689)で展開した，個人は労働（labor）によって得た「財産」（property）に基づき平等かつ独立・自由である，そういう個人が契約によりつつ社会を形成し，信託によって国家を形成した，と説く原理主義的な個人主義（コギトやモナドの系譜に連なる）伝統が強く根付いている。

2 アソシエーションとしてのアメリカ市民社会

「メイフラワー誓約」(1620) やJ. ウインスロップ（John Winthrop, 1588～1649）の「丘の上の町」(1630) に結晶しているプロテスタンティズム（＝カルヴィニズム）的伝統と「独立宣言」(1776) に盛られている近代啓蒙思想・社会契約論の伝統とを糧とする植民地アメリカは，宗主国イギリス帝国に独立戦争（1775～1783）を挑み勝利して，合衆国を誕生させた。

独立期アメリカ人は，プロテスタンティズムを源泉としつつ啓示宗教的色彩が強い「聖書的伝統」と理神論的色彩が強い「共和制的伝統」とが融合した「道徳的合意」（moral consensus），その道徳的合意・「回心」（conversion）をより確固とするために，その「宗教的共同体」に重ねて「政治的共同体」，つまりアメリカ合衆国を建国し，共同体員間での「契約」（covenants）・世界最初の成文憲法である「合衆国憲法」(1787) を制定した。聖書的伝統と共和制的伝統とは，このように合衆国憲法に成文化され，アメリカ人の正しさと真実にかんする信念や行動の諸規範（mores）・心の習律となってきた。

共和制伝統に潜むこの社会契約論の「倫理性」（Sittlich, Sittlichkeit）・「市民権」は，合衆国憲法に成文化されたことで聖書的伝統・宗教的共同体から相対的に独立し，かつ市民社会のブルジョア的側面，つまり「欲望の体系」（das System der Bedür-fnisse）を規制するものとして大きな力を発揮してきた[2]。

合衆国憲法制定によってアメリカ国民は，「所有」という自己の労働と財産を自らの意思で等しく自由に使用できる経済社会の「営利欲の担い手」・ブルジョア（bourgeois）であること，同時に，「アソシエーション」（association）とも称される各種の結社・共同体の秩序，最大のアソシエーションである国家に等し

く自律的に参加する「参政権の担い手」(citoyen) であることを，つまり「所有権」と「市民権」をともに法的に保証された「市民」(citizen) となった。

アメリカ社会や国家の社会契約論の強い倫理性がアメリカ史を彩ってきた。移住した人びとの地縁・血縁・で結ばれたいわば自然的なコミュニティー (community) を基盤としつつも，それとは相対的に独立している結社・アソシエーションに注目したのが A. de トクヴィル (Alexis de Tocqueville, 1805〜1859) である。彼は，『アメリカの民主政治』の第1編第1章のなかで「貴族制社会に生きる人々は著しく，自分自身に関係のある，一般的な理念をもっていない……そしてこれに本能的に嫌悪を感じているのである」が，これに対してフランス人ほどではないが，「アメリカ人はイギリス人よりもはるかにしばしば一般的理念を使用し，そしてこれにまた大いに満足している」と指摘した (Tocqueville 1835-1840=1987:38-46)。

こうして，一般（普遍）的理念志向，つまり自由・平等・同意に基づく政府という共和制理念とキリスト教理念とが，今日にいたるまで変わることのないアメリカ・ナショナリズムの源泉でもある。

アメリカにおける市民社会と国家の関係は，かつて G. W. ヘーゲル (Georg W. Hegel, 1770〜1831) が『法の哲学』(1821) で描いた，市民社会が未熟ゆえに経済が「欲望の体系」として露出するドイツ型ブルジョア的社会 (die bürgerliche Gesellschaft)，その欲望の体系に倫理秩序・公共善を貫徹させるために統治機構としての「国家」(der Staat) を優位させるドイツ的形態と違うのも，独立期アメリカにすでに市民社会・国民経済志向が，つまりアソシエーションを担う市民たちのなかに倫理的秩序・公共善を目指す習律が，強く存在したからである。

同時にそれは，フランス革命における極端な一般理念（平等主義）志向とも違い，「所有権」を自らの意思で自由に使用できるブルジョア的自由（功利主義的価値観）を強く保証するものであった。

フランス革命では，J. J. ルソー (Jean J. Rousseau, 1712〜1778) の術語を使えば，「普遍意志」や「市民宗教」が強調され，M. ロベスピエール (M. Robespierre, 1758〜1794) が掲げる革命という「最高存在および自然の宗教」の下，自由な営利行為・欲望という「特殊意志」はギロチンの対象になり，周知のように，E. バーク (E.Burke, 1729〜1797) が『フランス革命の省察』のなかで，諸個人のすべての自由な営利行為・欲望・「所有権」を，平等という「徳性」や「理性」

の名において否定し，政治社会・国家に強制的に譲渡させるジャコバン民主主義として非難したが（Burke 1970=1980），アメリカ革命はそれとは違っていた[3]。

3 アメリカ市民社会と初期資本主義

ブルジョアジーの自由な「所有権」とときにそれと否定関係にある「市民権」の両立が可能となったのは，中世的共同体を狂気に近い信念と暴力をもって打開した晩期カルヴィニズムを糧とする「近代に独自な」資本主義が，宗主国イギリスとその植民地アメリカ・コミュニティーの上に開花したからである。その間の事情は，M. ヴェーバーや大塚久雄（1907～1996）住谷一彦（1925～）の説明を借りれば，次のようである[4]。

中世カトリックは，一般的には，日々の営利行為・世俗職業とりわけ商業・高利貸しの企業家利子・営利欲を蔑視し，したがって，異邦人（共同体外）との間では多少の欺きが許されるというユダヤ的営利追求（「対外道徳・Aussenmoral」「パーリア資本主義・Pariakapitalismus」）を認めなかった。他方，神の偉大さを強調するカルヴィニズムは，それゆえに日々の善き行いの積み重ねによって神に近づき救済されるというカトリック教義を否定し，神は救済する人間を予定している（予定説）と説く。その上で，自らが救済される側の人間であるという「救いの確証」（certitudo salutis）を得たいならば，日々の営利活動を「神の召命」（Beruf, calling）として励むべき，と説く。営利行為・善行の積み重ね否定しつつも，当の営利行為によって救いの確証が得られるかもしれない，という逆説がカルヴィニズムである。

カルヴィニスト（イギリスやアメリカにおけるピューリタン）の多い中小商人や自営農民は，良い商品を供給し，適正価格の交換（「等価交換」）によってコミュニティーの生活を経済的に豊かにすることに励み，その豊かさの中に「隣人愛」の実現を見た。今日広く見られる金融企業のいわば虚業的労働ではなく，実業的勤労（Industria）・世俗内禁欲（innerweltliche Askese）を核とする自由な営利行為（経済社会）と隣人愛を核とする倫理的共同体（政治社会）とが奇跡的に両立可能となった。ヴェーバーが，周知のことながら，「資本主義精神」と区別するために，その実業的勤労・世俗内禁欲と隣人愛を「資本主義の〈精神〉」（der "Geist" des Kapitalismus）と命名した。

こうして建国期アメリカに，先に触れたように，自由な営利行為・財産をになう「所有権」を持つ bourgeois，それを規制する倫理的共同体をになう「市民権」

を持つ citoyen，その2つの権利を所有する citizen からなる association（市民社会や国家）が創設された。

　なるほど，北部では漁業・造船・海運業・貿易業などにたずさわる大商人，中部では貿易業・海運業にくわえて穀物業・家畜業にたずさわる大商人や大地主，南部では黒人奴隷を使用する大農園主が力を持っていたが，独立革命を推進する母胎となったのは，財や経済力がほぼ等しい独立自営農民・中小商人であり，彼らが中産階層として多数を占めた。

　これら bourgeois が適正価格の交換・「等価交換」を行った結果，マルクスの術語を使えば，そこに「自由で平等な生産者の結合体」（Assoziation）の素朴な形態が出現し，このアソシエーションを公共善に向かわせる倫理性・規範も同時に形成された。かれら「小ブルジョア的商品生産者層」こそが，アメリカ初期資本主義の担い手であった。

　だが当時，アメリカ市民社会の自由で平等な「市民」とは何よりも白人男性であり，女性やネイティヴ・アメリカンや黒人は契約の員数外であった，という差別を看過できない。女性は第二級市民として位置づけられ参政権を持てなかったし，ネイティヴ・アメリカンや黒人は，普通選挙権どころか資本主義市場において自らの労働と財産を自由に使用するブルジョア的権利さえ許されなかった。その不合理への自己反省と市民的権利獲得の闘いが，女性参政権運動（憲法修正第19条成立，1920）や1960年代の公民権運動であり，参政権運動や公民権運動を嚆矢とし，その後1970年代後半に「新しい社会運動」が起きた理由は，まさにこの建国以来の構造的差別に由来する[5]。

4　アメリカ市民社会の分裂と独占産業資本主義

　労働権・所有権を持つ bourgeois，ときにそれを規制する参政権・市民権を持つ citoyen，その両立を前提とする citizen によって創出された建国期アメリカ association（市民社会・国家）は，すぐに分裂する。ベラーが，アメリカでは「契約は結ばれると殆ど同時に破り棄てられてしまった。アメリカ人は長い間，この事実から目をそらし，契約が破棄されているということを何とか否定して来た。しかし今日では，この契約破棄は誰の目にも明らかな事実である」と証言しているようにである（Bellah 1975=1983:250-1）。

　市民社会や国家の分裂，契約の破棄が起きた最大の理由は，南北戦争（1861～1863）における北部の勝利が産業資本主義発展を促し，建国期に多数を占め

た小ブルジョア的商品生産層を階層分解させ，その多くを労働者階級へと没落させたこと，そして「旧移民」とりわけWASPが主流エリートをなす社会に，カトリックのアイルランド人，プロテスタントのドイツ人，カトリックの東欧・南欧という「新移民」が波状的に流入し，最下層をなす都市労働者となったことにある。

　建国後，農業立国をめざす第3代大統領T. ジェファソン（Thomas Jefferson, 在任 1801 ～ 1809）ら共和派（republicans），工業立国をめざすA. ハミルトン（Alexander Hamilton）ら連邦派（federalist），両者の間に路線対立が見られたが，1750年代前後に始まったイギリス産業革命の成果に刺激されて北部商業資本の一部は産業資本へと脱皮し，1850年代には大量生産の基礎となるアメリカ的工業制手工業システム（American system of manufacture）から機械制大工業・産業革命を確立し，南北戦争勝利によって国内市場を急速に拡大した。

　つまり，1854年に結成された共和党，その連邦主義と奴隷解放宣言（1863）を掲げる第16代大統領A. リンカーン（Abraham Lincoln, 在任 1861 ～ 1865）の下での北軍勝利は，アメリカを1つの国民経済圏・市場とし，西漸運動や自営農地下付法さらに交通網の拡大が市場の拡大を促した。とりわけ鉄鋼・石油など豊富な国内資源の活用と電気の利用，T. エジソンの発明に代表される諸々の革新（innovation）による第二次産業革命の遂行，安価な労働力として移民の雇用，それらによってアメリカ産業資本主義は，イギリスを追い越し，1890年代には世界最大の工業生産力を獲得する。こうしてアメリカ産業資本主義は，たんに生産部門の鉄鋼生産・石油精製・電気・化学における技術革新や重化学工業化だけでなく，大陸間横断鉄道網（1869）や通信技術といった社会的物流基礎・流通部門をも整備し発展させた。

　その発展途上，中核企業は銀行資本と提携し，巨額な資本力（金融資本）を武器に企業間の競争を排除する合併・トラストを組んだ。その結果，アメリカ産業資本主義は，資本主義の独占形態，金融資本と提携した，強い支配力をもつ独占資本主義（monopoly）段階あるいは高度資本主義へと急速に発展する。この間，石油王ロックフェラー家，鉄鉱財閥カーネギー家，鉄道財閥ヴァンダービルト家，金融財閥モルガン家，不動産財閥アスター家，石油財閥メロン家，化学財閥デュポン家らが辣腕をふるった。かれら中核企業・財閥が中小企業を傘下に吸収合併していくその辣腕ぶりは，良く知られているが「強盗貴族」と指弾されるほどであった[6]。

20世紀初頭には，財閥・富豪に極めて有利な独占（高度）資本主義，強者に有利なアメリカ的自由主義，自己利益至上という功利主義が一般化する。富豪・巨大財閥が富を独占し，経済・政治・文化の諸領域にきわめて強い影響力をもつ，現代に至る個性的な，アメリカ的社会構造が誕生した。

「丘の上の町」を掲げる宗教共同体あるいは隣人愛的コミュニティー・アソシエーションから，それを裏切る現代アメリカ社会，先のベラーの引用を繰り返せば，アメリカ社会では「契約が，結ばれると殆ど同時に破り棄てられてしまった」のであり，強者に有利な功利主義が，とりわけ1980年代に始まったレーガノミックス以降，アメリカ社会を覆うようになった，ということである。

かつてのコミュニティーとアソシエーションの基礎をなす宗教・道徳について，ベラーは次のように指摘している。

すなわちアメリカの基本的な宗教・道徳観は，自由主義的功利主義モデルの発展を広く受け入れはしたが，その功利主義的モデルそのものが，アメリカの基本的な宗教的・道徳的概念ではなかった，ということである。今もなお働き続けているそのアメリカの本来の宗教・道徳観は，功利主義的モデルが対処し得る範囲より，さらに広い範囲の社会的・倫理的・美的・宗教的な欲求を考慮した，想像力豊かな，宗教・道徳的な人生観に根ざしていた（Bellah 1975=1983:22-3）。

下水道・公園・道路・病院・鉄道・電信電話など「社会資本」の充実という次元で見れば，都市のあり方に関して，アメリカも西欧諸国と同じく高い文化的理念の下に作り上げた。が，この間，マルクスが喝破した資本主義の根本的矛盾，〈資本家—労働者〉という階級対立や，「労働における人と人との社会的関係が……物と物との，労働生産物と労働生産物との，社会的関係に変装されている」という資本主義的商品社会の特徴が，より赤裸々にアメリカ社会の基層に累積してきた。つまり，"Geist"・Mores・Sittlichkeit といったアソシエーション・citoyen を結びつけた，かつての精神的紐帯や共同体的関係は今や弱く，西欧諸国のそれと比較した場合，モノとモノの社会的関係，あからさまな〈資本家—労働者〉関係あるいは〈資本の論理〉が跋扈している，と言えるだろう。

神の存在を信じ（96%，1995年当時）毎週教会に通うアメリカ人は多い。それは，アメリカ建国のアイデンティティと無関係ではないが，資本の論理の跋

屑による索漠感や，社会的規範の希薄化による不安感の癒しのために，年収や社会的地位にふさわしい宗派の教会へ行く，あるいは文化的アイデンティティ確認のために，出自を同じくする信者が集まる教会に通うのである[7]。

しかし諸問題を抱えながらも，アメリカはどこよりも「近代」の嫡子であり，第二次大戦後の「黄金の時代」の後半の1960〜1970年代初頭，近代資本主義と産業資本主義の負の遺産，現代アメリカなかに凝縮され蓄積してきた負を，ヨーロッパ諸国のどこよりも根源的（radical）に自己反省したように思われる。2008年末，40年前にはマイノリティティに過ぎなかった黒人と女性，つまりB. H. オバマとH. クリントンが民主党大統領候補指名選挙を争ったこと，そしてオバマが共和党白人候補J. マケインにも勝利し，2009年1月に第44代アメリカ合衆国大統領に就任するまでに至ったことは，アメリカの反省力の大きさを証明している，と言えよう。

以上，第1節では，近代の嫡子としてのアメリカ・アソシエーション（市民社会・国家）の特性と分裂，その背景をなす初期資本主義から独占（高度）資本主義への変化について論じた。

第2節　近代知識人の特性

1　近代的自己と知識人

先に，トクヴィルの「アメリカ人はイギリス人よりも，はるかにしばしば一般的理念を使用し，そしてこれにまた大いに満足している」を引用し，その一般理念とは「独立宣言」や「合衆国憲法」に定式化された「近代」の普遍的権利・人民主権・地方自治のことであり，アメリカ国民はそれを自らの規範・倫理性・心の習律にしている，と論じた。またそれらは，アメリカ初期資本主義とカルヴァン主義を出自とし，「近代」の本質である自己対象化と未来志向がアメリカ人の習律の基層をなしている，と論じた。

本節では，知を資本とする近代知識人（intellectuals）の特性について，今度も西欧哲学史を少し振り返りながら論じておきたい。

近代知識人論は，西欧近代自己史の，コギトやモナドという「私」（je）のもつ弱点を他者との関係性に向かって越えようとする系譜に連なっている。

先に言及したように，自然・神・社会から離郷した「近代」と「私」は，自立の栄光と離郷の悲劇を自らの宿命として引き受けている。デカルトのコギトは，その「方法的懐疑」の極点で，哲学者・鈴木亨の解説を借りれば，「自己が他者において自己を見る」，「私」のなかに自己と自然・神あるいは社会，つまり他者との関係性を自覚するに至る（鈴木 2007:88-97）。

　その際，S. キルケゴール（Søren Kierkegaard, 1813 〜 1855）哲学に連なる系列では，「私」の実存的苦悩は，絶望の極点で絶対的他者（神）との関係性を再自覚し，その極みで広く「近代」あるいは「近代人」の悲劇を再確認する。他方，ヘーゲル哲学に連なる系列では，「私」の苦悩は，歴史・社会に由来すると診て，歴史・社会との関係性を再自覚する。青年ヘーゲル学派に属するとりわけマルクスの場合，「私」の苦悩が，近代資本主義的生産と生産関係に因ると分析し，近代・近代人の悲劇が何よりもブルジョア的「私」に因っている，と認識する（Marx 1867-94=1972:102）。

　キルケゴールやヘーゲルに先立って，他者との関係性を，「私」ではなく「われわれ」（nous）を認識論の最初に置かなければならない，と主張したのは，反デカルト主義者の G. ヴィーゴ（Giambattista Vico, 1668 〜 1744）や J. G. ヘルダー（Johann Gottfried Herder, 1744 〜 1803）であり，かれらの哲学が近代知識人論の嚆矢となった。かれらは，社会という「人間自身が創造した世界，人間自身が自らの創造物に課した規則に従う世界，この世界についての知識は……自然に関する知識をモデルとするデカルト一派とは必然的に」異なり，また「歴史学のしかるべき主題は，協同体の生き方であって，個々人……の功績でない」と強調した（Berlin 1976=1981:14, 285）。

　同じく，G. ルカーチ（György Lukács, 1885 〜 1971）が『歴史と階級意識』（1923）の「ブルジョア的思考の二律背反」で論じたように，「われ」から思考しはじめるデカルト・ホッブズ・スピノザ・ライプニッツらの非歴史的・自然科学的認識系とは異なり，近代知識人は，離郷したかつての自然・神・社会を「われわれ」の意志で未来に向けて再構築しようとする，そのような歴史観を源泉としている（Lukács 1923=1991:207）。

2　近代知識人の特性

　知識人に関する定義はさまざまであるが，アメリカ知識人に関する名著『知識人と社会』（1965）を著した L. A. コーザー（Lewis A. Coser, 1913 〜 2003）は，

知識人とは「知能」(intelligence) を持つだけではなく、それとは区別される能力、つまり「直接的経験から身を引き離す能力、当面の実用的な仕事から、また、専門職ないし一般職への没頭から超越した、包括的な価値への挺身を前提とする」能力、一言でいえば、「知性」(intellectual) を持つ人である、と端的に定義する (Coser 1965=1970:ii)。

コーザーの定義は、知識人論の古典『イデオロギーとユートピア』(1929) における知識人とは利害の葛藤を観念の葛藤へと転化するという K. マンハイム (Karl Mannheim, 1893～1947) の洞察、さらに E. シルズ (Edward Shils, 1910～1995) の論文「知識人と権力」(1958) における、知識人とはある超越した包括的価値に照らして「その社会の内部に未定形のままに潜在している可能的要因を描き出し、それに方向を与え、またそれに一定の表現形式を与える」批判的人間である、という洞察を踏まえたものである[8]。

上述の『知識人と社会』のなかでコーザーは、知識人誕生の歴史についても言及し、知性的人間は、古代ギリシャにおいて例えばソフィストとして、中世においては聖職者として存在したが、近代知識人の誕生には、独立不羈の批判的自由を自覚する集団がひとつの社会階層として成立できることが不可欠であった、と指摘する。中世的な統一的世界観の崩壊を背景に、1) 知識人の知的生産物を認める大量の会衆が成立したこと、2) 討論・論争を互いにできる知識人の共同体 (community) が成立しえたことが不可欠であり、17世紀フランスのロココ・サロンや 18世紀ロンドンのコーヒーハウスがその先駆であった、と。

知識人が「直接的経験から身を引き離す能力」を持ち得る理由について若干論じておきたい。『言語起源論』(1772) のなかでヘルダーは、言語神授説を批判し、言語は人間の本質である自由と不可分であり、人間の歴史を可能にする、と説いたが、その言語観に連なり、現代アメリカをきびしく批判してきたのが言語学者 N. チョムスキー (Noam Chomsky, 1928～) である。彼の言語論によれば、人間の言語能力は、動物の生得的プログラムと比較すれば貧困であるが、その貧困から人間を解放 (自由) し、より豊か (自由) にしていく習得プログラムを内蔵している。この習得プログラムこそ、人間という種に固有な言語能力の本質であり、より自由を求める人間の本性は、言葉や文の生成という形をとる習得的「言語能力」にある、と言う[9]。

チョムスキーは、この言語論を生き方の指針とすることで、ヴェトナム戦争

を黙認し，貧困と不平等と自由抑圧を許してきた戦後の〈帝国〉アメリカとリベラル知識人を，さらに9・11テロ事件で排他的愛国主義に憑かれた現代アメリカをもきびしく批判し続けてきた。

ところで言語能力の生成に関わりながら，ラディカル社会学を代表するA. W. グールドナー（Alvin W. Gouldner）は，とりわけ近代知識人は「合理性という特異な文法を身につけ，相対的に文脈—自由な言語諸変体」（relatively context-free language variants）を駆使する言語資本，知という「文化資本」を身につけている，と強調する。つまり彼は，特異な文法である合理性を文化資本とする近代知識人が，後にも論ずるが，したがって解放と抑圧の両面を持っていること，に注意を促した（Gouldner 1975/76=1977）。

ともあれ，中世世界崩壊と近代世界形成にあたって，近代資本主義の力と「科学革命」に見られたように「知能」（intelligence）の力，そして知識人の文脈自由な言語能力・「知性」（intellectual）が大きな働きをしてきた。何よりも知識人とは，「直接的経験から身を引き離す能力」，「自己対象化」する能力を持っている人である，と定義できるだろう。

3 イデオロギストと知識人

知識人の合理性を文法とする文脈自由な知は，「新しい契約」によって新大陸にアメリカを建国したピューリタンたちのエートスと共鳴した。たとえば1636年にハーヴァード・カレッジが創立され，1690年にボストンで新聞発行が，1719年に『アメリカン・マーキュリー』誌と『ボストン・ガゼット』紙が創刊され，1743年にはアメリカ哲学会が創立された。またT. ペイン（Thomas Paine, 1737〜1809）の『コモン・センス』（1776）は，独立戦争を闘うアメリカ人を鼓舞する大きな力となった。

「知性」を持つ人の独立不覊の批判的自由精神こそ，再びベラーの術語を借りるならば，アメリカ人の「心の習律」であり，つねにアメリカは，より「善き社会」（Good Society）を目指してきた（Bellah 1991=2001）。

しかし先に論じたように，南北戦争後，初期資本主義に代わる産業資本主義への発展，さらに独占（高度）資本主義へと高まり，アソシエーションを担っている小ブルジョア的商品生産者層の自己分解が急速に進んだ。富豪・財閥が頂点を占める新たな社会体系のなかで，祭政一致をめざす聖書的伝統に棹さす福音主義的聖職者知識人，専門的技能・知能を用いることに自らの社会的役割

を限定する「実践的知識の技術者」（Sartre）が，その頂点の富豪・財閥を羽翼してきた。

ピュリツァー賞を獲得したR. ホーフスタッター（Richard Hofstadter, 1916～1970）の『アメリカの反知性主義』（1964）は，マッカーシズムが猛威を振るった1950年代を抉った書であるが，「第1章　現代の反知性主義」を冒頭に掲げている。ニューディール期の民主党支配の一時期を除いて，「アメリカの知識人（intellectuals）は，しばしば知性（mind）を軽んずる国民の風潮に落胆し，打ちのめされていた」し，「反知性主義という妖怪」がアメリカを徘徊してきた，とホーフスタッターは証言する。また彼は，「反知性主義を英語圏の文化遺産の一部として，つまり英米の生活に顕著な現象として考えたい」と告発し，実業家，福音主義の聖職者・原理主義者，反共イデオロギスト，共産主義の指導者そしてビート作家らを反知性主義の指導者とみなしている（Hofstadter 1963=2003: 3-4, 17-9）。

コーザーと同じくホーフスタッターも，近代知識人とは，啓蒙的理性・mindを母胎とするフランス・フィロゾーフに連なる独立不羈の批判的自由を自覚する人にほかならず，批判的自由・知性を持たない福音主義聖職者・原理主義者，共産イデオギストとは区別すべきだ，と強調する。

4　イデオロギスト認識装置と知識人認識装置

イデオロギストと独立不羈の批判的知識人とは，ともに知識人であるという点で「近代」の本質である「自己対象化」「反省」を共有し，ともにアメリカ知識人であるという点で，現状のアメリカを反省の俎上に乗せ，革新しようとする未来志向・未来への神話を共有している。しかし両者の違いは，その認識論装置の違いにある。

かつて『歴史と階級意識』においてルカーチは，イデオロギーを全体的に把握する必要性を説きつつ，あらゆる存在を商品化し物象化する近代資本主義に対決する社会主義革命の必要，とりわけ革命過程における労働者の階級意識の優位性を論じた。それに対して『イデオロギーとユートピア』を著したマンハイムは，イデオロギーの全体的把握の必要性に同意しつつも，労働者の階級意識の「存在（被）拘束性」に無自覚な，したがって労働者の階級意識にアプリオリな優位性を与えるルカーチを批判し，「知識社会学」を提唱した。

ここでマンハイムの知識社会学について詳細に論ずる余裕はないが，彼の言

わんとすることは，知識人も存在拘束されながらも，その特性は，さまざまな知識を相関させ相対化しながら，それらを総合し認識を発展させてゆく・動・的・総・合・認・識，より全体的・客観的認識を目指すということである。とりわけ農業を基盤にしつつ工業と情報，集権的労働組織のフォーディズムとネットワーク型のポスト・フォーディズムが併存し，後者の様相が濃くしつつある現代社会において，労働者階級と同じように，知識人や〈普通の人びと〉（J. デューイの用語では common man, populous）も，存在に拘束されつつも動的総合認織の資格をもつ。「ポストブルジョワ・ポスト家長制市民社会」を目指している「新しい社会運動」を担っているのは，そうした〈普通の人びと〉である。

　マンハイム「知識社会学」を下敷きにすれば，イデオロギスト認識装置の根本的欠陥は，1つの観点（知識）に固執して諸知識を相関・相対化せず，総合し認識を発展させてゆかない認識装置に停まっていることにある。他方，啓蒙的理性・mind を命とする知識人は，より普遍的な観点に立ち，諸知識を相関・相対化させ，動的総合認識できる認識装置を有している，或いはそうあ・る・べ・く心掛けている，と言えるだろう。知識人が反知性主義と一線を画すのは，まさしくその認識論装置の違いに因っている。

　だから，ヴェトナム戦争のさなか「知識人の責任」（1967）を書いたチョムスキーは，そうした動的総合認識装置を身につけるべく批判的知的訓練をとりわけ高等教育機関で受けた知識人の責任が，その種の訓練を受ける学費も余裕もない一般「国民大衆の責任」に比べてはるかに重い，と諫めた。害虫を駆除するかのように，ヴェトナムの森とヴェトナム人の頭に枯葉剤を散布する〈帝国〉アメリカの戦争を黙認しているエリートたちを弾劾したのも，それゆえであった（Chomsky 1967=1974:247-96）。

5　大衆と知識人

　「知識人」を座標軸として社会分析を試みる場合，大衆と知識人の距・離・に留意しておかなければならない。まず一般論として，両者の関係について2つの問題を指摘しておきたい。

（1）大衆と知識人の関係

　知識人と大衆はともに自己反省を本性とする「近代人」である，というのが筆者の立場である。しかし両者の違いは，チョムスキーの知見を借りれば，動

的総合認識装置を身につけるべく専門的に知的訓練を受けた知識人と，その種の訓練を相対的に受けたことが少なかった大衆のそれである。また，先に引用したE. シルズの知見を繰り返せば，その違いとは，「社会の内部に無定形のままに潜在している可能的要因を描き出し，それに方向を与え，またそれに一定の表現形式を与える」，そういう機能的差異に過ぎないと思う。

知識人と大衆のこの機能的差異に関するもっとも深い哲学的洞察は，ヘーゲルの「主人と奴隷」の弁証法における，奴隷の「労働」が〈主人—奴隷〉関係を解体させる内在的論理を持っている，という洞察である。知識人を座標軸とする場合，その短所を深く自覚しておく必要があるので，論が込み入るが，「主人と奴隷」の弁証法について少しだけ言及しておきたい。

そもそも，古代・中世から近代絶対主義まで変わることない支配原理は，君主（＝主人・家長）が奴隷・農奴や臣下を支配する家政的支配原理であった。これに対する原理的批判は，たとえばルソーの『社会契約論』(1762)やF. ケネー (François Quesnay, 1694～1774) の『経済循環』を嚆矢として，A. スミス (Adam Smith, 1723～1790) の『国富論』(1776) に見られるように，とりわけ土地所有より自由な市場経済における「労働」「分業」を基礎とする「国民経済学」(political economy) の成立と不可分であった。

イギリスとフランスから遅れたドイツにあって，これら先進国の国民経済学と表裏をなす「近代」の意味を深く問うたのが，ヘーゲルの『精神現象学』(1807) である。彼によれば，古代世界の解体をうながしたストア主義・懐疑主義・不幸なる意識（生成途上のキリスト教），中世世界の解体をうながした唯名論と社会契約論，そして最終的に「法」だけが人間関係の平等的相互承認を可能にするという近代市民社会の成立は，主人の意識ではなく「労働」に従事する奴隷の意識を通ってである（今井 1997:215-38）。

「労働」「分業」の交換を可能にする「市場」を基盤に法の下での平等という理念に嚮導された近代市民社会への歴史的転換を担ったのは，〈主人—奴隷〉関係における奴隷の側，本論に引きつけて言えば，大衆と知識人の側である，というのが「主人と奴隷」の弁証法の意味するところである。

その知識人と大衆の両者は，近代市民の「直接的経験から身を引き離す能力」・自己反省を本性としており，すでに論じたように，その違いは機能的差異にすぎない。知識人がなし得ることは，「その社会の内部に未定形のままに潜在している可能的要因を描き出し，それに方向を与え，またそれに一定の表現形式を

与える」機能であり，知識人への大衆の支持がなければ，知識人の批判力も十分には機能しない。かつて哲学者・森有正が語った，「抵抗する人民のいないところに知識人はいるのでしょうか。力として生きない知は，知ではないです」は，示唆に富む言葉であると思う 10)。

（2）知識人の文化資本
〈動的総合認識装置〉を身につけるべく専門的訓練を受けた知識人は，大衆より言語的批判力を発揮させ得るのであるが，しかし，その言語的批判力（「合理性という特異な文法を身につけ，相対的に文脈―自由な言語諸変体」）・「文化資本」が，解放と抑圧の両面を持っている，ということにあらためて注意しておきたい。

1960 年代の対抗文化運動とは，ロゴスを重視するキリスト教と現代資本主義・高度産業社会において痩せ細りつつある非合理的なもの，つまり無意識・肉体・本能・欲望の解放をめざした運動であった。また，1990 年代以降『テロス』誌グループは，大衆と知識人の関係における知識人による抑圧を問題にしてきている。さらに，1970 年代以降アカデミー界と左翼知識人界において大きな影響力を及ぼしてきたコミュニケーション的合理性に拠りながら，より真・善・美をめざすハーバーマスの相互了解メカニズムの再生（公共圏）戦略が，その妥当性をめぐって左翼陣営のなかで熾烈な論戦が展開されたのも，この「文化資本」の抑圧に対する懸念からである（永井 2009:1-12）。

したがって，ある社会や歴史を論ずる場合，たとえば無意識の領域を扱う神話や大衆の日々の営みを扱う民俗学の大きな成果を振り返るならば，知識人論に拠らない座標軸もある。それは，知識人論よりも困難な座標軸ではあるが，大きな成果が期待できるものである，その点を強調しておきたい。

（3）大衆と知識人とのアメリカ的問題
大衆と知識人とりわけ左翼知識人との距離にかんして，ヨーロッパ諸国とは異なる個別アメリカ的問題について，ここで 2 つ論じておきたい。

1 つは，大衆と知識人との距離のアメリカ的大きさである。先に言及したアメリカの反知性主義ともかかわるが，アメリカの大学で教えた経験豊かな加藤周一（1919 ～ 2008）が，「分裂するアメリカ社会……大学の中と外ではそれだけ違って，別の国みたいです。私の経験では知識層と大衆の階級的・社会的・

人種的相違は，大学の内と外では，それほどの違いとして現れていました」と指摘しているように，両者の距離が大きい（加藤 2005:127-31）。

　階級，人種，ジェンダー，新旧移民などの違いは，大衆のあいだでの「分配」をめぐる闘争に直結するが，パックス・アメリカーナの下の軍産複合体や経済成長によって中産階級の増大や社会福祉が可能になった「豊かな社会」では，紛争パラダイムより秩序構造パラダイムを重視する機能主義社会学が全盛を誇ったように，1960年代中頃までの利害調整という社会装置が巧みに作動してきた。その結果，知識人の多くが体制内編入し，また左翼知識人さえも，1980年代以降の市場原理主義・金融資本主義あるいは保守主義や新保守主義と正面から対決してこなかった。

　しかし，筆者はコーザーの観点を採りたい。そのコーザーは，アメリカ「社会においては，利害関係集団，階級，階層，人種コミュニティなどのあいだの闘争は，昔より弱まっているかもしれないが，けっして終わっていない。アメリカの民主主義がもつ活力を培ってきたのは，まさに……多元的闘争なのである。われわれの社会が開かれた多元的社会にとどまるかぎり，知識人は依然として演ずべき枢要な役割がある」，そして「諸習慣が，当然のこととして受け取られるようになるならば，社会体系は遠からず硬化してしまうと考えられる。いかなる挑戦にも出会わなくなった社会体系は，もはや創造的反応を示すことができなくなる」と強調した（Coser 1965=1970:391-2）。

　2つは，アメリカ批判的知識人とヨーロッパのそれとの違いである。リプセットは『アメリカ例外論』(1996)の1章を「アメリカ知識人」に割き，ヨーロッパの知識人層は，左翼でさえ社会の中心に位置する政治勢力として重要な労働運動，社会民主運動に参加してきたが，アメリカ知識人は黒人やユダヤ人と同様に「社会の周辺に位置する例外的な存在」過ぎないとしつつ，次のように指摘している。

> 　ソースタイン・ベブレンが第1次大戦の終わりに強調したように，知的創造性があるということと，社会的・政治的に周辺に位置していることとは，機能的には相対的関係があるように見える。……通常，彼ら知識人は左翼に属している。が，特に左翼が長期にわたり権力を掌握している国々では，ときに右翼に属していることもある。しかし，創造しなければならないという義務に必然的にともなう傾向とは，現状を拒否し，伝統的なものを俗ぽいと

して反対する，それである（Lipset 1996=1999:271-2）。

リプセットも指摘するように，批判的・知的創造性という視点を重視して，アメリカ社会に深くメスを入れようとすれば，社会の周辺に位置する左翼知識人を座標軸に論ずることにならざるを得ない。しかし，アメリカ左翼知識人は中心的な社会・政治的勢力でありえないという，まさにその理由から，文化的な勢力として文化批判にのみ知的創造性を発揮するしかない，というアメリカ的例外性を帯びている。その結果，アメリカ左翼知識人の批判力は，ヨーロッパ知識人と比較した場合，次のような長短の両面を特徴としている。

長所とはこうである。世界経済の中心がイギリスからアメリカへ移り，20世紀はアメリカ資本主義の世紀ということができるが，文化勢力として左翼知識人は，1960～1970年代初頭にかけての公民権運動・ヴェトナム反戦運動・青年運動・対抗文化運動の高まりをエネルギーとして，ヨーロッパのどの国よりも，発展した高度産業社会の文化的病理にラディカルに切り込むことができた。

しかし逆に，労働運動や社会民主運動の勢力が弱く，周辺に位置せざるを得ないアメリカ左翼知識人は，ヨーロッパのどの資本主義よりも強者に有利な，赤裸々なアメリカ「資本」論理の跋扈に真正面から対決できないという弱み，言い換えれば，大衆との距離が大きく，大衆との連帯の多くを望めないゆえに，資本の論理への文化的批判を越えて，それに対抗する未来の設計図を描けないという短所を持っている。したがって，森有正の「抵抗する人民のいないところに知識人はいるのでしょうか。力として生きない知は知ではないです。」は，アメリカにおける大衆と知識人の関係について，より重みのある示唆となっている。

以上，本書の「第1章」として，アメリカ社会と知識人のいわば原理的問題，なぜアメリカを知識人論に拠りながら論ずるか，またその長所・短所を論じた。

注

1）稲葉三千男「死の共同体」（『コミュニケーションの総合理論』1992）の箇所は，次の一文である。

　　クロード・レヴィ＝ストロースの『構造的人類学』（1958）所収の「民俗学における構造の観念」のなかで彼は，「すべての社会で，コミュニケーションは少なく

とも 3 つの水準で展開される。すなわち，女性のコミュニケーション，財貨や労力のコミュニケーション，メッセージのコミュニケーションである」と述べた。「したがって，親族体系の研究と，経済体系の研究と，言語体系の研究とは，ある種の類似を示すことになる。これらの研究は，3 つとも同じ方法によっている。3 つの研究方法は，共通の世界の中で，各々の研究が自分の位置を位置づける戦術的水準に応じて異なっているだけである」とも。そしてすぐつづけて，こういっている。「これに付け加えてさらに，親族と婚姻の規則は，第 4 の型のコミュニケーション，つまり表現型（フェノタイプ）のあいだでの遺伝子のコミュニケーションの型を規定するということができるかもしれない」……ただしレヴィ＝ストロースは，この3 つなり 4 つなりの水準のコミュニケーションのあいだの関係については，ほとんど考察していない（稲葉 1992:57-133）。

2) 小原耕一 (2007: 42-5) は, H. ハイネ (Heinrich Heine, 1797 〜 1858) の「教理」(Dogma) と「倫理性（人倫）」(Sittlichkeit) を論じた山根献論文を引用しながら，次のように論じている。示唆に富むので，ハイネの邦訳文ともども引用しおく。

　　山根献によれば，1840 年に一冊になって出たハインリッヒ・ハイネ『ルードヴィヒ・ベルネ回想録』（『ハイネ散文作品集』第 3 巻回想記，松籟社，1992 年）で Morale について言及していることに気づいたという。「Sittlichkeit とわれわれが呼んでいるのは Sitte［習俗］の産物とみなさている。……しかし真の Sittlichkeit は, Dogma や Legislation から独立しているのと同様に，一民族の習俗とは何らかかわりない。習俗とは，気候や歴史の産物であり，またそれは，そうした諸要素から成り立つ Dogma や Legislation の所産である」（邦訳 47-8）。「Sittlichkeit……それは健全な人間感情である。そして，真の Sittlichkeit，つまり心の Vernunft［理性］は，たとえ教会と国家が滅びようとも永遠に生きつづけるであろう」（邦訳 47）。

3) Robert Nisbet 1983.

4) 渡辺一夫 1992：281-2；Weber, Max 1920-21（＝ 1988）；大塚久雄 1971；1977；住谷一彦 2003：1-14.

5) さらに言及するならば，カルヴィニズムをも源泉とする「近代的市民」理念は，自らのなかに〈父―息子〉という家父長的キリスト教文化や〈勤勉・禁欲・行動的主体〉を強調するエートスを内蔵しているにかかわらず，自らが抑圧や支配に加担する存在であるという自覚や感覚が乏しかった。公民権運動やヴェトナム反戦運動に触発された同年代の対抗文化運動やフェミニズム運動などは，それに対する自己反省の表現であった。それら新しい社会運動が起こらざるを得ない理由は，アメリカ合衆国建国期にすでに潜在していた，と言えよう。

6) 広瀬隆 1999.

7）永井務 2008: 24-31；橋野高明 2008: 14-23.

　　後の革新主義（1900～1920）や1929年10月大恐慌後のニューディールという社会民主主義政策を取り入れた「富の再分配」と「需要創出」に関するケインズ的福祉資本主義によって修正が加わることがあったが，資本の論理が強く優先するアメリカ的構造は変わらない。1990年代後半における市場経済主義の猛威が，その事実を再確認させた。その最大の原因は，移民国アメリカにおける統一的な労働運動・左翼政治力・具体的な社会再分配プログラムの欠如と，跋扈する資本の論理を事実上（ラテンアメリカにおける「解放神学」と比較した場合）曖昧化する宗教的イデオロギー力にある，と思われる。

8）Mannheim, Karl, 1929. (=1968:121)；Shils, 1958；永井　務 1978.
9）Berlin, 1976（=1981）；吉田民人 1978；Chomsky, 1999（2005）.

　　少しだけ補足すれば，人間の本性が習得プログラムという言語能力を内蔵しているということは，「人間がその自然との間の物質代謝（Stoffwechsel）を彼自身の行為において媒介し，規制し，調整する」（K. マルクス『資本論』1巻，3編，5章）労働過程において，労働主体の肉体的能力の延長である労働手段（道具）が，主体と自然（客体）との間を分離し，規制し，調整（交通）するが，それと並んで，言語も，主体と自然（そして個人と社会）との間を分離し，概念（客体）として表現し，概念（カテゴリー）の下に規制し，調整（交通）する，そのような対自化能力を持っている。そして労働手段と言語は相互媒介的である。次の論文も参照。稲葉三千男 1972「コミュニケーションの理論」；森田桐郎 1974，「自然・人間・社会」。

10）平田清明 1978:149-82，「哲学と社会を生きる：追憶の森有正」。

参考文献

Bellah, Robert N. 1975, *The Broken Covenant: American Civil Religion in Time of Trial*, New York: The Seabury Press（=1983, 松本・中川訳『破られた契約』未來社）.
―――, 1985, *Habit of the Hart: Individualism and Commitment in American Life*, Berkeley, University of California Press（= 1991, 島薗他訳『心の習慣』みすず書房）.
―――, R. Madsen, W. M. Sullivan, A. Swider and S. M. Tipton, 1991, *The Good Society*, New York: Alfred A. Knopf, Inc.（= 2000, 中村圭志訳『善い社会』みすず書房）.
Berlin, Isaiah, 1976, *Vico and Herder: Two Studies in the History of Ideas*, London: The Hogar（= 1981, 小池訳『ヴィーコとヘルダー』みすず書房）.
Burke, Edmund, 1790, *Reflections on the revolution in France, and on the proceeding societies in London relative to that event*（= 1980, 水田洋訳「フランス革命についての省察」『世界の名著41巻　バーク・マルサス』中央公論社）.

Chomsky, Noam, 1967, "The Responsibility of Intellectuals", *The Dissenting Academy*, Theodore Roszak, ed., New York: Pantheon Books, Division, Random House, Inc（= 1974, 高橋葉子訳「知識人の責任」T. ローザック編『何のための学問』みすず書房）.

―――, 1999, *The Umbrella of U. S Power: The Universal Declaration of Human Rights and the Contradictions of U. S Policy*（=2005, 鈴木主税訳『チョムスキー, 民意と人権を語る』集英社）.

Coser, Lewis A. 1965, *Men of Ideas: A Sociologist's View*, The Free Press（= 1970, 高橋徹監訳『知識人と社会』培風館）.

Gouldner, Alvin W. 1975/6, "Prologue to a Theory of Revolutionary Intellectuals", *Telos* 26（=1977, 永井務訳「革命的知識人論」『思想』岩波書店, 633, 639）.

橋野高明（2008）「ラテンアメリカ（中南米）の〈解放神学〉」『季報 唯物論研究』103。

平田清明（1978）「哲学と社会を生きる：追憶の森有正」『哲学と日本社会』弘文堂。

広瀬隆（1999）『アメリカの経済支配者たち』集英社。

Hofstadter, Richard, 1963, *Anti-Intellectualism in American Life*, New York: Alfred A. Knopf, Inc.（= 2003, 田村哲夫訳『アメリカの反知性主義』みすず書房）.

今井弘道（1997）「ドイツ古典哲学の社会思想」平田清明編著『社会思想史』青林書院新社。

稲葉三千男（1972）「コミュニケーションの理論」『現代マスコミュニケーション』青木書店。

―――, 1992, 「死の共同体」『コミュニケーションの総合理論』創風社。

Lipset, Seymour Martin 1996, *American Exceptionalism: A Double-Edged Sword*, W.W. Norton & Company（=1999, 上坂・金重訳『アメリカ例外論』明石書店）.

加藤周一（2005）『20世紀の自画像』筑摩書房。

Lukács, Georg, 1923, *Geschichte und Klassenbewußtsein*, Berlin: Malik-Verlag（= 1991, 城塚登訳「ブルジョア的思考の二律背反」『歴史と階級意識』白水社）.

Mannheim, Karl, 1929, *Ideology and Utopia*, New York: Harcourt, Brace & World（=1968, 鈴木二郎訳『イデオロギーとユートピア』未來社）.

Marx, Karl, 1867-94, *Das Kapital*（=1968, 全集刊行委員会訳「商品の呪術的性格とその秘密」『資本論』第1巻1章4節, 大月書店）.

森田桐郎（1974）「自然・人間・社会」『社会認識と歴史理論』日本評論社。

永井 務（1978）「知識人論の一系譜：ルソー, マンハイム, グールドナー」『研究紀要』鹿児島短期大学 21。

―――（2008）「現代アメリカの宗教事情」『季報 唯物論』103。

―――（2009）「アメリカ文化左翼とハーバーマス」『季報 唯物論』107。

Nisbet, Rober, 1983, *"1984" and Revised Totalitarianism in Our Century*, ed. Irving Howe,

New York: Harper & Row Publisher.（＝1985,「"1984年"と保守主義的想像力」『世紀末の診断』みすず書房, 164-74）.
小原耕一（2007）「グラムシ「知的モラル的改革」の文脈」『季報唯物論研究』100.
大塚久雄（1971）「政治的独立と国民経済の形成」伊藤・長編『経済の思想』筑摩書房．
―――, 1977,『社会科学における人間』岩波書店．
Paine, Thomas, 1776, *Common Sense*.
Shils, Edward 1958, "The Intellectuals and the Power", *Comparatives Studies in Society and History*（=1970, 高橋徹監訳『知識人と社会』培風館）．
住谷一彦（2003）「ゾンバルトとヴェーバー：『ブルジョア』をどう読むか」『国際関係学研究』東京国際大学大学院国際関係学研究科, 6.
鈴木 亨（2007）「わたくしの方法序説：いかに哲学するか」『大阪経大論集』58（4）（通巻第300号）．
Tocqueville, Alexis de, 1835-40, *De la démocratie en Amérique*, 2 vol.,（= 1987, 井伊玄太郎訳『アリカの民主主義』下, 講談社）．
渡辺一夫（1992）『フランス・ルネッサンスの人々』岩波書店．
Weber, Max 1920-21, *Gesammelt Aufsätze zur Religionssoziologie*. 3bde., 5. Aufl, 1963（＝1988, 大塚久雄訳『プロテスタンティズムの倫理と資本主義の精神』岩波書店）．
吉田民人（1978）「ある社会学徒の原認識」吉田民人編『社会学』日本評論社, 22.

第2章　アメリカ批判理論

第1節　「近代」とアメリカ

　本章の主旨は，1920年代から1990年代の広く後期資本主義（あるいは福祉国家資本主義とフォーディズム，ポスト・フォーディズムと新古典派経済学の市場資本主義，とりわけ貨幣数量説を復活させた新自由主義）における欧米左翼知識人の知の格闘の概略を描くことにある。この間，アメリカ左翼は，建国期コミュニティーの上に築いた初期資本主義とアソシエーション（association），南北戦争後の独占資本主義と集権的フォード＝テイラー・システム導入による生産力至上主義およびその下での労働者階級の貧困，生産力至上主義と大恐慌（1929）後に採用された協調的福祉・リベラル契約を優先させる後期資本主義とその下での高度資本主義と高度工業化に起因するアメリカ社会の底辺で進んでいる人びとの商品化と事物化（アソシエーション蚕食と労働者と市民のロボット化），それらの事態への危機感から誕生した改良主義的左翼運動とその一翼を担ったプラグマティズム（pragmatism）を受け継ぎながら，第二次大戦後もさまざまな社会運動に参加してきた。

　より人間的な民主的社会実現をめざして彼らアメリカ左翼は，労働運動に携わるとともに，1960年代には，公民権運動・青年運動・対抗文化運動に参加しつつ，それら運動前進のためにドイツ・フランクフルト学派第一世代（＝批判理論）を，1970～1980年代にはしだいに明らかになってきたフォード主義の機能不全（＝ポスト・フォーディズム）とリベラリズムの失墜を分析し対応するために，フランクフルト学派第二世代やフランス脱構造主義を受容してきた。また彼らは，1980年代からの保守主義・新保守主義・新古典派経済学の市場資本主義と新自由主義（＝マネタリズム金融資本主義）によるアメリカ社会の圧倒的支配，また上記の社会諸条件の変化に促されて登場した「新しい社会運動」に注目してきた。本章では，プラグマティズム・批判理論・脱構造主義という三つの認識装置に棹さす「新しい社会運動」の「ポストブルジョワ・ポスト家長的市民社会」戦略とその弱点についても論じ，最後に「北米フランクフルト学派第三世代」に言及したい。以上の主旨を理解する一助として，以下により

具体的に概略する。

　まず、後期資本主義国家アメリカの討究に先立って、アメリカの原理が「近代」の地平にあると定義したい。

　初期植民地者であるプロテスタント、次の移住者であるカトリック教徒やユダヤ教徒は、新世界北米の大地に、R. ベラー（Bellah 1970: 168-89）の用語を借りれば、J. J. ルソーの「市民宗教」にも擬せられる「市民宗教」（civil religion）を共有しながら、アメリカ合衆国の原理・「心の習律」を創った。この市民宗教は、神の啓示や『旧約聖書』に色濃い罪の意識とその表裏をなす選民思想を潜めながらも、聖なる・正義ある社会建設のために犠牲をいとわない要素と、すべての社会制度を神の理性や人間の理性に照らして改革する要素とを含んでいる。建国以来アメリカは、前者の彼岸主義と、後者の「理神論」「宗教的寛容論」「人間の本性」を重視する此岸主義、そして両主義ともかかわる功利主義的価値観とのあいだを揺れながら、今日に至っている。

　政治領域では、神の摂理と聖なる社会建設への思い入れの深さゆえに、宗教と政治の分離を許さず、神に向けてあらゆる組織を制度化していく彼岸主義の心情が「例外主義」としてアメリカ右翼によって代弁され、他方、此岸主義の心情はアメリカ啓蒙主義者によって代弁されてきた。こうしてアメリカは、両要素をふくんだ市民宗教を「心の習律」として、加えてイギリス市民革命のなかで彫琢されてきた J. ロックの『市民政府論』（アメリカに広めた T. ペインの「共和制」）と、スコットランド啓蒙に連なる A. スミスのレッセ・フェールを経済原理として建国した。

　以上は、アメリカ合衆国の原理と建国にかかわるものであるが、強調したいことは、その原理・「心の習律」が「近代」の地平にある、ということである。哲学者 G. W. F. ヘーゲル（1770～1831）は、晩年におこなった一連の『歴史哲学講義』（1822～1831）のなかで、自らの「理性」（Vernunft）の哲学と新しく建国されたアメリカを重ねながら、「アメリカは未来の国である。……古いヨーロッパの歴史の倉庫に退屈しているすべての人びとにとって憧れの国であり」、近代ヨーロッパの自立精神と技能と勤勉を我がものとする人びとによる「産業の隆盛と人口の増加からなる繁栄、ならびに市民的秩序と確立した自由からなる繁栄が見られる」と論じた（Hegel 1837=1954:126-133）。

　哲学史の通説の解釈とは異なるが、D. ベル（1919～2011）によれば、古代・

中世の最後の人であるとともに近代の最初の人であるヘーゲルにとって，古代・中世とは 人為・此岸を越えた「宇宙」「神」のなかに目的（telos）が存在するという世界観に拠る時代のことであり，近代とはその種の超越的テロスは存在しないという世界観に拠る時代である（Bell 1977: 43-50）。若き日にフランス革命とその近代啓蒙思想に熱狂し，ナポレオンその人に「世界精神」・テロスの具現を見ていたヘーゲル歴史哲学の主旨が，歴史は「最後の審判」に向かって直線的時間の上を進むというヘブライ的歴史観を受け入れながらも，晩年に至っても，彼岸の宇宙や神にではなく，此岸における人びとの営みとしての「歴史」（＝「社会」「芸術」）のなかに，とりわけ未来の国アメリカのなかに「近代」の精神・テロスを見いだし，そのアソシエーション型市民社会の建設を見守って行く，ということにあった。

　近代についてヘーゲルやベルと同じ解釈をしているのが，L. ゴルドマン（Lucien Goldmann, 1913 ～ 1970）の『隠れたる神』(1955) である。古代や中世のように，無時間の領域に属すと解釈される宇宙・神のなかに超越的テロスを求めるのではなく，近代では，直線的時間の領域に属する「歴史」を通じて，したがって，此岸において額にカインの末裔を刻印された人間の偶然的で多彩な自己表現である新しい社会建設と芸術創造のなかに，そして超越的テロスに嚮導される此岸の人びとの宗教のなかに，その隠れたテロスを探り，形をあたえ，未来に向けてその実現に努める，それが近代である，とゴルドマンは論じている（Goldmann 1955=1972-3）。

　ヘーゲルにとって「近代」と「アメリカ」の本質とは，此岸においてテロス（真・善・美）を希求する歴史的営み・意味創造の営みであり，他方，後に出自であるユダヤ教に回帰したベルら多くのニューヨーク知識人にとって「アメリカ」とは，彼岸の神に嚮導されながらテロス（真・善・美）を希求する歴史的営み・意味創造の営みである。その違いはあるが，両者にとって「近代」と「アメリカ」の本質的営みとは，自らが掲げる此岸と彼岸のテロスに照らして，どの程度ふさわしく，どのように改革すべきかを，つねに問いなおすこと・反省つまり原理的批判と不可分な（批判の相対主義・「悪無限」に陥ることない）ラディカリズムである。

第2節　プラグマティズムとアメリカ

　同じく，後期資本主義国家アメリカの討究に先立って，「近代」の原理的批判精神は，西欧左翼や社会主義の哲学に内蔵されてきたが，とりわけアメリカ左翼知識人の母胎であるプラグマティズム哲学に結実している，といえる。
　R. ジャハンベクローと I. バーリン（Jahanbeloo and Berlin 1991=1993）も指摘しているように，フランス啓蒙の「フルネーの長老」F. M. A. ヴォルテール（1694～1778）とともに始まった左翼とは，貧者を救済する社会的正義と平等の実現，合理的組織をそなえた人間社会の建設，そのための資本主義の廃止を求めてきた。また，出自がヘーゲル左派でにある K. マルクス（1818～1883）も西欧左翼の精神を受け継ぎ，『ユダヤ人問題によせて』（1843）の「ルーゲ宛書簡」で語っているように，「時代の闘争や願いの自己解明」「既存の一切に対する仮借ない批判」を掲げ（Marx 1844=1974: 126-33），同時に，等価交換を原理とする〈ブルジョア市民社会〉の誕生は，封建制中世からの政治的解放・自由の獲得であるとともに，自然（モノ）的欲望の解放であり利己主義（＝功利主義）の完成である，と論じた。
　このマルクスに連なるいわゆる正統派マルクス主義は，自由や等価交換を装う〈資本―賃金労働〉，その根幹をなす「私有財産制の廃止（生産関係の変革）」なくしては，市民社会の諸理念は実質化されない，と強調し，他方，イギリス・フェビアン社会主義は，『経済学原理』（1848）と『自由論』（1859）を上梓した J. S. ミル（1806～1873）の「分配論」と職場の民主化に拠りながら，私有財産制の廃止をめざす正統派マルクス主義の革命戦略に代えて，社会主義の漸進的実現に努めてきた（Mill 1848=1959-63; 1859=1971）。
　この2つの左翼に棹さしてきた西欧の社会主義は，新たに誕生した「所有」を優先する〈ブルジョア的資本制生産〉の社会にフランス革命の自由・平等・博愛の理念（「市民権」）を貫くこと，同時に，〈等価交換の論理〉を実質化すること（搾取廃止や正当な分配）を主張し，さらに，1750年代に始まった産業革命以来の〈産業主義・官僚制〉とその下で起きている物象化や社会的諸病理を明らかにし，総体として文化の功利主義化を批判し，参加民主主義を揚げて，それらの克服に努めてきた。

南北戦争 (1861〜1864) 後の高度資本主義（独占資本主義へ急速な発展と世紀末の世界最大の生産力を誇る高度産業主義，さらに外交政策の帝国主義化）に達したアメリカにおいては，上述の諸問題を反省の俎上にのせ，どのように改革すべきかを実践してきたのが，西欧の社会主義と土壌を同じくしたアメリカ左翼である。思想史を振りかえると，第一次大戦後から大恐慌（1929）をへて第二次大戦終了そして現代にいたるまで，それらの課題を担った左翼知識人の多くは，「アソシエーション」の再生を掲げた社会哲学と「経験」の認識装置を内蔵しているプラグマティズムを母胎として育ってきた。

アメリカは，対立しつつ互いに補強している3つの潮流，つまり『聖書』を媒体とする〈神―個人〉の神学に拠りつつ回心（conversion）した信者の宗教共同体をめざすプロテスタンティズムと，契約（covenant）による〈市民（citizen）―国家（state）〉という政治社会共同体形成をめざす近代啓蒙思想，そして功利主義（utilitarianism）に拠っているが，この3つの潮流を担っているのは，選ばれた者として神と積極的にかかわる自律的信者であろうし，また，移住してきた多様な住民が農業や産業に従事しながら，自らの政治社会統合・共同体（association・community）形成に積極的参加しようとする自律的市民であろうとする，そうした人びとの自主独立性である。

多様な自律的市民と多様性を許容する共同体や国家との関係は，第3章で詳論するが，G. H. ミード（George H. Mead, 1863〜1931）の場合，〈市民―国家〉を〈主我（I）―客我（Me）〉と捉え直し，反省を核とする〈主我〉（＝自律的信者・ひと）が，諸問題に直面する自己を〈客我〉（＝市民・国民）としつつ，諸問題解決のために国家・官僚機構にたよらず他者と協同して社会・国家を再構成する，そういう絶えざる他者との対話（コミュニケーション）や協同，つまり民主主義的社会枠組みにある，と構想されている。

実際，ブルジョア的功利主義を嫌うイギリスの美学的社会主義や新ヘーゲル主義に棹さすオックスフォード理想主義にも触発されながら，アメリカにおける1910年代のポピュリズム運動，1930年代の革新主義運動やプラグマティズム的抒情詩的左翼（pragmatic lyrical left）は，西欧の左翼・社会主義と土壌を同じくしていた。L. コーザー（Coser 1965=1970）が指摘したように，ドレフュス事件に学びながら W. ジェームス（William James, 1842〜1910）は，アメリカにあって「技能」を糧とする「精神の技術者や専門家」（mental technicians and experts）にとどまるのではなく，「知性」（intellect）を糧とする「知の人」（men of ideas)「知識人」(intellectual)であろうと訴え,J. デューイ(John Dewey, 1859～1952)も近代の精神と民主主義と教育が不可分であると説いた (1916=1959)。これらプラグマティズムを母胎として,ニーチェ哲学のラディカリズムの影響も加わって,グリニッジ・ヴィレッジ知識人と称される多くの若手左翼知識人が育った。

　このプラグマティズム的抒情詩的左翼の正義理念に経済学的土台を与えのが,フェビアン協会創立（1884）や,A. マーシャル（Alfed Marshall,1842～1924）の『経済学原理』（1890）をへて J. M. ケインズ（John M. Keynes, 1883～1946）の『雇用,利子および貨幣の一般理論』（1936）へと連なる,いわゆる近代経済学である。世界大恐慌（1929）に対処するためにケインズは,個々人の利潤極大や満足極大と競争的市場とを結ぶミクロ経済学の需要供給決定論に代えて,個々人の経済行動をこえた社会的投資・需要増加による所得増加（その計量的法則を明らかにできるとする乗数理論・theory of multiplier）を目ざすマクロ経済学を構想し,資本主義経済のなかに分配正義を実現しようとした。市場への国家介入という経済政策は,革新主義運動の枠組みをこえた強力なローズヴェルト連合の成立とあいまって,アメリカを高度資本主義（独占資本主義）から福祉国家資本主義へと高め,同時期に導入された集権的工場組織（フォード＝テイラー・システム）は飛躍的な生産性向上を可能にし,広く後期資本主義国家と称される社会を構築した。

　かつて『資本論』のなかでマルクスは,労働価値の分析に始まり,剰余価値とりわけ平均以上の超過利潤あるいは特別剰余価値の獲得をめざす「資本」は,市場における価格競争に勝利するために,労働力購入の可変資本よりも原料や機械など生産手段の購入にあてる不変資本を急増させること（＝資本の有機的構成の高度化）によって生産規模を拡大し生産力を増大させるが,その結果,相対的過剰人口（＝失業者）とならざるをえない労働者階級の運命（＝資本主義的蓄積の絶対的な一般法則）を診断し,その過剰生産と失業という構造的矛盾は恐慌として勃発し,恐慌は資本主義の歴史的限界とその一時的性格（資本主義の崩壊・否定）を証明する,と分析していた。

　正統派マルクス主義者やトロツキイ主義者は,マルクスの見解を資本主義の自動崩壊,労働者階級の絶対的貧困化,肉体労働者による社会主義革命の遂行に収斂させ,経済的土台をなす労働者―資本家の階級闘争を最重視し,またフランス革命やロシア革命のカタストロフィー型権力獲得を革命モデルとして,

総じて改革・改良闘争を「改良主義」「修正主義」と糾弾してきた。

　他方，新たな段階に入った後期資本主義国家の分析にかんしては，まず，トロツキイ派の理論家が独自の分析をおこなった。かれらは，ロシア10月革命をもって「歴史」がブルジョア段階をこえて社会主義段階に高まり，「国際プロレタリアート唯一の祖国……ソヴィエト」を守ることにすべてを優先させる親ソヴィエト派と袂を別ち，生産力拡大を至上とし前衛党と書記局が計画立案権を掌握するソヴィエトは，必然的に官僚制が肥大化した国家になる，と診ていた。
　正統派マルクス経済学に対して，たとえば，第4インターの構成員でもあるJ. バーナム（James Burnham, 1905〜1987）は，帝国主義的，搾取的ソヴィエトの本質が，社会主義でも資本主義でもない経営者の支配する「経営者社会」にあると規定し，同じく，ニューディール以後の「資本」における株主と経営者の分離がみられるアメリカで巨大法人企業を取り仕切っているのも経営者の力である，と分析した（Burnham 1941=1965）。
　あるいは，新ソヴィエト派とも反スターリン派とも一線を画し，大恐慌後の後期資本主義国家におけるマルクス主義とモダニズムとの間に，つまり政治・経済的ラディカリズムと文化的ラディカリズムとの間に橋を架けようとしたのが，マルクスとS. フロイトに親しんでいた，多くの若きユダヤ人からなる「ニューヨーク知識人」（1935頃〜1965頃）であった。その際かれらは，ヨーロッパにおける故国を失った流浪民族ユダヤの悲しみと，WASPが支配するアメリカにおける疎外されたユダヤ人の怒りとを沈殿させつつ，その悲しみと怒りを淵源として，とりわけモノ欲望の解放と利己主義を浸透させてきた資本主義とブルジョア功利主義文化の浅薄さに対峙しようとした。D. ベルによれば，ニューヨーク知識人とは「彼らがそこから出てきたユダヤ文化と，彼らが入ることのできない，あるいは入ることを望まない異邦人の文化との距離……この理解と抑制の緊張関係が，新しい種類のユダヤ人を生み出した。それは，意識的にこの状況を受け入れ……自己の疎外を現代の悲劇の性質を知るために利用する，疎外された世代のユダヤ人」であった（Bell 1980=1990:287）。

第3節　「黄金の時代」と苦悩する左翼知識人

　第二次大戦後アメリカは，後期資本主義・協調主義的福祉国家としてしばら

くは「黄金の時代」を謳歌する。その〈帝国〉アメリカは、外交では世界をパックス・アメリカーナの下に組み込み、国内では「豊かな社会」「高度産業社会」へ離陸させた。

『マンスリー・リヴュー』や『ニュー・インターナショナル』『パーチザン・リヴュー』また『ディセント』誌などに拠る正統派マルクス主義やトロツキイ主義の左翼知識人は、冷戦激化の下でのマッカーシズムの「赤狩り」（red scare）に苦しむとともに、資本主義の「自動崩壊論」や労働者階級の「絶対的貧困論」にとらわれて「黄金の時代」という現実との乖離に苦しむことになった。

だが、その現実にメスを入れる理論をさぐる左翼知識人も登場した。第二次大戦前のJ.バーナムやニューヨーク知識人の先駆的知見を踏まえながら、たとえば、ウクライナ社会主義ソヴィエト共和国生まれで、マクロ経済学に寄与し後にノーベル経済学賞を受けた S. クズネッツ（Simon Kuznets, 1901～1985）は、正統派マルクス経済学に異議を唱える『国民所得とその構成』（1953）を著し、実証的な統計分析によって、先進国では経済成長と累進課税によって所得平等化と中産階級の発展があると論じ（篠原 1944）、同様に、イギリス労働党系の知識人 E. J. ストレイチー（Evelyn J. Strachey, 1901～1963）は、『現代の資本主義』（1956）を著して、民主主義・福祉国家の発展こそが、恐慌、失業、経済的不平等といった資本主義の病を取り除く、と論じた（Strachey 1956=1958）。

他方、「黄金の時代」に寄り添うように多くのテクノクラート・インテリゲンチャが誕生した。かれらの多くは、分配正義とマクロ経済政策に拠る企業・労働組合・リベラル左派からなる「コーポリット・リベラリズム」を支持し、この豊かな社会・高度産業社会の分析にあたって、「階級」史観の正統派マルクス主義ではなく、「技術力」「生産力」を重視した。

社会学では、T. パーソンズ（Talcott Parsons, 1902～1979）が『社会体系論』（1951）や『社会類型』（1966）などを上梓し、広く西欧社会とりわけ「宗教改革（主として独・仏）、市民革命（もしくは政治革命でフランス）、産業革命（イギリス）、教育革命（アメリカ）」のどれもがなされたアメリカ資本主義社会では普遍的合意が存在し、もはや社会構造に起因する紛争は存在しない、と論じた。このパーソンズの構造＝機能主義社会学は、第二次大戦後から1960年代前半にかけてアメリカ社会学界に圧倒的な影響力をおよぼし、D. ベルの「イデオロギー終焉」論（1960）や『ポスト産業社会の到来』（1973）さらに R. ダーレンド

ルフの『産業社会における階級と階級闘争』(1959) や P. F. ドラッカーの『ポスト資本主義社会』(1993) とともに，いわば「通常科学」となった。

　欧米諸国における労働組合を支持基盤とする労働党，社会党，社会民主党あるいはアメリカ民主党の不振もあって，これら「ポスト産業社会」・「ポスト資本主義社会」論は，後期資本主義・協調主義的福祉資本主義を正しく反映した，と理解された。

　しかしこれらの見解の本音は，近代資本主義の本質が，かつてマルクスが分析したように資本制・〈資本─賃金労働〉的生産様式とりわけ階級的性格にあるのではなく，むしろ〈生産力〉向上にあり，それにともなう徹底的な合理化と官僚制の遂行，したがって支配と技術の合理性の貫徹にある，と診る M. ヴェーバー社会学の延長にあるものであった。それは，A. ギデンズ（Anthony Giddens, 1938～）も指摘するように，「近代資本主義のもっとも本質的要素は，その階級的性格にあるのではない。資本主義をそれに先行する伝統的秩序から区別する断絶は，資本主義的企業の合理化された性格である」と理解する技術・生産力史観あるいは合理性論であった（Giddens1973=1977:38-43）。

　上記の内容は，宗教改革・民主主義・産業革命・公教育・国民国家を内実とするいわゆる「近代化論」(modernization theory) に凝縮され，「戦後に植民地支配から脱したばかりの極東から南半球にまたがる多くの中立の新興諸国を，経済発展」と「人類がつねに夢見てきた祝福されるべき合理的な世界」へ誘う「植民地を持たない」アメリカの諸政策を正当化した。だが，その近代化論は，パックス・アメリカーナの下での〈帝国〉アメリカ「資本」の諸政策，赤裸々な「資本蓄積」を人びとの目からそらす役割を果たすものでもあった（Harootunian 2004=2014:17-27）。

　フランス（ついで日本）帝国主義からの民族独立を求めたヴェトナム解放闘争を悪魔的なソヴィエト共産主義権力の手先と断定するアメリカは，冷戦激化のさなか「反共・反仏・親米」の南ヴェトナムとドミノ論の対象諸国を救うため介入し，また，それらの国々にアメリカ（あるいは高度成長に成功した日本）をモデルに「近代化論」を実行することを求めた。

　左翼知識人も「教育革命」とともに創設された多くの州立大学などに職を得，黄金の時代を享受できるようになり「体制順応」し，かつて疎外されていたニューヨーク知識人もそうであった。その後，かれらニューヨーク知識人の多くは，ソヴィエトにおける基本的人権の抑圧と不平等，それらを象徴する苛酷な「収

容所列島」という事実を前に,「新しい人間」を作り出せなかったマルクス主義を放棄し,挫折感の深さから犬儒主義（cynicism）に陥り,出自であるユダヤの宗教へ回心していった。言い換えればかれらは,体制批判的知識人であることを卒業し,上からの改良にあたるテクノクラート・インテリゲンチャであろうと努めた。同時にかれらは,「イデオロギーの終焉」論とともにマルクスとともにあった「左翼」「人民」の書物を閉じ,さらに「世界の魔術からの解放」を押し進めてきた「近代」それ自体にたいする懐疑を深め,第三次中東戦争（1973）を境に,とりわけイスラエル支持派は「反近代」の新保守主義・ユダヤの「宗教」へと雪崩を打った。

他方,数は少ないが『体制順応の時代』（1952）を著したI. ハウのような左翼知識人は,「今日でも,批判的知識人のあり方のうちで,最も立派なものは……社会と関わり合いながらも冷静を保ち,孤立も辞さず,好奇心にあふれ,真剣で,懐疑的な精神である。批判的独立という旗は,ボロボロに破れてしまっていても,今日でもわれわれの持つ最良の旗なのである」という姿勢を保ちつづけた（How 1963:97）。

C. W. ミルズ（Charles W. Mills, 1916〜1962）は,コーポリット・リベラリズム体制を遂行する〈市民―国家〉をプラグマティストG. H. ミードの〈主我―客我〉の視点で捉え直し,『新しい権力者』（Mills 1948=1974）や『パワー・エリート』（Mills 1956=1958）でその実態を抉りだし,青年時代雑誌「カトリック労働者」の編集者でアメリカ社会民主党創立者でもあったM. ハリントン（Michael Harrington, 1928〜1989）は『もう1つのアメリカ』（1962）を著し,小企業,黒人や移民労働者さらに女性労働者たちの賃金格差,失業,貧困という後期資本主義国家の暗黒面を指弾した。かれらは,資本主義分析にはやはり生産関係や階級という準拠枠は不可欠であり,コーポリット・リベラリズムや独占資本主義の恩恵に与かれない,あるいは搾取されている「人民」への共感を忘れることがなった（Harrington 1962=1965）。

アメリカ民主党系の知識人J. K. ガルブレイス（John K. Galbraith, 1908〜2006）は『豊かな社会』（1985）などを上梓して,人為的消費や人為的陳腐化（prescribed obsolescence）を必要とする現代資本主義では,拡大する生産過程に掻き立てられて欲望が肥大し,かつての物質的貧困・不平等・失業に代わって新しい精神的貧困・社会的不平等が出現していること,そして人びとの労働成果を盗むことになるインフレーションの亢進に警鐘をならしつづけた（Galbraith

1958=1960)。

第 4 節　フォーディズムとニューレフト運動とフランクフルト学派

　協調主義的福祉資本主義と称賛される「黄金の時代」，合衆国憲法の理念や奴隷解放令にもかかわらず，第二次大戦後も黒人たちの貧困と被差別には根深いものがあった。
　勇気ある R. パークス女史のアラバマ州モンゴメリー市のバスボイコット運動（1955）に始まり，ヴェトナム戦争における黒人兵士やマイノリティ兵士の死者数の多さに対する怒りも加わった黒人たちの公民権運動は，南部キリスト教指導者会議議長で傑出した指導力をもつ M. L. キング（Martin L. King, Jr. 1929 ～ 1968）牧師が組織した，リンカーン記念堂前を埋めた 25 万人のワシントン行進（1963）へと高まって行く。多く犠牲と代償をともなった公民権運動は，L. B. ジョンソン大統領が署名した「新公民権法案」や「人種的マイノリティを雇用し昇進させるための積極的措置」（affirmative-action）などとなって結実した。
　この公民権運動は，M. ガンディー（Mohandas Gandhi, 1869 ～ 1948）に学びながら，建国以来の WASP 体制の下に差別され抑圧されてきた黒人が，銃で脅かされ，つばを吐きかけられながらも，被差別者の人間的尊厳を示し，差別する白人たちの良心に訴えて「回心」を迫る，非暴力不服従の道徳の闘いでもあった。黒人たちの非暴力不服従の道徳的高貴さと怒りの行動は，マッカーシズムと体制順応風潮のなかでほとんど息の根を止められていた左翼運動にエネルギーを与え，それに連なる 1960 年代後半から 70 年代前半にかけての社会運動の嚆矢となった。
　パックス・アメリカーナは，第二次世界大戦期に連合国軍最高司令官でもあった D. アイゼンハワー大統領が離任演説（1961）で警告したように，問題含みの「軍産複合体制」と〈帝国〉アメリカの外交政策に支えられていたから，ヴェトナム戦争（1954 ～ 1973）の激化のさなか青年たちは，自由と民主主義擁護の御旗をアジア・アフリカの国々に強制しながら，世界の剰余価値を巧みに吸収することは許しがたいと「民主社会をめざす学生同盟」（SDS, 1960）を組織した。
　青年たちの運動のエネルギーは，建国以来の宗教的・道徳的基盤である聖書的伝統と共和制的伝統からなる「市民の宗教」や「教養教育」（liberal art）そし

てプラグマティズム哲学のなかで涵養されてきたものであった。かれら青年は，「理性」と「道徳」を尊ぶ自律的市民であろうとし，共和主義の本来の反差別・正義・参加民主主義・平和の伝統に沿ってアメリカを再建しようとした。かれらの志は，「ポート・ヒューロン宣言」（1962）に「アメリカの伝統的価値を，われわれは善きものとして考えてきた。ところが，われわれが成長するにつれて，われわれの心地良さは……第1に，頑迷な人種差別に象徴される人間堕落の事実によって……第2に，核爆弾の存在によって象徴される冷戦の事実［によって浸食された。］……この2つは，……解決すべき責任を負うべき，われわれ自身の責任である」に表明されている（Hayden 1962:1）。

少し繰り返しになるが，第二次世界大戦前，プラグマティズム的抒情詩的左翼やグリニッジ・ヴィレッジの左翼知識人らが「市民の宗教」や「教養教育」を母胎としていたように，ヴェトナム反戦運動（1965頃～1973）を組織した青年たち，たとえばD. デリンジャー（David Dellinger, 1915 ～ 2004）やH. ジン（Howard Zinn, 1922 ～ 2010）あるいはヴェトナム戦争を黙認する知識人や大学同僚の「知識人の責任」（1976）をあえて問うたN. チョムスキー（Noam Chomsky, 1928 ～）を育てたのもプラグマティズム哲学であった。実際，独立派左翼を自称するユダヤ人言語学者チョムスキーは，「進歩的な考え方のデューイ派の教育を日常的に受けていました。子供たちはなにごとにも挑戦することが奨励され，自分たちで進んで勉強し，ものごとを自分で考え抜くことが求められていました。つまり，経験するとはそういうことなのです」と述べている（Chomsky 2002=2008:390）。

チョムスキーに関しては第6章で詳論するが，彼が語っているように，プラグマティズムとは，アカデミー内で教授される観念に止まるのではなく，建国期以来ひとびとが蓄積してきた〈市民―国家〉を〈主我―客我〉と主体的に捉え直すこと，そして普遍的理念や観念に導かれながら自らが考え行動すること，それら〈経験〉のなかで真理を確認しつつ正義と美を，つまり真善美の三位一体的人格形成をめざす人びとの「心の習律」であり，自らの人格と自らが属する社会・国家の向上を願う実践の哲学である。

ほぼ10年，時代が戻るが，「黄金の時代」の真只中にあった1950年代末のビート世代の登場は，もっぱら富者や強者に有利な「自由主義的功利主義モデル」によって蚕食されながら，結局はアメリカ「市民」が，物質的幸福や自己利益

のみを追求する科学・技術主義に安住している，豊かなアメリカに潜む社会病理，あるいはその豊かさを可能にしてきたピューリタン的経営エートスに異議申し立てする「文化革命」の開始を告げる出来事であった。ビート世代の社会運動は，1960年代後半に「対抗文化運動」（counter culture movement）と称される，より広汎な社会運動へと発展する。

　他方，公民権運動の非暴力抵抗の闘いに学んだヴェトナム反戦運動に参加した青年や批判力に富む優秀な若手知識人は，労働者階級のみを基盤とする正統派マルクス主義や協調主義的福祉資本主義に賛同するリベラリズム・改良主義的左翼と一線を画し，自らを「ニューレフト」（new-left）と称して社会運動を展開した。

　アメリカ左翼陣営の改良主義的左翼やマルクス主義的左翼と，労働者階級に代わる新しい知識人の役割や参加民主主義に重きを置くニューレフト，両者の分裂をうながしたのは，前二者にかんして知識社会学的分析のメスを入れて「洗練された保守派」と断じた『新しい権力者——労働組合幹部論』（1948）のC. W. ミルズや，すでにそれらが適切な社会再建プログラムを失ったと論じた『アメリカ左翼の苦悩』（1969）の著者C. ラッシュ（Christopher Lash, 1932～1994）であった。

　1960年代後半から1970年代前半にかけて盛り上がった白人学生を中核とする青年運動（対抗文化運動とニューレフト運動）は，高橋徹（1926～2004）が『現代アメリカ知識人論——文化社会学のために』（1987）で詳細に論じたように，「壮大な革命性や全面的否定」という現象を示したが，何よりもそれが目指したのは，伝統的マルクス主義における搾取や絶対的貧困の解消，また改革主義左翼・リベラルにおける分配の富者や強者への偏りの是正にも共感しながらも，かれらが看過してきた協調主義的福祉資本主義国家における管理化や先進産業社会における科学・技術主義・合理性の支配，両者に通底する「物象化」への異議申し立てであった。言い換えれば，〈資本主義的—合理的経営エートス〉を源泉に，もっぱら業績主義・道具的合理性・経済成果あるいは管理貫徹を最善とする，過剰に「物象化」した現代社会に対する異議申し立てであり，それを阻止するための参加民主主義の実質的実現であった（Spates, J. L. and J. Levin 1972:326-53）。

　これらニューレフト運動や対抗文化運動に参加した俊英の青年知識人たちは，後期資本主義の特色である「物象化」つまり人間の商品化・事物化の解明のた

めに，論文集『知られざる地平——レーニン以降のマルクス主義』(1972) の上梓にみられるように，これまでのプラグマティズムの準拠枠をこえて，西欧マルクス主義や現象学とフランクフルト学派を学ぶことからはじめた (Howard 1972=1973)。

というのも，「精神の技術者や専門家」というエリートが，社会的諸病理や文化をより〈支配と技術の合理性〉の強化によって，問題を解消しようとすること，つまりより高度の物象化によって糊塗しようとする事態に先駆的な批判を行なっていたのは，L. ゴルドマン (Lucien Goldmann, 1913 〜 1970) が『ルカーチとハイデガー』(1973) でみごとに解析したように，まず，物象化の打破にかんして，プロレタリアート階級の自覚的「階級意識」に期待をかけて『歴史と階級意識』(1923) を著した G. ルカーチ (Györy Lukács, 1885 〜 1971) であり，「死」を意識した個人主義的な英雄主義的な「気遣い」(Sorge) に期待していた『存在と時間』(1927) の著者で現象学者の M. ハイデガー (Martin Heidegger, 1889 〜 1976) であったからである。また，ルカーチやハイデガーと同時代の H. ベルグソン (Henri Bergson, 1859 〜 1941) や『生きられる時間』(1933) の著者 E. ミンコフスキー (Eugene Minkowski, 1885 〜 1973) らは，人間の本質を「生の躍動」や「生」と捉え，時間—空間のカテゴリーに拠りながら，それらが空間化 (＝物象化) によって棄損される事態が，精神医学の領域でどのように臨床的に現象するか，を論じていた。

フランスのマルクス主義社会学者 J. ガベル (Joseph Gabel, 1912 〜 2004) の『虚偽意識——物象化と分裂症・鬱病症』(1962) は，正常な人格における〈ゲシュタルト的価値構造〉あるいは〈空間—時間の弁証法的均衡〉を重視する精神医学の知見とルカーチの物象化論を統合する準拠枠を示した。過剰な物象化は，あたかも「祭のあと」(post festum) のようにすべてが終わったという保守的な鬱的精神症状・「離人症」を，逆に，過剰な物象化に反発するあまりの「生の躍動」「生」の希求は，「祭を待つ」(ante festum) ように，未来の兆候に賭ける焦燥感にかられる統合失調症 (分裂病) をうながす，と論じた。すぐ後に言及するが，フランクフルト学派第一世代も，その批判理論 (critical theory) に拠って，問題の解明に先駆的につとめていた。

だからニューレフト青年知識人たちは，後期資本主義国家アメリカ社会に切り込むメスとしてそれら先駆的理論を咀嚼し，さらに応用することをめざした。たとえば彼らは，T. S. クーン (Thomas S. Kuhn, 1922 〜 1996) が『科学革命の

構造』(1962) で採用した，近代物理学や近代科学を相対化するパラダイム (paradigm) 概念にも刺激されて，搾取や絶対的貧困を科学的真理と強調する伝統的マルクス主義や，管理強化をともなう協調主義的福祉資本主義国家の再検討をせまって，現象学とマルクス主義を統合した「新しいマルクス主義」(New-Marxism) を模索した。先に言及した『知られざる地平——レーニン主義以降のマルクス主義』も，「微視的社会」システムをなす「家族，性，労働現場，文化活動，言語その他の形でのコミュニケーション，社会的相互行為，制度，イデオロギーにおける疎外の諸形態の……現象学」と「それらの背後まで入り込み，より広い社会階級的な諸力（「巨視的社会」システム）の動態的な歴史的理解」をめざすマルクス主義との統合を探ろうと，論じている。

また彼らは，アメリカ分析の討論組織かつ既成学問に対する異議申し立て組織として「ラディカル・コーカス」(radical caucus) や「ラディカル政治経済学連合」(1968)「ラディカル社会学集団」(1969) などを結成し，ラディカル経済学やラディカル社会学の確立を訴えた。『来るべき西欧社会学の危機』(1970) や『知識人の未来と新しい階級』(1979) を上梓したラディカル社会学の雄である A. W. グールドナー (Alvin W. Goulder, 1929 〜 1980) は，権力には経済資本に因る権力と文化資本に因る権力があり，高度産業が実現した豊かな福祉国家のなかで体制内存在となった労働者階級に代わって，「文化資本と批判的言説」を財とする文化ブルジョア知識人こそが，知という文化資本の優位性を戒慎しつつも，「文化革命」という長征に努めるべきだ，と論じた (Gouldner 1976=1977)。

ヴェトナム反戦運動が高まり，若年層が多数参加し始めて，反戦が社会的なうねりとなったニューレフトのなかに，ビート世代よりもいっそう身体的・感性的な「若者文化」を表出するビート世代，「対抗文化運動」が登場する。たとえば T. ローザック (Theodore Roszak, 1933 〜 2011) は，運動の記念碑的著作となった『対抗文化の形成』(1968) を著し，ヨーロッパ文明の源流の1つであるギリシャ文明の理性や道徳の守護神であるアポロ神殿に乱入した不条理で非合理な怪物ケンタウロスを讃えた。

これら〈支配と技術の合理性〉の貫徹に異議申し立てするニューレフト青年運動や対抗文化運動を哲学次元で支えたのは，先に触れた西欧マルクス主義，とりわけフランクフルト学派第一世代の批判理論である。というのも『啓蒙の

弁証法』(1944) を著した T. W. アドルノ (Thedor W. Adorno, 1904 ～ 1969) と M. ホルクハイマー (Max Horkheimer, 1859 ～ 1973) をはじめとするフランクフルト学派第一世代の知識人が, 1930 年代にナチス・ドイツを逃れてアメリカへ亡命し, 功利主義とプラグマティズムが主流であったアメリカ哲学界に大きな影響を与えていたからである。

しかし彼らが携えた批判理論は, E. フッサール (Edmund Husserl, 1859 ～ 1938) が『ヨーロッパ諸学の危機と超越論的現象学』(1936) を上梓したとき, 彼の現象学の後継者と誰しも認めていた M. ハイデガーがナチズムに傾斜していたから, ルカーチの『理性の破壊』(1954) が非難したように, アドルノや H. マルクーゼ (Herbert Marcuse, 1898 ～ 1979) も, 現象学を非合理主義に囚われた「最後のブルジョワ意識の認識論」と捉えていた。その結果, かれらの批判理論は, 現象学の要である主体—客体の内的関係への留意を看過し, 新カント的・個人主義的モラリズムの色合いを濃くした内容となった。

具体的には, フランクフルト学派批判理論の当初の狙いは, ファシズムや後期資本主義の管理社会に生活する当人たちの〈ヒト—ヒト〉関係が, あたかも〈モノ—モノ〉関係として, また科学的・数学的法則 (＝実証主義) に合致した世界として現象する事態を, あるいは〈管理—被管理〉が当人たちの意識に内面化され「自発的従属」「権威主義的パーソナリティ」がはびこる事態を〈ヒト—ヒト〉関係の倒錯と分析し, あるべき〈ヒト—ヒト〉関係つまり社会や宗教の再構築を目指すところにあった。が, 主体—客体の内在的関係に留意する現象学という赤ん坊を盥の水ともに流してしまった『啓蒙の弁証法』で語られたのは, 古くギリシャ時代に遡り, 自然を母胎とする神話的思考から啓蒙的思考への転換のなかでヒトの自然 (内なる自然) の収奪がなされているということ, 母胎である内なる自然 (＝「生の躍動」「生」) を犠牲にすることでしか, ヒトの自我は形成されないという主旨であった。

言い換えれば, アニミズム「世界からの脱魔術化」を導く啓蒙的理性は, 自我・主体確立に不可欠であるとしても, その理性の部分をなす科学や道徳が肥大化し, 科学による自然支配, 道徳による内なる自然 (本能・感性) 支配, そして権力による人間関係の支配をもたらすから, 啓蒙的理性とは支配＝権力に他ならない, というアポリアであった。したがって『啓蒙の弁証法』の通底音は, ナチズムや後期資本主義・高度産業社会の下での主体抑圧と文化貧困の遠因が, 啓蒙的理性を体系的に展開してきた西欧文明それ自体のなかに, とりわけその

延長にある「近代」に原因があるという歎きであり,支配＝権力に適合する自然科学的・「道具的理性」だけが唯一の理性の形態になってしまった,という悲観主義であった。

　ホルクハイマーとアドルノのこの悲観主義を打ち破る課題を担ったのが,対抗文化運動の中期に活躍した,自我形成における歴史・社会・文明を重視する新フロイト学派,その左派に属してニューレフト三本柱ともいわれた『生と死の対立』(1959) の N. O. ブラウン (Norman O. Brown, 1913 〜 2002),「反精神医学」の旗手で『引き裂かれた自己』(1960) の R. D. レイン (Ronald D. Laing, 1927 〜 1989),そして『エロスと文明』(1955) や『一次元的人間』(1964) を著した H. マルクーゼである。

　かれらは,とりわけ後期フロイト精神分析学の,歴史・社会・文明がリビドー・エロスを抑圧するという見解を受け入れて,抑圧からの性の解放と社会の解放(＝社会主義)を同時に目指さなければならない,と強調した。ハイデガーにも学んだマルクーゼは,「抑圧的脱昇華」が働いている産業社会の「一次元性」(one dimensionality) を打ち破る「大いなる拒否」は,ハイデガー存在論の核をなす「死」以外に「エロス」や「美」の中にもあり,社会解放とエロスや美の解放を同時にめざす「性の政治学」を実践しなければならない,と主張した。道具的合理性に取り込まれない身体的な「美」や「エロス」あるいは「今ここ」体験だけが「大いなる否定」を発揮できる,と。これら対抗文化運動を主導した3人の哲学は,つまるところ「性の政治学」を実践することであった。

　1968年5月,「想像力を権力に」をスローガンとするいわゆるパリ5月革命が最盛期をむかえ,同8月,毛沢東が採択させた「プロレタリア文化革命に関する決定」いわゆる「文化大革命」が,ニューレフト運動や対抗文化運動のさらなる高揚をもたらした。1969年8月15〜17日の3日間,「愛し合おう,戦争はいや」「一つになろう」をスローガンとするウッドストック音楽祭が開催され,40万人以上のヒッピーが詰めかけ,11月にはワシントン D. C. でのヴェトナム反戦運動に30万人が参加した。

　この時期なると,対抗文化運動に参加したヒッピー世代とニューレフト運動に参加した若者たちは,総じて新ニューレフトと一括されるようになる。というのも彼らは,かつてプラグマティズムを母胎にしながら SDS など旧ニューレフト運動に結集した理性と道徳を尊ぶ自律的人間類型,〈過去─現在─未来〉へ

の展望上に構築する近代的自我像に代わって,「財産より人権を,テクノロジカルな要求より人間的必要性を,競争より協業を,暴力よりセックスを,集中より分散を,生産者より消費者を,手段より目的を,隠蔽より開放を,社会の形式より個人の表現を,汗水たらすことより満足することを,エディプス的愛より共同体的愛を優先」させる社会的性格を共有するようになっていたからである(Slater 1970=1995:143-59)。

　最盛期をむかえて若年参加者の急増と運動の高揚は,組織や戦略にも反映した。新ニューレフトのなかに,マルクス=レーニン主義の中央集権的組織で固めた分派や,革命のためには銀行強盗をいとわない極左的戦術強硬論を主張しつつLSDトリップや乱交で同志愛と連帯を確認するウェザーマン派などが台頭する。資本主義的—合理的経営エートスを大切にするとともに,同じ比重で自己表出・他者や参加への関心・哲学的宗教的欲求も大切にする「文化革命」を目指した,かつてのニューレフト運動・対抗文化運動は衰退し,〈過去—現在—未来〉の流れ・「歴史」を拒否して,瞬間（今ここ）の快楽を求める「カーニバル的自我」の参加者が急増し,青年運動の質が変わった。若者たちは,すでに「自らの行動によって何を実現しようと望んでいるかではなく,むしろ何をするか,それをしている間にどう感じるかにあった。愛を交わすことと革命することが,はっきり区別できなくなっていた」(Hobsbawm 1996:333)。

　「壮大な革命性や全面的否定」をめざしたニューレフト運動と対抗文化運動は,精神医学者・木村敏の術語を借りれば（木村 1982: 159),「祭のさなか」(intra festum) 的狂気に陥った。しかしながら,R. イングルハート (Ronald Inglehart, 1934～) の『静かなる革命』(1977) や『先進産業社会における文化変容』(1990) が,先進工業国家における意識調査データーに基づいて実証的したように,それらの運動は,脱物質主義という「文化革命」を志したものであり,H. P. ドライツェル (Dreitzel 1977: 83-129) が整理したように,アナーキーな文化変容とともに,脱物質的価値・「新しい感性と新しい共同性」,つまりその後の「ポストブルジョア・ポスト家父長的市民社会」(Cohen) 構想を支える新しい社会意識の誕生が見られた。

　ともあれ,なるほど「学生反乱は,経済と政治の外の現象であった。……それでもそれは,ある世代——自分たちの世代は西欧社会の問題を究極的に解決したと半ば信じた世代——に対する1つの警告,いわば死の警告 (memento mori) として役立った」のである (Hobsbawm 1996:285-86)。

ニューレフト運動と対抗文化運動の革命的エネルギーが「祭」なかに消尽するとともに，社会文化革命よりは「自己変革」に沈潜する若者が増えた．一部の若者は，現代が二千年の頽廃した「魚座」の末期にあって次の「水瓶座の時代」への過渡期にある，とする宗教者ヨギ・バシャンなどの終末観を受け入れ，キリスト教に代わるアニミズムを色濃く帯びたアジアの宗教つまり母性的宗教に惹かれて，「新しい宗教運動」(new religious movement) に加わった．R. ベラーの卓越した分析によれば，母性的宗教の特徴とは，1つは，キリスト教的〈神―人間〉概念，つまり無限なる神と有限なる人間のあいだに越えられない絶対的距離を確認しつつ，神への卑小な人間の従順と憧れ，そして救済への賭けを神学構図とする『聖書』的概念をしりぞけることに，2つは，西欧宗教におけるギリシャ的要素である反省的悟性を媒介させない直接体験を選ぶこと，神や自然との直接的一体感・神秘体験に力点を置くことにあった（Bellah 1975=1983:282）．
　参加者は，対抗文化運動の一翼を担ったコミューンにおける愛や幻覚の，いわば水平的なリビドーの交流体験や出会い（Encounter）を重視する人間の「可能性実現運動」よりも，宗教的神秘における垂直的な昇華体験を求め，さらに自然との一体感に「人間の可能性の完成」を見ようとした．たとえば，E. P. ブラヴァツキー夫人（Elena P. Blavatsky, 1831 〜 1891）の「神智学」（Theosophy），そこから分かれたロシア系アメリカ人 R. シュタイナー（Rudolf Steiner, 1861 〜 1925）の「人智学」（Anthroposophie）に惹かれた．そのシュタイナーは，霊（Geist）・魂（Seele）・体（Leib）と輪廻転生から生ずる運命に強い関心を寄せていた．
　〈支配と技術の合理性〉の支配・過度の物象化に異議申し立てするニューレフト運動，その参加民主主義に力点を置く社会変革より「文化変革」に力点を置いていた対抗文化運動，かつて「理性の感性化」（sensualization of reason）という広く「文化革命」を目指していた両運動が，もっぱら自己に沈潜し，「自然の霊化」（spiritualization of nature）を追求する「新しい宗教運動」へと行き着いた．それは，社会と対決する「壮大な革命性や全面的否定」の時代が終わったことを表していた．
　ニューレフトがウェザーマン派へ，対抗文化運動がセックス・ドラッグ・ロックのウッドストック音楽祭へと「祭のさなか」的狂気に陥ったように，その後，この「新しい宗教運動」の一部のセクトは，オカルト（occult）的狂気に陥って

いく。

　信者獲得のために LSD を使ったマンソン・ファミリーは，女性は罪人であると信じて女優シャロン・テートを殺害し（1969），南米ガイアナ共和国の密林奥地に入植し信仰拠点を置いた「人民寺院」(People's Temple) は，強制労働の疑いを調査するために訪れた下院議員や NBC 記者5人を殺害した上で，信者914人が「われわれは非人道的な世界に抗議する」と集団自殺した（1978）。カナダ・ケベック州に信仰拠点を移した「太陽寺院」(The Solar Temple) の信者約74人は，「世界の偽善と圧迫」から逃れ「シリウス星への移動」を信じて自殺した。また，臨死体験から生還した教祖ともに禁欲的なコミューン生活をともにする「ヘヴンズ・ゲート」(Heaven's Gate) の信者39人も，地球は「組み替え・再生利用」(reset・recycle) の時期であり，ヘール・ポップ彗星とともにあらわれる宇宙船・UFO に魂を乗り換えさせねばならない，と1997年に集団自殺した。

第5節　新古典派経済学とマネタリズムと新保守主義

　ヴェトナム戦争や社会福祉費による財政赤字と輸入超過の貿易赤字という「双子の赤字」がニクソンショック（1971）や石油危機（1973）によって明らかになり，協調主義的福祉資本主義とその思想であるコーポリット・リベラリズムが維持しがたくなった。「黄金の時代」の繁栄にいわば凭れかかってきたニューレフト青年運動や対抗文化運動も，1970年代初頭にはほぼ自壊する。

　1970年代後半からリーマン・ショックの2008年までの約30年強の間は，新古典派経済学とりわけマネタリズムと保守主義・新保守主義そして金融資本主義を柱とする「資本」側の巻き返しと支配の時代となった。冷戦終焉・ソヴィエト崩壊（1989）後，〈帝国〉アメリカは，経済・外交・軍事における「アメリカ第一主義」(American presence) を強行できる唯一の覇権国となった。それらのことは，アメリカ「資本」が全世界を自由に無制限に跋扈できる「市場」に改編すること，1950年代に称賛された「近代化論」を新自由主義・グローバリゼーション（globalization）に装いを替えて，世界の警察官として新しい秩序を国際社会に強要すること，つまり，この間揺らいできたパックス・アメリカーナの再構築，「植民地をもたない」〈帝国〉アメリカが世界中に軍を配備して，多くの権益を維持する基盤を整えた，ということを意味していた（Harootunian 2004=2014:17）。

共和党 R. W. レーガン大統領（在任 1981 〜 1989）によるレーガノミックス（Reaganomics）と民主党 W. J. クリントン大統領（在任 1993 〜 2001）によるカジノ金融資本主義を全面化した「金融サーヴィス近代化法」（1997）こそが,「資本」側による「資本蓄積のための条件を再構築し,経済エリートの権力を回復するための政治的プロジェクト」である（Harvey 2005=2007:7）。そして,このプロジェクトを補強したイデオロギーが,保守主義であり新保守主義であった。それらは,左翼側の「ポストブルジョア・ポスト家父制市民社会」プロジェクトをきわめて難しい事態に追い込んだから,以下,概略しておきたい。

新古典派経済学（マネタリズム）について：
　新古典経済学派は,経済学の分配と配分という 2 つの大問題のうち,生産の成果や初期の資源をどのように分配（distribution）するかは差し置いて,資源や財の効率的な配分（allocation）は自由な市場（market）の調整機構にまかせる,と考える。同派の F. A. von ハイエク（Friedrich A. von Hayek, 1899 〜 1992）,とりわけ M. フリードマン（Milton Friedman, 1912 〜 2016）らが導入した供給重視経済学・マネタリズム・新貨幣数量説は,景気循環は貨幣供給量と利子率によって決まるから,政府の裁量的な総需要管理政策や財政政策は間違いであり,市場経済を攪乱させない枠組内で,一定率で貨幣供給を増やしていくという消極的役割に限定する金融政策を採れば,総需要曲線と総供給曲線の交差点が右側にシフトして経済成長が促され,所得は高所得者から低所得者へと「したたり落ち」（trickle down）,物価水準も低下できるというものである。
　経済学者・篠原三代平の簡潔な要約によれば,ハイエク経済論とは,「信用創造によって生じた投資の（貯蓄に対する）超過傾向は,投資財部門を中心とした『不均等発展』と『インフレ的成長』を引き起こすことになる。だが,その結果生じた『部門不均等』を是正するのは,投資ブーム後に発生するデフレ的調整過程だ,ということになる。彼にあっては,このデフレ過程を有効需要によって政策的にカバーする努力は,かえって経済的不均衡ないし矛盾を拡大し,ウミを出し切るという措置を回避し,遅延させるだけである。したがって,ハイエク説に忠実になろうとすると,この場合には,無政策こそ政策になる」である（篠原 1982［1991］: 150）。つまり,新古典派経済学とりわけマネタリズムは,国家による市場経済への介入というニューディール以来の協調主義的福祉政策・ケインズ経済学は,無策こそ最良の政策に反する最悪の経済政策であった。

したがって「資本」は，格差が拡大しようと低所得者が困窮しようと関わらず，ウミを出し切るまで弱肉強食の市場競争に邁進すべきだ，と強調する。

この新古典派経済学・マネタリズムを支えたのは，新興中の石油・宇宙産業・IT産業，保守主義とキリスト教原理主義そして新保守主義である。

1970年代の2度の石油危機や〈帝国〉アメリカの寄生性・腐朽性に甘えているうちに日本・ドイツなどの企業の興隆を許し，北部のスノーベルト（snow belt）における石炭・鉄鋼・自動車・機械産業は衰退し，アメリカ経済力の重心は北緯37度線より南部のサンベルト（sunbelt）へ移動した。サンベルトの石油・宇宙産業・IT産業は，協調福祉資本主義の諸規制・負担を嫌うとともに，労働組合に加入していない安価な南部農民・移民労働者・技術労働者の存在が魅力的であったから，新古典派経済学やマネタリズム政策を歓迎し推進した。

「規制緩和」を掲げる彼らの合い言葉は，「安っぽい慈善は人びとの所得を浪費し，いわゆる受給者を堕落させ，非道徳化する」であり，その社会観は，C. マレーのベストセラー書『ベル・カーブ』（1993）がアメリカ社会の頂点に白人・ユダヤ人の子孫が，次に中国人やアジア人が，底辺に黒人が位置すると描いたように，すべての人間の社会行動は，動物の場合と同じく遺伝子によって決定されており，強者が勝ち残るという新社会進化論であった。

1970年代以降増えてきたカトリック右派やプロテスタンティズム福音主義などキリスト教原理主義は，離婚増加・性の寛容・ポルノグラフィの蔓延，進化論教育やアファーマティヴ・アクションを糾弾するともに，南部・中部山岳地帯・西海岸に多く住む，ほぼ5000万人の信徒を，神に選ばれた者という選民主義でくすぐりつつ，新社会進化論と軌を一にする弱肉強食の新古典派経済学の市場経済主義とマネタリズムを支持し，まさしく当の経済政策で痛められている中間層以下の怒りや不安を逸らし慰めにつとめ，かれら底辺大衆の支持を得ることに成功した。

ロールズの『正義論』：

他方，J. ロールズ（John Rawls, 1921～2002）に代表されるリベラル左派は，軍事的需用の創出・軍産複合体は継承しつつ，大幅減税された財閥・大企業が規制緩和・撤廃された市場でふたたび「強盗貴族」さながら自由な振る舞うことを許すレーガノミックスとそれを補強する保守主義・新保守主義によるアメリカ資本主義強化と〈帝国〉アメリカへの巻き返しに対して，政治学の領域に

新しく規範的政治論・正義論を対峙させた。

　というのも，これまでの社会民主主義に連なるリベラル派の旧来の政治学・社会学・倫理学は，資本主義経済の諸矛盾・諸課題は経済発展によって，つまり幸福の量的総計の最大化をめざす功利主義的価値観，あるいは，その亜種としての消極的救済にすぎないトリックル・ダウン（trickle down）によって解消できるとする倫理であったが，『正義論』（1971）を上梓したロールズの規範的政治論は，それを超えるものであったからである。彼は，規範的政治論の前提にカント的な自己利益を規制できる「実践理性」を持った倫理主体像を置き，市民社会ではそうした倫理主体が相互に承認し合える「公正としての正義」が貫いていなければならない，したがって分配的正義もトリックル・ダウンに終始する消極的正義ではなく積極的になされるべきだ，と論じた。言い換えれば，ロールズの『正義論』は，「近代」ブルジョア社会正統性の2つの柱，人民による下からの政府形成（社会契約論）と社会的正義に拠って，「富豪以外のすべての国民からの犠牲を期待している，権威主義的資本主義本位の社会契約」（Bellah 1975=1983:9）に対峙するリベラル左派の協調主義的福祉国家の積極的擁護，倫理的基礎付けを行ったのであった（永井 2012a: 93-101）。

新保守主義について：

　新保守主義も新古典派経済学の市場経済主義やマネタリズム策を黙認した。協調主義的福祉資本主義をすすめてきたリベラル陣営は，世界資本主義における〈帝国〉アメリカの絶対的ヘゲモニーの喪失（＝パックス・アメリカーナの揺らぎ）とアメリカ資本主義の利潤率の低下という厳然たる事実に直面して，1970年代中頃には〈リベラル左派〉と〈中間派―右派陣営〉に分裂するが，第三次中東戦争（1967）をめぐって左翼から離れていたイスラエル支持ユダヤ人（かつての「ニューヨーク知識人」の多く）が，中間派―右派陣営に「新保守主義」（neo-conservatism）として加わった。リベラルを代表する第39代大統領 J. カーター（Jimy Carter, 在任 1977～1981）を最後に，中間派―右派―新保守主義陣営は，民主党支持から保守主義政策と新古典経済学マネタリズムを求めてきた共和党へと雪崩を打った。

　なるほど大恐慌（1929）を体験したかつてのマイノリティでありニューディール政策の恩恵にあずかった新保守主義知識人は，新保守主義の「ゴッド・ファーザー」とあだ名される I. クリストル（Irving Kristol, 1920～2009）によれば，

ニューディール政策も市場の勝者による「自生的秩序」(spontaneous order) を阻害した「設計主義的合理主義」(constructivist rationalism)「集産主義」(collectivism) にすぎないと非難するハイエック流の市場経済主義に賛成できなかった。だから彼らは, ハイエック流の反国家主義・反リベラリズムを「ある種の政治的ヒステリー」「大学二年生程度の」保守主義として一線を画した。だが, 新保守主義者は, 1950～1960年代の「偉大な社会」に要約される福祉国家理念が「ウルトラ改革主義による行き過ぎ」であり, 何よりもアメリカ「資本」の利潤率を再確保するためには「規制緩和」を行い「安っぽい慈善」を止めるべきだ, と強調した。イデオロギーの次元で, 規制緩和や安っぽい慈善停止を妨げてきたのが,「民主党・公共教育機関・メディア・法学部・裁判所・有名神学部・カトリック教会の司教および主要プロテスタント諸派の神父を支配してきた」「リベラリズム」であり, それを主導してきたのが「新しい聖職者階級」という「新しい知識人」であるから, 新保守主義者は, これらリベラルに対する「文化戦争」を開始したのだった (Kristol 1995: 80-91)。

　新保守主義は, 主敵を「資本」ではなく「リベラリズム」「協調主義的福祉資本主義」に定めた結果, 暗黙裡にあるいは必然的に, とりわけサンベルト巨大企業が歓迎するハイエック流の市場経済主義に加担することになる。文化戦争に際して, 新保守主義者が掲げた御旗は, 反近代 (anti-modernity) =「近代文化涸渇」論と親近代化 (pro-modernization), つまり「宗教への回帰」と市場経済主義的親産業化 (pro-industrialization) であった。

　新保守主義を代表する知識人 D. ベルによれば, 近代に生きる「われわれは, ほとんど全面的な反制度・道徳廃棄論的な文化［深さを失ったモダニズム］の中に生きている」が, もう一度, 近代の過程で自立した科学領域, 政治領域, 芸術領域をかつてのキリスト教やユダヤ教ヤハウェの神への階統的秩序 (hierarchy) の下に再び組み込みことが必要であり,「過去に回帰し, 伝統を探り, 人間に一連の導きの糸を捜し求めようとする宗教……死者と生者, これから生まれでようとする人間との継続性を人間に与える……記憶の蘇りこそ」が必要なのである (Bell 1976=1976)。

　この新保守主義の見解は, アメリカ建国以来の『聖書』の〈神―個人〉の下に回心した信者たちの宗教共同体を強調する伝統に拠りながら, ニューディールを私有財産と自由とを強奪する「忍びよる社会主義」(creeping socialism) と非難してきた共和党系の人びと, また反ユダヤ的であるが終末決戦 (Armageddon)

に際して，聖地であるイスラエルが維持しなければならないと信ずるキリスト教原理主義者よって受け入れられた。さらにパックス・アメリカーナの維持と強化のために，アメリカの「独立宣言」の精神（「アメリカの大義は全人類の大義」）をかかげていたヴェトナム民族解放闘争（「ヴェトナムの大義は全人類の大義」）への介入が，アメリカ人のアイデンティティを傷つけ，「市民の宗教」が「空っぽの壊れた貝殻」となる代償を払わざるを得なくなっていたから，新保守主義者の「大覚醒」（Great Awakening）の訴えは，自信喪失した国民の心の琴線に触れるものがあった。1980年代に中産階級の少なからぬ人びとが，新古典主義経済とマネタリズムの政策によって「白人の屑」（white trash）として没落させられてきたから，建国の精神とりわけアソシエーションと表裏をなしていた聖書的伝統・「市民の宗教」を回復したいという国民の願いとも共鳴していた。

　「大覚醒」という新保守主義者の訴えは，政治・経済・社会とは別の次元で考察するならば，「近代」は此岸世界の真・善・美に自己の存在理由を見いだそうとするが，人間は有限で卑小であり，古代・中世に帰って，聖なる宇宙・神という人為を超越した全体的世界像のなかに自己を位置づけてこそ安定感をえることができるのではないか，といった宗教的・哲学的問いであった。言い換えれば，〈時間の領域〉にある有限な人間の，多彩ではあるが偶然的でいわば水平的な諸体験は，永遠なる聖なるもの，宗教の「形式」の下で統御されてのみ，深みある経験となり，崇高感やアウラ（aura）が照射する経験になるのではないか，という問いであった。あるいは，近代人もいま一度「死を思え」（memento mori）を想い起こすことでのみ，一人ひとりの実存的生を有意義にできる，ということにあった。

　社会の危機や人生の危機，自己喪失や絶望のなかで，聖なるもの・偉大なるものを求めることで心身が回復する，そういう生得的防衛機能が，アニミズム以来すべての宗教のなかにいわばDNAとしておそらく刷り込まれてきたものであるだけに，その宗教的・哲学的問いは軽視できないものがあった。

　しかし，左翼の哲学にも大きな影響を与えてきた，ギリシア・ポリスをあるべき社会と見なしていたヘーゲル哲学の立場からみれば，中世キリスト教の出現とともに此岸世界と彼岸世界が神学的に分離され，もっぱら彼岸に自我の拠りどころを求めること，存在証明を求めること自体が，ひとつの疎外であった。また，アメリカ左翼からみれば，中間層を分解させ，社会底辺に「白人の屑」

を堆積させてきたのは，まさしく保守主義と新保守主義そしてキリスト教原理主義の連合体としてのレーガノミックス・共和党，そして何よりも巨大法人企業群・「資本」の論理であったから，新保守主義の問いと左翼の分析はすれ違ったままであった。

だが，断片的感覚に生きる若き世代，「空っぽの壊れた貝殻」にたいする同じ危惧は，ベストセラーとなった『ナルシシズムの文化』（1980）の C. ラッシュといった旧左翼・改良主義左翼・リベラルからも表明されていた。そうしたラッシュの根底にあった人間観は，たとえばキリスト教社会主義の資本主義批判には好意的ながら，「近代」思想に共通する楽観的人間観に批判的な，原罪説に基づく神学者 R. ニーバー（Reinhold Neiber, 1892～1971）の人間観と通底していた（Niebuhr 1941=1951）。つまり，聖なるもの・偉大なるものの前では，人間は有限であり，自らの限界と弱さの意識，それ故の優しさの感性を自覚するから，それらは必要だというものであった。また，建国以来アメリカ社会を支えてきた多くの，勤勉でもあり禁欲的でもある「プチ・ブルジョア」がそれを具現してきた，というラッシュの思いであった（Wrong 1998: 183-93）。

ともあれ 1981 年のレーガン政権の誕生とその後の保守主義・キリスト教原理主義と中間派—右派—新保守主義の興隆は，かれら陣営の大団結の結果であった。また，その楽観的な「したたり」論とは裏腹に，中間層を苦しめ，少なからぬ数を貧困層へと転落させ，社会を分裂させたが，当の国民が，「ナルシシズム」（Lash 1979=1984）の海に溺れながらも，レーガノミックス・新古典派経済学政策に起因する生活の苦しみや不安や怒りの解消を「強いアメリカ」やキリスト教原理主義あるいは新保守主義に求めた結果であった。A. ブルーム（Allan Bloom, 1930～1992）のベストセラー書『アメリカン・マインドの終焉——いかに高等教育は民主主義を裏切り，今日の学生の精神を貧困にしてきたか』（1987）は，1980 年代中頃には 5 人に 1 人がキリスト教右派教徒になった時代状況を反映していた。そして，1981 年のレーガン政権の誕生と社会主義ソヴィエトの崩壊（1989）は，まさしく戦後史の分水嶺を印すものとなった。

第 6 節　ポスト・フォーディズムと「新しい社会運動」

青年運動（ニューレフト運動と対抗文化運動）の終焉は，すでに進行中であった〈強化された国家—弱体化した市民〉・アトム化した大衆社会に対峙すべき

第2章　アメリカ批判理論　67

アメリカ左翼の危機も意味していた。1970年後半以降も，アメリカ左翼は，エコロジー運動（1970「地球の日」宣言），差別反対運動（1972，ネイティヴ・アメリカンの第二次ウンティド占拠・全米黒人女性機構（NBFO），フェミニズム運動（1977，全米女性会議），都市社会運動，新宗教運動，反核・平和運動（1982，ニューヨーク）などの個々の課題に取り組み，「資本」側の巻き返しとせめぎ合ったが，レーガン政権誕生後，左翼の衰退は覆いがたく，1985年ニューヨークで開催された「社会主義者の会議」の分科会「左翼の危機」で語られたのは，「歴史」の変革を掲げてきた「非宗教的左翼」が，新しい文化・新しい道徳へのアピール力を失った，という歎きであった。

しかし，それら諸運動に参加した左翼知識人は，いわゆる「市民社会」を持ったことのない社会主義国ポーランドにおいて，反ロシア・反共産党・反体制をかかげるレフ・ワレサ率いる独立自主管理労働組合「連帯」運動（1980）に，「法の支配と市民権の保証，自由な公衆の場，独立した結社の多元性等を通じての市民社会の再構築という考え方」を見いだし（Arato 1981:23-47），「連帯」運動の高まり（ワレサ政権誕生，1990）にも勇気づけられ，1980年代中頃に上記の諸運動を後期資本主義国における「新しい社会運動」と総括し，「ポストブルジョア的・ポスト家父長的市民社会」構築をめざすもの，と捉え直した。

「ポート・ヒューロン宣言」（1962）に謳われているように1960年代「参加の民主主義」を掲げて青年運動に参加した彼らは，ヒッピー（hippie）から消費資本主義に取り込まれたヤッピー（yappie）への転向が少なくないなかで，レーガノミックスやカジノ金融に拠る「資本蓄積のための条件を再構築し，経済エリートの権力を回復するための政治的プロジェクト」に「再構成された市民社会概念によって形式的な民主社会をいっそう民主化するプロジェクト」を対峙させた（Arato and Jean Cohen 1988=1997:51）。また，彼らは，そのプロジェクトを通じて，「生活世界の植民地化」（Habermas）が，「緩慢な，だが確実な人間の死に通ずる」（高橋1987a:6）という後期資本主義における物象化の亢進を阻止する，という思いを共有していた。

しかし，リベラル左派の勢力は大きくなかったし，左翼はますます少数派になって行った。公民権運動・ニューレフト運動・対抗文化運動期を除いて，西欧諸国と比べて「資本」と真正面から対峙する「労働運動」を構築できなかったし，また多くの知識人がリベラルからも去り，中間派―右派―新保守主義知識人が主流となったアメリカでは，左翼は，巨大で強力な「資本」との機動戦

をいどみようがなく，大学（academy）を拠点に左翼知識人が「ポストブルジョア的・ポスト家父長的市民社会」という対抗プロジェクトを引き受けざるを得なかった。その闘いは，必然的にヘゲモニーをめぐる闘いとなった。

　すでに「獄中ノート 22」において A. グラムシ（Antonio Gramsci, 1891～1937）は，後期資本主義段階のアメリカを，「〈鉛のマント〉の重みに苦しむ……ヨーロッパ」と対比して，集権的労働組織「フォーディズム」という生産様式と「アメリカン・ウェイ・オブ・ライフ」という新しい文化からなると捉え，この「アメリカニズム」に対応して登場した「新しい型の労働力と生産過程に順応した新しい人間の型」の長所短所について洞察していた（Gramsci 1934＝1978）。

　このグラムシに学びながら，かれら大学左翼あるいは文化左翼が採った戦略とは，保守主義や新保守主義が仕掛けた「文化戦争」に抗して，グラムシの陣地戦とりわけヘゲモニー論に示唆をえながら，左翼が文化ヘゲモニーを握ること，つまり，近代文化涸渇論，管理社会・全体主義あるいは疎外や物象化や社会的諸病理に抗して「ポストブルジョア的・ポスト家父長的市民社会」の構想とそれを担う変革主体を模索することであった。

　1900 年代初めに導入された，工場内作業工程の細分化・熟練労働の単純化・労働時間の科学的管理を軸とする集権的労働組織のフォーディズムに対して，すでに 1950 年代後半のビート世代登場や 1960 年代後半のヒッピー世代を中心とする対抗文化運動や青年運動を導いた「表出主義的志向」や「参加民主主義」が示していたように，ポスト物質的価値観と多品種少量生産に対応できるネットワーク型の分権的労働組織を要求する傾向（フォーディムの機能不全＝ポスト・フォーディズム）が強まっていたから，「新しい社会運動」もそうした時代の変化に敏感に感応した。とりわけ，人間・文化の理解にあたって意識よりも言語を最重要視する「言語論的転回」（linguistic turn）が，ドイツやフランスにおけるアカデミー界でなされて来たから，「新しい社会運動」「ポストブルジョア的・ポスト家父長的市民社会」を担うべき変革主体論も，その影響を受け，言語を核に探ることになった。

第 7 節　ニューレフト系知識人の言語論：ハーバーマス的見解

　その戦術をめぐって大学左翼・文化左翼は，大まかに言って 2 つに陣営に分

かれた。1つは，ニューレフト運動の嗣子として，J. ハーバーマスらフランクフルト学派第二世代から新たな知的エネルギーを吸収した陣営であり，もう1つは，対抗文化運動の嗣子として，1970年代後半から1980年代初頭にとつぜん社会科学・人文科学を席巻したパリ知識人発の「構造主義」・「脱構造主義」から新しい知的エネギーを吸収した陣営である。両陣営間の論争は，左翼としての共闘を受け入れないほど熾烈となった。

1960年代のニューレフト運動，1970年代後半登場し1980年代中頃に姿を明らかにしてきた，構造改革を目指している「新しい社会運動」さらに1990年代中頃に登場してきた「ラディカル・デモクラシー」運動，それらの運動に関わっている左翼陣営は，フランクフルト学派第二世代とりわけハーバーマス社会学から，それら運動を支える歴史観や認識枠組みに関して大きな影響をうけた。

現代プラグマティズムを代表する R. ローティ（Richard Rorty, 1931〜2007）編『言語論的転回』（1967）の刊行が大きな影響を与えたとも言われるが，ハーバーマスも，哲学の基本を意識分析（反省）から言語分析へ向けるという1970年代前半におきた「言語論的転回」と軌を一にして，批判理論の「言語論的転回」を図った。

認識はコギトを第一原理とする R. デカルトの独我論的意識哲学や M. ヴェーバーの個人主義的認識論の枠組みではなく，我（Je）ではなく我われ（Nous）を認識の最初に置かねばならないという G. ヴィーコ（Giambattista Vico, 1668〜1744）や J. G. ヘルダー（Johan G. Herder, 1744〜1803）の歴史哲学の系譜に連なる（Berlin 1976=1981:14, 285）ハーバーマス社会学の主旨は，第1に，認識は，自己と他者とが共有する「関心」に基づく集団的認識装置，対話的行為・合理的コミュニケーションのなかでなされるべきであること，第2に，その認識を担うべき主体は，カント哲学に凝縮されている啓蒙的・自律的主体であること，第3に，近代法治国家の正統的な法秩序構築プロジェクトが未完である以上，「市民的不服従」が認められるべきであること，第4に，D. ベルに代表される新保守主義哲学を批判すること，第5に，反生産至上主義者連合を提案していることにある。

第1に関して，「新しい社会運動」に努める左翼知識人たち，つまり，アメリカ・プラグマティズムに流入している2つの伝統，建国期以来のプロテスタンティズムの〈神―個人〉論と社会契約論・共和主義の〈国家―市民〉論を糧として育ってきたニューレフト社会運動に参加した青年社会学者たちも，プラグ

マティズム哲学者R. J. バーンシュタイン（Richard J. Bernstein）が「プラグマティズムとハーバーマスは，合理性が本質的に対話的であり，またコミュニケーション的であるという理解を共有し，ともに対話的形式の合理性や合理化がもたらす倫理的・政治的結果を追求する」と指摘しているように（Bernstein1991: 48;1955=1997），ハーバーマスのコミュニケーション論を，あるいは彼の政治や社会について自由に議論を闘わせる「市民的公共性（bürgerliche Öffentlichkeit）論を「ポストブルジョア的・ポスト家父長的市民社会」構築への嚮導理論として受け入れるのに躊躇しなかった。

第2に，『啓蒙の弁証法』に代表される第一世代の悲観主義は，理性の道具的理性への全面的矮小化と，それを打ち破る手段がないか，あるいは性本能でしかない，という見解に由来していたが，ハーバーマスは，合理的コミュニケーション行為でその悲観主義を克服できると力説する。たとえ経済効率や科学技術が強いる道具的理性の肥大化によって「近代」とりわけ後期資本主義において管理社会化・大衆社会化が進行し，人間関係や社会関係が科学的・道具的理性の法則に極めてよく合致した，全面的に物象化した「世界」として現象しようとも，クライアントに貶められ，脱政治化し，自発的従属している当の人びとが，理性の本質をなす反省力に拠って合理的コミュニケーション（公共圏）を構築し，物象化の打開に努めるならば，ふたたび啓蒙的・自律的市民，あるべき〈人間―人間〉関係を回復できる，とハーバーマスは考える。かれ自身の言葉によれば，「物象化された日常的実践を癒すためには，認識論的要素，道徳―実践的要素そして美的―表現要素が，むりなく相互作用をするようにするしかない」のであり，「啓蒙に対する懐疑，西洋合理主義に対する理性的な批判，「進歩」に伴う利得と損失の注意深い査定に求められているのは，これら［理性の反省力］であるといえよう。今日，再び理性は理性批判によってのみ擁護されえるのである」（Habermas 1981 ［83］:11-1=1987:32）。

第3に，近代立憲国家は並外れた道徳的な正当化を必要とするが，いまだ普遍的な法秩序構築プロジェクトが未完である以上，C. シュミット（Carl Schmitt, 1888 ～ 1985）流の，敵か味方かをせまる非常事態における上位主権への市民の権威主義的服従ではなく，「市民的非服従」が認められるべきである，とハーバーマスは強調するから（Habermas 1983 ［85］=1995: 107-124），「新しい社会運動」に努める左翼知識人も，彼の社会学を受け入れ易かった。

第4に，「文化戦争」を説く新保守主義の論理は，ベルが『資本主義の文化的

矛盾』で論じたように,「近代」(modernity) とともに社会は,合理性を要請する経済・科学領域,権利と平等という道徳を要請する政治領域,自己満足や新奇性を要請する文化領域＝モダニズム (modernism) へと分かれたが,利潤追求を第一義とする近代資本主義は,自己満足や新奇性(モダニズム)を本性とする文化領域をますます商品化し,前二者の合理性と権利や平等との矛盾を拡大させて行くにもかかわらず,その文化的矛盾を調整できないということ,したがってもう一度,三領域を彼岸の神の教導権 (magisterium) の下で再調整すべきだという内容(「近代文化の涸渇」・宗教への回帰)であった (Bell 1976＝1976)。

　他方,近代を「未完のプロジェクト」と理解するハーバーマスは,三領域の「利得と損失の注意深い査定」を行い,物象化された日常的実践を癒す場合と同じく,認識論的要素,道徳—実践的要素,美的—表現要素を内包する此岸の人びとの理性の反省力に,したがって神ではなく,「近代」の潜在力に期待する,と反論する。そうしたハーバーマスの歴史観は,「ポストブルジョア的・ポスト家父長的市民社会」を目指す「新しい社会運動」のそれと合致するものであった。

　第5に,ハーバーマスは,福祉国家政策と民主主義からなる社会民主主義を擁護しつつも,「限界なき拡大再生産」を前提とする所得向上と分配的正義の実現といったニューディール以来の福祉政策やその価値観や組織論は,すでに不可能であり,それらは際限のない資本主義(商品)化・産業化によって「生活世界の植民地化」をもたらすと反対する。その生産力至上主義に代わって,彼は,ポスト物質主義的価値観や非中央集権的組織論・反生産至上主義者連合あるいは「環境論」・環境社会主義が,まさに現代では必要とされている,と強調しているから,この点でも「新しい社会運動」に参加している左翼知識人は,ハーバーマス社会学と共鳴するのであった。

　こうして,「新しい社会運動」の発展に努めているニューレフト運動の嗣子たちの陣営は,ハーバーマス社会学の知見を「ポストブルジョア的・ポスト家父長的市民社会」への大筋の理論枠組みとして受け入れた。

第8節　対抗文化系知識人の言語論：脱構造主義的見解

　すでに『呪われた部分——普遍経済学の試み』(1947) などを著したG. バタイユ (George Batille, 1897～1962) は,資本主義の下での産業化を遂行してき

た現代社会，つまり労働の余剰分の生産設備への投資（資本蓄積）を優先させる過程（とりわけ国家資本主義型のソヴィエト産業化）のなかに，人びとの言語をこえる崇高感情や「今ここ」の体験・至高性の抑圧があると，論じていた。バタイユと同じく，掛け替えない「今ここ」験を重視する対抗文化運動の嗣子たちの陣営は，「5月革命」(1968) の挫折を色濃く反映する，バタイユ後の「構造主義」・「脱構造主義」の知見にも好意的であり，ハーバーマス社会学に同意しなかった。

　その理由の第1は，ハーバーマス社会学がカント哲学の理性的自律主体を前提していることにあった。これに対して，欲望や権力を人間の本質と捉え，永劫回帰や非中心化を説くニーチェ哲学・系譜学の影響の下に，構造主義者 M. フーコー（Michel Foucault, 1926～1984）は『知の考古学』(1969) などのなかで永遠に自己超越する「分散する主体」を探り（Foucault 1969=1970: 23-4），脱構造主義者 J. デリダ（Jacques Derrida, 1930～2004）は『声と現象——フッサール現象学における記号の問題への序論』(1967) や『根源の彼方に——グラマトロジーについて』(1967) を著して，情報化社会化への変容の中でますます比重を重くする言語社会学的側面に焦点を絞り，そこに生活する人びとの意識の根幹をなす言語の差延（différance）的関係，自己意識の差延的運動や象徴能力こそが主体の本質である，と強調する（Derrida 1967a=1970; 1967b=1972）。

　対抗文化系知識人も，カントやハーバーマスが拠っている認識論的要素・美的要素・道徳的要素の調和的統合という構想は，むしろ管理化や物象化に帰結するから，それを拒否する力である欲望や権力あるいは差延的意識を評価すべきだと考える。

　第2の理由は，ハーバーマスが世界を〈過去—現在—未来〉の必然性を強調する直線的時間上で捉え，掛け替えない〈現在〉を軽視しているからである。欲望や権力あるいは差延的意識を本質とする人間の世界は，偶然的空間でもあり，「今ここ」を満たすことが大切である，と対抗文化系知識人は考える。

　第3の理由は，ハーバーマスのカント的自律主体論は，フランクフルト学派第一世代がめざしていた「道具的技術的合理性および自然支配に対する非妥協的批判」から後退した主体論である，とかれらは理解するからである。つまり，フランクフルト学派第一世代のマルクーゼが強調したように，エロス・リビドーや欲望の回復と解放こそが，「道具的技術的合理性および自然支配に対する非妥協的批判」の完遂であり，疎外や物象化や全体主義が跋扈する現代社会と対

峙できる拠点である，と理解する。

　第4の理由は，ハーバーマスのコミュニケーション論が，旧来の改良主義的政治・リベラリズムつまり議会主義的抵抗に過ぎないことにあった。むしろ，「新しい社会運動」に必要とされているのは，フーコーの知見である「複数の抵抗」・「移動可能な，また移動する抵抗の拠点」からなる反中央集権的組織論である（Foucault 1976＝1986），と彼らは考えるからである。

　こうした「構造主義」・「脱構造主義」の知見は，とりわけ断片的感覚に生き，「水瓶座とか孤立的個体化の過程がいよいよ完成するパラダイムを信仰する」（Bellah）若い世代に受け入れられ，またその現代フランスの知見は，「自己対象化」や認識の徹底的ラディカリズムを強調する「プラグマティズムの解釈学的転回」を行ったR.ローティやポール・ド・マン（Paul de Man, 1919～1983）が代表する「イエール学派」（1967）の主張とも重なり，アメリカ・アカデミー界の一部に好意的に受け入れられた。が，そのラディカリズムは悪無限的相対主義と紙一重であった，と言えよう。

第9節　多彩なフェミニズム論

　「新しい社会運動」は〈ニューレフト青年運動＝親ハーバーマス〉と〈対抗文化運動＝親脱構造主義〉という戦略の違いを含んできたが，以下に要約するように，その違いは，伝統的フェミニズム論後のフェミニズム論，とりわけ「ポスト家父長的市民社会」をめぐる見解の違いも反映してきた。

ラディカル・フェミニズム：
　あらゆる抑圧の根源には家父長制の下での女性の被抑圧があり，国家の廃絶をふくめて抑圧の廃絶をめざそうとすれば，根源（radical）まで降りて，女性の被抑圧が廃絶されねばならない，を主張するのがラディカル・フェミニズムである。

　そのなかでラディカル・リバタリアン・フェミニストたちは，多くの亡命ドイツ・ユダヤ知識人が職をえた「新社会調査学校」や「ニューヨーク精神分析研究所」で治療にあたったK.ホーナイ（Karen Horney, 1885～1952）の「男女両性具有」（androgyn）論に拠りながら，男が持っている女らしさ，女が持っている男らしさ，またレズビアン，異性愛，自己愛といったあらゆる種類の性的

喜びを積極的に肯定する。その立場から，たとえば『性の政治学』（1970）を上梓した K. ミレット（Kate Millett, 1934 ～）は，パーソンズの構造＝機能的家族社会学や新フロイト学派において，女性が暗黙のうちに男性を補完する役割，従属すべき「第二の性」とみなされている，と批判している。

ポストモダン・フェミニズム：
　再生産や母親業また社会的役割の出自にかんする性差カテゴリーを列挙するだけでは，男性主導や核家族を生み出してきた歴史的諸制度を解明できず，それらを生み出してきたヨーロッパ文明の知とりわけ近代知の体系を批判することなしには，女性解放の戦略を提示できないと主張するのが，ポストモダン・フェミニズムである。
　男を自律的主体のモデルとする見解は，精神分析学において，発達における母―子の一体感に満ちたエディプス段階から，男は男根をもつから比較的容易に独立できると説く S. フロイト＝ J. ラカン（Jacques Lacan, 1901 ～ 1981）のパリ・フロイト学派（M. クラインの対象関係論とも重なるが）によって主張されていたから，ポストモダン・フェミニズムはその知を批判する。
　『ひとつではない女の性』（1977）を著した L. イリガライ（Luce Irigaray,1930/32?～）や『言語のなかの欲望』（1988）を上梓した J. クリスティヴア（Julia Kristeva, 1941 ～）は，パリ・フロイト学派の見解のなかに〈男性優位―女性劣位〉の力関係が潜んでいる，と批判した。彼女たちは，デリダの脱構造主義に学びながら，プラトン哲学を準拠枠とする「西欧ロゴス中心主義」や二元論そして男根主義に付随する権力関係が，近代哲学の地平を構築したデカルトやカント啓蒙哲学の知の体系のなかにも忍び込み，それが男性―女性の関係に転写されて，男性は〈精神的―理性的―活動的〉であり，女性は〈肉体的―感情的―受動的〉である，という二項対立的ジェンダー関係，つまり差別的秩序が形成されてきた，と論ずる。
　また彼女たちは，近代が同一性の下に個別性・多様性・非同一を抹殺してきているという「反哲学」の主張や脱構造主義の「差異」や「差延」概念をも援用して，男性―女性の関係は，けっして実体的な二項対立ではなく，互いに反照しあう差異的・差延的関係である，と論ずる。女性の解放や女性らしさの肯定は，「近代」啓蒙の理念や知の体系を相対化することなしにはあり得ないし，さらに啓蒙的理念が広く家父長制と共振する男根的キリスト教文化圏に停まっ

ている,とポストモダン・フェミニズムは強調する。

精神分析学的・ジェンダー的フェミニズム:
　そのなかで精神分析学的フェミニズムは,政治参加への機会均等を目指してきた伝統的フェミニズムや家父長制打破を目指すラディカル・フェミニズムとは異なり,『精神分析とフェミニズム』(1974)を著したJ. ミッチェル(Juliet Mitchell, 1940～)にみられるように,無意識の領域でいかに家父長制の規範である「父の法」を内面してきたか,を探ってきている。
　『母親業の再生産』(1978)を上梓したN. チョドロウ(Nancy Chodorow, 1944～)は,新フロイト学派に属するM. クライン(Melanie Klein, 1882～1960)の「対象関係論」(object relations theory)に拠りながら,前エディプス段階における母親と娘の共生が,エディプス段階においても分裂されず,延長された共生(prolonged symbiosis)として持ち越され,どのように成人期以降の女性の独立的自我の確立を,とりわけ家父長制下での女性の自立を困難にしているか,を論じている。同時に,あらゆる抑圧の根源には女性の被抑圧があると主張するラディカル・フェミニズムと土俵を同じくしながら,むしろ精神分析学的・ジェンダー的フェミニズムは,配慮(care)と責任という他者に開かれた感受性に富む道徳論,したがって身体的感受性に富む女性の道徳論によって補われなければならない,と強調する。
　その見解は,いわゆる〈コールバーク対キリガン論争〉を通じて,より明確に知ることができる。L. コールバーグ(Lawrence Kohlberg, 1927～1987)は,まず道徳の「構造—発達アプローチ」図式(第1段階～第6段階)を示し,次いで青年後期と成年期における脱習慣的水準(第5段階「社会契約的な法律志向」～第6段階「普遍的な道徳的原理志向」)を重視し,とりわけ第6段階つまり倫理から道徳への発達段階の最終に位置するカント的形式主義道徳論が,正義・公平・権利を重視する「普遍的な道徳原理志向」である,と論じた(Kohelberg 1971: 151-2359)。この見解は,カント的自律主体の回復をめざすハーバーマス社会学の人間論とも重なるものであった。
　これに対してJ. M. マーフィ(John M. Murphy)とC. キリガン(Carol Gilligan, 1936～)は,論文「青年後期と成人期における道徳発達:コールバーク理論の批判的再構成」(1980)を著して,論争を挑んだ。その主旨は,コールバーグ論における「脱習慣的水準」に属する第6段階の「普遍的な道徳原理志向」を「脱

習慣的な形式主義」と規定し，その第6段階に新しく「脱習慣的な文脈主義」を挿入し，文脈主義に沿った身体的な，他者に開かれた，配慮（care）と責任といった，女性の豊かな感受性の徳目も考慮されるべきだ，つまりジェンダーで異なる道徳論が考慮されるべきだ，と主張する（Murphy and Gilligan 1980: 77-104）。

マーフィとキリガンの意図は，コールバーグやハーバーマスが重視する正義と権利という「普遍的な道徳原理志向」が，実は自然科学・空間的認識に優れた男性をモデルとする人間像であって，身体的・現象学的認識に優れた女性は排除されている，したがって，カント哲学に結晶している近代の啓蒙的・自律的主体の内実は男性であり，むしろ配慮と責任という感性豊かな女性の道徳が大切でないか，ということにあった。

社会主義フェミニズム：

社会主義フェミニズム論者のS.ベンハビブ（Seyla Benhabib, 1950～）は，論文「一般化された他者と具体的他者」の題名が示しているように，〈コールバーク対キリガン論争〉ではマーフィー＝キリガンの見解に賛成し（Benhabib 1992=1997:171-207），N.フレイザー（Nancy Graser, 1947～）も，論文題名「批判理論を批判する：ハーバーマスとジェンダー」が示しているように，ハーバーマスの普遍的ディスコース論においては，女性が労働者として生産に関わりながら子供の再生産にも関わらざるを得ないゆえに二流の労働者・市民と位置づけられている，その暗黙の前提を見逃している，と批判する（Fraser 1985=1997:113-43）。

他方で，近代知の体系の相対化を目指すポストモダン・フェミニズムが，女性解放に向けてあるべき女性像を提示すること自体を権力主義・全体主義であると非難し，たんに脱—中心（ロゴス）化された人間・女性像を示唆するにとどまっている，その相対主義を越える必要がある，と社会主義フェミニズム論者は強調した。

あるべき女性像に関して，たとえばS.バック＝モース（Susan Buck=Morss）は，きわめて示唆に富む論文「美学と非美学」（1992）なかで，身体的経験を捨象した上で真・善・美の三位一体をめざすカントの理性的な中心化された自我に対して，身体的経験に錘を下ろした「ミメーシス的言語」に立脚した，開放的でかつ統合的な，美的に統合された理性的な自我を提示している（Buck-Morss

1992=2000: 3-41)。あるいは，D. ケルナー（Duglas Kellner, 1943～）は，家父長制と生産力主義を前提とする資本主義や社会民主主義に対して，配慮と愛を含み，反生産至上主義的（Small is beautiful に象徴される）労働にもとづく社会主義を対峙させ，フェミニズムと社会主義とが結びつく必要性を説いていた（Kellner 1992=2000:307-40）。

こうしてアメリカで深められた多様なフェミニズム論は，来るべき「ポスト家父長的市民社会」構想に大きな示唆を与えるものとなっている。

第10節　左翼知識人の人間観と歴史観：言語論・精神医学

アメリカ左翼知識人（とりわけ M. ジェイ編集の『ハーバーマスとアメリカ・フランクフルト学派』『アメリカ批判理論の現在』に寄稿した俊英たち）は，ハーバーマスと脱構造主義とを批判的に受容し，かつ社会主義フェミニズムにみられるように，近代を「未完のプロジョクト」と把握する視座を採りながら，理性の反省力に拠って真・善・美三領域の「利得と損失の注意深い査定」を行い，「ポストブルジョア的・ポスト家父長的市民社会」に向かおうとしている。その戦略は，以下の言語論・精神医学を軸とする人間観と歴史観に立脚しているので，改めて要約しておきたい。

言語論の視点から：

脱構造主義の言語論の根本は，デリダの人間論・言語論にみられるように，人間の本質は欲望と権力であり，言語の本質は差延的関係にあり，したがって欲望や権力を土台とする自己意識の差延的運動や象徴能力こそが主体の本質である，と強調するところにある。

これら見解に対して A. ソーカルは対抗文化運動系の雑誌『ソシアル・テキスト』誌に疑似論文を寄稿して，フランス脱構造主義・ポスモダン哲学者の難解で衒学的な見解が「知の欺瞞」であることを暴露し（Sokal 1996），現代アメリカ左翼を代表するひとりである N. チョムスキーも，「ラッセルや分析哲学，あるいはヴィトゲンシュタインなどの本を読むと，何を言っているのか理解できると思います。……しかし，デリダやラカン，アルチュセール……彼らの言っていることは全部ペテンだと思います」と切って捨てている（Chomsky 2002=2008:380）。が，アメリカ・フランクフルト学派は，もう少し丁寧に，ポ

スト・ヴィトゲンシュタイン学派の言語学的知見に拠りながら，脱構造主義の人間論と言語論に反対してきた。

　人びとの間でコミュニケーションが成立するということは，言語の「語用論的」(pragmatic) 側面が働き，そこでは差延的でありながらかつ確定される間主観的意味が共有される，つまり意味の確定・同一性が存在しているからである。人間の本質が欲望と権力に尽きるとか，言語の本質が非確定・偶然性に尽きるものではなく，欲望と権力あるいは非確定・偶然性を含みつつも，それらを規範する道徳や意味を確定する要素も含むもの，それが人間と言語の本質だ，とアメリカ・フランクフルト学派は主張する。

　永久的差延とか無限的自己対象化という悪無限的相対主義の認識論を共有する（脱）構造主義と新プラグマティズムの哲学同盟の見解は，運動論としてみれば，参加者に無限の自己批判（無限の責任）を迫るだけであり，また，「ドグマ的なメタ物語の放棄とか微視的な批判の必要性という孤立した視点」にこだわって，心情倫理に終始しおり (Hohendahl 1991=2000: 37)，その結果，公共領域の諸問題で横暴をきわめている「資本」側の責任を問うことなく，むしろ関心を新保守主義とおなじく逸らしてきた，と彼らは批判する。

　かれらは，すでに言及したが，管理・物象化に対して以前より開放的なかつ自立的な統合的主体を対峙させ，人びとの対話的合意（規範・価値）に基づく闘い，公共領域におけるヘゲモニーをめぐる闘いを戦略とした。

　E. フッサールの『ヨーロッパ諸学の危機と超越論的現象学』(1937) における近代科学が潜ませているファシズム化への警告や映画「モダン・タイムズ」(1936) の集権的労働組織・フォード＝テイラー主義下における労働者のロボット化への警告は，1980年代に，ケインズ経済学を応用する修正資本主義（社会民主主義・後期資本主義国家）と新保守主義との共通の土台である生産至上主義・産業主義がひき起こす物象化・「生活世界の有機的基盤の破壊に対する抵抗」(Habermas) として「新しい社会運動」に引き継がれた，とアメリカ・フランクフルト学派は考える。

　前にも引用したが，『静かなる革命』(1977) や『先進産業社会における文化変容』(1990) のなかで R. イングルハートは，意識調査のデーター分析に基づきながら，近代文化が表出的自己と道徳的自己という2つの同等の要素から構成されてきたのと同様に，表出的要素に濃く彩られた対抗文化運動のなかにも道徳的要素が存在し，新しい世代のなかに新しい道徳的自己が育ってきている

こと，を明らかにした。

　だから第1に，近代文化は表出的自己と道徳的自己という二要素をともに発展させてきたとみる左翼知識人は，若者の道徳的頽廃が神を殺した「近代文化」に由来すると説く新保守主義の見解は誤りであると考える。J.ハーバーマスは「未完の近代」論によって，C.オッフェは「政治規範としての近代と近代化」論によって，現代社会の危機の諸原因を経済や国家装置の機能のあり方に切り込むのではなく，近代文化に求める新保守主義の見解は本末転倒である，と反論した。

　第2に，「生活世界の有機的基盤の破壊に対する抵抗」を嚮導する「ポスト物質主義的価値観」がすでに公共領域に存在しているから，中枢的位置を占めている〈資本〉〈資本—賃金労働〉をめぐる長期の困難な闘いが控えているとはいえ，旧来の労働運動の活性化と並んで「新しい社会運動」を発展させるならば，「ポストブルジョア的・ポスト家父長的市民社会」戦略をより具体化できるし，戦略が具体化するならば，より労働運動と「新しい社会運動」を発展させることができ，延いては広く〈資本〉との闘いを発展させることができる，と左翼知識人は考えている。

精神医学の視点から：

　ホルクハイマーやアドルノの悲観主義，エロスやリビドーに訴えるマルクーゼらフランクフルト学派第一世代の「大いなる闇の館」（grand hotel abyss）」への後退（Lukács 1971=1986:23），構造主義の欲望や権力あるいは脱構造主義の差延的意識に訴える悪無限的相対主義，それらを克服するために第二世代のハーバーマスやアメリカ・フランクフルト学派は，主体—客体の内在関係に留意する批判理論の本来に戻り，理論と実践の弁証法的統一をめざす，また社会変革と人間変革が不可分である，という哲学を共有している。

　その哲学を支えているのは，精神医学が深めてきた時間—空間の弁証法的均衡という人間観と，社会は主体—客体の弁証法的統一からなる，したがって歴史的であるという西欧マルクス主義の歴史観である。人間観と歴史観とをつなぐ環を『虚偽意識——物象化と分裂病の社会学』（1962）のなかでJ.ガベルは，ほぼ次のように論じた。

　正統派マルクス主義は，労働疎外をもっぱら経済的視点から問題にしたが，『歴史と階級意識』（1923）の著者G.ルカーチは，労働を「人間」創造の源泉と捉

えたマルクスを受け継ぎ，また労働における時間—空間の弁証法的均衡に着目した。彼は，「労働の時間化」いわば〈生のたえざる自己超越運動〉と「労働の空間化」・物象化が弁証法的均衡をなしている場合，その労働は正常な「人間」を作り出すと考察し，次で，客体（＝社会）における過度の物象化は，主体における過度の〈生〉の毀損・〈人間〉疎外として体験され現象する，と考察した。

「人間」における時間—空間の弁証法的均衡という知見は，ルカーチとほぼ同時期の『生きられる時間』(1933)のE. ミンコフスキーら精神医学において，社会の過度の物象化に基因する疎外の過剰が，人格におけるゲシュタルト的価値構造あるいは意識における時間—空間の弁証法的均衡を毀損する症状をもたらす，と診断されていた。具体的には，〈たえざる自己超越運動〉である「生」は，過度の空間化に圧潰されると「私—ここ—今」の実感の喪失（「現実との生命的接触の喪失」＝「行き過ぎた静力学主義」「亜実在主義」）に陥り，逆の場合，つまり「生」が〈自己超越運動〉に過度に囚われると現実的な生命との「瞬間的な接触」（＝「過度の動力主義」「超実在主義」）に陥ることになる，と診断するものであった。

その上でガベルは，「亜実在主義」が離人化・鬱病症として，「超実在主義」が統合失調症（＝分裂病）として発症すると論ずる。要約すれば，「世界」が主体と客体との弁証法的統一から構成されているように，正常な人格や意識は，主体（＝質的時間・「生」）と客体（＝空間的時間・「物象化」）との弁証法的均衡からなり，過剰な物象化は，過去が過剰に現在を支配し，未来への展望を閉ざすために，あたかも「祭のあと」(post festum)の感情のように，すべてが終わったという，ブルジョワジーの意識に見られる，保守的な鬱的精神症状を，逆に，過剰な物象化に反発するあまりの過剰な〈たえざる自己超越運動〉・不合理な質的生の希求は，「祭を待つ」(ante festum)感情のように，現在に静かに停まれず，極左的プロレタリアートの意識に見られるように，未来の兆候に賭ける焦燥感にかられて，統合失調症（分裂病）をうながし，亢進させるというものである。

正常な「人間」における時間—空間の弁証法的均衡という視点は，ゴルドマンやハーバーマスの人間論に共有され，脱構造主義のデリダ批判に応用されている。その一端は，ゴルドマンの『ハイデガーとルカーチ』(1973)における，「主体の排除を考えているデリダは，弁証法的思想から見るならば，……どうあっても主体を——多かれ少なかれ客体を排除し，犠牲にすることによって，主体

を自己に現前する意識と同一視しながら——優越させずにはおかない。……［それは］デカルトから新カント主義にいたるまでの古い観念論と同じである」という批判に見ることができる（Goldmann 1973=1976:224-5）。あるいはハーバーマスの論文「時間化された根源性哲学の凌駕——音声中心主義に対するデリダの批判」における，「デリダの脱構築は……存在論的差異というハイデガーの概念をエクリチュールの差延作用によって凌駕しようとしているが……ハイデガーにおいて流動化されている根源を，もう一層深い次元に書き直しているに過ぎない。その結果は……誰の目にも明らかな社会の病的現象を神秘化しているだけである。さらにデリタもまた，本質とされる思考，すなわち脱構築を行なう思考を科学的な分析から切り離してしまい，しまいには不特定な権威を空文句のような呪文で呼び起こそうとすることに終わっているのであり，その点でもハイデガーと変わるところがない。」に伺うことができるだろう（Habermas 1985=1990:319）。

第11節　大学左翼知識人と大衆：『テロス』誌，『ソシアル・テキスト』誌，そして「北米フランクフルト学派第三世代」

「新しい社会運動」とその「ポストブルジョア的・ポスト家父長的市民社会」を支えてきた理論枠は，すでに論じてきたように，脱集権的産業社会・ポスト・フォーディズムあるいは「脱組織化された資本主義」（Lask and Urry）の比重の高まり，またICを応用した情報化社会への移行を背景に，広く生きるに関わる「生活」概念よりは，狭義の人間論とりわけ言語論を軸とする変革主体の構想，したがって，自ずとアカデミック左翼知識人を前提とする構想であった。それゆえに第1に，その前提にたいして左翼陣営内からとりわけ『テロス』誌グループから批判がなされ，第2に，変革主体をめぐる〈ニューレフト＝ハーバーマス系〉と〈対抗文化＝脱構造主義系〉の見解の違いは，「新しい社会運動」をめぐる戦略の違いに結びつくものであったから，両陣営間の論争は熾烈なものとなった。

　第1に関して，その間の背景をM.ジェイが，「1970年代にアメリカのニューレフトは衰え，対抗文化の可能性が尽きてしまった。これにともなって……批判理論の思想は，戦闘的な活動家の精神を鼓舞することがなくなり，それどこ

ろか，70年代以降のフランクフルト学派は，活動家による実践の強調を進んで支持しようともせず，かくて学派はいっそう遊離したアカデミックな環境という文脈で生き残り，成功すらおさめた」と語っている（Jay 1995=1997:15）。

まず，柔らかな感性を大切にしながら，西欧マルクス主義と現象学とに棹さし「現象学的マルクス主義」の構築につとめてきた『テロス』誌を代表するP. ピッコーネ（Paul Piccone, 1940～2004）らが，大衆自身のなかに変革の力を探ろうと，「ポピュリズム，コミュニタリズム，フェデラリズム」を掲げて大学・文化左翼陣営から去った。

理由の1つは，言語・コミュニケーションを主とする戦略が理想的対話というオシャベリ戦術（議会改良主義というありきたりのリベラリズム）にすぎず，加えて，自由・平等・友愛・独立や分配の正義という，何びとも異論をはさむ余地がない普遍的な近代市民社会の諸理念を説く左翼知識人の批判的・合理的言語それ自体のなかに，知識人の特権（＝「新しい階級」・新しいエリート層）と他階級への抑圧を潜ませおり，その分，資本の横暴に呻吟する大衆が，「プチ・ブルジョア」と侮られ，変革主体から巧妙に排除されてきた，という分析と怒りにあった。ピッコーネらは，これまでの〈左翼―右翼〉の政治カテゴリーに代えて，〈新しい階級（エリート層）―ポピュリズム〉を提示しつつ，地方主義・地方文化，共同体感情（neighbor-hood）・宗教的共属感情（human-brother=sister-hood），特殊性，それらにかんして一日の長がある守旧保守主義（paleo-conservatism）に学びながら，近代資本主義や産業主義社会を乗り超える途を探ろう，と提唱している。

理由の2つ目は，フランクフルト学派第一世代の知見を「言語論的転回」をさせたハーバーマスら批判理論第二世代（＝アカデミック左翼）の人間像が，言語的合理性（「脱慣習的な形式主義」）を軸として彫琢された近代の啓蒙的・普遍的・カント的人間像にとどまっており，言語以前の身体や感性そしてそれら特殊性の領域を軽視している，ということにあった。

第2に関して，『テロス』誌のポピュリズムや身体への留意とも重なるが，1960年代の対抗文化運動の精神を継承する『ソシアル・テキスト』誌などのグループは，ハーバーマスら第二世代にたいする批判を強めてきた。

同グループは，言語以前の身体や感性領域に属する芸術や性の充足体験・「今ここ」体験こそが，目的―道具的原理が貫き，商品化し，産業化した時間―空

間が浸透し，疎外され物象化した現代社会，そして男根的キリスト教文化，それらを脱物神化する重要な契機となると見る。具体的には，1990年代以降のロック音楽やカストリ誌あるいは大衆文化・メディア文化を精査し，「今ここ」体験に錘鉛を下ろしながら，自然や身体・欲望に対するより豊かな美的—表出的関係，共存関係をふたたび回復する，そうした戦略が「ポストブルジョア的・ポスト家父長的市民社会」創出に不可欠である，と見ている。

また『ソシアル・テキスト』誌グループは，T. W. アドルノや新保守主義者さらに『ナルシシズム文化』（1979）の C. ラッシュ，『最後の知識人』（1987）の R. ジャコビイなど，1950年代前後に知的形成を行なった左翼知識人も共有してきた〈エリート・高級文化記号—大衆・低俗文化〉という二項対立的図式が虚構である，と主張する。その虚構は，家父長制や男根的キリスト教文化に育ってきた WASP 的感性に支えられており，その分，黒人・チカノといったマイノリティあるいは女性やテクノ時代の若者の感性を卑下してきた内容となっている。だが，市民社会の興隆，経済システムや政治システムからの文化領域の自立とともに，〈高級文化—大衆文化〉は，互いに引き合う対舞踊的関係として誕生したから，たとえば R. ヴァーグナー音楽にみられるように，高級文化のなかに商品化と産業化に媚びる傾向もあれば，大衆文化のなかに「否定力」もある，と強調する。こうして『ソシアル・テキスト』誌グループも，大衆文化とマイノリティのなかに解放的潜在力を探ってきている。

大衆文化とりわけロック音楽やサイケデリックあるいはマイノリティ文化のなかに解放的潜在力を探るという対抗文化運動継承者たちの営みは，『テロス』誌のポピュリズムに解放の潜在力を探るという点で，軌を一にしていると言えるだろう。

先に，左翼陣営グループ間の論争が熾烈になったと述べた。脱構造主義の同盟者と自認する新プラグマティズム哲学者 R. ローティが，「資本」側の戦略と真っ向から対決するために，大学左翼陣営の各グループは，まずは変革主体を言語論の地平へ矮小化する難解で衒学的な哲学議論を一時停止し，自由・友愛・自立重視の改良主義左翼（リベラリズム）・旧左翼と再び連合を組むこと，さらに，ヴェトナム戦争で地に落ちた未来の国・憧れの地アメリカへの誇りを左翼が回復することを提唱しているが（Rorty 1998=2000），この間の論争は熾烈であり，左翼陣営の共闘を組むことが困難であった。

そうした論争の中から新しい潮流が登場してきた。ハーバーマスの三領域（認識論的要素，道徳—実践的要素，美的—表現要素）の「利得と損失の注意深い査定」を行う理性の反省力に期待するという大枠の下に，対抗文化運動の経験や構造主義・脱構造主義の知見あるいは『ソシアル・テキスト』誌の見解に触発されながらも，自由・平等・友愛・独立や分配の正義という普遍的な近代市民社会の諸理念に懐疑的な晩年のピッコーネらと一線を画して，「新しい社会運動」の「ポストブルジョア的・ポスト家父長的市民社会」戦略をより具体化するために，もう一度，非同一やミメーシスを強調したアドルノらフランクフルト学派第一世代に学ぶことを提唱し，自らを「北米フランクフルト学派第三世代」と位置づけている『テロス』誌の新しいグループである。

たとえば，「北米フランクフルト学派第三世代」と立場を同じくする社会主義フェミニズムは，青年の道徳的発達をめぐる〈コールバーク対キリガン論争〉の際，理性の反省力に期待するハーバーマス的大枠を採用しつつ，言語以前の身体や感性や特殊性に留意し，かつ「資本」との関わりでフェミニズム理論を深め，フェミニズム運動を前進させようとしている。

第12節　アメリカ左翼知識人の哲学：プラグマティズムと現象学的マルクス主義

これまで，1880年代の独占資本主義登場とアソシエーション型市民社会の回復を願うプラグマティズム哲学の誕生，1920年代における集権的フォーディズムと協調福祉・リベラリズムの混合としての後期資本主義の誕生，第二次大戦後の1960年代における社会の官僚化・物象化に意義申し立てた青年運動と対抗文化運動，1970年代後半における分権的・反成長主義的価値観を重視するポフト・フォーディズムと「新しい社会運動」の誕生，他方での，リベラル契約に代えて「資本」に有利なアメリカ社会再編を目指してきたレーガノミックスとそれを支える新保守主義イデオロギーの興隆，そして1990年代以降の経済のグローバル化と金融資本主義への傾斜について，また，これら諸問題と取り組んできた左翼知識人の知の営みについて要約してきた。

ここであらためて，かれらアメリカ左翼知識人の行動や言説の基盤に現象学とプラグマティズムがあり，その両哲学をマルクス主義と統合した「現象学的マルクス主義」という新しい概念が，搾取や商品化・事物化に抗する彼らの分

析装置として機能してきた，その推移を要約しておきたい。

　イギリス市民革命やフランス革命そしてアメリカ独立革命を媒体として確立されたアソシエーションである「近代市民社会」「国家」と人びとの営みの基盤は，独占資本主義と東欧社会主義（実体は国家資本主義）が主導する高度資本主義化と高度産業社会化によって流動化され，蚕食されてきた。具体的には，先進国西欧資本主義は，経済と産業の運営にあたって，総じて人間的なものを商品・事物に還元することで〈利潤の極大化〉・資本蓄積を追求し，後進国東欧社会主義も労働の余剰をすべて生産設備の増設（資本蓄積）に注ぎ込んできた。その過程で，西欧資本主義国では，市民の自由・平等・人権という法的民主主義よりもブルジョワジーの経済活動・「所有」が優先されがちであり，市民革命を体験ない東欧社会主義国では，多くの場合，法的民主主義・「市民権」さえもが軽視されがちであった。社会・文化・宗教など諸事情にもとづく違いはあるが，高度資本主義化と高度産業化につとめてきた両陣営は，「近代化」の名の下で資本蓄積を優先させる社会経済政策を通じて，「搾取」と広く「人間」の商品化・事物化をすすめてきた。

　東欧社会主義国のイデオロギーである正統派マルクス主義は，V. レーニン（Vladimir Lenin, 1807〜1924）亡き後，資本主義から社会主義への発展の科学的必然性とそれを反映したと称する自らの真理性を主張するために，自らのイデオロギーを「哲学のレーニン的段階」に位置づけた。というのも『唯物論と経験批判論』(1909)でレーニンは，「世界」を認識する際，その物質（＝自然）領域が第一義的存在であり，世界の発展（とりわけ資本主義からソヴィエト社会主義へのそれ）も物質（＝自然）の科学的法則に則った必然性である，と了解していたからである。『哲学ノート』(1915)から示唆をえて正統派マルクス主義が，論理学・弁証法・認識論の同一性をめぐる問題に精力的に取り組んだのも，その「マルクス・レーニン主義」の自然科学的真理性を確認し，深化させるためであった[1]。その分，人びとが「生活」する「世界」の認識や行為に際して試行錯誤ならざるを得ない意志・価値・倫理など広く主体性の領域は軽視された。こうして東欧社会主義国は，搾取の廃絶を掲げつつも，西欧先進資本主義・高度産業国家に追いつき追い越す社会主義の優位性を実証するために，その間ソヴィエトにおける熾烈な権力闘争と結びついた政策論争がなされたが，労働の余剰をすべて資本蓄積に注ぎ込む政策がすべてに優先され，西欧資本主

義以上の人びとの搾取と商品化・事物化が強制された[2]。

　他方，西欧諸国においては，『唯物論と経験批判論』では観念論・反動的ブルジョワ哲学と規定されているが，人びとの商品化・事物化による近代市民社会の〈管理者—大衆〉・大衆国家への変質に切り込む新しい思潮が登場した。

　これまでの〈主体—客体〉の関係性を軽視することで，客体主義・素朴唯物論に陥りがちなガリレオの数学的世界観やデカルトの二元論哲学に代り，〈主体—客体〉の関係性に留意する認識装置をもつ哲学の出現である。ヨーロッパにおける，『感覚の分析』（1986）『認識と誤謬』（1905）を上梓したE. マッハ（Ernst Mach, 1838～1916）らの「経験批判論」，『内的時間意識の現象学』（1928）『デカルト的反察』（1931）『ヨーロッパ諸科学の危機と超越論的現象学』（1937）を上梓したE. フッサール（Edmund Husserl, 1859～1938）らの「現象学」であり，アメリカにおける，『哲学の根本問題』（1911）を上梓したW. ジェームス（William James, 1834～1910）や『自然と経験』（1925）『公衆とその諸問題』（1927）を上梓したJ. デューイ（John Dewey, 1859～1952）らの「プラグマティズム」である。

　これらの哲学は，まず，「世界」は〈主体—客体〉から構成されているから，世界の物質（＝自然）領域が第一義的存在であると同じように人びとが生活する世界の〈主体—客体〉の関係性も第一義的存在であることに留意すること，そのことを理解するために〈主体—客体〉が認識される以前の存在として純粋経験（reine Erfarung・pure experience）や質料（Hylé）あるいはデューイの場合は「経験」（experience）や「自然」（nature）という概念を立て，そこから〈主体—客体〉や〈世界〉あるいは〈生活〉や高度な経験が，どのように構成されるか，あるいは現象するのか，を解明しようとした。

　たとえば，現象学者フッサールの意図は，1929年の大恐慌後のナスチ政権の誕生（1933）やスターリン憲法公布（1936）というファシズムや全体主義における〈操縦者テクノクラート—ロボット大衆〉への帰結を，その発生基盤としての「質料」のガリレオ的「自然の数学化」やデカルト的〈主体—客体〉分離の二元論的把握から客体主義にいたる経過をたどり，その客体主義を克服するために反省を本質とする「主体」・自由でかつ自己規律的な理性的存在者からなる市民社会をファシズムや全体主義に抗してヨーロッパに回復させることにあった。同様に，プラグマティズムのデューイの意図は，ともに「自然」「経験」を基盤とする自然と人間，その集合体である社会との関係は「相関」（trans-action）

であり,社会と個人との関係も W. リップマン流の〈政府・公衆エリート〉対〈大衆〉の二元論的関係でなく, 私的領域を除いて, 協同的コミュニケーション作用からなっているから, したがって「普通の人びと」(the Common Man) が建国期のアソシエーションを回復し, いままで以上に「偉大なコミュニティ」(Great Community) を創ることができる,「創造的民主主義」の実現こそが肝要である, と論ずることにあった。

　第二次大戦後のアメリカにおいては, ニューレフトとその精神を継承する左翼知識人は, 建国期コミュニティーを基盤に創設された,「独立宣言」「合衆国憲法」に結晶している平等と人権と民主主義のアソシエーション, その回復を願ったプラグマティズムを知的母胎としながら, 1950 年代中頃の公民権運動や 1960 年代のヴェトナム反戦運動・青年運動・対抗文化運動以来, つねにアメリカ社会運動と関わってきた。
　とりわけ彼らは, ソヴィエト社会主義と福祉資本主義の下で〈管理者―大衆〉・管理社会化に抗するために, 正統派の「マルクス・レーニン主義」とは一線を画し, 現象学とプラグマティズムとマルクス主義の統合,『テロス』誌グループが「現象学的マルクス主義」(Phenomenological Marxism) と名称した, 新しい認識装置を模索してきた。
　その際, K. マルクスの労働の「疎外」(Entfremdung) と現象学 M. ハイデガーの「非本来性」(Uneigentlichkeit) を鍵に, 人びとの商品化・事物化があたかも自然的秩序・「偽の具体化」として現象しているチェコ社会主義の分析と改革のために「プラハの春」(1968) など一連の社会民主主義運動の先頭に立った K. コシーク (Karel Kosík, 1926 ～ 2003) の『具体的なものの弁証法』([1963] 1967), また H. マルクーゼ (Herbert Marcuse 1898 ～ 1979) のハイデガー的マルクス主義にも学びながらも, かれら左翼知識人は,「人間」の搾取と商品化・事物化が何よりも「資本」主導の下で, つまり人びとの日常生活・日常経験が商品化・事物化された経験へと還元されている事態に留意し, それを改革するための変革主体を探った。
　現代社会において何を変革主体と規定するかに関して左翼陣営内の論争は熾烈なものとなる。が, 左翼陣営が共有している志は, より人間的文化と民主主義的社会への再構成であるから,「資本」側の戦略と対抗するために各グループは再び連合を組むことであろう。

再度 R. ベラーの言葉を借りれば,「大富豪以外のすべての国民から犠牲を期待している, 権威主義的資本主義本位の社会契約」に「労働者と消費者が集団的計画過程に実質的に参加する形をとる, より民主主義的な類の社会契約」を対峙させることであり, そのためには, 建国期アメリカにおいてコミュニティーを基盤にアソシエーァションを形成していた市民が, 自己利益という功利主義的道徳ではなく, 巾広い道徳的合意 (moral consensus) をなしていたように,「新しい合意を得るに必要な宗教的・道徳的・政治的諸要因を一つに結びつける」社会運動を発展させること, そして「そのような社会運動は, アメリカの経済体制の改革に関わらなくてはならない」である (Bellah 1975=1983:9-10)。

以上の第 12 節の内容は, 次の第 3 章でアメリカの知の歴史を踏まえてより詳細に論じたい。

結びにかえて

後期資本主義段階においては資本主義の内的矛盾が解消していると説いた F. ポロック (1894～1970) の「国家資本主義」(1941) に大きな影響を受けたフランクフルト学派第一世代が,〈資本—賃金労働〉の生産様式や社会的諸関係における「資本」の力を軽視したように, フランクフルト学派の批判理論を受容したアメリカ大学左翼も, 1970 年代後半からこの間, 強大な「資本」の新古典派経済の市場経済主義やマネタリズムに対する対決を軽視してきた。

たしかに「新しい社会運動」は,「資本」側の戦略に「ポストブルジョア的・ポスト家父長的市民社会」戦略を対峙させた。しかし, それを広汎に支える強力な労働組合や人民が弱いアメリカにあっては, 経済的諸問題の解決を「市場」に委ねる新古典派経済学に拠るレーガノミックスや金融資本主義それを補強する保守主義や新保守主義との真正面からの対決に取り組めなかった。言い換えれば,〈資本—賃金労働〉あるいは生産過程における女性労働・労働時間などの人間的問題, さらに消費・流通過程における諸問題など, 社会諸関係すべてにおいて中枢的・物神的位置を占めている「資本」との対決を避けながら, アカデミーを拠点とする対抗プロジェクトに停まらざるを得なかった, と言うべきであろう。

そうではありながら, この 30 年間, アメリカ知識人の文化左翼の両陣営は, それなりに保守主義・新保守主義と格闘し, フェミニズム運動を含み込んだ広

く「新しい社会運動」のために，その理論構築や大衆文化をめぐるヘゲモニー掌握のために知的エネルギーを注ぎこみ，理論的前進をはたしてきた。

その前進は，1970年代初頭のニューレフト運動の崩壊の後，左翼活動家や知識人の多くが，すでにソヴィエト10月革命をモデルにアメリカ革命の「後進性」を問題にするのではなく，むしろ後期資本主義と高度工業社会の最先端に位置する戦後アメリカにおける人間と社会のあり方の変容について，「近代」の存在論的意味と変容を反省する4つの思想の知的成果，つまり，マルクス主義，言語論，精神分析学，脱構造主義哲学を批判的に摂取して問うてきた結果である。イギリスの『ニューレフト・リヴュー』誌の創刊者で長らく編集者の一人であったP. アンダーソンは，変革パラダイムの模索はドイツ，フランス，イタリアからアメリカへ移動しつつある，と証言している（Anderson 1984）。

「北米フランクフルト学派第三世代」を自認するD. ケルナーが論文「エーリッヒ・フロム，フェミニズム，フランクフルト学派」で論じた構想は，家父長制が社会原理となっている資本主義に対して，より配慮と愛の要素，美的労働を含んだ母性を帯びた社会主義を対峙させ，フェミニズムと社会主義との結びつきの必要性を説きながら，正統派マルクス主義の社会主義に代わる，新しい社会主義像を明らかにする必要がある，ということであった。

その構想の一部は，最終章で詳論するが，「No More NAFTA !」を掲げた1999年の「シアトルの闘い」，2011年の「ウォール街を占拠せよ！」「われわれは99％側だ！」をスローガンに掲げた実力行使や，2016年アメリカ大統領選挙においては初の女性大統領をめざすH. クリントン候補の活躍，その民主党予備選挙におけるかつて公民権運動の参加者であり民主社会主義者を自称するB. サンダース議員への支持として具体化している。あるいは，R. ベラーが上梓した『破られた契約』（1975）のなかで期待した社会運動が，新古典派経済学とマネタリズムと新保守主義の圧倒的支配のなかで甦え，H. クリントンは敗北したとはいえ，ほぼ40年後のアメリカ大統領選挙を左右するまでになりつつあった，と言えるだろう。

注

1）正統派マルクス主義の多くの研究者は，レーニンが「ヘーゲルの弁証法（論理学）の見取り図」のなかで，「マルクスは『論理学』にかんする著書をこそ書き残さなか

ったけれども,『資本論』という論理学を残した。……ヘーゲルのうちにあるすべての価値あるものをとり,そしてこの価値あるものをいっそう発展させた唯物論,このような唯物論の論理学,弁証法,および認識論（3つの言葉は必要ではない,それらは同じものである）が,『資本論』のうちで,個別科学に適用されている」とノートしたことに示唆を得ていた（Lenin 1915=1975:14）。

2）スターリンは,先進西欧資本主義諸国での革命までソヴィエトロシアを持ちこたえることや農民への譲歩を否定するトロツキー派,資本主義は第一次大戦後相対的に安定期に入ったことまた農民との同盟を主張するブハーリン派の大恐慌（1929）による失墜,それらをめぐる路線闘争のなかで権力闘争に勝利した。『レーニン主義の基礎』（1924）でスターリンは,プロレタリアート革命の主要打撃を中間勢力である民主主義的政党や社会民主党に定め,第二次大戦前の1930年代後半には共産党に「一枚岩の団結」を求め,異論や分派を「人民の敵」「帝国主義の手先」と定めて,ソヴィエト社会を共産党の下に極度に中央集権化した管理社会・「収容所列島」に代えた。それらの過程でなされたことは,農業の全面的集団化（コルホーズ）を通じて電力開発・工業化の資金を得ること,民主主義をブルジョワ民主主義として否定すること,なによりも西欧資本主義以上の人びとの搾取と商品化・事物化の強行であった。

参考文献

Anderson Perry, 1984, *In the Tracks of Historical Marxism*, University of Chicago Press.
Arato Andrew, 1981, "Civil Society against the State: Poland 1980-81", *Telos*, 47.
Arato A. and Jean Cohen, 1992, *Civil Society and Political Theory*, MIT Press（=1997, 竹内真澄訳『ハーバーマスとアメリカ・フランクフルト学派』青木書店).
Berlin, Isaih, 1976, *Vico and Herder: Two Studies in the History of Ideas*, London: The Hogarth Press（=1981, 小池銈訳『ヴィーコとヘルダー』みすず書房).
Bell, Daniel, 1976, *The Cultural Contradictions of Capitalism*（=1976, 林雄二郎訳『資本主義の文化的矛盾』講談社).
――――, 1977, "Revolving the Contradiction of Modernity and Modernism", *Society*, 27 (13), Whole185.
――――, 1980, *The Winding Passage*, Abt Book（=1900, 正慶孝訳『20世紀の散歩道』ダイヤモンド社).
Bellah, Robert, 1970, "Civil Religion in America", *Beyond Belief: Essays on Religion in a Posttraditonal World*, University of California Press.
Benhabib, Seyla,1992, *Situating the Self: Gender, Community and Postmodernism in Contemporary Ethics*, New York: Routlege（=1997, 竹内真澄訳「一般化された他者と

具体的な他者」『ハーバーマスとアメリカ・フランクフルト学派』青木書店).

Bernstein, Richard J. 1991, "The Range Against Reason", The New constellation: The Etical-Political Horizon of Modenity/ Postmodernity, Poloty Press.

―――, 1995, "The Retrieval of the Democratic Ethos, *Josai University Educational Corporation*（=1996,Cardo Law Review,17（4/5）, Yeshiva University（=1997, 永井 務訳「民主主義的エートスの回復」『ハーバーマスとアメリカ・フランクフルト学派』青木書店).

Buck-Morss, Susan,1992," Aesthetics and Anaesthetics: Walter Benjamin's Art-work Essay Reconsidered, *October*, 62（=2000, 吉田正岳訳「美学と非美学」『アメリカ批判理論の現在』こうち書房).

Burnham, James, 1941, *The Managerial Revolution: what is happening in the world*（=1965, 武山泰雄訳『経営者革命』東洋経済新報社).

Chomsky, Noam, 2002, Peter R. Mitchell and John Schnoeffel ed., *Understanding Power*, The New Press（=2008, 田中美佳子訳『現代世界で起こったこと』日経BP社).

Cohen, Jean,1985, "Strategy or Identity: New Theoretical Paradigms and Contemporary Social Movement", *Social Research*, 52（4）.

Coser, Lewis A.1965, *Men of Ideas: A Sociologist's View*, New York: The Free Press（=1970, 高橋徹監訳『知識人と社会』培風館).

Dewey, John, 1916, *Democracy and Education: an introduction to the philosophy of education*（=1975, 松野安男訳『民主主義と教育』上・下, 岩波書店).

Dreitzel, Hans Peter, 1977, "On the Political Meaning of Culture", Norman Birnbaum, ed., *Beyond the Crisis*, New York: Oxford University Press.

Foucault, Michel, 1969, *L'archéologie du savoire*, Paris: Gallimard（=1970, 中村雄二郎訳『知の考古学』河出書房新社).

―――, 1976（=1986, 渡辺守章訳『性の歴史Ⅰ』新潮社).

Fraser, Nancy, 1985, "What is Critical about Critical Theory ?: The Case of Habermas and Gender", *New German Critique*, 35（=1997, 永井務訳「批判理論を批判する」『ハーバーマスとアメリカ・フランクフルト学派』青木書店).

Gabel, Joseph, 1968, *La fausse conscience—Essai sur la réification*, Troisième édition, Les Editions de Minuit（=1980, 木村洋二訳『虚偽意識』人文書院).

Galbratth, John K. 1958, *Affluent Society*（=2006, 鈴木哲太郎訳『豊かな社会 決定版』岩波書店).

Derrida, Jacques, 1967a, *La voix et le phénomène : introduction au problème du signe dans la phénomènologie de Husserl*, PUF（=1970, 高橋允昭訳『声と現象――フッサール現象学における記号の問題への序論』理想社).

――――, 1967b, *De la grammatologie*, Les Editions de Minuit(=1972, 足立和宏訳『根源の彼方に――グラマトロジーについて』現代思潮社).

Giddens, Anthony,1973, *The Class Structure of the Advanced Societies*, London: Hutchison & Co. Ltd,. (=1977, 市川統洋訳『先進社会の階級構造』みすず書房).

Gilligan, Carol, *In a Different Voice*, 1982, Cambridge: Harvard University Press(=1986, 岩男寿美子監訳『もうひとつの声――男女の道徳観の違いと女性のアイデンティティ』川島書店).

――――, 1988, "Adolescent Development Reconsidered", Carol Gilligan, Janie Victoria Ward and Jill McLean Taylor with Betty Bardige, eds., *Mapping the Moral Domain*, Cambridge: Harvard University Press.

Goldmann, Lucien, 1955, *Le dieu cacheé: étude sur la vision tragique dans les Pensée de Pascal et dans le théâtre de Racine*, Paris: Gallimard(=1972-73, 山形頼洋・名田丈夫訳『隠れたる神』上下, 社会思想社).

――――, 1973, *Lukács et Heidegger; fragments posthumes*, Paris: Denoel-Gonthier(=1976, 川俣晃自訳『ルカーチとハイデガー：新しい哲学のために』法政大学出版局).

Gramsci, Antonio, 1975, *Qademi del Carcere, Edizione critica dell' Istituto Gramsci*, A cura di Valentino Gerranta, Giulio Einaudi editiore(=1978, 石堂清倫訳『グラム獄中ノート』三一書房).

Habermas, Jürgen,1981 [83], "Modernity―An Incomplete Project", *The Anti-Aesthetic*, Bay Press.

――――, 1983 [85], *Die Neue Unübersichtlichkeit, Kleine Politische Schriften,V*, Frankfurt am Main: Schrkamp Verlag(=1995,「市民的不服従――民主的法治国家のテストケース」河上倫逸監訳『新たなる不透明性』松籟社).

Harootunian, Harry, 2004, *The Empire's New Clothes*, Chicago: Prickly Paradigm Press, LLC(=2014, 平野克弥訳『アメリカ〈帝国〉の現在』みすず書房).

Harrington, Michael, 1962, *The Other America: Poverty in United States*(=1965, 内田・青山訳『もう一つのアメリカ』日本評論社).

Harvey, David, 2005, *A Brief History of Neoliberalism*, Oxford University Press(=2007, 渡辺治監訳『新自由主義――その歴史的展開と現在』作品社).

Hayden, Tom, 1962, *Port Huron Statement*.

Hegel, G.W.1837, *Vorlesungen über Philosophie der Geschichte*, Lasson Edition(1917-20)Hamburg: Felix Meiner Verlag(=1954, 武市健人訳『歴史哲学』上巻, 岩波書店).

Hobswan, Eric, 1996, *The Age of Extremes: A History of the World, 1941-1991*, Vintage Books(=1996,河合秀和訳『20世紀の歴史』下巻, 三省堂).

Hohendahl, Peter U. 1991, *Reappraisals: Schifting Alignment Postwar Critical Theory*,

Ithaca: Cornell University Press (=2000, 佐藤春吉訳「批判理論の再評価」『アメリカ批判理論の現在』こうち書房).
Howard, David & Karl E. Klare, eds., 1972, *The Unknown Marxism: European Marxism since Lenin*, New York: Basic Books, Inc. Publisher (=1973, 川喜多喬ほか訳『レーニン以後のマルクス主義』現代理論社).
Howe, Irving, 1963, "Mass Society and Post-Modern Fiction", *A World More Attractive*, New York: Horizon Press. Inc. 97.
―――, 1996, "Radical Criticism and the American Intellectuals", *Steady Work*.
Irigaray, Luce, 1977, *Ce sex qui n'en est pas un*, Paris: Minuit (=1987, 棚沢直子ほか訳『ひとつではない女の性』勁草書房).
Jacoby, Russell, 1989, "The Responsibility of Intellectuals ?" *Grand Street,* 8（4）(=2000, 永井務訳「知識人の責任とは」『アメリカ批判理論の現在』こうち書房, 443-56).
Jahanbegloo, Ramin and Isaih Berlin, 1991, *En Toutes Libertés*, Editions du Paris (=1993, 河合秀和訳『ある思想家回想』みすず書房).
Kellner, Douglas, 1992, "Erich Fromm, Feminism, and the Frankfurt School", Michael Kessler and Rainer Frunk, eds., *Erich Fromm und die Frankfurt Schule*, Tübingen: Francker Verlag (=2000, 清真人訳『アメリカ批判理論の現在』こうち書房).
木村敏 (1982)『時間と自己』中央公論社。
Kohlberg, Lawrence, 1971,"Form is to ought: How to commit the naturalistic fallacy and get away with it in the study of moral development", T. Mischel ed., *Cognitive Development and Epistemology*.
Kristol, Irving,1995, "American conservatism 1945-1995", *The Public Interest*, 120.
Jay, Martin, 1973, *The Dialectical Imagination: A History of the Frankfurt School and the Institute of Social Research 1923-1950*, Boston: Little Brown (=1975, 荒川幾男訳『弁証法的想像力――フランクフルト学派と社会研究所の歴史 1923～1950』みすず書房).
―――, ed. 1977 (=1997, 竹内真澄監訳『ハーバーマスとアメリカ・フランクフルト学派』青木書店).
―――, ed. 1997 (=2000, 永井務監訳『アメリカ批判理論の現在』こうち書房).
Lasch, Christopher, 1978, *The Culture of Narcissism: American Life in an Age of Diminishing Expectations*, New York: W,W. Norton & Company, Inc. (=1984, 石川義弘訳『ナルシズムの時代』ナツメ社).
Lasch, Scott and John Urry, 1981, *The End of Organized Capitalism*, Madison University of Wisconsin Press.
Lenin, 1915 (=1975, 松村一人訳『哲学ノート』第二分冊 岩波書店).
Lukács, Geörgy, 1920, *Die Theorie des Romans*, Luchterhand Verlag (=1986, 大久保建治

ほか訳『小説の理論』著作集2，白水社）．
Marx Karl, 1867-94, *Das Kapital*（=1968，全集刊行委員会訳『資本論』全5冊，大月書店）．
―――，（=1974，城塚登訳「1843年の交換書簡 マルクスからルーゲへ（9月）」『ユダヤ人問題によせて』岩波書店）．
Mills, Charles W. 1948, *The New of Power: America's labor leaders*（=1975，河村望・長沼秀世訳『新しい権力者――労働組合幹部論』青木書店）．
―――, 1956, *The Power Elite*（=1958，鵜飼信成・綿貫譲治訳『パワー・エリート』上，下，東京大学出版会）．
Mill, John S. 1848, *Principles of Political Economy, with Some of Their Applications to Political Philosophy*, 2 vols. J. M. Robson et al. eds., *Collected Works of John Stuart Mill*, Tronto and London（=1959/63，末永茂喜訳『ミル経済学原理』全5冊，岩波書店）．
―――, 1859, "On Liberty"（=1912, *Three Essays: On Liberty, Representative Government, The Subjection of Women*, Oxford. =1971，塩尻公明・木村健康訳『自由論』岩波書店）．
―――, 1869, "The Subjection of Women"（=1912, *Three Essays: On Liberty, Representative Government, The Subjection of Women*, Oxford. =1957，大内兵衛・大内節子訳『女性の解放』岩波書店）．
永井 務（1991）「ポスト・モダンにおける時間―空間論――物象化と分裂症・鬱病症」『物象化と近代体』永井務ほか編，創風社。
―――, 2012a,「2011年のアメリカ社会――M. サンデルの正義論とカジノ金融資本主義」『応用社会学研究』東京国際大学大学院社会学研究科, 22.
―――, 2012b,「D. ベルとN. チョムスキー」『季報 唯物論研究』118.
Niebuhr, Reihold,1941, *The Nature and Destiny of Man: A Christian Interpretation*, 1（=1957，長清子訳『キリスト教の人間観（1）人間の本性』新教出版社。再録：1957，『原典アメリカ史 第5巻』岩波書店）．
Pollock, Friedrich,1941, "State Capitalism", "Is National Socialism a New Order? "*Studies in Philosophy and Social Science*, 9（=1993: 215-56, cited in On Max Horkheimer, London: The MIT Press）．
Rawls, John, 1971, *A Theory of Justice*, Harvard University Press（=1979，矢島監訳『正義論』紀伊国屋書店）．
Rorty Richard, 1998, *Achieving Our Century*, Harvard University Press（=2000，小沢照彦訳『アメリカ：未完のプロジェクト』晃洋社）．
篠原三代平［1982］1991,「ハイエク動態論の再評価」『世界経済の長期ダイナミクス』TBSブリタニカ。
―――, 1994,「S. クズネッツ――実証学のエキスパート」『現代経済学の巨人たち』日本経済新聞社。

Slater, Philip, 1970, *The Pursuit of Loneliness*, Beacon Press（=1995, 濱野成生訳「逆転価値観とライフスタイル」『アメリカの対抗文化』日本マラマッド協会編, 大阪教育図書）.
Sokal Alan, 1996, "Transgressing the Boundaries: Towards a Transformative Hermeneutics of Quantum Gravity" *Social Text*, 46/47.
Spates, James L. and Jack Levin,1972, "Beats, Hippies, the Hips Generation, and the American Middle Class : an Analysis of Values", *International Social Science Journal*, 24（2）.
Strachey, Evelyn, J.1956, *Contemporary Capitalism*, London：Gollancz（=1958, 関嘉彦・三宅正也訳『現代の資本主義』東洋経済新報社）.
高橋 徹（1987a）『現代アメリカ知識人論——文化社会学のために』新泉社。
————, 1987b,「祭のあと」私家版。
Wrong, Dennis H. 1998, "Christopher Lash: Is Progress a Delusion?" *The Modern Condition*, Stanford University Press.

第3章 アソシエーション，プラグマティズム，現象学的マルクス主義，「新しい社会運動」

は じ め に

アメリカ史を大まかに6期に括ることで，本章の社会的背景を描いておきたい。

1）初期資本主義：独立宣言（1776）・合衆国憲法成立（1787）頃確立した独立自営農民・生産者からなる初期資本主義期
2）独占資本主義：南北戦争後（1861～1865）の容赦ない自由競争を通じで誕生した独占（産業）資本主義・帝国主義の成立（1865～1900頃）と，負の部分の改良に努める進歩主義の時代（Progressive Era, 1901～1920）
3）後期資本主義の成立：効率・機械化を重視するいわゆる「事業進歩主義」の一翼を担い，大量生産・大量消費社会を可能にしたフォード=テイラー・集権的システム（フォーディズム）導入（1900年代初頭）と，第1次世界大戦（1914～1918）後の狂乱の1920年代を襲った大恐慌（1929）に対するニューディール政策（1933～）・ケインズ経済との導入。自由競争に代わり，労働力の対価を一部保障し，協調的福祉・リベラル的契約が優先する後期資本主義・「組織された資本主義」の成立
4）第二次大戦後より一層のフォード主義とケインズ経済の実施。「組織された資本主義」による官僚化・物象化（「生活世界の植民地」）の深まりと，それに反発する青年運動・対抗文化運動（1950年代後半～1970年代前半），総称としてのニューレフト（New Left）の登場
5）一方で，多品種の少量生産に対応できるネットワーク型の生産組織・「脱組織化された資本主義」（Lash and Urry; Offe）への移行。協調的福祉・リベラルを支えてきた集権的フォーディズムの機能不全と，ポスト・フォーディズムの分権的・反成長主義的文化価値観を重視する「新しい社会運動」（new social movement, 1970年代後半～）の登場
6）後期資本主義の否定へ：世界経済のグローバル経済化を背景に，アメリ

カ資本利潤率の回復を目指して、ニクソン・ショック (1973) 後、リベラル的契約に代えて「資本」側に有利な再編成・自由競争至上を企てるレーガノミックス (1981)、それを正当化する新保守主義の登場とグローバリゼーションを掲げるカジノ金融資本主義の登場（グラム＝リーチ＝ブライリー法、1999）。同時に協調的福祉リベラルと新自由主義との拮抗。

本章のテーマは、まず、1）の初期資本主義期におけるアソシエーション型市民社会から、2）の独占資本主義期におけるアソシエーション型市民社会蚕食への対応として進歩主義時代の一翼を担った「改良主義的〈アメリカ左翼〉」(Rorty1998=2000:66) に属するプラグマティズム、そして5）の「ポストブルジョア・ポスト家父長制市民社会」という新しいアソシエーションを目指す「新しい社会運動」へたどり、次いで、このアソシエーション概念が、プラグマティズムと戦後の現象学的マルクス主義に媒介された「新しい社会運動」をつなぐ鍵概念であること、だが、その実現をめざす「新しい社会運動」が社会文化領域の闘争に留まっている、と論ずることにある。

第1節　建国期のアソシエーション

南北戦争 (1861～1865) 以前の建国期社会の諸特長が残っているアメリカを訪れた A. de トックヴィル（Alexis de Tocqueville, 1805～1859）は、『アメリカの民主主義について』([1835, 1840] 1888) を著し、周知ではあるが、フランス革命 (1789) によるアンシャン・レジーム、「貴族制度」の崩壊と、その後テロルによる民主主義的「平等」から独裁者ナポレオン選出にいたる「平等の弊害」を見すえつつ、「アメリカでアメリカ以上のもの」つまり地方自治の基盤となっているアソシエーション型市民社会を析出した。現在、社会学や哲学において、あたらめてアソシエーション概念の意義に関心が集まっているので、『アメリカの民主主義について』について少し考察したい。まず、彼の言説の2つを引用する[1]。

アメリカには人智において一定の平均水準というものができあがっている。すべての人々の心は、この平均水準を中心として、あるいは高くあるいは低くなっていても、この水準に近づいている。……そこでは、人々はその財産

とその知性によって，一層平等になっている（Tocqueville, 1888=1987: 上, 110-1）。

　人々が多数者の専制的作用に対抗しての，また王権の濫用しに対しての自衛手段としての政治的結社（associations）［を作り］……すべての年齢，すべての地位（conditions），すべての精神（minds）を持つアメリカ人たちは，絶えず団結している。彼等はすべての成員たちが参加する商工業的結社をもっているだけではない。なお，彼等は，他の数千の種類の結社をもっている。すなわち，宗教的，道徳的，重要な，些細な，ひどく一般的な，極めて特殊な，巨大な，ひどく小さな結社をもっている。……地上の最も民主的な国家……そこでは，日々のなかで人々はその共通の願望の目的を，共通に追求する術（art）を，そしてこの新しい科学（new sciences）を最も多くの目標に適用している（Tocqueville, 1888=1987: 下，200-2）。

　トクヴィルの意図は，まず，マキャベリ（Nicol di Bernardo dei Machavelli, 1469～1527）『君主論』（1513）の見解，つまり，アレクサンドロス大王が征服したペルシア帝国の統治安定は，自己利益のみで公共善を求めない貴族と「民衆と言うものは，頭をなぜるか，消してしまうか，そのどちらかにしなければならない」そうした民衆に対処するために要請された集権的君主国家にあったという見解，また，公共善を求める権力者たる君主の倫理とは，道徳的心情ではなく結果に対する責任である，という見解とは違って，建国期アメリカのアソシエーションは，君主を必要とせず集権的君主国家におさまらない例外である，と論ずることにあった。
　次いで，建国期アメリカ社会が，アリストテレス（Aristotelēs, 紀元前384～322）『政治学』（Politica）における，主人—奴隷の制度を前提としながらも，主人側に属する貴族・裕福な市民と一般市民は，自己利益を追求するだけの存在ではなく，善（Good）を求める「社会的動物」であり，『ニコマコス倫理学』（Ta Èthica Nikomacheia）の冒頭に掲げられている「すべての技術とすべての学的探求，そして同じように行為と選択は，ある善を目指しているように見える」，そこにつながる社会である，とトクヴィルは洞察した。
　さらに，このアソシエーションが，自然的に成長してきた協調的人間関係（交通・交通形態）・コミュニティーでも，集権的国家や貴族制的有機体でなく，そ

の中間にあって相対的自立性を確保している人為的組織体，ある特定の目的の下に自由な・意識的な成員が結合している自己立法的な，上—下の秩序がない契約共同体（covenant community）・有機体であること，さらに，その相対的自立性の根拠が，平均水準の財産と人智という経済資本と文化資本（Gouldner 1975-76=1977）を備えている独立生産者・成員間の等価交換を基盤としつつ，たんに個々の成員が所有を持つだけでなく自治体・共同体も独自の所有を持つことにある，と彼は洞察した（田中 1975: 105-18）。

だが同時に，トクヴィルは，建国期アソシエーションが，私的「所有」を不可侵と理解するブルジョア市民社会であること，また，社会的力（social power）や政府権力が，アソシエーションに取って代わるようになると，それを担っている市民の道徳と知性が蚕食する，と警告することを忘れなかった。たとえば次のように言う[2]。

　　アメリカ的法制度が特に重視しているのは個人的利益である（Tocqueville 1888=1987，上，155）。

　　人間が自らの生活に最も共通な，そして最も必要なものを，自分一人ではますます作れなくなってゆきつつあるときが近づいていることは，たやすく予見できる。それ故に，社会的力（social power）の任務は，絶えず増大してゆくであろう。……社会的力が結社に取って代わるほど，互いに団結する理念を失って，個々の人々は，社会的力に助けを求めるようになる。……もし政府があらゆるところで，結社に取って代わると，民主的な人々の道徳と知性並びに商工業は，危険に遭遇するであろう（Tocqueville, 1888=1987: 下，204-5）。

アソシエーションの分析に関して，トックヴィルに先立って，『永遠平和のために』（1795）や『人倫の形而上学』（1797）を著した I. カント（Immanuel Kant, 1724～1804）は，建国期アメリカが，三角貿易，ネイティヴ・アメリカン虐殺，バージニア植民地の設立，黒人奴隷など，先住民・他民族の犠牲の上に成り立つ社会である，と告発していたが，このアソシエーションのいわば原罪的な負の部分こそ，その後 R. ベラーが指摘するように，「すべでの人々は半等に創られている」という建国期アメリカの契約（covenant）がたやすく破ら

れる事態を許してきた，と言えるだろう。

　つまり，激しい自由競争のなかで独立自営農民・小ブルジョア的商品生産者層の多くが自己分解し，他方で，一部企業がアメリカ国内市場形成にあたって巨大企業・財閥へ成長し，かれらが経済・政治・社会を支配する独占資本主義・帝国主義へといち早く変容できたのも，負の部分が大きく作用したに違いない。

第2節　改良主義的左翼運動と諸思想

　前節の終わりで言及したように，建国期にみられた，自由な営利行為・欲望を核とするbourgeoiと隣人愛に包まれた共同体への自己立法・習俗（mores）を核とするcitoyen，その両立を受肉したcitizenからなるアソシエーション（諸個人が自由意志に拠りながら共同の目的を実現するために，平均的財と才からなる民主主義的平等社会）が，南北戦争後の急激な独占資本主義化・産業化によって蚕食する事態に陥った。だが，1890～1920年代にかけて，アソシエーションの回復をねがい，その後の進歩主義時代につながっていく「改良主義的左翼」運動が起こり，またその知の運動の一翼をになったプラグマティズム哲学が登場する。

　このプラグマティズムを理解するために，本第2節では，まず，ダーウィン進化論の哲学的意義に触れ，次いで，改良主義的左翼運動をになったユートピア社会主義，制度経済学派，シカゴ学派にも簡単に言及し，第3節で，プラグマティズムを準備した経験批判論と現象学，第4節でJ. デューイ（John Dewey, 1859～1952）を中心にプラグマティズムの社会哲学を考察する。

進化論

　進化とは「物質の統合とそれに伴う運動の分化」であり，強制的協同が支配的である未開型の軍事社会から個人が自発的に共同目的のために協同する産業社会，その典型としての近代商業社会へ進むという「軍事型社会から産業型社会へ」を説いたH. スペンサー（Herbert Spencer, 1820～1903）の社会進化論，その系として経済的強者の自由と「最適者の生存」を結びつける社会ダーウィン主義（Social Darwinism）が登場した。

　南北戦争後，1890年代に世界第1位の産業国家となり独占資本主義段階へと離陸したアメリカでは，W. G. サムナー（William G. Sumner, 1840～1910），L.

F. ウォード（Lester F. Ward, 1841～1913）らが, その社会変動は不可避であり, 農業や貧者また経済的格差は, それに適応できない自然淘汰の結果であり, その解消は自然淘汰の過程に任せる以外にないとする言を説いて, 大恐慌（1929）以前のアメリカ初期社会学形成に圧倒的な影響を与えていた。

しかし, 論文「心理学における反射弓」(1896) で関係性を洞察することを強調していたデューイによれば, 進化論とは, 自然の進化の説明に環境と有機体との間にある関係性に注目をうながし, 両者の協同による新たな自然の発生を洞察する, そうした画期的見方, つまり「発生的, 実験的論理」という見方を導入したのであった（Dewey 1909=1995:278）[3]。

この社会ダーウィン主義に対抗する「改良主義的左翼」側の知的運動を担ったのが, 次ぎに言及するユートピア社会主義・制度経済学派・シカゴ学派そしてプラグマティズムである。

ユートピア社会主義

近代啓蒙思想や功利主義の「最大多数の最大幸福」の精神を継承しながら, 私有・競争・利潤を原理とするブルジョア社会の改良の実験場として新大陸アメリカで, 次のようなアソシエーション村が建設されていた。たとえば, よく知られたことであるが, R. オーウェン（Robert Owen, 1771～1858）は, 1825～1827年にかけて共同の所有・平等・相互扶助・教育重視・協同, 市場に代わる労働交換所などを原理とする生活協同組合, ニュー・ハーモニー平等村建設に着手し, それを引き継ぎ, C. フーリエ（François M. C. Fourier 1772～1837）は, 1830～140年代アメリカに30以上のファランジェ（phalange）と称されるフーリエ主義者（Phalanexes）のアソシエーション建設を主導し, 実践した。

だが, かれらユートピア社会主義者は, 当時の自由主義的経済学をブルジョア的秩序の弁護論に堕したものとのみ理解したから, F. エンゲルス（Friedlich Engels, 1820～1895）の『空想から科学』が指摘したように, 価値体系・市場機能を通じての最適分配に関する古典派経済学の知見（分業による生産力増大, 労働生産物の交換法則の解明, 資本蓄積論, 再生産論など）を十分踏まえることがなかった（田中 1967:2-21）。むしろ彼らは, 分業や技術による何万種類の多品種品の生産が無政府状態にあり, 階級対立は資本主義のその無政府性に起因するから, 社会主義への移行は, 人民や労働者ではなく, 計画経済を実施できる「天才的な個人」の出現と「実例による教育」によって可能になる, と理

解するに停まっていた。

制度経済学派

　制度経済学派は，このユートピア的社会主義から影響を受けていた。たとえば，制度経済学派を代表するT. B. ヴェブレン（Throstein B. Veblen, 1857〜1929）は，製作（workmanship）よりも利潤（profit）を優先する資本主義を批判したが，マルクスのように労働階級ではなく，社会主義への変革を制度（institution）の中核を占め，技術発展を担い，営利優先と相容れない要求をもつ科学技術専門家とその運動（Technocracy movement）の潜在力に期待した。そのヴェブレンは『技術者と価値体系』（1921）を，また『有産階級の理論』（1899）『企業の理論』（1904）を上梓した（Bell [1963] 1980=1990:173-208）[4]。

シカゴ学派

　シカゴ学派（シカゴ大学創立1892）は，19世紀末に顕在化した産業化・都市化・官僚制化，とりわけ大都市への東ヨーロッパや南ヨーロッパからの非熟練低賃金労働者・新移民の流入，それに因るプロテスタンティズムとカトリックやユダヤ教との間の宗教的対立，貧困，マイノリティ，WASPを脅かす大衆化・匿名性化するコミュニティーやアソシエーションなどの諸問題の噴出に取り組んだ。

　以上，簡単に紹介したこれらユートピア社会主義・制度経済学派・シカゴ学派，そして第4節で論ずるプラグマティズムは，1890年代から第1次大戦と大恐慌をはさんで1920年代の「改良主義的左翼」運動をにない，ニューディール（1933〜）を準備する知的環境を作ったのであった。

第3節　経験批判論と現象学

　産業・分業化と政府機能（官僚制）強化による市民の大衆化は，これまでの自由放任経済を軸とする社会と市民像を根底から揺さぶる事態であったから，その分析・対応をめぐる哲学は，西欧では先ず「経験批判論」（Emprikokritizismus）として，次いで「現象学」（Phänomenologie）として誕生した。アメリカのプラグマティズムは，これらの哲学から影響を受け，かつ軌を一にしていたから，

本節では，経験批判論と現象学について言及しておきたい。

ドイツにおける経験批判論の登場にかんしては，次のようであった。

R. アヴェナリウス（Richard Avenarius, 1843～1896）は『純粋経験批判』（1888—1890）『人間的世界概念』（1891）を著して，いわゆる「経験批判論」を説いた。その主旨は，モノーヒト，ヒトーヒトの，つまり客体―主体の関係性・関係行為を捨象するデカルト的二元論を克服する枠組みとして，先ず，ヒト・主体の思考や感情や意志を投入（Introjektion）する以前に知覚されるものを「純粋経験」（reine Erfarung）と提示し，次いで，産業革命・分業による人間のモノ化を析出するために「自然的世界概念」（＝後期フッサールの「生活世界」）を提示することにあった。

おなじく，二元論的認識を乗り越えようとする E. マッハ（Ernst Mach, 1838～1916）は『感覚の分析』（1886）『認識と誤謬』（1905）を著して，純粋経験と同趣旨の「感覚要素一元論」を提示し，モノ―モノ，モノ―ヒト，ヒト―ヒトを包括する感覚界は，感覚の関数関係・相関（＝現象）から構成されていること，また因果関係も感覚的要素間の相関関係として捉えよう，と論じた。

この純粋経験・感覚論を継承したのが，現代現象学の先駆者ある E. フッサール（Edmund Husserl, 1859～1938）である。『内的時間意識の現象学』（1928）を著した彼は，とりわけ知覚されているが「志向」されていない純粋経験を質料（Hylē）――未分化の，「生の」質料（「Zu den Sachen selbst!」の事象そのもの）――と表現し，ヒューレに意味付与を行う意識の働き（Noesis）とその働きによって統握された意味（Noema）との関係性に留意し，アヴェナリウスの「自然的世界概念」を「生活世界」概念に置き換えて『デカルト的省察』（1931）や『ヨーロッパ諸科学の危機と超越論的現象学』（1937）を上梓した。

フッサールの意図は，1929 年の大恐慌後の世界史の急激な展開，ナチスの政権掌握（1933）やスターリン憲法公布（1936）というファシズムや全体主義に直面して，ヒューレを〈操縦者テクノクラート―ロボット大衆〉という社会体制に帰結させてきたガリレオ的「自然の数学化」やデカルト的二元論の客体（自然）主義をその発生基盤であるヒューレから捉え直し，「反省」を本性とする自由な自己規律する理性的存在者とその人々からなる社会を，現代ヨーロッパに回復させることにあった。

フランスでは，かつて産業化・生産性向上を強調するサン＝シモンの書記を務めたことがある A. コント（August Comte, 1779 ～ 1857）が，サン＝シモンの知見から離れて，むしろ産業革命以降の自然科学の諸成果・産業主義，その事態にかんする科学の未成立という知的不均衡が，混乱と人びとの犠牲をもたらしている，と診断した。とりわけ前期コントは，経済学・政治学そして道徳の基礎科学として「社会学」（sociologie,『実証哲学講義』第 4 巻，1839）の確立によって知的不均衡を正し，知的統一を成し，人びとを救いうる新たな統制と組織が必要である，という構想を示していた。

また，H. ベルグソン（Henri Bergson, 1859 ～ 1941）は，宇宙とは持続する，創造・進化を無限に続けている物質・波動であると同時に生命でもあり，この生命は，物理的秩序（ニュートン物理学やカント哲学の前提をなす均質的＝抽象的な時間—空間）に属すともに，心理的秩序・意識（非均質的＝非抽象的な純粋持続・知覚する物質）にも属しているから，哲学は，生命と意識が相互浸透している身体からはじめるべきだ，と説いていた。つまりベルグソンは，哲学の出発点に純粋経験・自然的世界概念よりも自然主義的な，より唯物論的な意味合いを持つ「生命」・「身体」を据え，産業革命後の人びとの犠牲を救うための認識枠組みを提示したのであった。この枠組が，第 6 節で論ずるが，メルロ＝ポンティに継承された。

第 4 節　プラグマティズムとデューイの「経験」

これまで紹介してきたように，改良主義的左翼の一翼を担い，経験批判論や現象学またベルグソン哲学などから影響を受けつつ登場したのが，アメリカ・プラグマティズムである。プラグマティズムは，科学的方法と実験的知を人間事象に応用したベーコン・ロック・ニュートンのイギリス経験論やフランス啓蒙の継承を心にしながら，大西洋をはさんだアメリカ社会の初期資本主義を担ったアソシエーションと「市民」（citizen）が，巨大企業・財閥が主導してきた産業化と官僚化によって崩壊している，その事態に対応しようとしてきた哲学である（Dewey 1931: Chap. Ⅱ.）。

本節では，C. S. パース（Charles S. Peirce, 1839 ～ 1914），W. ジェームス（William James, 1824 ～ 1910），デューイ，G. H. ミード（George H. Mead, 1983 ～ 1931）のプラグマティズム山脈のうち，とりわけデューイ社会哲学の基礎を

なす「経験」に焦点を合わせて論じたい。

デューイに先立ってジェームスは，いわゆる客体—主体の関係が成立する以前の，つまり理性の概念作用とは別の，生得的な直観によって知覚され，人間存在の根拠でもあるとする生の素材を，経験批判論の「純粋経験」と同じ用語を使って，『哲学の根本問題』(1911)なかで次のように説明している。

　知覚の流れを切断する操作は，まったく観念上の操作にほかならない。もし，いまただちに概念的な見方をすっかり捨てて，むき出しの感覚的生活に逆戻りすることが首尾よくできるならば，「百花繚乱のなかを昆虫がぶんぶん飛び交っているという状態を大規模にしたような混乱状態」と誰かが形容したような光景があらわれるだろう。この「多即一」(much-at-oneness)においては，矛盾なく，すべてのものが生き生きと，しかも明瞭な姿で存在する。
　わたくしたちは，石や木の材料からいろいろの形の像を彫りだすように，こうした生のままの感覚的多様性から，注意作用によって，いろいろな対象を彫りだし，概念作用によってそれらに名を与え，同一の対象を同一の名でよぶ (James [1911] 1921=1968:292)。

こうした経験批判論・純粋経験について，V. I. レーニン (Lenin, 1870～1924) は，『唯物論と経験批判論』(1909) 第6章4節「哲学における諸党派と哲学的愚物」の「注」で，周知のように，次のように批判した。

　反動的ブルジョア哲学の広範に普及している諸思潮が，いかにマッハ主義を実際に利用しているかについて，……いま1つ実例をあげよう。おそらく最新のアメリカ哲学の「最近の流行」は，「プラグマティズム」である。……プラグマティズムは，唯物論と観念論の双方の形而上学を嘲笑し，経験をそして経験だけを称揚し，実践を唯一の基準とみとめて……科学が「実在の絶対的な写し」ではないという主張に拠りどころをもとめている，そして……このすべてから，実用上の目的のために，ただ実用のためにだけ，いかなる形而上学にもたよらずに，経験の限界を少しも越えることなしに，首尾よく神をみちびきだしているのである。……唯物論の見地からは，マッハ主義とプラグマティズムとの相違は……とるにたらない (Lenin 1909=1955:479-480)。

たしかに，純粋経験を認識論・存在論のアルハ（α）とオメガ（ω）とするアヴェナリスウやマッハそしてジェームスのそれは，レーニンが指摘するように，物質（モノ）の外的実在性を否定し，「存在するとは知覚されることである」という〈知覚の一元論〉のG.バークリー流の主観的観念論が染みついている。またオルテガ（Ortega Y Gaset, 1883～1955）の指摘を借りれば，「実在とは実在の意識〈Bewußtsein von〉である」と説くフッサールは「観念論の最後の代表者」であり[5]，純粋経験や生命をアルハとオメガとする存在論は，「理性は認識にすぐれた形式ではないと言明し，超理性的な〈直観〉という……別の認識法」を要請するベルグソン流の生命論に他ならず，物活論（animism）の称揚につながる（Ortega 1941=1970:124）。

しかし，彼らの認識論の本当の意図は，「世界」を認識するさいの主体―客体の関係性・関係行為を見落とさないことにあった。デカルトの二元論的認識論の枠組みでは，その関係性・関係行為が断ち切られ，モノ・客体が先験的に存在し，ココロ・主体はそれを写すに過ぎない鏡に矮小化されてきたからである。「世界」の認識においては，モノの実在性（＝主体―客体の関係を意識する以前にあるモノ）と主体との関係性は，ともに第一義的に存在するという方が正しく，また，その主体は，モノからなる身体・生命活動と切り離すことはできない。したがって主体は，自然・世界・社会のなかで生きる・生活するなかで形成されてきた，と言うべきである。マルクス的に言えば，「五感の形成は，現在にいたるまで世界の全歴史の産物」（Marx 1884=1963:154）であり，主体とはそうした内容を受肉した「類的存在」である。

この場合，モノの実在性とは，意識以前に実在している物質的諸関係・社会的諸関係のそれでもあるから，自然科学法則とか経済学法則として把握できる。だが，その自然科学法則や経済学法則は，「多即一」の一側面を捉えたかぎりでのモノの実在性である，と言うべきである[6]。

ともあれ，とりわけプラグマティズムにかんしてレーニンやその後の正統派マルクス主義者が，独占資本主義期における反動的ブルジョア哲学，主観哲学のみと定義することは，本論とは主旨を異にする[7]。

本論に戻って，ジェームスの純粋経験を引き継ぎながらデューイは，自然・モノの存在相を物理的（physical），心理―身体的（psycho-physical），精神的，に類別し，何よりもこの自然・モノを自然主義的・唯物論的に捉えている。『経

験と自然』(1925) から，2つの文章を引用しておきたい。

　物理的（physical），心理―身体的（psycho-physical），精神的との間の区別は……自然的出来事の間の相互作用が複雑さと親密さを増していく諸次元の区別である（Dewey 1925=1977: 267）。

　有機的，心理―身体的活動は，その活動の性質とともに，精神，すなわち意味，観念の現存の操作が可能になる前に存在しなければならない諸条件である（Dewey 1925=1977: 294）。

その上でデューイは，「物理的」相を無生物（非有機体），「心理―身体的」相を生物，「精神的」相を生物とくに人間とし，精神は，自然の相互作用の複雑さ，社会的相互作用の複雑さ・慣習が増してくると誕生し，それとともに言語や意味の観念が機能する，と論ずる。精神は「人間とその周囲との相互規定の中に生じる客観的な意識過程」と説明するジェームスの進化論的観点からも影響を受けながら（Dykhuizen, 1973=1977:101-15），デューイも，精神は「自然の働きであり，かつ自然のより一層の複雑化なのである」と定義する（Dewey 1925=1977:421-2）。

先に言及したように，ダーウィン進化論の「発生的，実験的論理」の哲学的意義が二元論的認識論を越えるところにあった，と見るデューイの認識論は，「経験」（experience）の「発生的，実験的論理」を軸とするそれである。とりわけ論文「絶対主義から実験主義」(1930) のなかで，「物理的」相（自然・モノ），そこから誕生した「心理―身体的」相（生命・モノ），それら自然・モノに接触し働きかける行為の全てを「経験」と表現し，〈経験の素材→生命の行為→成熟した経験〉の関係性と関係的行為（＝実践）を強調している（Dewey 1930=1955:285）。

さらにデューイは，先の『経験と自然』のなかで，自然の最高産物であり自然の自己修正に関わる「精神」や「道徳」について，それらが社会的相互作用・日常経験・コミュニケーションの産物である，と定義する。同じく2つの文章を引用しておく[8]。

　精神は社会的相互作用の機能であり，自然の出来事が相互に最も広範で最

も複雑な相互作用の段階に達したとき，その出来事の正真の性格であるとみなされる（Dewey 1925=1977:11-2）。

　哲学によって最も体系的に無視されてきた日常経験の性格は，社会的交際とコミュニケーションの結果で充たされて……［いる］（Dewey 1925=1977: 11）。

第5節　デューイの「相関」と『公衆とその諸問題』

　デューイは，ピューリタン入植時のアソシエーション・組合教会（the Congregational Church）の雰囲気が色濃く残っているヴァーモント州バーリントンで生まれ，ヴァーモント大学で学び，それらを習俗（mores）として自己形成し，進化論的自然主義（唯物論的存在論）と「経験」を軸とする認識論に基づきながら，シカゴ学派の知的環境（1894～1904，シカゴ大学哲学科・教育学科の教員）のなかで自らの社会哲学を作った。本節では，彼の社会哲学に焦点を合わせて論じたい。
　デューイの社会哲学は，以下の3つの柱からなっている。
　第1は，平等な自然権という自然法と平等な人びとよる社会契約からなる市民的有機体・アソシエーションを社会規範として掲げ，封建的な貴族的社会有機体論や経済的強者の自由を強調する「最適者の生存」を説く社会ダーウィニズム論とを批判する視点である。論文「民主主義の倫理」（Dewey 1888=1955）のなかにデューイ社会哲学の多くが凝縮されているので，そのエッセンスを表している一文を引用しておく[9]。

　貴族主義も民主主義も共に，社会の実際の状態は，倫理的な目的の実現のために存在していることを含意している。貴族主義は，このことが基本的に，社会のなかの特殊な制度や組織によって行なわれるべきだということを含意し，一方，民主主義は，理念はすでにすべての人格のなかで働いているおり，それ自身の面倒をみるために信頼されねばならないことを主張するのである。民主主義のなかには個人主義はあるが，それは貴族主義にはないものである。しかし，それは，倫理的個人主義であり，数的個人主義ではない。……一言でいえば，民主主義は，人格が最初でかつ最後の実在であることを意味する。

……人格のこの中心的立場から，民主主義，自由，平等，友愛――……人類がこれまで到達した最高の倫理的理念の象徴である言葉――という別の特徴が結果するのである（Dewey 1888=1955:207）。

　第2は，だが，当のアソシエーションが崩壊の危機に瀕している，と診断する視点である。デューイは，「物理学と化学の前進によって可能になった物理的エネルギーの利用が，産業的，政治的問題を途方も無く複雑なものにした。経済的資源の配分問題，富者と貧者の関係の問題が現在ほど激しく，また不吉なものになったことはない。」（1931=1955: 328）と論じ，時代変化のなかでさまざまな矛盾が起きているにもかかわらず，人びとの間で政治的腐敗や政治的無関心が広まり，民主主義が機能不全に陥りつつある，と分析している。

　第3は，すでに『世論』（1922）や『幻の公衆』（1927）を上梓したW. リップマン（Walter Lippmann, 1889～1974）も，先に紹介したトクヴィルの懸念を引き継ぎながら，「公衆」（the public）や「世論」（public opinion）の形骸化に注目し，後の「大衆社会論」を先駆けて提示していたが（Lippman 1922=1987; 1925），それを乗り越えようとする視点である。デューイは，リップマンと同様「公衆の蝕」（eclipse of public）という強烈な用語で「市民」「公衆」の大衆化を警鐘しつつも，「社会心理学と社会の進歩」（[1917] 1929）や『公衆とその諸問題』（[1927] 1954=1969）また論文「行為と経験」（Dewey 1930b）を著し，リップマンの「幻の公衆」に反駁した。

　とりわけデューイが拠ったのは，先に触れた「反射弓」，自然のなかに在るその進化論的「協同」と，とりわけ論文「行為と経験」のなかで「相関作用」（trans-action）と明確に捉え直した概念であった。

　　どんなものの構造も，[二元論に拠らない]直接的な質的表現の方法で捉えると，一方で，われわれが有機体（organism）と呼ぶもの，他方で，環境と呼ぶもの，両者の間では相互作用（interaction）が繰り返し行なわれている。[だが]この相互作用は第1次的事実（primary fact）であり，相関作用（trans-action）の一部をなすものである（Dewey 1930b: 411）。

　つまり有機体を，刺激―反応，人間―環境のあいだの相互作用として捉えるだけでは不十分であり，その第1次的事実をこえて「1つの全体をなす環境の

第3章　アソシエーション，プラグマティズム，現象学的マルクス主義……　　111

なかでの有機体」(organism-in-environment-as-a-whole) として捉えること，言い換えれば，有機体と環境とは相関 (trans-action) をなす全体系のなかに在るから，有機体と環境との算数的総和をこえる力・生命が機能していると捉える見方，「相関主義」(relationalism)・「全体論」(holism) 的見方が必要だ，とデューイは主張するのである。

　同じくデューイは，「集団理論の父」A. F. ベントリー (Arthur F. Bentley, 1870～1957) との共著『知ることと知られたもの』(1942) を上梓し，「知ること」(knowing) の本性とは，たんに最終的要素や独立実体の整合性を探る (inquiry) こと，つまり閉鎖的体系の整合性を探ることではなく，開かれた会話がそうであるように，柔軟で開放的にかつ「協同的に」(co-operatively) 探るという働きにある，と強調する。さらに，知ることの発展は，知の全体を相関作用 (transaction) の体系として，言い換えれば，環境のなかに在る私と他者，そして他者と他者を繋ぐコミュニケーションの体系として，協同的知の探求として理解することにあり，その見方が知の前進に決定的である，と次のように論じた[10]。

　　知ること (knowing) における理解 (knowledge) の前進は，コミュニケーションの信頼性が増すことでもあるが，そのことは，われわれが採用しているトランザクション (transaction) の見方や参照枠 (frame of reference) の見方と深く結びついている。……知ることの発展は，精神のなかでトランザクショナルな見方 (transactional point of view) が，単なるインターアクショナルな見方 (interactional point of view) やセルフ・アクショナルな見方 (self-actional point of view) と体系的区別されるとき，発展の道筋がもっともはっきり見えてくる。トランザクショナルとは，知るということが協同的 (co-operative) であり，そのようなものとしてコミュニケーションの一部をなしているという前提の上で物の見方が体系的に進む，ということである (Dewey 1942:97)。

　このように「相関作用」にとりわけデューイが留意するのは，アソシエーションを担うべき公衆がすでに崩壊したと説くリップマンの「幻の公衆」を乗り越えるためであった。

　『公衆とその諸問題』のなかでデューイは，諸経験の全体系を貫く相関・全体論的整合性に注目し，社会における「公」と「私」を峻別するリップマンの〈政

府・公衆エリート〉と〈大衆〉との二元論に対して，公と私のカテゴリーを「国家」・「公職者」・「公衆」・「私的」と流動化させた。というのも，人びとの日常生活は国家・公職者・公衆・私の領域からなるが，踏み込まない領域としての「私」を除いて，残りの三領域間では協同的コミュニケーションが働いている，その協同的コミュニケーションの働きの全体が「公衆」（＝国家・公職者・公衆）にほかならないからである。

　公衆とは，トランザクションの間接的な諸結果によって，それについての組織的な配慮が必要だとみなされる程度まで影響を受ける人びとの総体である。公職者とは，このような影響を蒙る諸利益を見つけ出し，それらに注意を払う人びとのことである。間接的な影響を蒙る人たちは，問題になっているトランザクションの直接の参加者でないから，公衆を代表し，彼らの利益を保ち，保護するために，特定の人びとを選び出すことが必要である。この職務に必要な建造物，財産，基金その他の物的資源が公共財産＝国家（res publica, commonwealth）である。人びと相互間のトランザクションの影響が大きくて長続きするかぎり，また間接的な諸結果に配慮を与えるための公職者や物的機構などを通じて人々が組織されたかぎり，公衆が人民（populus）である（Dewey [1927]: 245-6）。

　こうしてデューイ社会哲学・コミュニケーション論の狙いは，選ばれ勝者となった国家官僚・公職者たちエリートが「偉大な社会」（Great Society）へ嚮導する巨大ジャーナリズムからヘゲモニーを奪取して，何よりも日々の生活を支えている市民・専門家等々の総体としての「人民」による「偉大なコミュニティー」（Great Community）を創ることである。同じく『公衆とその諸問題』のなかでデューイは，「偉大なコミュニティー」について次のように語っている。

　　偉大な社会が偉大なコミュニティーに回心される（converted）までは，公衆の輝きは蝕（eclipse）にとどまる。だが，コミュニケーションだけが偉大なコミュニティーを創ることができる（Dewey 1927:142）。

　この「人民」への思いは，晩年のデューイにおいても変わらなかった。というのも，「創造的民主主義：われわれの前にある課題」（1940）のなかで彼は，

民主主義こそが善き社会の創造とナチズムと闘う手段を再活性化できるのであり,「民主主義の課題は,より自由な,より人間的な経験の創造であり,そこではすべての人が分担し,すべての人が貢献することであり,そこまで経験が高まるまで終わることがない」と述べ,「普通の人びと」(the Common Man)が創造的民主主義の担い手であることを疑わない,と次のように語っていたからである。

　民主主義とは,人間本性の諸可能性を信ずる生活のあり方である。普通の人びと(the Common Man)への信念は,民主主義的信条と親密な関係にある。その信念が,根拠付けや意義付けが無くとも崩れることがないように,人間本性も,人種,皮膚の色,性,出生と出自,物質的財や文化的財とも無関係に,すべての人間のなかに存在する(Dewey 1940:228)。

さて本節の最後に,プラグマティズムの本質が理想主義である,と強調しておきたい。
『精神,自我,社会——社会行動主義者の立場から』(1934)の著者で早逝した友人 G. H. ミード(George H. Mead, 1863～1931)を悼んだデューイは,追悼文「私の知っているジョージ・ハーバード・ミード」(1931=1995)なかで,次のように彼を称えた。

　可能性のビジョンを見ることで,ミードの精神はただちに,いかにその可能性が実現されるかの考察に向かったのである。彼の可能性にたいする通常でない信仰が,彼の理想主義の根源であった。……彼にとって,個人の精神,自己意識は,最初は自然の世界であり,それが社会関係のなかに取り上げられ,次ぎに,自然の世界と社会制度を再創造するためにさらに前進する,そして,新しい自我を形成するために[古い自我は]解体させられるべきものであった。もし,このような考えが,他者との人間的,社会的関係のすべてにおける彼自身のパーソナリティの深さと充実の完全な具現に導くものでなければ,彼は,このような考えを心から感じ,また大切なものと感ずることはなかったであろう(Dewey 1931=1995: 304-6)。

ミードを語ることでデューイは,自らの理想主義を語った。普通の人びとの

なかに，人類の遺産・課題である唯一の，究極の倫理的理念・価値を希求するいわば「民衆的理性」がある，そのことを疑わなかった。

以上論じてきたように，ともに「普通の人びと」である，「エリートと抑圧されている者との間で断続的ながら50年間行なわれた協力」(Rorty 1998= 2000: 71) を知識人の側から担ったのは，1890〜1920年代のユートピア社会主義・制度経済学派・シカゴ学派そしてプラグマティズムを擁した「改良主義的〈アメリカ左翼〉」であった。彼らが，1929年大恐慌後のニューディール政策とそれを支える思想を準備した。第二次大戦後まで活躍したデューイは，まさしくその長い運動を代表する人であった。プロテスタンティズムと市民革命のエッセンスを吸収したアソシエーション，その回復を志向してきたプラグマティズム哲学こそ，社会変革と人間完成を同時に願ったアメリカ青年たちの知的母胎であった[11]。

第6節　現象学的マルクス主義

1　K. コシークの『具体的なものの弁証法』

デューイが診断した「経済的資源の配分問題，富者と貧者の関係の問題」の解を得るためには，独占資本主義・帝国主義段階のアメリカにあって，「強盗貴族」さながら〈利潤の極大化〉を追求するブルジョアジーが，具体的には，その頂点に位置するモルガン，ロックフェラーをはじめとする「財閥」が，経済・政治・社会を支配するに至った事態まで分析を深め，事態の底にある資本主義の根本矛盾を洞察することが必要であった，と思われる。

この洞察にかんして正統派マルクス主義は，もっぱら「労働価値論」から「搾取」や「階級」を引き出し，そこに問題の解を求めてきた。が，労働価値論の当否をめぐってマルクス主義陣営は分裂し，さまざまな見解をめぐって論争中であり，非マルクス主義者のJ. ロールズ (John Rawls, 1921〜) は『公正の理論』(1971) などで「公正」を規範とすることを提案している（永井 2015: 78-9)。だから，資本主義の根本矛盾をめぐって，デューイに労働価値論論争やロールズ的「公正」への言及を求めることは非現実的であり，知の歴史を現在時点から裁断するだけになる。

第3章　アソシエーション，プラグマティズム，現象学的マルクス主義……　　115

　だが，「物理学と化学の前進によって可能になった物理的エネルギーの利用が，産業的，政治的問題を途方も無く複雑なものにした」という科学・産業主義の事態を「物象化」(Verdinglichung，あるいは「物件化」Versachlichung)の観点から深めることが，デューイにも出来たかもしれない。

　すでに言及したようにデューイは，ダーウィン進化論の意義が，モノとヒトを包む自然（デューイの用語では「経験」）をモノとモノの作用—反作用，モノとヒトの，そしてヒトとヒトの作用—反作用を「発生的，実験的論理」で捉える哲学を持ち込んだことにある，と高く評価していた。けれども彼は，「純粋経験」の知覚一元論傾向，経験の相関的関係＝現象にのみ留意する傾向，それらを引きずられていたように思われる。その結果，〈モノ—ヒト〉〈ヒト—ヒト〉の関係が，むしろ〈モノ—モノ〉の関係として，あたかも「第二の自然」として現象し知覚される事態，つまり「物象化」に切り込むことが出来なかった。

　「物象化」とその過剰を分析するためには，デューイ認識論の基軸である，自然—私—他者を包む全有機体の相関，相関のコミュニケーション体系という「経験」概念を〈生きる・労働〉という概念に止揚することが必要である。認識論において客体—主体として表現される当の主体とは，ヒト，ヒト—ヒトが全有機体の相関のなかで生きる（＝社会的生産と再生産）過程を通じて，その「ヒト」や「個的存在」を創出してきたからである。したがって，生きる・生活するあるいは労働を媒介として「経験」と「主体」を把握し直すことが必要であった，と思われる。

　事実，戦後フランスにおいて，フランス唯心論・身体論という知的伝統のなかで育ち，フッサール現象学やS. フロイト（Sigmund Freud, 1856～1939），J. ラカン（Jacque Lacan, 1901～1981）また西欧マルクス主義に学んだM. メルロ＝ポンティ（Maurice Merlau-Ponty, 1908～1961）は，『知覚の現象学』（1945）や西欧マルクス主義に着目した『弁証法の冒険』（1955）を著した。その『知覚の現象学』のなかで「現象学は……〈生きられた〉空間，時間，世界についての報告でもある」（Merlau-Ponty 1945=1982:1）と定義しつつ，次のように彼は論じている。

　　それぞれの文明のなかに，ヘーゲル的な意味での理念を発見することが肝要である。つまり，客観的な思惟にとってなじみやすい物理学的—数学的な

型の法則ではなく，他人や自然，時間や死に対する独特な振る舞い方，世界を形づくるある特定の仕方を見いだすことである。歴史家は，まさにこうしたものを捉え，我がものとなしうるものでなければならない。これが歴史の諸次元である。……なるほどマルクスがいうように，歴史は逆立ちして歩くのではないが，しかしまた歴史がその足で考えるのでもないことも真実である。いやむしろ，われわれは歴史を頭や足ではなくて，その身体全体を問題としなくてはならないのだ。……現象学的世界とは純粋な存在ではなくて，私のさまざまな経験の交差点，私の経験と他人の経験との交点に，相互の噛み合いをとおして現れてくるところの，意味なのである（Merlau-Ponty 1945=1982: 21-4）。

メルロ＝ポンティは，私の経験と他人の経験との交差点で「他人や自然，時間や死に対する独特な振る舞い方，世界を形づくるある特定の仕方」つまり理念が現れてくるが，その理念の基をなす「経験」を身体から，生きるあるいは生活するという原点から考察することを，したがって類的存在としての私（個的存在）の身体と同じく他者の身体がともにする「間身体」（Intercorporéité）から哲学することが肝要である，と論ずる。そしてメルロ＝ポンティは，「間身体」という術語を鍵として，科学主義の過剰にたいする認識批判と資本主義の過剰にたいする社会批判を同時に行なうことが不可欠である，と提案したのであった。

　この身体に関する洞察を労働という方向で深めた一人が，1968 年「プラハの春」でチェコの社会民主主義を求める運動の先頭に立ち，それを理由に大学を追われ 1990 年まで失業を強いられた哲学者 K. コシーク（Karel Kosík, 1926 〜 2003）である。「プラハの春」に先んじて彼は，『具体的なものの弁証法』（Kosík［1963］1967=1977）を上梓した。以下その主旨を要約しておきたい。
　コシークは，まず，ドイツ経験批判論に包括される R. アヴェナリウスの「純粋経験」，E. マッハの「経験」，現代現象学の E. フッサールの「質料」，M. ハイデガー（Martin Heidegger, 1889 〜 1976）現象学の初発をなす概念以前の生の体験，そしてメルロ＝ポンティの「間身体」，それら概念を止揚してより具体的に「労働」と捉え直し，「対象的ふるまいとしての労働とは，人間的存在としての根本次元として，すなわち人間が世界のなかで運動する特殊形態として，時間（諸

時間の変化）と空間（広がり）の統一の特殊な様式である」と定義する（Kosík［1963］1967=1977:232-3）。

　次いで，若きマルクス（Karl Marx, 1818〜1883）の現代資本主義における労働の疎外（Entfremdung）を学んだコシークは，人間存在の意味をハイデガーの『存在と時間』(1927) の「現存在・Dasein」から「もっとも自己的な存在可能」「本来性・Eigentlichkeit」をめざすというハイデガーの人間存在概念とマルクスの疎外概念とを梃子に，チェコ社会主義における生の体験と身体の抑圧，「現存在」の最悪の「非本来性・Uneigentlichkeit」の横溢，それらがあたかも自然的秩序のように現象している「偽の具体性」を暴露することに努めた。

　言い換えれば，コシークは，人間存在のかけがえのない直接性や個別性，本来性を現代社会においてどう回復するかに関心を寄せてきたフッサールやハイデガーに連なる「現象学」を自らの哲学の基礎に据えた。同時に彼は，主体−客体の弁証法・内在関係やかけがえのない人間存在の直接性や個別性を壊してきたのが，何よりも「資本」が物神的位置を占めている独占資本主義であると考えるから，G. ルカーチ，K. コルシュ（Karl Korsch, 1886〜1961），A. グラムシ（Antonio Gramsci, 1891〜1937）に連なりながら，かつてメルロ＝ポンティが『弁証法の冒険』のなかで命名した「西欧マルクス主義」を自らの哲学の基礎に据えた。

　前者の現象学は，理性（主体）は単なる手段（自然科学・物象化）の道具（悟性）でなく，また，あたかも自然科学的なモノのごとく現象している客体（社会）も，実は主体（あるいは日常性・間主観性）が構成した社会の現実である，と理解する。後者の西欧マルクス主義は，悟性化・物象化が利潤追求をする「資本」主導によってひき起こされた社会的現実である，と理解するのである。

　だがコシークは，人間存在の時間を「不安と死」の観点から，したがって時間と空間の統一としての世界・意味構造を「不安と死」という形而上学的悲劇の観点からのみ把握しようとする『存在と時間』のハイデガーとは一線を画した。むしろ彼は，「現象学の無時間的な意味構造の理念を……動的かつ時間的……弁証法的な意味構造の概念に置き換える」（Goldmann 1962:43=1981:29）ことで[12]，悲劇・不安・死を乗り越える変革主体の発見によって希望の途を探ったルカーチの『歴史と階級意識』(1923) から多くを学んだ。

　しかし，その「本来性」回復をになう変革主体をルカーチは，嫌々だったとはいえ，プロレタリアートの階級意識を代弁すると称するソヴィエト前衛党（ス

ターリン主義)に託したから,それを越える認識論的枠組みを提示することが必要であった。それがコシークの『具体的なものの弁証法』の狙いであった。

　もっと具体的に論ずれば,東欧社会主義という名を騙る国家資本主義・官僚主義的な中央集権主義が,生産力強化のためにヒトをたんなる生産労働の担い手として,つまりモノのように扱う結果生じた社会のあり方(ルカーチの用語では「物象化」,コシークの用語では「偽の具体性」)を克服するために,まず,彼は,〈社会的生産と再生産〉を生産労働(科学技術力含む)や賃労働に矮小化し,それに拠って東欧社会主義社会体制を正当化してきた正統派マルクス主義解釈に代えて,生きるにかかわるすべて(＝社会的生産と再生産,コミュニケーション行為や宗教行為)を包摂する概念として「労働」を提示した。

　次いでコシークは,中世の人格的支配に代わって,近代資本主義の成立とともに,社会の分化とその分化したものが互いに全面的に依存し合う形態が誕生したが,国家資本主義・官僚的中央集権主体制の下では,当の「労働」が上述のように生産力に矮小化され,生産関係が〈特権的党官僚・nomenkulatura—人民〉として歪曲されていて,それゆえにヒトがあたかもモノとして扱われている,と考える。

　けれどもコシークは,ヒト—ヒトの関係がたんなるモノの自然的秩序に貶められている,その事態にたいする疑問が人民のなかに起きる,と見定めて[13],その実践的な解決を求めて彼は,「プラハの春」に積極的に参加した。

　以上論じてきたように,コシークは,生きた経験・身体を「労働」と捉え直し,「本来性」の回復と実現をめざす H. マルクーゼ(Herbert Marcuse, 1898〜1979)のハイデガー的マルクス主義(Heideggerian Marxism),メルロ＝ポンティや J. P. サルトル(Jean-Paul Sartre, 1905〜1980)の人間的マルクス主義(humanist Marxism),それらの総称である西欧マルクス主義・現象学的マルクス主義(Phenomenological Marxism)の先駆者のひとりとなり,戦後アメリカ左翼知識人の哲学にも大きな影響を与えることになった。

2　P. ピコーネの現象学的マルクス主義

　ドイツの経験批判論やジェームスやデューイは,概念成立以前の生きるを「純粋経験」として捉えていたが,第二次大戦後のアメリカ哲学界を支配していたのは,人間の認識活動を記号過程として分析するパースのプラグマティズム言語哲学の系譜,それと重なる英米分析哲学(Anglo-American analytical philosophy)

であって,デューイが心した「普通の人びと」の「日常生活」ではなかった。協調福祉資本主義における官僚機構の強化と効率・機械化を重視する産業主義,それに因る物象化(「生活世界の植民地」)が,議論の俎上に乗ることはなかった。

むしろ,一時期社会学界を支配したT. パーソンズ(Talcott Parsons, 1902～1979)の「新進化論」(neo-evolutionism)を掲げる機能主義社会学が説いたように,アメリカ民主主義と豊かなアメリカ社会,J. ジョンソン大統領(在任1963～1969)のいう「偉大な社会」への異議申し立ては,社会体系の自己維持プロセスからの逸脱にすぎないものであった。

戦後アメリカにおける過剰な官僚化と物象化に取り組んだのは,R. ジャコビィ(Russell Jacoby, 1945～)やP. ピコーネ(Paul Piccone, 1940～2004)を中心とする『テロス』誌(1968～)である[14]。同誌は,1960年代の公民権運動,反戦ヴェトナム運動,1968年のパリ5月闘争,プラハの春,R. F. ケネディ司法長官(Robert F. Kennedy)暗殺,M. L. キング牧師(Martin Luther King)暗殺という,社会運動や事件を背景に創刊されたが,次の3つの論点を強調した。

1つは,普通の人びとの「日常生活」を取り上げるには,論文数を競う業績主義(Professionalism)に明け暮れ,議論の場・ディスコースがやせ細りつつあるアカデミー界主流(とりわけレーガノミックス後のアカデミック資本主義・academic capitalism)から距離をとり,在野にあって多様な見方を保証することが肝要である,という心構えであった(Jacoby 1976)。

2つ目は,大西洋の向こう側で深められてきた西欧マルクス主義とりわけ後期フッサールの「生活世界」概念を準拠枠として,1920～1930年代ヨーロッパおける革命の敗北と[15],同じく1960年代のニューレフトの革命の挫折の原因を探ることにあった。

3つ目は,資本主義的生活の質的変革・革命に踏み込まない改良主義的左翼・社会民主主義を評価せず,むしろそれら改良主義は後期資本主義・ブルジョア社会に統合される,という論点である。

2つ目の論点に関して詳論すれば,初期『テロス』誌の方向を決定づけた論文「現象学的マルクス主義」(1971=1981)を寄稿したピコーネは,以下の主旨を強調した。

まず,1920～1930年代ヨーロッパにおける革命の敗北にかんしては,こうである。

当初，後進国ロシアにおける革命は，資本主義のもとで資本家もプロレタリアートも非人間的レベルに貶められている，その人間的危機を乗り越える質的変革・革命を目指した。が，レーニンの後を襲ったスターリンにおいては，非人間的レベルの乗り越えをお題目化し，「現存する社会を能率化し，より生産性を高めたもの，……理想化されたアメリカ的〔生産〕様式」実現するために，「無慈悲な官僚制によって営まれ，軍隊によって管理された国家資本主義」を追求した。その結果，哲学的に見るならば，正統派マルクス主義の根本的間違いとは，「主体と対象とのあいだの徹底的な分離を仮定し，主体（官僚制）によって操作される対象（ソヴィエト社会）は変わるが，主体はこの過程を通じて……本質的に変わらないままに留まるもの」とされたことにあった。

　先進国ドイツにおける革命は，ブルジョアジーが19世紀末に帝国主義を成立させ，搾取の重荷を植民地国・開発諸国の労働者階級へ移し，帝国主義諸国のプロレタリアートは，新たに経済的丸抱えの待遇をうけ，特権的な経済的地位に高めていて，プロレタリアートは自己の質的変革を目指す意思がなかった。

　要約すれば，ソヴィエトとドイツという両革命の敗北の原因は，主体の質的変革を求めないことにあり，その遠因は，主体と客体のあいだを分離するデカルト以来の二元論的哲学に拠っていることにある。したがって，現象学と疎外さていない本来のマルクス主義は，「正統派マルクス主義のなかでは物象化されており，社会的な動態を解明するよりはむしろ閉塞している」から，その認識論的二元論の止揚のためには，「マルクスがヘーゲルを唯物論化したように，批判的ないし現象学的マルクス主義は，生活世界（Lebenswelt）を土台として，労働者を超越論的主体として解釈することで，フッサールを"唯物論化"しなければならない」のである（Piccone 1971=1981:55）[16]。

　次いで，1960年代の青年運動や対抗文化運動，総じてニューレフト革命の挫折にかんして（改良主義が後期資本主義・ブルジョア社会に統合される，という3つ目の論点と重なるが），以下のように論じた。

　フランクフルト学派は，たしかに管理による「1次元性」(one-dimensionality) 社会の出現を指摘したが，そのモデルが上手くいき過ぎた1960年代以降の後期資本主義社会の「超管理社会」，とりわけ強力な労働組合（効果的否定性）が存在しないアメリカでは，当の資本主義を機能させるための「人工的否定性」を作り出してきた，その事態まで分析が及ばなかったからだ，という（高橋［1979］1987:288-9）。とりわけ，論文「批判理論の機能変化」（Piccone 1977）なかで，

次のように論じている。

> 均質化と断片化の過程とは，資本の先進的また国家志向の局面において資本の全面的支配を実現するために，すべての前―資本家的，企業的資本家的痕跡を破壊するあるいは統合することであるが，それがシステム自身の利益にとってあまりにもうまくいき過ぎてしまった。……超管理社会においては宇宙論的な合理化過程が，官僚的過剰を規制する自律的限界として機能する当の「他者性」（otherness）までもほとんど破壊してしまった。……かくしてシステムは，当の否定性を人工的に再構成することが，どうしても必要になった（Piccone 1977:33-4）。

労働者階級を主たる質的変革・革命の担い手とみるピコーネと『テロス』誌は，したがって，対抗文化運動と青年運動，とりわけ対抗文化運動の理論であったマルクーゼ哲学と青年運動の支えたハーバーマス社会哲学（Shapiro 1970: 25-38），それら総体としての1960年代のニューレフト運動かんする評価は否定的であった。というのも，それらは，資本主義社会の質的変革を迫らない限りで許されたリベラル的諸政策と表裏をなす改良主義運動であり，「とどのつまりはブルジョア文化に統合される運命にあり，それゆえ革命的な主題から容易に遊離させられてしまう」からである（Piccone 1971=1981:64-5）。

この資本主義を機能させる「人工的否定性」カテゴリーに基づく診断は，アファーマティヴ・アクション，フェミニズム運動，ジェンダー論，反人種論，さらに美学に賭ける対抗文化運動の後継者たちの運動，さらに1970年代後半からの「新しい社会運動」も応用されて，これら社会運動につねに冷やかであった。

他方で，『テロス』誌は，「人工的否定性」を破る鉱脈を求めて，結局は全面的に商業化された市場社会へ至る自由主義・議会制・法治国家を批判し，非常時における決断としてのヒットラー的独裁を擁護するC. シュミット（Carl Schmit, 1888〜1985），グローバリゼーションを押し進める新保守主義（neo・conservatism）を批判する共和党内の守旧保守主義（paleo・conservatism）のP. E. ゴッドフリード（Paul W. Gottfried, 1941〜），おなじく，普通の人びとを犠牲にするヨーロッパ連合（EU）・新自由主義（neo・liberalism）・自由市場至上主義そして平等主義を批判するフランス新右翼のA. ドゥブノワ（Alain de Benois, 1943〜）にかんする特集号を，また，コミュニティーやアソシエーショ

ン崩壊の上に創られた専門技術者エリートが管理するグローバルな巨大企業資本帝国を批判する伝統的アナーキストC. ラッシュ（Christopher Lash, 1932 ～ 1994）にかんする特集号を組んだ[17]。

こうしてピコーネと『テロス』誌は，現代の最大問題が，ニューディール政策以降の後期資本主義と強力なフォード主義との合体，総称としてのリベラリズム・管理体制の下での物象化の深まり，その管理社会の運営を国を越えて全世界へ輸出し，物象化をさらに増悪させる専門的技術者・エリート層の存在に由来する，と分析する。そのリベラリズム・協調主義的福祉資本主義やグローバリズムとの対決のために，彼らは，〈偏狭，排外主義，人種的差別，地方主義〉に彩られた守旧保守主義・右翼ポピュリズムとの提携を探り，結局は，リベラリズムの契約から特権的に免除された「資本」，市場主義経済・新自由主義を擁護するに至った[18]。

若きピコーネは，第一世代フランクフルト学派，第二世代ハーバーマスのコミュニケーション論，グラムシに取り組み，「批判的ないし現象学的マルクス主義は生活世界を土台として，労働者を超越論的主体として解釈することによってフッサールを"唯物論化"しなければならない」と語っていたが，死去する2004年，老いた彼は次のように結論した。

マルクス主義を忘れよう：もう終わった（Piccone 2004:157）。

第7節　新プラグマティズムと「新しい社会運動」

『テロス』誌の「人工的否定性」論は，あまりにも悲観主義的であるが，「物象化概念にかかわる最大の問題は，この１世紀をにわたる知的営みが，代替案あるいは存在の非—物象化的国家を描けなかったことにある」（Wade 2014: 15）という指摘は正しい，と思われる。

若きピコーネ自身は，「人工的否定性」論ではなく，「労働者は生産活動を続けざるを得ないという点で，労働者は最小限度主体であり続けねばならない。かくして労働者は，単なる客体のレベルまで引き下げられながらも，終始主体であり続けねばならない。……まさにこの逆転が，疎外の超克の準備をととのえるのだ」と論じていた（Piccone 1971=1981:48）。

この労働者をデューイが意図している「普通の人びと」と読み替えるならば，

疎外や物象化克服の鉱脈は,〈偏狭,排外主義,人種的差別,地方主義〉のポピュリズムのそれではなく,ニューレフト運動や新しい宗教運動にも参与観察 (participant observation) した宗教社会学者 R. N. ベラー (Robert N. Bellah, 1927～2013) が『破られた契約』(1975=1983) や『心の習慣』(1985=1991) で指摘した,「再生復興の源泉が,アメリカ人の信念と行動の何処に見いだせるか,……トックヴィルがモーレスという言葉を特徴づける」(1975=1983:12) 鉱脈を活性し,そこに繋がるしかないと思われる。

本章冒頭で論じたように,トックヴィルは,そのモーレスが具体化した市民社会の核がアソシエーションであると剔出し,また,80回目の誕生日を祝う記念論文集に寄稿してデューイは,〈利潤の極大化〉をめざすブルジョア市民から「回心した」普通の人が,つまり「すべての人が分担し,すべての人が貢献する」「偉大なコミュニティ」を目指す創造的民主主義を創りだすこと,それがわれわれの前にある課題だ,と語っていた (Dewey 1940: 228)。

新プラグマティズム

アソシエーションの鉱脈の意義を再確認しているのが,新プラグマティズムを代表する R. ローティ (Richard Rorty, 1931～2007) である。

ローティに先立って,L. J. J. ヴィトゲンシュタイン (Ludwig L. L. Wittgenstein, 1889～1951) は『探求』第2部 (1949) を著したが,そのなかで彼は,デカルト・カント以来の主体を意識・観念・理性と理解することで,とかく不可知論や独我論という意識の袋小路に陥りがちな認識論的伝統に替えて,〈直接経験〉・〈生の流れ〉と人びとの日常言語の実用的 (pragmatic)・公共的用法との絡み合いに注目し,主体・思考内容は言語を媒介として表現できる,あるいは語用論的言語分析を通じて主体・思考内容を知ることができる,という言説に拠って「言語論的転回」(linguistic turn) を行なった。ローティ自身も『言語論的転回』(1967) を編集した (Rorty, ed. 1967)。

ヴィトゲンシュタインの「言語論的転回」後,フランクフルト学派第二世代に属する J. ハーバーマスは,啓蒙主義につらなる言語の合理的思考と道徳的自己抑制を重視したが,他方ローティは,特権的言語はないというダーウィンの自然主義や,言語を目的を実現する道具とみるパース・ジェイムス・デューイの行動主義・実験主義を先へと押し進める。さらに彼は,フランスのポスト構造主義につらなって,言語の非論理的・地方的性質とその終わりなき解釈や欲

望の解放を強調する「解釈学的転回」(hermeneutic turn)へ踏み込んだ (Schwartz 1983:51-67)。その言説によってローティは，新プラグマティズムの地平を開いた，と見なされている (Dallmayer 1996=2001: 221)。

第7節の主旨が，アソシエーションにかかわる社会哲学を論ずることにあるので，言語論的転回や解釈学的転回をめぐる議論に深入りせず，デューイのアソシエーション概念を高く評価するローティの『歴史のなかの哲学』(1984=1988)『私たちの国を完成する』(1998=2000)『哲学と社会的希望』(1999=2002)から，『私たちの国を完成する』の「日本語版への序文」で語っている2つの文章を引用しておく[19]。

> しばしば〈ポストモダニスト〉と呼ばれる哲学者たちは，基礎付け主義や普遍主義を拒絶することに時間をかけ，〈現前の形而上学〉と呼ぶものに後退してはならない，というデリダの警告に時間をかけている。……私は，現在一般に知られている哲学討論の……歴史主義，反基礎付け主義，文脈主義の側にいる。しかし，政治の問題になると，私は〈ブルジョア・リベラリズム〉と呼ばれることに満足している。私の関心は，アメリカ合衆国や日本のような民主主義国家においては革命的変化を起こすことなく，むしろ……有権者の想像力をとらえて，その票を獲得していく左翼的な社会政策を考案することにある (Rorty 1998=2000: iv)。

> ハーバーマスは，アメリカのプラグマティズムを「〈青年ヘーゲル哲学〉の急進的＝民主主義的分派」と的確に述べている。私は，若い左翼の人びとが政治的想像力の中でデューイがマルクスに取って代わることを想像するのが好きである (Rorty 1998=2000: vi)。

「新しい社会運動」とアソシエーション

ハーバーマスは『公共性の構造転換』(1962=1973)や『コミュニケーション的行為の理論』(1981=1985-87)を著したが，「新しい社会運動」論を主導してきたA. アラート (Andrew Arato, 1944～) は，それらの知見が「市民社会についての初期近代概念の再発見，批判，再構築についてきわめて重要な役割」を果たした，という (Arato 1989:491)。ハーバーマスの知見に刺激された彼は，ポーランド自主管理労働組合「連帯」が結成された翌1981年に，論文「市民社

会 対 国家：ポーランド 1980-1981」を『テロス』誌に寄稿した。ほぼ次のように東欧社会主義国を分析している。市民社会（civil society）においては，自由なアソシエーション，平等な人びとのあいだのコミュニケーションが極めて大切であるが，他方，現実の東欧・ロシア社会主義国においては，未来の共産主義では国家と社会あるいは国家と市場の区別が廃止され，疎外されない集団主体が実現するというマルクスの知見を口実に，支配的な集権的体制が確立し，人びとのコミュニティーが伝統的規範や政治的計算に従属させられた（Arato 1981:23-47）。

またアラートは，『プラクシス・インターナショナル』誌に寄稿した論文「革命，市民社会そして民主主義」（1990）のなかで，「1970年代ポーランドで再発見された市民社会にかんする議論が，われわれを結集させ，ソヴィエト型社会を解明できなかった西欧マルクス主義の枠組みを乗り越えた。この議論を通じてわれわれは，ソヴィエト型国家社会主義をラディカルに変革する闘争や，南における官僚的権威主義からの脱出，西欧における既存の民主主義を民主化することなど，さまざまな新しい形の運動を主題にすることができるようになった」と強調する（Arato 1990: 25-38）。

次いで，アラートと J. L. コーエン（Jean Louis Cohen,1946 〜）は共著『市民社会と政治理論』（1992）を上梓し，その第1章「市民社会と社会理論」で，ハーバーマスの生活世界論を乗り越える力が「新しい社会運動」にある，と論じた。

たしかに，ハーバーマスの生活世界論は，国家・経済に埋め込まれた道具的合理性とそれに逆らう文化的生活世界という2つのサブシステム，そのシステム綜合に関する知見を提供し，道具的理性・物象化による「生活世界の植民地化」に対峙する公共圏・コミュニケーション的行為の大切さを提示した[20]。だが，「ハーバーマスの新しい社会運動についての分析が……もっぱら防御的であるに留まっている」のは，トクヴィル，デューイらのプラグマティズムの鉱脈に流れている「アソシエーションという鍵概念を欠いている」からである（Arato and Cohen 1994=1977: 51-80）。だから，ハーバーマスの生活世界論をより先に進めるためには，資本主義経済（財産,契約,労働の自由）と近代官僚制国家（市民の政治・福祉にかんするクライアント的・受け身的権利）にひろく関わって，ブルジョア的市民社会の合意・習慣を「市民社会に内在的な，自己限定的な，自己反省的なユートピア」・「ラディカル民主主義のユートピア」の新たな地平へと高める必要があり，その核がアソシエーション概念であり，その実践が「新

しい社会運動」なのである。

つまり、「〈魂の抜けた〉改良主義」を抜け出て、ハーバーマス自身がいう「ブルジョア的なもの（経済と国家装置）の形式的に組織された行為領域が、人間（私的領域）と公民（公共圏）を脱伝統的な生活世界」（Habermas 1981=1985-7：下, 321）へと高まるための鍵概念が、アソシエーション概念なのである（Arato and Cohen 1994=1977:51-80）[21]。

「新しい社会運動」の鍵概念となるアソシエーションをコーエンは、以上の「ポスト・ブルジョア」市民社会のみではなく「ポスト・家父長制」市民社会としても理解すべきだ、と強調する。というのも、現象学的マルクス主義を探ってきた『テロス』誌同人であった彼女は、メルロ＝ポンティの「身体」概念、類的存在としての私と他者がともにする「間身体」に学んで、身体は男だけでなく女でもあるのだから、批判理論はアイデンティティの多様性を受け入れ発展させるべきだ、と論ずる。『階級と市民社会』（Chone 1982）のなかでコーエンは、次のように論じた。

> 批判的理論家の課題は、アイデンティティや運動の多様性を受け入れることであり、解放闘争に潜んでいる相補性（complementarity）を護り、押し進めることができる理論枠を発展させることである（Cohen 1982: viii）。

他方、彼女は、同書の「序」で、「私たちは、もはや労働という事実あるいは階級概念のなかに［諸アイデンティティの］統一を基礎付けることはできない。いま必要なのは、社会的異議申し立てや政治的行動についての新しい理論的反省や解釈である」と述べ、さらに末尾を「市民社会の諸制度の、民主主義的政治文化の内在的ダイナミズムが、社会主義的で多元的市民社会の可能性を排除しない、ということを私たちは示しえた」と締めくくった（Cohen 1982:228）。

この最後の結論は、アレーンとコーエンの社会主義とは、資本主義分析のマルクス的準拠枠である労働あるいは階級とほとんど無関係であること、「新しい社会運動」はもっぱら多元的市民社会というアソシエーションを目指すこと、を示唆している。つまり、「新しい社会運動」論は、「ポスト家父長制市民社会」というこれまでいない新しい構想を提示したが、「労働」「商品」「階級」概念抜きのアソシエーション論の色合いが濃く、同じくその「ポスト・ブルジョア市民社会」構想も、〈資本〉をめぐる政治・経済闘争を避けて、参加民主主義・ラ

ディカル民主主義（radical democracy）を求めるのみの分権闘争，社会文化闘争の色合いが濃いと言わなければならない[22]。

　残された課題は，先に引用したように，「物象化概念にかかわる最大の問題は，この1世紀をにわたる知的営みが，代替案あるいは存在の非—物象化的国家を描けなかったことにある」（Wade 2014:15）とすれば，「新しい社会運動」が目指しているアソシエーションやラディカル民主主義構想を商品生産過程と繋げて考察すること，商品生産過程における過剰な物象化・物件化によるヒトの「非本来性」への低落を問題にする枠組みを探ること，何よりも代替案を提示することである。若きピコーネの言説に修正を加えていま一度引用するならば，「マルクスがヘーゲルを唯物論化したのに対して，批判的ないし現象学的マルクス主義は生活世界を土台として，労働者〔と普通の人びと〕を超越論的主体として解釈することによってフッサールを"唯物論化"しなければならない。」（Piccone 1971=1981:55）のである。

　最後に，戦後日本に着眼すると，アソシエーション論の先駆者は論文「マルクスにおけるAssoziationの概念について」（1967:2-21）の田中清助であり，アソシエーションの経済基盤を考察した平田清明の『市民社会と社会主義』（1969）があり，最近では田畑稔『マルクスとアソシエーション』（[1994] 2015）という鉱脈がある，ということを記しておきたい。第8章においてアソシエーションの現代的形態としての「自主管理」を考察する。

注

1）アソシエーョンに関しては，同様に，次の文章がある。

　　人民主権の原理はアメリカ連邦で想像されうる限りの，すべての実際的発展をなしてとげている。……権力を社会以外のところに求めようと考えたり，そしてそのような理念を表明する人々は殆どいない。人民は，立法者たちを選ぶことによって法律の構成に，執行権力の受託者たちを選挙することによって法律の適用に，参加している。このようにして人民は自治をおこなっているといえる（Tocqueville 1888=1987：上，119）。

　　ニューイングランドの共同体（タウンシップ）はフランスの郡と共同体（コミューン）との中間物に相当する。……共同体の権威の最大部分は諸行政委員の手に集

中されている。……行政委員たちは……多数者があらかじめきめられている諸原則に沿ってのみ行動する。けれども行政委員たちが、きめられている範囲内に何らかの変化を導きいれようとしたり、新しい企画を実現しようと欲するならば、彼等はその権力の源泉［人民］に再びもどらなければならない（Tocqueville 1888=1987：上，128）。

行政委員たちだけが共同体の大会（タウン・ミーティング）を召集する権威をもっている。けれども誰でも行政委員たちを促してこの大会を召集させることができる。……これらの政治的習俗や社会的慣習は、いうまでもなくわれわれフランス人にはないものである（Tocqueville 1888=1987：上，129）。

地方的制度はすべての民族に有用なものだとわたくしは信じている。……地方制度をもたない民主政治は、このような［独裁者］害悪に対して何らの保障をもっていない。小事に自由を使用することを知っていない大衆が、どうして大事に自由を用いることができようか。各個人が弱く、そして諸個人が共通目的に結束していない国で、どうして圧制者に反抗できるであろうか（Tocqueville 1888=1987：上，190）。

2）その後トクヴィル、とりわけフランス革命（1789）の推移を踏まえて『アンシャン・レジームと革命』（1856）を著し、そのなかで地位の平等化（貴族の衰退と一般市民の興隆・民主主義の進展）が国家的中央集権と多数者の専制をもたらす、と警告した。

3）その詳細をデューイは、論文「心理学における反射弓」（1896）でほぼ次のように論じている。

知覚と観念、身体と精神の関係は、「反射弓」（reflex arc）を刺激→反応という二元論的理解で捉えるべきではなく、心理学における反射弓とは、刺激を受けた感覚器官から興奮が求心神経へて脊髄などの反射中枢に至り、折り返して遠心神経に伝えられ、実行器に達して反応を起こす神経回路（sensori-motor circuit）の働きであり、その結果、当初の刺激がより複雑な豊かになった（enriched）ものになる、と理解する概念である。また、反射弓概念は自然にも応用（application）でき、外的環境が生物有機体に作用（action）し、生物有機体はその作用に適応するために自らを再構成し、外的環境に働き返す（re-action）という外的環境と生物有機体の協同（coordination）によって自然が不断の進化（evolution）してきた、という理解をうながすものである。

このデューイの言説の核は、進化とは「物質の統合とそれにともなう運動の分化」（Spencer）を「発生的、実験的論理」でとらえようとするダーウィンの視点は、第3節で詳論するが、経験批判論のモノとモノ、モノとヒトをもっぱら感性的要素間の相関（＝現象）とみる解釈とは異なり、まずモノとモノの間にある作用―反作用のモノの実在の第一義性を認め、かつ、経験批判論の主眼であったモノとヒト、ヒトとヒト

の間の関係行為の第一義性をも認めることにある。認識論的に言えば，モノの実在の第一義性と，客体―主体の関係性の第一義的実在をともに認めること，それによってG. バークリー（George Berkely, 1865 ～ 1753）流の知覚一元論・主観的観念論を否定し，また R. デカルト哲学が代表する近代認識論・近代科学論の主潮である客体―主体を分離する認識論的二元論の転換を促したといえる。

4）当論文においてベルは，フーリエ『産業的協同社会的新世界』（1829）のヴェブレンへの影響と関係を批判的視点から論じている。

5）『ヨーロッパ諸学の危機と超越論的現象学』（1936=1974）に次の文章がある。

　　事物や対象は……世界地平のうちにある対象として意識されるという仕方でのみ，「与えられて」いるのである。……この地平は，存在する対象に対する地平としてのみ意識されており，特に意識された対象なしには現実的には存在しない（Husserl [1936] 1962=1974:200）。

6）物質的諸関係・社会的諸関係は，高度に産業化・資本主義化された社会においては，主体―客体の関係性についての認識が困難なになり，諸関係が物象化された現象，自然的秩序としてのみ認識される，そういう認識にとどまることが多くなる。

7）福鎌達夫「最近の動向」『講座　現代の哲学Ⅲ　プラグマティズム』（1958：173，有斐閣）。レーニンの見地からプラグマティズムを批判した著作としては，コンホース『哲学の擁護』（1953，花田圭介訳，岩波書店），大井正『現代哲学』（1953，青木文庫），陳元暉ほか『プラグマティズム批判』（芝寛訳，大月書店，1955），山本晴義『プラグマティズム』（1957，青木書店）がある。

8）同趣旨の文章を『人間性と行為』（1931）から引用しておく。

　　習慣とさまざまな習慣の型を理解することが社会心理学の鍵となる……，他方，衝動と知性の作用が，個人の精神活動の鍵となる……。しかし，衝動も知性も，慣習にとって二次的なものに過ぎないから，精神は具体的なものにおいて，ただ，生物学的資源と社会環境の相互作用のなかで形成される信念，欲望，目的の体系としてのみ，理解されるものである（Dewey 1931=1995:9）。

　　道徳的性向は，専ら自我にのみ属するものと考えられている。そのために，自我は，自然的，社会的環境から孤立する。……個人がこの世にただ一人いるとすれば，彼は道徳的真空のなかで自分の慣習を作り上げる。……責任も有徳も，ただ彼一人のものであろう。しかし，慣習はこれを取り囲む条件の支持を含意するものであるから，社会または，ある特定の集団が，この事実の前後につねに付属しているのである（Dewey 1931=1995:30-31）。

9）論文「民主主義の倫理」（1988）には次の同趣旨の文章がある。

> 「社会契約論」の本質は，……人間は単に個人であり，契約を形成するまでいかなる社会関係もない，という考えである。……要するに，この理論を提示した人びとの心のなかにある考えは，自然状態における人間は非社会的単位であり，……彼らを政治社会に構成するために，ある技術が工夫されなければならない，というものだった。そしてこの技術を，彼らは，相互にそのなかに入る契約のなかに見いだしたのである（Dewey 1888=1955:191）。

> 「社会有機体」の理論は，……ある党派的接着剤（mortar）を必要とする。……もし民主主義が社会の形態であるならば，民主主義は共通の意思を単にもつだけでなく，持たねばならないのである。……もし社会が真に有機体として描かれるとすれば，市民はこの有機体の成員であり，市民はこの有機体の完成に比例しているように，彼自身のなかに知性と意思を集中させるのである（Dewey 1888=1955:195-6）。

10）『知ることと知られたもの』のなかでは，自己—作用，相互作用，相関作用を次のように簡潔に定義している。

> 自己—作用（Self-Action）とは，科学以前の"行為者"，"魂"，"精神"，"自我"，"力"あるいは"勢力"という用語で表されてきた，自と他が関係しないと推定する用語である。
> 相互作用（Interaction）とは，個あるいは他の事物が互いに［部分的に］作用し合っている状態を表す用語である。
> 相関作用（Transaction）とは，ある段階における探求を進めるために必要な，逆に言えば，かつての段階で古い名称がもつ含意を崩すためにしばしば必要な，全体系の機能を観察する用語である（Dewey 1942:122）。

CF. Hammarström, Matz, 2010,"On the Concepts of Transaction and Intra-action",*The Third Nordic Pragmatism Conference*——Uppsla, 1-2 June 2010:1-11.

11）デューイは，アソシエーションの回復・民主主義の再生を願い，そのために生涯を捧げた。たとえば多くが銃殺刑に処せられたスターリンの「モスクワ裁判」（1936〜1938）で訴求された L. トロツキイ（Lev. D. Trotski, 1879〜1940）ら被告擁護のために「デューイ調査委員会」（1937）を立ち上げ，またナチス・ドイツからの亡命知識人を多く受け入れた「新学校」（The New School, 後の The New School for Social Research）創設者の一人となり，さらにアメリカ心理学会会長（1903），アメリカ哲学会会長（1905）として社会貢献した。

12）ゴルドマンのこの一文は，ルカーチ『小説の理論』イタリア語訳によせた「序文」にあり，Paul, Piccone,1981 "Phemenological Marxism", *Telos*, 9. 3-32（=1981:29，粉川哲夫訳『資本のパラドックス』セリカ書房）からの重引である。

第3章　アソシエーション，プラグマティズム，現象学的マルクス主義……　　131

13) コシークは，「ひとつの体系としての社会の理論は，……社会が十分に分化されているだけでなく，その分化が全面的な依存関係へ通じ，この依存と連関の自立化がゆきついているところ，それゆえ社会そのものが編成された全体として構成されるところでだけ成立する。この意味での最初の体系は資本主義である。自然的秩序という形態を持つものというように受けとめられ，把握された現実の上にのって，すなわち，人間がそれを認識する合法性の体系としての経済の表象を基礎にして，はじめてこの体系に対する人間のかかわりを問う（第二番目の）疑問が生ずる」（Kosík, 1963=1977: 101）と洞察している。

14)『テロス』誌とは別にJ. オニール（John O'Neill）も，フランス実存主義的現象学とマルクス主義を統合する準拠枠によって，協調福祉資本主義と産業主義に因る戦後アメリカ社会における生活世界の官僚化と物象化の解明に努めて来た。

15) 西欧マルクス主義とは，第1次大戦（1914〜1918）前後，ロシア革命（1917）がスターリン憲法採択（1936）へ，ドイツ革命（1918）がヒットラー内閣（1933）へ，オーストリア・ハンガリー二重帝国に起きたハンガリー革命（アスター革命・1918，ハンガリー・ソヴィエト共和国・1919〜）の失敗，それら西中欧の世界史的事件への反省として成立した左翼知識人の社会哲学である。具体的には，『歴史と階級意識』(1923)，フランクフルト学派第一世代（『社会研究所』設立・1923），『弁証法の冒険』(1955)，『弁証法的理性批判Ⅰ』(1960) などが設立・上梓された。それらは，資本主義の腐朽と社会主義の実現という物質的諸条件が調っているのに，労働者階級が敗北し，ファシズム・全体主義が勝利した，その原因と新たな道を探ることにあった。たとえばルカーチは，物象化の下での「ブルジョア意識の二律背反」と「プロレタリアート意識」形成の可能性とを探り，フランクフルト学派第一世代は，理性が物象化によって道具的理性に矮小化されたと診て,その遠因を文明の神話から啓蒙への脱出（＝自我の成立）に探った。

16) さらにピコーネは，ロシア国家資本主義・ドイツ先進資本主義のなかで物象化した社会的生活・人間の物体化の質的変革のためにも，フッサールに学んでカテゴリー的でも前カテゴリーでもある生活世界に留意しなければならないと論じた。その上でピコーネは，「カテゴリーの基礎すなわち物質性こそが社会的・歴史的現実」の「経済的意味を表現する本質（ないしエイドス）であると規定し，それに引き続いて，世界（とりわけ資本主義的世界）のレベルで事物がいかに商品として現れるか，すなわち，いかにしてその世界が，本来的な経済的仮面でおおう形態をとるかを記述した」マルクスに学ばなければならない，と論じる（Piccone, 1971=1981:23-66, 196）。

17) Review of: *Confronting the Crisis: The Writings of Paul Piccone*. Gay Ulmen,ed. *Telos* Press: New York, 2008.
　　May, Colin, 2009,"Where Marx and Conservatives Meet: The Writings of Paul Piccone".

Gay Ulmen, ed. *Telos* Press: New York, 2008.

18)「『テロス』誌の後援で，左翼主義者と保守主義者のグループが一堂に会して新しいアメリカの市民主義の可能性について話し合うという学会が最近開催された」が，「左翼の聞いた市民主義への……賞賛の多くは，つねに……市民主義の〈暗い面〉——この会議の趣意書では〈偏狭，排外主義，人種的差別，地方主義〉と規定されている面——が，まちがいなく地域コミュニティと自律的な社会諸制度を左翼と社会工学的干渉から守る後見役として機能するという確信で」あったと言う（Trend 1966=1988: 195-6）。そして結局，『テロス』誌グループは，1973 年のニクソン・ショック，1981 年のレーガノミックスを商機として〈資本〉側が，〈利潤の極大化〉ために国内では超格差化を，国外に向かっては当のグローバル化を進める M. フリードマン（Milton Friedman, 1912 ～ ）や F. A. von ハイエック（Friedlich A. von Hayek, 1899 ～ 1992）や L. E. von ミーゼス（Ludwig E. von Mises, 1881 ～ 1973）が理論的に主導する市場至上主義経済・新自由主義を，市場は自由を保障するとの理由から容認した。

　その光景は，初期『テロス』誌以来の同士であったが袂を判って，テロス出版の援助をえてウェブ誌『堅固な資本主義』（*Fast Capitalism*）を B. アガー（Ben Agger, ～ 2015）とともに創刊した T. W. Luke（Timony W. Luke）によれば，「皮肉にも『テロス』誌は，コーポリット国家（corporate statisism）に反対するフリードマン，フォン・ハイエック，フォン・ミーゼス（von Mises）のような自由主義経済学者（libertalian economists）が行なっている，ある種の非難を支持するようになった。というもの，ある点で，彼ら自由主義経済学者の非難は，西欧マルクス主義，伝統的アナーキストたち，普通の労働者あるいは傷ついた市民によって繰り返されてきた非難と相通じていたからである。個人生活と集団的自由が大切であるという信念には，幸福とは経済的機会，個人の文化的統合そして諸個人の自由を意味する，という思いが含まれているから，その信念に殉ずるピコーネは，個人，市場，より介入しない国家，それらに信頼を寄せることになった」（Luke 2009:7）。

19) 短い自伝書「トロツキイと野生の蘭」（1992）でローティは，ヘーゲルの『精神現象学（1807）読んで，哲学を「なんのために利用するかと言えば，より自由で，より善良で，より公正な社会にかんする概念上の織物を織るためである。……なぜなら，そのように自らの時代を捉えることによって，マルクスが望んだこと——世界を変革すること——をなすことが出来るかもしれないし……［したがって］プラトン的な意味で〈世界を理解するだけ〉——時間と歴史の外側に立った観点から理解する——といったことはあり得ない」（1999=2002:57）ことと学んだ，と述べている。さらにローティは，「私に劣らずニーチェやハイデガー，デリダを評価している人びとの大多数［極左派］は……『アメリカ貶し競争』に参加し，……私が貶し競争に参加しないと非難し，逆に右派は，民主主義社会が『客観的な善』であること，民主主義社会の

諸制度が『合理的な第一原理』に基づいていることを」教育していないと非難する，と述べている。そして，「私の見方は，ホイットマンやデューイときわめて近く，民主主義の限りない展望に1つの見通しをアメリカが切り開いたと見ている。わたくしの考えでは，わが国こそ……これまで創り出された社会の中で最善の部類に属する社会の代表例なのである。」(1999=2002:45-6)と語っている。

C. F. 木村倫幸（2004）「ローティと連帯としての科学」『季報 唯物論研究』89:27-36.

20)「新しい社会運動」高く評価するアレートとコーエンも，ピコーネや『テロス』誌と袂を別った。というのも，後者は，国家と官僚があまりにも上手く普通の人びとを管理し，人々の原子化（atomization）とナルシシズム（narcissism）化に成功した，1960年代以降後期資本主義における「超管理社会」では，自らを機能させるために「人工的否定性」を必要としており，ニューレフトや批判理論そして「新しい社会運動」も，それに過ぎない，と判断しているからである。

21) アレートとコーエンも，次のように論じている。

　　個人の諸権利を代表する自由主義的な要求，社会的多元性に関するヘーゲル，トクヴィル……社会的連帯の構成要素に関するデュルケームの重要性，そしてハーバーマスおよびアーレントによって強調された公共圏および政治参加の擁護［である］(Arato and Cohen,1994=1977:51-52)。

22) この問題にかんしては，次のように言えるだろう。

　　若きピコーネが論じたように，たしかに，「先進資本主義社会において生活様式はもはや全部生産への関係によって決定されるのではないという点で，ブルジョア／プロレタリアートの二分法は，再吟味されなければならない」し，また「近代社会はさまざまな生活様式を生み出し」てきた（Piccone 1971=1981:63）。しかし，資本主義における「あらゆる決定は，［最終的には］生産手段の所有者によってなされている」（Piccone 1971=1981:43）。資本主義とは，商品を「事物の経済的意味を表現する本質（ないしエイドス）と規定し，……世界（とりわけ資本主義的世界）のレベルで事物が……［商品という］経済的仮面で覆われる」現象である（Piccone 1971= 1981: 196）。だから，その論理に留意していたグラムシ（アレートとコーエンも高く評価しているが）は，文化闘争と「労働」あるいは労働者階級の闘争とをつねに関係付けて理解しようとしていた。他方，アレートとコーエンはその論理を軽視している。

参考文献

Agger, Ben, 2009, "My *Telos*: A Journal of No Illusions", *Fast Capitalism*, 5（1）.
Arato, Andrew 1981,"Civil Society vs. the State: Poland 1980-1981", *Telos*, 47.

―――, 1989, "Politics and the Reconstruction of Civil Society", *Zwishenbetrachtungen im Prozess der Aufklarung*, Cambridge.

―――, 1990, "Revolution, Civil Society and Democracy", *Praxis International*, 10（1/2）.

Arato, Andrew and J. Cohen, 1994, *Civil Society and Political Theory*, Cambridge, MA: MIT Press（=1997, 竹内真澄訳「市民社会と社会理論」マーチン・ジェイ編『ハーバーマスとアメリカ・フランクフルト学派』青木書店, 51-80）.

Bell, Daniel［1963］1980, "Veblen and Technocrats: *On the Engineers and the Price System*", *The Winding Passage: Sociological Essays and Journeys*, Abt Books（=1990, 正慶孝訳『20世紀の文化散歩』ダイヤモンド社）.

Bellah, Robert, N. 1975, *The Broken Covenant*, The Seabury Press, Inc.（=1983, 松本滋, 中川徹子訳『破られた契約』未來社）.

Cohen, Jean L. 1982, *Class and Civil Society: The Limits of Marxian Critical Theory*, Amherst: University of Massachusetts Press.

Cohen, Mitchell, 1994, *The Wager of Lucien Goldmann: Tragedy, Dialectics, and a Hidden God*, Princeton University Press, New Jersey.

Dallmayer, Fred, 1996, *Beyond Orientalism: Essays on Cross-Cultural Encounter*, Sunny Press（=2001, 片岡幸彦訳『オリエンタリズムを越えて』新評論社）.

Dewey, John［1888］1915, "Ethnics of Democracy", *The Early Works, 1882-1898, Volume 1, 1882-1888*, Southern Illinois University Press（=1995, 河村望訳「民主主義の倫理」『デューイ=ミード著作集1, 哲学・心理学論文集』人間の科学社）.

―――, 1896, "The Reflex Arc Concept in Psychology", psychologicalreview,3. http://www.brouku.ca/MeadProject/Dewey/Dewey_1896.html.

―――, 1909（=1995, 河村望訳「ダーウィン主義の哲学への影響」『デューイ=ミード著作集1』人間の科学社）.

―――, 1925,（=1977, 河村望訳『デューイ=ミード著作集4, 経験と自然』人間の科学社）.

―――,［1927］1954, *The Public and its problems*, Swallow Press（=1969, 阿部斎訳『現代政治の基礎公衆とその諸問題』みすず書房）.

―――, 1930a（=1955,「絶対主義から実験主義へ」河村望訳『デューイ=ミード著作集1』人間の科学社）.

―――, 1930b, "Conduct and Experience", *Psychologies of 1930*, Worcester.

―――, 1931, *Human Nature and Conduct: An Introduction to Social Psychology*（=1955, 河村望訳『デューイ=ミード著作集3, 人間性と行為』人間の科学社）.

―――, 1931,"The Development of American Pragmatism", *Philosophy and Civilization*, Chap. II（=杉浦正訳「プラグマティズムの発展」『教育学研究』東京文理科大学

教育学会編).

―――, 1940, "Creative Democracy: The Task Before Us", *The Philosophy of Common Man: Essays in Honor of John Dewey Celebrate His Eightieth Birthday*. http:www.beloit.edu/~pbk/dewey.html

Dewey, J. and Arthur F. Bentley, 1949, *Knowing and the Known*, Beacon Press.

Dykhuizen, George, 1973, *The Life and Mind of John Dewey*, Southern Illinois Univerity（=1977, 三浦典朗・石田理訳『ジョン・デューイの生涯と思想』清水弘文堂).

Goldmann, Lucien, 1945（=1977, 三島淑臣, 伊藤平八郎訳『カントにおける人間・世界・弁証法』木鐸社).

Gouldner, Alvin, 1975/1976, "Prologue to Revolutionary Intellectuals", *Telos*（=1977, 永井務訳「革命的知識人論」『思想』岩波書店, No. 633, No. 639).

平田清明（1969）『市民社会と社会主義』岩波書店.

Husserl, Edmund [1936] 1961, *Die Krisis der europäischen Wissenschaften und die transzendentale Phänomenologie*,《Husserliana,Bd. Ⅵ》, herausgegen von W. Biemel, Martinus Nijhoff（=1974, 細谷恒夫・木田元訳『ヨーロッパ諸学の危機と超越論的現象学』中央公論).

Inglehart, Ronald, 1990, *Culture Shift in Advanced Industrial Society*, Princeton University Press（=1993, 村山ほか訳『カルチャーシフトと政治変動』東洋経済新報社).

Jacoby, Russell, 1976, "A Falling Rate of Intelligence", *Telos*, 27, 141-6.

James, William [1911] 1921, *Some Problems of Philosophy: A Beginning of a Introduction to Philosophy*, Longmans, Green and Co.（=1968, 上山春平訳「哲学の根本問題」『パース, ジェームス, デューイ, 世界の名著48』中央公論社).

Kosík, Karel, 1963, *Dialetika konkrétího*, Praha（=1967, *Die Dialektik des konkrefen, Eine Studie zur Problematik des Menschen und der Welt*, Suhrkamp [=1977, 花崎皋平訳『具体的なものの弁証法』せりか書房]).

Lash, Chrisopher, 1969, *The Agony of the American Left*, New York: Vintage.

Lash, Scot and John Urry, 1981, *The End of Organized Capitalism*, Madison University of Wisconsin Press.

Lenin, Vladimir I.1909（=1955, 寺沢恒信訳『唯物論と経験批判論（2）』大月書店).

Lippmann, Walter, 1922, *Public Opinion*（=1987, 掛川トミ子訳『世論』上下, 岩波書店).

―――, 1925, *The Phantom Public*.

Luke, Timothy W. 2009, "The Americanization of Critical Theory: A Legacy of Paul Piccone and *Telos*", *Fast Capitalism*, 5（1）.

Marx, Karl, 1884（=1963, 藤野渉訳『経済学・哲学草稿』大月書店).

Merlau-Ponty, Maurice, 1945, *Phénoménologie de la Perception*, Gallimard（=1982,

中島盛夫訳『知覚の現象学』法政大学出版局).
永井 務 (1977)「メルロ=ポンティの歴史理論粗描」『研究紀要』19, 鹿児島短期大学。
――― (1979)「オルテガとルカーチにおける危機論」『研究紀要』21, 鹿児島短期大学。
――― (2015)「物象化と精神医学」『季報 唯物論研究』132:68-80.
野家啓一 (1998)「言語論的転回」廣松渉ほか編『岩波 哲学・思想事典』岩波書店, 454.
野村紘彬 (2009)「トランズアクションの概念とジョン・デューイの公衆論」『立命館法政論集』7:165-203.
Offe, Claus, 1988, *Disorganized Capitalism*, London: Basil Blackwell.
Ortega, Y Gaset (=1970, 井上正訳「現代の課題」『オルテガ著作集 8』白水社);(=1970, 井上正訳「思考についての覚書――その神通術と造化術――」『オルテガ著作集 1』白水社).
大賀裕樹 (2008)「ローティの哲学における解釈学的転回」『社学研論集』早稲田大学, 11.
Piccone, Paul, 1976, "Czechosolovak Marxism: Karel Kosík", *Critique* (Scotland), 8:7-28. (=[1976] 1981: 67-87, 粉川哲夫訳「カレル・コシークと東欧社会主義」『資本のパラドックス:ネオ・マルクス主義をこえて』せりか書房).
―――, 1977, "The Changing Function of Critical Theory", *New German Critique*, 12.
―――, 1990-91,"Artificial Negativity as Bureaucratic Tool", *Telos*, 86.
―――, 2004,"*Telos* in Canada: Interview with Paul Piccone", *Telos*, 131.
Rorty, Richard, ed.1967, *The Linguistic Turn: Recent Essays in Philosophical Method*, University of Chicago (=1993, 新田義弘ほか編『言語論的転回』岩波講座・現代思想 4, 岩波書店).
―――, eds. 1984, *Philosophy in History: Essays on the Historiography of History*, Cambridge University Press (=1988, 富田恭彦訳『連帯と自由の哲学:二元論の幻想を越えて』岩波書店).
―――, 1998, *Achieving our Country*, Harvard University Press (=2000, 小澤照彦訳『アメリカ:未完のプロジェクト』晃洋書房).
―――, 1999, *Philosophy and Social Hope*, Penguin Books (=2002, 須藤訓任, 渡辺啓真訳『リベラル・ユートピアという希望』岩波書店).
Schwartz, Robert, 1983, "Review Works: *Philosophy and the Mirror of Nature*, by Richard Rorty", *The Journal of Philosophy*, 1983, 80 (1).
平子友永 (2009)「ハバーマス『カント永遠平和の理念』批判」, 藤谷ほか編『共生と共同, 連帯の未来』青木書店。
高橋 徹 [1979] 1987,『現代アメリカ知識人論』新泉社。

田中清助（1967）「マルクスにおける Assoziation の概念について」『社会学評論』18 (3).

―――（1972）「アソシアシオン論序説」『思想』岩波書店.

―――（1975）「Association の系譜：イギリスの場合」『大阪大学人間科学部紀要』I.

田畑稔［1994］2015,『マルクスとアソシエーション』新泉社。

Timothy W. 2009, "The 'Americanization' of Critical Theory: A Legacy of Paul Piccone and *Telos"*, *FastCapitalism*（5）1.

Trend, David, ed., 1996, *Radical Democracy: Identity, Citizenship, and the State*. New York, Routledge（=1998, 佐藤正志ほか訳『ラディカル・デモクラシー：アイデンティティ, シティズンシップ, 国家』三嶺書房）.

Shapiro, Jeremy J. 1970, "From Marcuse to Habermas", *Continum* Ⅷ, Spring-Summer.

杉浦宏（1996）「デューイ考」『教育学研究』74:29-42.

Tocqueville, Alexis de［1835, 1840］1888, *De la Démocratie en Amérique*（=1987, 井伊玄太郎訳『アメリカの民主政治』講談社, 上, 中, 下）.

―――, 1856, *L'ancient Régime la revolution*（= 1998, 小山勉訳『旧体制と大革命』筑摩書房）.

Wade A Bell Jr. 2014, "A Phenomenological take on the Problem of Reification", *Moderna språk*.

第4章 2008年 アメリカ
——リーマン・ショック——

第1節 2008年 アメリカ

　2007年夏の低所得者向け住宅ローンのサブ・プライムローンの破綻は、アメリカ金融システム溶解の発端となり、翌08年3月の証券大手ベアー・スターンズの実質的破産、9月のアメリカ第4位証券会社リーマン・ブラザーズの破産、最大手保険会社AIGや最大銀行シティ・グループの破産危機へ連なり、大西洋を越えてヨーロッパ金融機関の危機へと波及し、世界金融システム全体の崩壊が懸念されている。それが、2008年の情況である。

　かつてベルリンの壁崩壊（1989）にみられる東欧社会主義圏の瓦解を背景に、コーネル大学時代A. ブルームの教えをうけた新保守主義者F. フクヤマ（1953～）は、巻頭エッセー「歴史の終わりか」を『ナショナル・インタレスト』（Summer 1989: 3-18）誌に寄稿し、資本主義・市場経済原理主義と西欧自由民主主義（Western liberal democracy）の勝利が、人間の社会文化的進歩の最終形態つまり「歴史の終わり」をもたらしたと鬨の声を上げ、名声をえた。フクヤマのエッセーは次のように語っている。

　　おそらく今われわれが目にしているのは、たんに冷戦の終焉あるいは戦後史のある時期の通過ではなく、歴史の終わりである……。つまり、人間のイデオロギー進化の最終的点、人間による政府の最終形態としての西欧自由民主主義の普遍化である（Fukuyama 1989:3）。

　だが、そうした名声を社会学の大家R. ダーレンドルフは、すぐに曇る「15分間の名声」（Dahrendorf 1990:37）にすぎないと皮肉っているが、フクヤマ的歴史観はいま根底から揺らいでいる、と言えるだろう。すでに2001年の9・11テロ事件にたいするアメリカの過剰反応に違和感を抱いたフクヤマ自身も、同誌に論文「ネオコンサーヴァティヴの今」（2004, Summer）を寄稿し、後に詳論するが、ブッシュ（息子）大統領政権の中枢を占める新保守主義者とその最強

硬派の「ワシントン・コンセンサス」(1989) や「アメリカ防衛再建計画」(2000) など，フランスやドイツとの同盟関係を軽視した，強く正しいアメリカ〈帝国〉再建戦略を批判した。また『ニューヨークタイムズ・マガジン』(2006) 誌上でフクヤマは，新保守主義が「権力と意志の正しい適用によって歴史を押し進めることができると信じている。レーニン主義はボルシェヴキ版の悲劇であったが，それがアメリカで実行されたならば喜劇になる」と，新保守主義が現代アメリカにおけるレーニン主義にほかならない，と彼らと一線を画するにいたった (Fukuyama 2004)。

連邦準備制度理事会 (FRB) 議長でマネタリスト (Monetarist) であるA. グリーンスパン (Alan Greenspan, 1926～) は，1987年にレーガン大統領から議長職を指名され，以来B. クリントン大統領とブッシュ大統領（息子）からも再任されて，2006年までの5期，約18年半つとめたが，サブ・プライムローン破綻に始まった金融危機また広く世界経済の危機を「一世紀に一度の危機」と捉え，自らがすすめてきた規制緩和や「自由競争主義に欠陥があった」と自己批判した。2008年度ノーベル経済学賞受賞者であり，レーガン政権の経済諮問委員をつとめ，国際通貨基金 (IMF)，世界銀行，ECC委員会の委員をつとめているP. クルーグマン (Paul Krugman, 1953～) も「自分が生きている間に，1929年の世界恐慌に類似するような事態に直面するとは思ってもみなかった」と告白している[1]。

この金融システム危機は，まさに第二次大戦後から今日までの世界覇権秩序であるパックス・アメリカーナとアメリカ社会の根幹を揺さぶっており，また，2008年11月の大統領選挙結果，民主党黒人候補B. H. オバマ (Barack Hussein Obama, 在任2009～) の第44代大統領就任は，過去30年のあいだ市場原理主義を経済政策としてきた共和党政権の失墜とともに，何よりも保守主義・新保守主義のエネルギーがとりあえず脈尽きたことを象徴している。

2008年秋以降の金融システム危機と社会的混乱の理解を深めるために，現代史が分水嶺を越えたという観点から，資本主義の枠組みの変化について少し詳細に論じたい。前章までの論と重複するところもあるが，まずアメリカ経済史と金融史そして社会史を大まかに概略する。

南北戦争後の19世紀末から20世紀の初めにかけてアメリカ富豪・財閥は，「強盗貴族」と揶揄され非難されたように，「富の分配」に関して，中産階級や

労働者階級に手厚いヨーロッパ諸国よりも，圧倒的に富をわがものにしてきた。ニューディール期や第二次大戦後の一時期，富の一部は中産階級・労働者階級に向けられたが，分配の極端な偏りは，アメリカ資本主義のなかに構造化していて，かつてプロテスタント神学者R. ニーバー（Reinhold Nieber, 1892～1971）が次のように語った内容は，現在でもとりわけレーガン政権以後のアメリカに妥当するだろう。

　アメリカは他の何れの国にもまして，徹底してブルジョア的な国家なのである。……実業界は……アダムスミスの流れをくむ面，すなわち，特に経済の分野においては人間の自発性を国家の統制から最大限に解放せんとする面を擁護しようとした。この種の自由主義は，不幸にして，人間の欲望は凡て経済的な野心なりと考え，人間の野心は凡て本質的には合目的なもの故，結局は，市場において自動的に調整され，均衡され得ると，誤解したのである（Niebuhr 1953=1957:678）。

他面アメリカは，1920年代「革新主義」の諸政策を推進し，リベラリズムを掲げて1970年代に至るまで国家が富の偏在に修正を加えるべく努めてきた。
　具体的には，大恐慌の際，H. フーヴァー第31代大統領の共和党政権は，国債発行や失業対策などを「忍び寄る社会主義」と恐れ，問題の解決を民間企業と市場に委ねて失敗したが，その後を襲ったF. D. ローズヴェルト第32代大統領の民主党政権は，周知であるが，ケインズ経済学を踏まえながら，需要の創出・経済成長策によってパイの拡大に努め，また最下層の賃金向上を促し，上層の賃金値上げを抑制し，最高税率を77％まで上げ，法人税も引き上げて，富の再分配を促し，賃金格差の縮小をすすめた。
　第二次大戦後アメリカは，インフレをともなう恒常的財政支出と巨額な経常収支黒字を基に，資本主義と福祉政策の共生，協調的資本主義・リベラリズムの実現に努め，共和党D. アイゼンハワー第34代大統領の時代には，最高税率は90％まで上がり，富の再分配が進んだ。
　それら福祉資本主義・後期資本主義が可能であったのは，ドルを基軸通貨と認めたブレトン・ウッズ協定（1944）やその具体化である国際通貨基金（IMF）体制下での，圧倒的経済力と圧倒的軍事力そしてアカデミー界からなる軍産複合体（＝軍産学複合体）があったからである。この軍産学複合体が，第二次大

戦後の東西冷戦から,冷戦の終結を確認した1987年のマルタ宣言,1991年のソヴィエト瓦解を経て,今日にいたる「唯一の超大国」アメリカ覇権下の世界秩序(パックス・アメリカーナ)を支える基盤である。

1960年代前半,アメリカ経済は世界の商品輸出総額の約1/4にあたる貿易輸出超過を記録し,1947年から1973年にかけて毎年世帯あたりの収入は2.7％伸びて倍増し,大量の中産階級が誕生した。1960年代から1970年代中頃まで豊かな消費社会,「黄金の時代」をアメリカは享受できた。少し表現を変えれば,H. ハルトゥーニアン(Harry Harootunian, 1929〜)が強調するように,「植民地を持たない」アメリカ資本主義が,その〈帝国〉と表裏をなしてきた「資本の蓄積」から人びとの目を逸らし,アメリカこそ「人類がつねに夢見てきた祝福されるべき合理的な世界」であり,その成功例が日本であると説く「近代化論」(modernization theory)を掲げることができた。この近代化論は,アメリカ・アカデミー界で学ぶアジア・アフリカ新興諸国の留学生に刷り込まれ,かれらの母国を東欧社会主義陣営から引き離し,欧米側へ誘導してきた(Harootunian 2004=2014)。

しかし,〈帝国〉アメリカの寄生性・腐朽性に由来する産業の核をなしてきた自動車産業・鉄鋼業などの不振,それに巨額なヴェトナム戦費につづく2度の石油危機も重なってアメリカは,1970年代初頭頃から貿易赤字と財政赤字(軍事出費・福祉出費)の「双子の赤字」(Double deficit, Twin deficit)による構造的不況と,不況下のインフレーション亢進というスタグフレーション(stagflation)に苦しみ始めた。貿易赤字に関しては,戦後エネルギー政策の根幹である石油は,かつて1バレル2〜3ドルで買えたが,第一次石油危機後(1974)は11.2ドルにまで高騰し,リーマン・ショック直前の2008年7月には147ドルを記録し,その後も100ドル前後を推移している。これらのことは,安い原油を購入して,工業製品を高い値段でアジア・アフリカ諸国に輸出して高い利潤を得るという,これまでの輸入 — 輸出が維持できず,利潤率の低下が顕著になった事実をあらわしていた。

1981年に政権掌握した共和党R. W. レーガン第40代大統領政権は,ケインズ経済学に代わる新古典派経済学とりわけ「供給重視経済学」(supply-side economics)へ転換し,その後の民主党政権と共和党政権も同経済政策を継承し,新自由主義・新保守主義・キリスト教原理主義のイデオロギーによってその正当化を図ってきた。

新古典経済学とりわけ極右供給重視経学とも呼ばれるレーガノミックス（Reaganomics）の本質は，詳細は後に論ずるが，国内では規制緩和によって労働諸条件を改悪し，中産階級・労働者階級への分配を減らし，国外へはアメリカ・スタンダードの規制緩和を強要して創出された新たな市場（market）で，とりわけ1995年に就任したR. ロバート財務長官の「強いドル」政策への転換後，金融工学を駆使して世界市場からアメリカへドルを還流させ，双子の赤字を補填することにある。世界のはたらく人びとの血と汗の結晶を簒奪し，アメリカ財界と国民に還元すること，過剰消費・借金漬け生活を可能にする国家戦略である。現今，この国家戦略は，グローバリゼーション（globalization）という名の下に歴史的必然性のように喧伝されているが，その狙いは「唯一の超大国」アメリカ本位のグローバリゼーションを実行することにある。

　かつてアメリカの理念（Idealtypus）とは，経済次元とりわけ市場では，資本家と労働者が法的に平等な人格として関係し，賃金と労働力を等価交換する，そういう国民経済的関係で人びとが繋ぎ合い，宗教次元では，回心（conversion）した神の子として平等な信者たちが，勤勉・禁欲と隣人愛を道徳的合意・美徳として「丘の上の町」で人びとと繋ぎ合うことにあった。初期資本主義経済とキリスト教が互いに協同する契約共同体（covenant community）の新大陸における建設，それがアメリカの理念であった。

　けれども，その経済のなかにアメリカの法的平等（「市民権」）を裏切る原理が潜在していた。資本家と労働者が取引する労働市場では，両者は一見平等ではあるが，労働過程を注意深くみれば，生産手段を所有する資本家は，労働と労働生産物の十全な所有者であるが，労働者はそうはでない。前者と後者の関係は，ヘーゲルの術語を使えばある種の〈主人―奴隷〉の関係，命令―服従の関係にあり，「所有」を最重視する支配原理・非平等原理が貫いている。この原理は，〈資本家―労働者〉の「階級」だけでなく，ひろく市民・国民のあり方，プラグマティズムの術語を使えば〈普通の人びと〉の「経験」を貫いている。

　資本主義経済であるかぎり，この支配原理・非平等原理は厳存するが，労働生産物の所有比率の度合い，あるいは，命令―服従の程度は相対的である。多くの場合，資本家が圧倒的に有利であるが，経済・政治・社会の力学によって，労働者が相対的に有利になる場合もある。前者と後者のそれらをめぐる度合いは，ヨーロッパ諸国の場合，国民国家という共同体観念が強く，労働運動も盛

んであるので，後者の力学がより多く機能している。が，アメリカの場合，ひろく「所有」を核とする自由観念や功利主義また自力本願（self-reliance），個人主義の観念が強く，労働市場と労働過程の双方あるいは消費領域においても，労働者側や消費者，広く普通の人びとがより不利益を被ってきた。

　絶えざる移民の流入，ネイティヴ・アメリカンや黒人といったアメリカ社会のなかに構造化され再生産されてきたマイノリティの存在が，労働者の低賃金をうながし，貧困白人労働者（poor white）の生活を苦しめ，とりわけ，かつてアメリカ産業を担ったスノーベルト地帯（snow belt）の労働者の誇りを傷つけてきた。その分，隣人愛を掲げる多くのキリスト教会の慈善活動や市民のボランティア運動が，その負を埋めるべく厚生や慈善に努めている。

　1980年代，「資本」側は，先にも触れたが，協調的資本主義・リベラリズムに代えて，規制緩和・構造改革を掲げて，市場原理主義・新自由主義を説くレーガノミックスへ転換した。それは，労働過程における不平等原理を極限まで拡大することを許すから，その帰結は，資本家と労働者の法的平等・等価交換の関係をこれまで以上に損なうことになった。対内的には，富者はより富者・強者となり，労働者の労働条件や労働環境が悪化し，社会的弱者の厚生が切り捨てられて，限度を越えて格差拡大が甚だしくなった。対外的には，ブレトン・ウッズ体制下でのIMFや世界銀行に働きかけて，世界各国の金融市場の自由化・規制緩和を強要し，労働対価として蓄えた諸国のドルをアメリカに還元する，そうした新しい金融システムを構築した。むろん富者・強者は，より多くその果実を貪ったが，世界的に見れば，アメリカの労働者や社会的弱者，総じてアメリカ市民も，その分け前の一部に与ってきた。

　この30年間に，アメリカ社会はその契約共同体の社会的紐帯と倫理性・エートスを腐食させ，他人の犠牲を顧みず，むしろ平等を悪とする説を受け入れ，超格差社会へ変貌した。そうした事態の象徴は，治安悪化から自らの身と家族を守るために監視カメラ・赤外線センサー・高い剣先フェンスで自衛する富裕層の「要塞の街」（gated community）である。1980年代以降ゲーテッド・コミュニティー数は急増し，1997年時点では2万ヵ所，住民数は約800万人であったが，2006年には5万ヵ所，約2000万人まで増えたという報告がある[2]。

第2節　アメリカの国家戦略

20世紀末ますます明らかになってきた人口増加，地球温暖化による環境悪化，希少資源不足と資源争奪，南北格差の拡大など地球規模の諸難題を背景に，双子の赤字で弱体化したアメリカ経済再建とパックス・アメリカーナ再構築を図るために，1981年に誕生したレーガン以降のアメリカ政権は，次の4つを国家戦略として採用し遂行してきた。

（1）軍事産業とIT産業が融合した産業構造転換＝イノベーション国家戦略
（2）市場原理主義戦略
（3）金融資本主義戦略
（4）イデオロギー戦略：F. A. vonハイエクとネオ・コンサーヴァティズム

1　産業構造転換＝イノベーション国家戦略

2008年秋，自動車製造会社ビック・スリー（GM，フォード，クライスラー）は破産の瀬戸際にあり，ビック・スリーの最高経営者（CEO）と全米自動車労組（UWA）の労使は，政府資金支援による延命救済を訴えた。3社の国内販売シェアは，1990年代後半で70％を占めていたが，昨今50％を下回ってきている[3]。20世紀の諸産業をリードしてきた製造業の中軸をなす自動車産業（全米労働人口の1/5が自動車関連産業に関わっている）やゼネラル・エレクトリック（GE）社に代表される家電製造業など，かつて〈帝国〉アメリカを牽引した実体経済部門は競走力を弱めてきた。代わって，この間アメリカは，軍事技術を民需転換した情報通信技術（ICT）の高度な発展と急速な普及，またバイオ技術や航空宇宙産業の育成へと産業構造の転換をはかりつつ，市場原理主義戦略や金融戦略を採ってきた。

軍需技術を転用したコンピューターと情報通信技術の応用は，これまでの見込み生産・在庫・販売に代えて，最適予測・最小ロスのそれらを可能にし，1995年を境として労働生産性が2倍高まり，好景気を作り出した。その結果，1990年代後半に入ると，設備投資や見込み生産によるタイムラグに起因する景気後退，とりわけ在庫循環型不況は劇的に解消されたという「ニュー・エコノミー」（new economy）論が，経済学界で唱えられるまでになる。「双子の赤字」

は変わらないが，ITがもたらしたニュー・エコノミーは，東ドイツやソヴィエトなど東欧社会主義の国の瓦解（1989～1991）やアジア・アフリカ新興国の金融危機と逆比例するかのように，「唯一の超大国」なったアメリカとりわけアメリカ金融システムの信頼を高めた。

　2004年，アメリカ競争力協議会が提出した「イノベーション・アメリカ」（通称「パルサミーノ報告」）を踏まえて政府は，技術革新の人材養成などを重視するイノベーション国家戦略を策定し，クリントン政権は兵器産業の寡占体制化・軍産学複合体のさらなる強化と構築をすすめ，ブッシュ政権も9・11テロ事件を追い風にして宇宙制覇を狙って航空宇宙産業の育成に努めた（西川2008）。欧州連合（EU）も，域内の研究開発費をGDP比3％まで引き上げる「リスボン戦略」を策定し，日本も科学技術基本計画（1996～）を作成して，政府投資の拡大と制度改革を進めるイノベーション国家戦略を策定した。

　これら産業構造転換＝イノベーション国家戦略と国家間競争は，とりわけ先進工業国間でまさしく進行中であり，世界は「イノベーション大競争時代」に突入したという（滝2008）。

　この間の推移を寺島実郎は，次のように分析している。

　IT革命は，冷戦期に累積した20兆ドルの軍事予算を積み上げて，軍産複合体を構築してきた米国の脱冷戦構造から生まれた潮流であった。また「グローバルな市場化」も東側の市場経済への参入という冷戦後の「大競争の時代」を主導する米国のキャッチコピーでもあった。やがて，歴史家は，IT革命もグローバルな市場化も，つまり「新資本主義」なるものも，冷戦後のパラダイム・シフトのために，米国が主導した潮流と総括するであろう（寺島2001:53）。

2　市場原理主義戦略

　アメリカ発の世界金融システムの危機が深刻化している昨今，アメリカ金融大国戦略について，いま少し詳述しておきたい。

　ⅰ）ブレトン・ウッズ体制（1944）からニクソン・ショック（1971）へ
　H.モーゲンソー財務長官は，真珠湾攻撃から1週間後（1941年12月14日），H. D.ホワイト財務省金融局長らに戦後の国際通貨体制の計画策定を命じ，ニュ

ーハンプシャー州郊外のブレトン・ウッズで会議を開催させた。イギリス大蔵大臣顧問 J. M. ケインズは，ポンドやドルといった特定国の通貨ではない「バンコール」（Bancor）創設（ケインズ案）を提案したが拒否され，紆余曲折後，第二次界大戦末期の 1944 年 7 月アメリカは，金とドルだけを通貨基軸と認めるホワイト案を連合国 44 ヵ国に認めさせた。それが「ブレトン・ウッズ協定」（Breton Woods Agreement）である。

世界の貨幣用の金 60% を保有するアメリカは，第一に，固定相場制の下にドルを金と交換できる唯一の基軸通貨と認めさせ，第二に，国際間の決済・つなぎ融資を行なう「国際貨基金」（IMF）を，第三に，戦後復興と発展途上国の開発のために長期資金を供与する「国際復興開発銀行（世界開発銀行）」（IBRD）創設し，第四に，国際間の自由貿をめざす「関税および貿易に関する一般協定」（GATT）の推進役となった。

第二次大戦中陸軍参謀総長でもあった国務長官 G. C. マーシャルが主導した「ヨーロッパ経済復興計画」（European Recovery Program, Marshall Plan）によって，1948 年から終了までの 4 年間に総額約 130 億ドルが，戦争で疲弊した西ヨーロッパ 18 ヵ国に援助され，それら諸国は，援助ドルの 70% を使ってアメリカの余剰農産物を購入した。その結果，アメリカの輸出はヨーロッパ市場に拡大し，再びドルがアメリカ還流する，今日に続く金融市場におけるドル循環構造の基礎が構築され，イギリスのポンドに代わる戦後の国際金融秩序・世界経済支配（ブレトン・ウッズ体制）をアメリカは確実なものとした。

マーシャル・プランを基に反ソ・反共主義のトルーマン・ドクトリンを具体化するためアメリカは，軍事同盟大西洋条約機構（NATO, 1949）を西ヨーロッパ諸国と結び，他方，ソ連・東欧社会主義諸国は，コミンフォルム（Communist Information Bureau, COMINFORM, 1947）を結成し，軍事同盟ワルシャワ条約機構（1955）で NATO と対峙した。「冷戦」（cold war）という世界情勢のなかで，パックス・アメリカーナの 2 つの柱をなす，金融秩序のブレトン・ウッズ体制と軍事秩序の NATO が強化された。

しかし，アメリカから技術移転された西欧諸国や敗戦国ドイツ・日本などはしだいに工業力を高め，1960 年代中頃からドイツ・日本の製造業力がアメリカを凌駕する。1971 年に貿易収支赤字は 80 年ぶりに赤字となり，加えて，ヴェトナム戦費がアメリカに巨額のドル・金の海外への流出を強い続けた。具体的には，1947 年にアメリカ政府は総額 245 億ドルの金を保有していたが，1970 年

には 11 億ドル弱にまで減少した。

1971 年 8 月 15 日，イギリスは手持ちの 30 億ドルを金に交換することを要求したが，これ以上の金保有の減少を恐れる共和党 R. ニクソン大統領は，金ドル交換停止の声明を出さざるを得ず（ニクソン・ショック），この日をもって変動相制へ移行した。

巨大軍事力と並んでパックス・アメリカーナを支えてきた金ドル固定相場制の崩壊は，振り返ってみれば，今日のもっぱら「信用」に頼る世界的金融システム溶解（meltdown）への第一歩であった。しかし，1980 年代から 2008 年秋にいたるほぼ 30 年間，新自由主義イデオロギーを養分としてアメリカ政財界が採用した新古典経済政策・市場原理主義戦略（対外的スローガンとしてのグローバリゼーション），その金融領域への応用であるカジノ金融資本主義は，アメリカに好景気を享受し続けることを可能にした。

ⅱ) レーガノミックス（1981）

金ドル交換停止声明に先立つ 7 月，ニクソン大統領補佐官 H. キッシンジャーが極秘訪中し，中ソ国境の武力衝突を契機にソ連主敵論へと転換した毛沢東の指示の下に対米関係の改善に努める周恩来と会談した。それは，中国との関係改善によってヴェトナム戦争終結を目論むとともに，アメリカの核優位が崩れて拮抗状態にあるソヴィエトを牽制するためでもあった。が，何よりも弱体化しはじめたパックス・アメリカーナを補強するためでもあった。1971 年 10 月 25 日中国は国連から台湾を追放し，国連加盟に成功する。

1973 年に第四次中東戦争が勃発した際，アラブ産油国は，戦後の基礎エネルギー源である石油の近未来の枯渇を見通しながら，石油を武器とする「石油戦略」を採り，イスラエル支持のアメリカやヨーロッパ諸国に打撃を加えるために，原油価格を 3 倍以上も高騰させた（先に触れたように，1 バレル 2 ～ 3 ドルから 11.2 ドルへ，そして 147 ドルから 100 ドルへ推移した）。石油危機は，とりわけ資源の乏しいアフリカやラテンアメリカ諸国の累積債務を膨らませ，ほとんど国家破産状態に陥らせたが，ヨーロッパ諸国やアメリカも長期不況・資本利潤率の低下を余儀なくされた。各国はドルを基軸通貨と認めつつも，いわゆる西側世界経済はアメリカ・日本・EC を 3 極とする多極的構造へと移りはじめる。

1977 ～ 1978 年頃，アメリカでは商品の 20％強が輸入超過となり，E. F. ヴォ

ーゲル（Ezra F. Vogel, 1930～）の『ジャパン・アズ・ナンバーワン』（1979）が出版された。1980年12月の自動車生産統計によれば，日本の年間生産台数は1000万台を越え，アメリカを抜いて世界一位となる。高性能で低価格な日本製の自動車・カメラ・パソコン・テレビさらに各種電化製品やハイテク製品はアメリカのそれらを凌駕し，ジャパン・マネーは，欧米有名ビルの買収に見られるように，一時期ではあるが金融市場を席捲した。

　これらが重なり合い，欧米の先進資本主義国は，いわゆる協調福祉資本主義を支えてきた高度経済成長が不可能となり，経済政策転換が不可避となる。イギリスではM.サッチャー保守党が政権奪回（1979）し，新自由主義・マネタリズムの方向へ経済政策を転換した。〈帝国〉アメリカでも製造業の衰退，ヴェトナム戦争終結（1975）後もつづく世論の分裂，さらに赤字財政（軍事費・福祉費）支出と貿易収支赤字に因る不況・失業にもかかわらず2桁台のインフレーションの同時進行（＝スタグフレーション）という内憂が深まり，外においては，ホメイニ師のイラン革命（1979）やソヴィエトのアフガニスタン侵攻という外患が深まった。

　これら内憂外患のなか，1960年代の諸社会運動，つまり公民権運動の成果としてL. B. ジョンソン大統領時代に実現した黒人の権利擁護と平等化のための公民権法成立（1964），ヴェトナム反戦運動・青年運動・対抗文化運動・フェミニズム運動・新しい宗教運動，それらが建国以来の社会的美徳（virtues）を否定し，宗教的共同体を崩壊させてきた，と国民の多くが深く憂いはじめた。とりわけキリスト教原理主義に共感する南部白人層が，これまで支持してきた民主党を離れた。

　1980年秋，南部ジョージア州出身で民主党J. E. カーター第39代大統領（Jimmy E. Carter, 在任1977～1981）が2期目をねらった大統領選挙が行われた際，共和党候補レーガンは，カーター外交を軟弱と非難して「強いアメリカ」復活を掲げ，とりわけ1960年代以降の民主党の民主主義的・平等主義的政策を「リベラリズム」と糾弾して，地滑り的勝利を得た。リベラリズムという語は，すでにアメリカ国民にとって，自由や自己責任あるいは個人主義を否定する，非道徳とほとんど同義となっていたからである。

　R. レーガンは，2期大統領職（Ronald Regan, 在任1981～1989）をつとめるが，貿易赤字と財政赤字（軍事出費・福祉出費）の「双子の赤字」とスタグフレーションに対して，先に言及したように，新古典派経済学とりわけ「供給

重視経済学」を採用した。国民所得と物価水準が決定する総需要曲線と総供給曲線の交差点が貨幣量増加による経済刺激によって，右側にシフトすれば，経済成長が促進され，国民所得が増加し，物価水準が低下する，そのためにも大金融政策と企業大減税が必要である，という貨幣供給重視の経済学である。その具体的政策とは，次のものである。

① 民間投資活性化をはかるための大幅な企業減税
② 貯蓄増加と労働意欲向上の活性化をはかるための家計減税
③ 民間投資を阻害する規制緩和や規制撤廃
④ インフレを押さえこむ金融政策
⑤ 福祉予算を削減（小さな政府）し，軍事支出への流用（巨額の財政支出）による強いアメリカの復活

　これらの内容は，大恐慌と第二次大戦の悲劇のなかで青年期を体験し，1960年代の民主党政権（J. F. ケネディとL. B. ジョンソン）の大統領顧問を務め，1970年度のノーベル経済学受賞者P. A. サミュエルソン（Paul A. Samuelson, 1915 ～ 2009）から見れば，「極右サプライサイド経済学」と呼ぶものであった[4]。
　詰まるところ，レーガノミックスとその政治路線は，ニューディール政策以来の政府介入・諸規制・福祉政策（「大きな政府」）を経済的自由の侵害，リベラリズムと糾弾し，総じて協調的福祉資本主義政策を否定すること，他方で，大金融政策でカンフル注射され，大幅減税された財閥・大企業が，規制緩和・撤廃された市場でふたたび自由な振る舞うことを許すこと，それらを通じて経済成長を促し，軍事的需用創出・軍産複合体を継承しつつ，強い〈帝国〉アメリカを再構築することであった。
　その負部分は中間層以下の弱者が引き受け，しだいに少なからぬ中間層さえも貧困層へと転落していくことになった。『新自由主義：その歴史的展開と現在』(2005) の著者D. ハーヴェイ（David Harvey, 1935 ～ ）によれば，まさしく「資本」の側が，社会民主主義的妥協を否定して，「資本蓄積のための条件を再構築し，経済エリートの権力を回復するための政治的プロジェクト」への転換であった (Harvey 2005=2007:7)。
　「資本」側のプロジェクトは，ニューディール期以来の民主党的政策からレーガン以降の共和党的政策への転換だけでなく，石油危機から今日にいたる40年

間強にわたる「資本」と経済エリートの主導権の下での全体的再編，つまり地球収奪，社会システム，国家体制，人間観，宗教観にわたる諸領域の徹底的再編を企てたものである．

3　金融資本主義戦略

ⅰ）プラザ合意以降

アメリカ経済の不振に起因する固定相場制から変動相場制への移行（Nixon shock, dollar shock, 1971）に世界が異議をはさまなかったことは，根幹においてドルを基軸通貨とするブレトン・ウッズ体制を維持し，パックス・アメリカーナを再承認することを意味していた．具体的には，ブレトン・ウッズ体制下の「金の廃貨」と「変動相場制」を正式に承認したキングストン合意（1976）を行い，「極右サプライサイド経済」戦略の下に，前年頃から急増した国債発行を背景に1985年にプラザ合意（Plaza Accord）がなされた．

つまり同年9月，先進5ヵ国（アメリカ，イギリス，フランス，西ドイツ，日本）がドル高を修正するため為替市場への協調介入を強化する合意（これによって1ドル240円前後から200円程度へのドル安・円高へ，さらに1年後には120円台へとドル価値が半減）を行い，アメリカ救済のために高金利政策・ドル安を認めた．というのも，翌86年には，アメリカは世界最大の純債務国へ転落（年末の対外債務残高が2645億6400万ドル）し，翌々87年10月19日にはニューヨーク株価が暴落（508ドル32セント安，下げ率22.6％）するブラック・マンデーに襲われる，そういう長期の経済不況にあったからである．

ドルに代わる基軸通貨が登場しないなかでのキングストン合意，ドル救済を狙ったプラザ合意は，変動相場制に変容したブレトン・ウッズ体制の延命をはかるだけでなく，合意に至る一連の経済政策が，アメリカの金融資本主義戦略への，さらに後にカジノ資本主義と揶揄される新しい金融システム誕生への転轍機になった．

通貨が商品の決済の役割（市場における潤滑油の役割）を大きく越えて，先物取引に見られるように，毎日の為替変動を利用して通貨売買から利益を得るというカラクリ（たとえば1ドルが150円のとき，ある金融企業が200万ドルを元手に円を購入すれば3億円であるが，ドル安・円高がすすみ1ドルが100円になったとき，手元の3億円をドルに戻せば300万ドル，つまり差し引き100万ドルの儲けとなる）が，金融市場に導入されたわけである．カジノの賭

で儲けるような金融行為が真っ当な経済行為であるとみる風潮が，金融市場を支配するようになった。アメリカ型金融資本主義は，人間として成功の指標を社会貢献ではなく金儲けに置くようになり，延いてはイスラム教の利息を取ることさえ認めない人間観との摩擦，文明論的衝突へという芽をはらむことになる（西村 2006:42-44）。

このカジノ的経済・金融行為を正当化する経済理論によれば，ドルを決済通貨として，金融市場の自由取引にリスクを含めすべてを委ねれば，自ずと経済的秩序が形成されるから，国家は金融市場に介入しない方が良い，というのである。節を変えて詳論するが，1974 年ノーベル経済学賞受賞の F. A. von ハイエク（Friedrich A. von Hayek, 1899 ～ 1992）は，おのずと経済領域における「秩序」（catallaxy），社会領域における「1 つの自生的秩序」（a spontaneous order）が形成されると強張した。

かつて穀物取引から金融先物取引の中心となったシカゴの二大取引所（シカゴ商品取引所，シカゴ・マーカンタイル取引所）に世界の金融先物取引・金融資本が集中しはじめ，次いで，ニューヨーク・ウォール街が金融市場の中心になった。変動相場制から利益をあげるアメリカ金融資本が，製造産業の実体経済より優位に立ち，しだいに世界経済を左右するようになる（中尾 2004: 47-56）。

日本・中国・インドなどアジア諸国とヨーロッパ諸国は，大量の商品を輸入するアメリカ市場（外需）向けに商品輸出し，ドルを手にしてきた（アメリカの貿易収支赤字化）。が，同時に，もともと内需が弱いそれら諸国と各国の金融資本は，手にしたドルを 1990 年代の IT 導入がもたらしたニュー・エコノミーの好調さと格付け会社によって「信用」を保障されたアメリカ金融市場に投資し，実体経済をはるかに超えて増刷されたドルや国債・社債を再び購入した。その結果，世界最大の債務国・借金国であるアメリカが，「打出の小槌」のようにドルを増刷する「量的緩和」政策をとり，経常収支の赤字を上回る金融資本を世界から受け入れ，ドルが再びアメリカに還流するシステムを，端的に言えば，債務国・借金国が世界の富・資本を吸い上げる不可思議な金融システムを作り上げることに成功した。

とりわけ，グローバリゼーションという旗の下で，国際資本の自由な移動が可能になった金融市場を背景にアメリカが取った経済政策，「強いドル」政策（1995）と「金融サーヴィス近代化法」＝「グラム・リーチ・ブライリー法」（1997）

が「新自由主義と金融帝国との結合」（水野 2014:28），いわゆるカジノ金融資本主義を完成させた。

　世界の金融資本は，連邦準備制度理事会（FRB）・財務省・連邦預金保険公社（FDIC）・証券取引委員会（SEC）・商品先物取引委員会（CFTC）などと連携したニューヨーク手形交換所をはじめとする金融マーケットを中心に取引され，コンピューター・インターネット上で決済されてきた。アメリカ金融界あるいは投機資金は，規制緩和されたマーケットでハイリスク・ハイリターンのヘッジ・ファンド（hedge fund, 当初は割安株の購入と割高株の売却を組み合わせることで株式の変動相場のリスクを回避する手法であったが）を駆使し，またその手法を複雑化させながら規模を拡大してきた。アメリカ金融大国戦略とは，つまるところ，金融工学を駆使するアメリカ金融（虚業）界（それに連なるロンドンのシティ）が金融マーケットを介して，合法的に製造業（実業）に精勤するアジア・アフリカ・ラテンアメリカをはじめとする全世界から剰余価値値を合法的に収奪する，ということに他ならない。

　たとえば，みずほ総合研究所の試算では，2007年にアメリカから世界へ投資したマネーは約4800億ドルであるが，世界各地からアメリカへ流れ込んだドルは1.2兆ドルであり，経常収支赤字を上回るマネー差し引き5200億ドルをアメリカは吸収している。それは，アメリカンエクスプレス，VISAカード，Masterカードなど多くのクレジットカードを持つアメリカ市民の借金生活に拍車をかけた。定期的に借金の一部を返済しているかぎり一定金額まで自動的に繰り返し融資が受けられるリボルヴィング（revolving）を活用する借金生活，あるいは住宅価格や証券の値上がりを前提とする消費過剰をおかしいとは思わない生活に拍車をかけた。事実，1990年に自由に使える所得（＝可処分所得）に対する借金比率は78％であったが，2007年には約130％となり，借金しなければ人並みの生活を営めない，借金漬け生活が普通となっている[5]。

　そこに蔓延っているのは，庶民のレベルでは，購入した家・証券の値上がりを期待して売却する含み益を担保に，旅行や外食，高価な買い物を楽しむこと，国家のレベルでは，世界の富を再吸収する金融戦略であり，両者に共通しているのは，まさしくモラルなき拝金主義である。

　それは，初期資本主義やアメリカ建国のエートスを内側から溶解させる深刻な危機の要因であるが，新しい金融システムが「信用」され，危機管理が機能する限り，それはアメリカをしばらくは繁栄させ，繁栄の多くを「新自由主義

と金融帝国との結合」を遂行している財界と経済エリートからなる「エスタブリッシュメント」(Establishment) が享受するが，国にも庶民にも邯鄲の夢を見ることができるのである。

アメリカへの富の還流を嫌うヨーロッパ12ヵ国は，マーストリヒト条約（1992）の調印，欧州連合（EU）の結成，フランクフルトに欧州中央銀行（ECB）設立などをへて，1999年1月にはユーロ（Euro）を統合通貨とし，アメリカ金融支配に抵抗しようとしている。

しかしドルを基軸通貨とするブレトン・ウッズ体制，それを再確認したキングストン合意あるいはドル救済のプラザ合意の枠内にある限り，たとえば，かつて提唱されたバンコールのような通貨を基軸通貨として世界各国が認めない限り，それら抵抗も限定的である。

1970年代，新興国アジア・ラテン諸国の多くは，国際収支の赤字補填と工業化のためにアメリカなど先進国から多額の資金を借り入れたが，1980年代初頭の世界不況・ドル高・高金利によって累積債務返済不可能に陥った。対外債務残高は膨らみ，ブラジルが91.6億ドル，メキシコ86.5億ドル，アルゼンチン40.7億ドル，アジアでは韓国が40.1億ドル，インドネシア31億ドル，フィリピン24.8億ドルに達した。1982年，メキシコで金融危機が発生し，1984年6月ラテンアメリカ11ヵ国は，先進国に対して債務国利子の引き下げを要求し，世界の融界に衝撃を与えた[6]。

この危機に対処するために，1989年米国政財界，金融機関，シンクタンクがワシントンに集まり，累積債務にかんするこれまでの処方箋を集大成し，さらなる自由主義的市場経済原理を貫くために，次の合意（「ワシントン・コンセンサス」）を行った。

① インフレ抑制のための高金利政策
② 法人・富裕層への減税
③ 公共サーヴィスの有料化など「コスト・リカバリー」政策
④ すべての分野での競争促進政策
⑤ 民営化
⑥ 労働市場の規制緩和
⑦ 自由貿易の奨励

⑧ 短期投機資本を含む資本勘定の国際化・自由化
⑨ 多国籍企業や富裕層が合法的に脱税できる「租税回避地・tax heaven」の黙認

　ワシントン・コンセンサスの素案は，フォード財団・ブラッドレー財団・オリン財団・メロン財団から資金援助された「アメリカン・エンタープライズ公共政策研究所」(American Enterprise Institute, AIE)，「ヘリテージ財団」(Heritage Foundation)，イギリスの政策研究センター・アダムスミス研究所，「モンペルラン協会」(Société du Mont Pèlerin) など，新自由主義・極右サプライサイド経済学を奉ずる民間財団やシンクタンク，および 経済学者 F. A. von ハイエク，M. フリードマン (Milton Friedman, 1912 ～ 2006)，J. バグワティ (Jagdish Bhagwati) によって提案され，先進国の多国籍企業と国際金融資本（年金基金・商業銀行・保険会社・証券会社，および国際復興開発銀行（IBRD，通称世界銀行（WB），国際通貨基金（IMF）や世界貿易機関（WTO），各国政府機関など）が，上記事項の具体的実施について合意した（大屋 2006:262）。

　本論から少し外れるが，冷戦下の軍備拡張競走は巨額な軍事費出費であったから，米ソ両国は戦略兵器制限交渉（SALT）をすすめ緊張緩和へ出ざるを得なくなった。
　ソヴィエトでは，巨額軍事費と生産性停滞そして官僚主義が国民の不満を高め，社会主義義体制の行き詰まりが，ますます明らかになってきた。プラザ合意がなされた同じ年ゴルバチョフは，共産党書記長に就任し（在任 1985 ～ 1991. 8），グラスノチ（情報公開）とペレストロイカ（改革）を掲げて，計画経済に代わる市場経済を導入し，またアメリカと中距離核戦力（INF）全廃条約（1987）を結び，核兵器の削減に合意した。ソヴィエト人民代議員大会第 1 回大会で最高会議議長にも選出されたゴルバチョフ書記長は，1987 年 12 月，J. H. W. ブッシュ大統領（父）と協議し，両者は冷戦の終結を確認する「マルタ宣言」を出した。しかしペレストロイカは実を結ばず，1991 年にソヴィエトは崩壊する。
　それらの結果，東欧社会主義国とロシアさらに中国を含めて世界 58 億人口の中の約 40 億人が，「ワシントン・コンセンサス」が支配する金融マーケットの対象となり，世界経済はマーケット争奪をめぐる戦場と化した。

第3節　F. A. von ハイエクと新保守主義者

1　F. A. von ハイエク

　本節では，ハイエクの経済理論と新自由主義，それと呼応している新保守主義（neo・conservatism）イデオロギーについて補足しておきたい。

　言語学者 L. ヴィトゲンシュタインと従兄弟でもある F. A. von ハイエクは[7]，1944年度のベストセラー書『隷従への道』(The Road to Serfdom) を上梓し，その後，政府の経済・社会介入に反対し，市場原理主義を掲げる自由主義（libertarianism）を信奉する学者たちのモンペルラン協会（1947）を組織し，1974年にはノーベル経済学賞を受賞した。1979〜1990年にかけて3期首相をつとめたサッチャー英国保守党党首は晩年のハイエクに師事して「サッチャリズム」(Thatcherism) を実行し，レーガン大統領もいわゆるレーガノミックスを実行し，ブッシュ大統領（父）はハイエクに大統領自由勲章を贈った。

　サッチャーやレーガンやブッシュは，ハイエクを精神的支柱として，とりわけ，大恐慌は不適切な金融引き締めという政府の裁量的政策の失敗にある，と論ずる M. フリードマン（Milton Friedman, 1912〜2001）の経済政策を選択した。1976年ノーベル経済学賞を，1986年に中曽根内閣から勲一等瑞宝章を授与されたフリードマンは，「新貨幣数量説」(new quantity theory of money) あるいはマネタリズムを説き，ケインズ経済学からマネタリズムへと経済政策の転換を促した。

　かつてケインズは『一般理論』のなかでそれらを批判したが，彼らサッチャーやレーガンやブッシュを通じて市場原理主義とマネタリズムが復活し，根幹的経済政策になった。富の分配（distribution）を問わず，与えられた有限な資源を市場でどのように組み合わせれば最適で効率的な資源「配分」(allocation) になるかを考察する新古典派経済学に属するが，フリードマンらの「新貨幣数量説」は，市場における貨幣供給量と利子率によって景気循環が決まるということ，それゆえ政府の裁量的な総需要管理政策・財政政策は不必要であり，市場経済を攪乱させない枠内で，政府が一定率で貨幣供給を増やしていくという限定的な金融政策を採れば良い，という理論であった。つまり，金融＝投資政策で経済刺激し，総需要曲線と総供給曲線の交点を右側・供給側にシフトでき

れば，まず大企業が金融＝投資から利益を得，次いで企業全体の経済成長も促されて，その余得が滴り落ち（trickle down），広く国民所得も増加し，物価水準も低下するというものであった。

　それら供給重視経済学・マネタリズム・新貨幣数量説の根幹にあるのが，ハイエクの経済理論と社会哲学である。2006年度文化勲章受賞の経済学者・篠原三代平（1919 ～ 2012）の簡潔な要約によれば，ハイエク経済論とは，「信用創造によって生じた投資の（貯蓄に対する）超過傾向は，投資財部門を中心とした『不均等発展』と『インフレ的成長』を引き起こすことになる。だが，その結果生じた『部門不均等』を是正するのは，投資ブーム後に発生するデフレ的調整過程だ，ということになる。彼にあっては，このデフレ過程を有効需用補給によって政策的にカバーする努力は，かえって経済的不均衡ないし矛盾を拡大し，ウミを出し切るという措置を回避し，遅延させるだけである。したがって，ハイエク説に忠実になろうとすると，この場合には，無策こそ政策になる。」という内容である（篠原［1982］1991：213-39）。

　無策こそ最善の経済政策なのである，というハイエク経済学を支えている社会哲学は，山本晴義の論文「"新保守主義"について」に拠りながら紹介すれば，『隷従への道』（1944=1975）や「自由は自然の状態ではなく，文明の構築物であるけれども，それは設計から生まれたのではなかった」と論じた『自由の条件』（1960），あるいは『哲学・政治学・経済研究』（1967）やノーベル経済学賞受賞後の大著『法と立法と自由』（1973 ～ 1979）などに窺うことができる。彼の論点は，ⅰ）法の支配下の自由競争万能論，ⅱ）「理性」「近代」を糾弾する近代保守主義，ⅲ）功利主義的＝ナルシシスト的人間観にある（山本 2007:109-27）。

ⅰ）法の支配下の自由競争万能論

『隷従への道』で語ったハイエクの論旨をとりあえず4つ紹介しておきたい[8]。

　　自由主義の基本原理は……事象の秩序づけに際して，社会の自発的な力をできるだけ多く利用し，強制に訴えることを最小限の止むべき可能性とする基本原理……である。特に競争のできるだけ有利に働く体制を作り出すこと（Hayek 1944=1992:24）。

自由国家が恣意的な政府の下の国家と相違することを最も明白にするものは，自由国家においては，法の支配として知られている大原則が遵守されていることである。……法の支配においては，政府は個人の努力を，特別の行動によって無効にするようなことは許されない（Hayek 1944=1992:94）。

　貨幣こそ，現在の社会において，貧しい人に驚くほどの広汎な選択——それほど昔でないときに富裕な人に与えられていたより更に広汎な選択——を許している（Hayek 1944=1992:116）。

　競争社会おいて……貧者もまた富裕になることができるのみでなく，しかも権力の援助に頼ることなく，自分自身でそうすることができる。……そうした唯一の体制が，競争体制である（Hayek 1944=1992:133）。

　要約すれば，ハイエクの社会哲学の主旨は，法の支配下でのフェアーな市場における資本家の自由競争こそが富を創出し，自生的秩序を形成するから，議会や政府の市場介入，経済計画あるいは所得保障（富の再分配）は自由の否定であり，人間の隷属化，全体主義国家への道であり，また人間の社会的価値は経済競争の勝敗に拠るということにある。
　資本主義経済の前提は，たしかに労働市場次元では，資本家と労働者が商品所有者として法的に平等な人格として（ハイエクの術語では法の支配下でフェアーな）関係を結び，市場において価値の等しい貨幣と労働力を等価（フェアー）交換する，そういう関係を結ぶことにあり，それが社会的自由の経済的基礎である。
　しかし先に論じたように，資本主義経済の労働過程を詳しく見れば，資本家は労働と労働生産物の十全な所有者であるが，労働者は十全な所有者でなく，また前者と後者は命令—服従の関係にある，そういう不平等・非等価が紛れもなく厳然としてある。資本主義経済は，労働市場における平等と労働過程における不平等という構造的矛盾を内在している。
　かつて『経済学原理』（1848）の J. S. ミル（John S. Mill, 1806 ～ 1873）は，富の分配論に関して，「生産法則については任意性や恣意性はまったくない」が，分配は「もっぱら人間の制度上の問題である。ひとたび物が存在するようになれば，人間は，個人的にも集団的にも，それを思うままに処分することができる」

と論じた（Mill 1848=1959-63, Ⅱ : 13-4）。ミルを嚆矢とするフェビアン社会主義やそれに連なるケインズ経済学，さらにアメリカにおける W. ジェームス（William James, 1842 ～ 1910）らプラグマティズム山脈にも連なるプラグマティズム抒情詩的左翼らは，「所有」と「市民権」が緊張関係にあることに留意し，法的平等と自由をかけがえのないものとしながらも，労働過程における不平等・非等価を看過しなかった。

　彼らは，「所有」が最優先する経済では，労働者階級の生計が相対的ながら困難になるだけでなく，社会全体から法的平等・自由の実質が棄損され，命令―服従関係が浸透していく，そのことを憂いたのであった。社会構成員が互いの苦境を救いあうアソシエーションの感覚を腐食させ，結局は，啓蒙思想の果実である近代市民社会の「市民権」（法的自由と平等）と民主主義と否定することに至り，ふたたび「所有」の強者が支配し，弱者が従属せざるを得ない巨大な制度，「前近代」社会へ回帰することになる，と恐れた。ドレフュス事件におけるフランス「知識人」の陣営に共感するジェームスの次の文章は，端的にそのことを示している。

　　アメリカにおけるわれわれ「知識人」は，われわれの個人主義のかけがえのない生得権である個人主義と自由を，これらの諸制度（教会・軍隊・貴族階級・宮廷）から護るために，全力を尽くさなければならない。巨大な制度は，それがどんなに良いことを行なおうとしても，必然的に腐敗の手段とならざるを得ない。個人の自由な人間関係のなかにのみ，理想は存在する（James 1920:100-1）。

　他方，ウィーン貴族の生まれのハイエクは，時代がヒトラー・ファシズムの「アウシュヴィツ」へ，スターリン社会主義の「収容所列島」へと凝縮した，そうした極限的悲劇を見据えているのであるが，法的自由主義を重視する「進化論的合理主義」（evolutionary rationalism）と「設計主義的合理主義」（constructivist rationalism）を峻別し，自らの立場が前者であるとする。

　この場合，進化論的合理主義が期待することは，フェアーな市場での資本家同士の「適者生存」競争の勝者による経済的秩序・「カタラクシー」，それを基軸として社会が編成された勝者の「自生的秩序」にほかならないが，彼は，ファシズムや社会主義そしてケインズ的修正（福祉）資本主義とは，カタラクシー・

自生的秩序の形成を妨げる計画経済,「集産主義」(collectivism),設計主義的合理主義に他ならない,と解釈する。

設計主義的合理主義に対する批判は,同じくウィーン生まれのK. R. ポッパー (Karl R. Popper, 1902～1994) がロンドン・スクール・オブ・エコノミクスのハイエク・ゼミナールで発表した草稿(『歴史主義の貧困』(1957)の基となった)では,プラトン・ヘーゲル・マルクスに連なる系譜を「歴史法則主義」(historicism) と批判し,その後『開かれた社会とその敵』(1945)で展開した社会哲学と重なるものがあるが,ポッパーは「開かれた社会」を瞳としながら個々の具体的問題の解決に徹する「漸次的社会工学」(piecemeal social engineering) を提唱した。だが,ハイエク主義者によれば,弱者を保護するための政府の市場介入を認めたポッパーの「漸次的社会工学」(つまり社会民主主義的政策)さえ,「設計主義的合理主義」の亜種,許すことのできない集産主義の亜種に過ぎないのである (Popper [1950] 1954=1960)。

結局,ハイエク社会哲学の決定的欠陥は,労働過程次元における不平等・非等価を目こぼし,それに修正を加える諸改革が,原理的に法の支配・フェアーな市場・広く自由を侵す,と糾弾するだけに止まっていることにある。

ⅱ)「理性」「近代」を糾弾する近代保守主義

「法の支配」とフェアーな市場での自由な「競走の過程を通して」経済的秩序(カタラクシー)と社会的「自生的秩序」が形成されるとハイエクは説くが,同時に『法と立法と自由』のなかで,分業と専門化が発達した近代社会・「大規模社会」(Great Society) においては,社会全体からすれば,各人は断片的な知識しか所有していないから各人の理性や能力に限界がある,と説いた。あらゆる改革は,人知の限界(有限)を自覚しない人間の傲慢に発する設計主義的合理主義に由来する,つまり意識的設計がよい結果をもたらすという人間理性への過信・傲慢に発している,と糾弾する。そうした人間理性の傲慢さはデカルトを嚆矢とする「近代」哲学,その啓蒙的「理性主義」を出自としている,とハイエクは論ずる (Hayek 1973=1997:15-47)。

他方,『啓蒙とは何か』(1784) において I. カント (Immanuel Kant, 1724～1804) は,啓蒙 (Aufklärung) とは「常に自ら思考する原則」による「先入観からの解放」「迷信からの解放」「自己自身に責めを負わない未成年状態から脱却することである」と定義した。いまここで J. ハーバーマスの少し長め説

明を引用すれば，次のようである。

> カントは，古代人を模範にすべきか，それとも現代人も古代人と対等な存在とみなすべきかという古典的な論争を乗り越え，思想そのものの目的を時代診断へと転換させることによって，あの休むことのない自己確認のプロセスのなかに思想を巻き込んだのである。このプロセスは，新たな歴史意識という地平のなかで，今日に至るまで絶えることなく近代を運動させつづけている。このようにアクチュアリティによって要求されていた哲学にとって問題となるのは，近代が自己自身とどういう関係をもつか，という点である。……すなわち，個人的なことがらを超えた普遍的なものを匿名的に探究することから脱し，自らも血のかよったひとりの人間であることを表明したのである。そのつど自分自身が直面する現代を臨床的に探究しようとすれば，その探究はすべて，この血のかよった人間と結びつかざるをえない。近代とは，自らの自己意識と規範とを自己自身の内から作りださねばならない運命にあると，自らみなしている時代なのである（Habermas 1985=1955:175-6）。

「近代」の地平に立つカントは，『純粋理性批判』（1781，改訂2版 1787）の「序文」に，F. ベーコン（Francis Bacon, 1561～1626）の『大革新』（1620）から，精神が魔法の鏡に閉じこめられた日々の幻像（idola），とりわけ中世スコラ知の組織（劇場のイドラ）への批判（critica）と「人類の福祉と人間の尊厳の基礎づけ」を引用した。次いで，認識論における「コペルニクス的転換」と科学知（悟性）の吟味（Kritik）を行い，たとえば道徳（あるいは，人間にとって絶望や危機において生得的自己防衛機能から要請する，宇宙の究極原理・霊魂・神あるいは自由・不死・神といった可想体・Noumenon）を科学的知の限界を超えたもの，認識されないが思考されうるもの，つまり形而上学の対象として確保しながら，自らの実践的理性（意志）によって自由に方向づけられる道徳論（実践的形而上学）・道徳行為の可能性を問うた。その際，人間の悪をキリスト教のような原罪という超越的悪から演繹するのではなく，悪とは人間が自由な意志で自ら引き起こしたものであり，行為主体の自己責任の対象となる，と論じた。

さらに『判断力批判』（1790）なかでカントは，科学知・悟性（認識能力）と道徳的理性（欲求能力としての理性）を媒介する快・不快の感情（共通感覚とその主観的普遍性）の自律能力に着目し，快・不快の感情（趣味判断の主観的

普遍性)も，自己自律(Heautonomie)という特殊な立法能力，つまり反省的・統制的原理を有する判断力であると論じつつ，世界創造の究極的目的が道徳性の実現にある，と論じた。

ここでは，義務倫理学に関する問題点あるいは趣味判断の主観的普遍性が男性のそれを規準にしている問題点に立ち入らないが，カントは，道徳の規範を血のかよった一人の人間を超えた，彼岸の普遍的なもの(宇宙・霊魂・神といったヌーメノン)から演繹的に思考するのではなく，「常に自ら思考する原則」という自己意識によって歴史の地平に規範を実現するというように，此岸に道徳の根拠を置いた。そして彼は，此岸・歴史の地平に確立された諸規範・道徳さえも常に批判(Kritik)の対象とし，新たなそれを模索し，創造する，その休むことのないプロセスこそが「近代」であると論じた。

法の支配・法的自由(拘束の欠如としての自由)，あるいは形式的平等・民主主義の実質的実現は，その最高を目指しながらも，経済や歴史に拘束され，習俗を引きずりえないから，永遠に実現しない「未完のプロジェクト」(Habermas)である。しかしながら，新しい，より実質的な自由・平等・民主主義的秩序は，法的自由と平等と民主主義を瞳とするアソシエーション構成員の理性的自己決定，それを内的エネルギーとする激しい闘いのなかで実現されてきた。近代史はそのことを証明している。多くの誤りや行き過ぎを含みながらも，アメリカ独立革命がそれらを実現してきたし，フランス革命もそうであったと言えよう。

ハイエクも連なる伝統的保守主義は，古くはE.バーク(Edmund Burk, 1729～1797)の『フランス革命の省察』(1790)におけるフランス革命の啓蒙的合理主義・自然権・無神論に対する批判や，A. de トクヴィル(Alexis de Tocqueville, 1805～1859)の『アメリカの民主主義について』(1835, 1840)におけるアメリカ革命に潜んでいる民主主義原則からの逸脱，民主的専制・大衆民主主義に対する深い危惧のなかに，その先駆を見ることができる。この伝統的保守主義は，カント哲学とは対極にあって，人間の本性は変わらず，善をなすよりもはるかに悪に染まりやすい，つまり原罪・超越的悪こそが人間の本性である，という人間観にも由来している。また，原罪を帯びた人間本性が決して変わらないように，社会も根本的に変化せず，能力の異なる個々人が有機的に結びついた，いわば自然な階層的秩序(hierarchy)から社会が成り立っている，その有機的・非平等的社会秩序には理由がある，という社会哲学を持っている。

伝統的保守主義から見れば,「人権宣言」を掲げて絶対王政を倒したフランス革命と続く混乱のなかでの,バンディー虐殺(国民公会の徴兵令に反対する農民,貴族司祭ら10数万人が虐殺された叛乱)事件,人口2700万人中200万人が死亡したことは,「絶対王政」(Ancien Régime)という有機的な社会的秩序を破壊した結果であり,フランス革命の大きな誤りを証明していることになる。

多くの場合,伝統的保守主義は,前例と慣習と伝統からなる社会秩序を体現する既存体制を優先させ,個人よりも国家を優先させる国家主義的傾向と反資本主義的傾向を帯びているが,資本主義の発展とともに,その根底にある個人の自由に基づく発展を合理性ある社会秩序と見なすようになった。とりわけ「アメリカ例外論」(American exceptionalism)によってナショナリズム・国威発揚に傾きがちなアメリカの保守主義は,有機的社会秩序という伝統的保守主義とは本来相容れない,個人の自由という自由主義的価値・親資本主義を吸収し,国家の経済市場への介入を極力避ける「小さな政府」という経済政策を取り入れてきた。イギリスの場合も,キリスト教的道徳を緩やかな規範としながらも,国家が個人の内面をあれこれと指図すべきでないという政治―宗教分離を尊重してきている[9]。

本論に戻ってハイエクは,先に触れたように,20世紀におけるナチス「強制収容所」・スターリン「収容所列島」・カンボジア「殺戮原野」(Killing Field)・中国文化革命といった恐怖政治と虐殺と混乱を目撃した時代体験を踏まえているが,批判を本性とする自己意識・理性的自己決定による社会のより実質的な自由・平等・民主主義的秩序の実現を設計主義的合理主義・理性主義つまるところ人間の傲慢である,と糾弾するのである。

このハイエクの人間観と社会観を継承するM.フリードマン,G.ギルダーら保守主義者の合言葉は,巨額の財政支出を強いる福祉政策を否定するために,「安っぽい慈善は人びとの所得を浪費し,いわゆる受給者を堕落させ,非道徳化する」であった。

ⅲ)功利主義的＝ナルシシスト的人間観

一見深遠な哲学的意味合いがあるかに思わせる反「近代」・反理性主義にもかかわらず,ハイエクのそもそもの人間観は,『隷従への道』の「私有財産制は,資本同士を競争させることによって,財産のない消費者にも利益を与えること

ができる」,「労働報酬がその社会的価値を表す。所得保障は個人の自主的配転を阻害し, 命令配転が必要となる」あるいは「所得保障は……他人の犠牲において与えられる特権となる」に見られるように, 近代の産物であるブルジョアジーの功利主義的人間観に過ぎず, 他者やコミュニティーあるいはアソシエーションへの共感を欠いたそれである。

　私有財産制の下で労働報酬の多寡が, より社会的・人間的に高い価値を決めるというハイエクの人間観には, 人間存在の弱さ・有限性を自覚した信者間の宗教共同体・隣人愛的アソシエーションの建設をめざしてきたアメリカ建国の宗教的美徳, あるいは, 等価交換を原則とする「自由で平等な生産者のアソシエーション」の建設というアメリカ初期資本主義の市民社会の理念が, まったく見られない。

　事実, 市場原理主義のレーガノミックス以来, 労働過程における不平等原理を極限まで拡大した経済的自由が称賛され, それが資本家と労働者の法的平等・等価交換の原理さえ損なってきた。富者はより強者となり, 労働者の労働条件や労働環境は悪化し, 社会的弱者の厚生が切り捨てられ, 中産階級もその基盤を崩され, いわゆる格差限度をこえた「超格差社会」が拡大してきている。1989年9月『ビジネス・ウィーク』誌は, レーガノミックスへの転換以降「アメリカにおける貧富の格差の分水嶺が広がったことは, 1980年代のもっとも厄介な遺産である」と警鐘したが, ウィーン貴族を出自とするハイエクの主旨にしたがえば, かつての隣人愛的アソシエーション・市民社会的紐帯とそのエートスが腐食したこと, 平等を悪とする超格差社会へ決定的に変貌したこと, それも「自発的秩序」なのである[10]。

　同時代を生きた社会心理学者C.ラッシュ (Christopher Lasch, 1932～1994) は, ハイエクの『法と立法と自由』(1979)の翌1980年に『ナルシシズムの文化』を上梓し, 他者への共感を欠いて, より高い労働報酬獲得のみ生きがいとする功利主義的人間の内面的心理をナルシシズムと診断した。そしてナルシシズムを良いとするに至ったブルジョア的自由主義は, すでに政治的にも知的にも破綻している, と彼は断を下していた。再度, 引用しておきたい。

　　あらゆるブルジョア社会は, 建設的なアイディアをみんな使い果たしてしまったように見える。……西欧資本主義の政治的危機は, そのまま西欧文化の一般的危機を反映している。……自由主義はブルジョアはなやかし頃の政

治思想なのだ．だからそれは……政治的にも，知的にも破綻している（Lasch 1979=1984:2）．

2 新保守主義者・シュトラウス派

i）新保守主義知識人の哲学

　伝統的保守主義の「近代」批判に共鳴し，市場経済主義を黙認し，1980年代以降のアメリカ社会に大きな影響を及ぼしてきたのが，かつてマルクス主義者あるいはトロツキイ主義者もであったユダヤ教を信奉するユダヤ知識人を中心とする「新保守主義」知識人である．かれらは，今日にいたるアメリカ社会の混迷の遠因が「宗教」の喪失（＝世俗化・近代化）にあり，社会秩序や社会の正当性を再確立するには宗教の「大覚醒」が肝要であり，そのためにも「例外国」アメリカの資本主義再編と軍事再強化（＝パクスアメリカーナ）が必要だと考えている．L. シュトラウス（Leo Strauss, 1899 ～ 1973），その門弟 A. ブルーム（Alan Bloom），D. ベル（Daniel Bell），W. ベネット（William Bennett），I. クリストル（Irving Kristol），G. ヒンメルファーブ（Gertude Himmelfarb），N. ポドレッツ（Norman Podhoretz），P. バーガー（Peter Berger），S. リプセット（Seymore Lipset），R. ニスベット（Robert Nisbet），N. グレイザー（Nathan Glazer）が代表的知識人である．

　新保守主義陣営は，自らのイデオロギーの普及のために『パブリック・インタレスト』誌，『ウォール・ストリート・ジャーナル』誌，『コメンタリー』誌がトリオを組み，そこに先のヘリテッジ財団，アメリカン・エンタープライズ公共政策研究所（AEI）に加えて，アメリカ新世紀プロジェクト（Project for the New American Century, PNAC），安全保障政策センター（Center for Security Policy, CSP），国家安全保障に関するユダヤ人研究所（Jewish Institute for the National Security Affairs, JINSA），予算と政策の優先付けセンター（Center on Budget and Policy Priorities），戦略国際問題研究所（Center for Strategic and International Studies, CSIS），ケイトー研究所（Cato Institute），フーヴァー戦争・革命・平和研究所（Hoover Institution on War, Revolution and Peace），ランド研究所（Research and Development Corporation, RAND）などのシンクタンクが加わり，政府や社会また宗教界に大きな影響を及ぼしてきた．

　たとえば『コメンタリー』誌編集長で新保守主義の「ゴッド・ファーザー」と呼ばれてきた I. クリストル（Irving Kristol, 1920 ～ 2009）は，論文「アメリ

カ保守主義 1945 〜 1995 年」のなかで，ハイエクやフリードマンあるいはモンペルラン協会流の新自由主義が，「その反リベラルにおいて軽率で俗物的でさえある。その精神性は大学生——不躾にいえば大学 2 年生——のそれであり，……『奴隷への道』を読んだことがなかったし，現在まで読んでもいない。その訳は……その「反国家主義」がある種の政治的ヒステリーであり，ニューディールへの反動」であると皮肉り批判しているが，5 人に 1 人が保守的キリスト教へ改宗し，キリスト教原理主義が顕著になった 1980 年代中頃，つまり「宗教的保守主義がアメリカ政治の積極的力になった段階」を好機と捉えて，「偽りのアメリカ人の生活における，宗教の意義や美徳といった大切なもの」の再生，「キリスト教的政治保守主義の再興」のために，「近代」を擁護する左翼知識人に対する「文化戦争」に努めてきた，と証言している（Kristol 1995:80-90）。その上で彼ら新保守主義は，「新自由主義と金融帝国」を結合させて「資本蓄積」あるいは「利潤率の再上昇」のために，財界と経済エリートが，カネの論理に合わせてすべてのものを「商品化」し，地球収奪，社会システム，国家体制，人間観，宗教観にわたる諸領域を徹底的再編することを黙認してきた。

他方，かつてユダヤ人として WASP とアメリカ文化に疎外感を抱きながら今やエスタブリッシュになったこれら新保守主義者とは一線を画したのが，リベラル知識人である。人間にとって「有限の感覚」が必要であるとする哲学を共有しながらも，たとえば，R. ベラーや C. ラッシュはリベラル陣営にとどまった。両者を分けたのは，レーガン政権以来「資本」と経済エリートがアメリカと全世界をカネの論理に合わせて強者のために再編してきたことへの評価の違いであり，何よりも多数を占める弱者への共感の多寡であった，と言えるだろう[11]。R. ベラーの『破られた契約』（1975）の次の一文がそのことを証明している。

　　レーガン政権も一種の新しい契約を代表しているのだが，それは富豪以外のすべての国民からの犠牲を期待している，権威主義的資本主義本位の社会契約……なのである（Bellah 1975=1991:9）。

ⅱ）シュトラウス派とグローバリゼーション

「キリスト教的政治保守主義の再興」を目指しながら，レーガン，ブッシュ（父・息子）共和党政権の政策，御旗「グローバリゼーション」を掲げて，強く

正しい〈帝国〉アメリカ再建に決定的影響力を及ぼしてきたのが，新保守主義者の「シュトラウス派」（Straussian）である。

亡命ユダヤ人であるL. シュトラウス（Leo Strauss, 1899～1973）は，物質的快楽や安全を追求するだけでなく精神の卓越性（excellence）や美徳（virtues）の追求こそが，人間が人間である存在理由とした古代ギリシャを理想としながら，民主主義の大衆民主主義への堕落やへつらいを最も優れた者による支配（aristocracy, aristokratia）によって阻止することを強調する政治哲学者として知られている。彼はシカゴ大学で教鞭をとっていたが，その師の下でA. ブルームのように直接あるいは間接に薫陶を受けた新保守主義者群がシュトラウス派である。「暗黒の君」のあだ名がある国防次官補R. パール（Richard Perle），「肉食恐竜」元国防副長官P. ウォルフォウィッツ（Paul Wolfowitz），国連大使Z. ハリルサド（Zalmay Khalilzard）といったブッシュ（息子）政権の強硬派の多くは，シカゴ大学で学んだ。「ネオコンの始祖」と称されているA. ウォルスティター（Albert Wohlsteter）もシカゴ大学で教鞭をとったが，元国防長官D. ラムズフェルド（Donald Rumsfeld）は，その「A. ウォルスティターの弟子である」と自称している。

さまざまな意味合いで語られるグローバリゼーションの本質とは，アメリカ的企業基準（standard）を「グローバリゼーション」として全世界に強要し，パックス・アメリカーナの再建を目指すことにあることは間違いない[12]。

経済戦略は「ワシントン・コンセンサス」（1989）の9項目を実行することであるが，〈帝国〉アメリカ再建という政治的意図の実現を目指しているシンクタンクが，先に触れた「アメリカ新世紀プロジェクト」（PNAC, 1976～）である。AEIと同じビルディングに事務所をかまえるPNACは，潤沢な「ブラッドリー基金」（Bradley Foundation）に支えられたシュトラウス派新保守主義の牙城であり，W. クリストル（William Kristol）議長の下に，W. ベネット，大統領（息子）J. ブッシュ（"Jeb" Bush），R. パール，元国防長官D. ラムズフェルド，A. ブルームとシュトラウスに学び共和党大統領候補ゴールドウォーターのスピーチライターで元国防副長官P. ウォルフォウィッツ，R. アミテージ（Richard Armitage），D. チェイニー（Dick (Richard) Cheney），L. リビー（Lewis Libby）などが集結しており，次の提案を行っている[13]。

① アメリカが指導力を発揮することは，世界にも良い。

② アメリカの指導力を発揮のために必要なことは，軍事力・外交力・道徳原理である。
③ 今日の政治指導者は，ほとんど国際的指導力を発揮していない。
④ アメリカ政府は，軍事的優位と経済的優位などあらゆる手段を十分に利用して，揺るぎない優勢を確立すべきである。

　PNACは，宇宙空間やサイバー空間の完全支配による「アメリカ防衛再建計画」（2000.9）を公表したが，そのなかで「アメリカの防衛体制は，新しい真珠湾攻撃の破滅的な出来事がなければ，その再建のプロセスは長期間を要するものになるであろう」と論じ，新しい真珠湾攻撃に期待を寄せるかのような旨が盛られていた。翌2001年に9・11テロ事件が起きた[14]。
　9・11テロ事件後のアメリカの現状について，作家N.メイラーは「どの国よりも強力なはずのアメリカが，まるでいじめっ子のように行動しているのは醜い」，また「アメリカはもともとキリスト教の国だからキリスト教の教えに従って清貧であるべきだ，と教えられている。だが，日々の生活では豊かさを追求して消費にふけっている。『日曜日に教会に行き，残りの日は金稼ぎ』だ。そのことに罪悪感を抱いていて，心が2つに引き裂かれている。引き裂かれているから，対外介入と孤立主義の間にゆれて『聖戦』が必要になっている」と分析している[15]。
　そうした情況のなかでシュトラウス派は，「アメとムチがともに必要であることを認識する」「思いやりある保守主義」を掲げて，第43代大統領に就任したブッシュ（息子）政権（2001〜2009）に働きかけて外交政策を転換させ，イラク・イラン・北朝鮮を「悪の枢軸国」と決めつけ，N.メイラーの予測どおりに，「聖戦」の旗の下にイラク戦争（2003.3）を開始した[16]。
　他方，これら「ワシントン・コンセンサス」「アメリカ防衛再建計画」が求めたアメリカ発グローバリゼーションや〈帝国〉再建と対決するために，たとえばメキシコのサパティスタ民族解放軍（EZLN）の武装蜂起（1994），アジア通貨危機に対する抵抗運動としてのATTAC（市民のための金融取引を求めるアソシエーション），1999年シアトルで開催された21世紀の世界貿易のあり方を討議するWTO第3回公式閣僚会合と対決するシアトルの闘い，2001年の世界社会フォーラム（WSF）の結成など，抵抗運動や新しい社会運動が組織されるようになった。

第4節　2008年アメリカ再論

　2008年9月16日アメリカ第4位証券会社リーマン・ブラザーズが破綻し，連邦準備制度理事会が保険最王手AIG救済のために最大850億ドル（約9兆円）を融資し，同月19日ポールソン米財務長官が，金融危機の深刻化を食い止めるために米国金融機関が抱える不良資産を「数千億ドル（数十兆円）」で買い取ると表明した[17]。これらの事実は，市場原理主義・極右供給重視経済学が砂上の楼閣のそれであったことを示している。

　減税政策やイラク政争戦費による財政支出赤字，1998〜2001年の間黒字であった経常収支の再赤字，つまり「双子の赤字」も再現し，戦後〈帝国〉アメリカの実体経済を支えてきた自動車製造会社ビック・スリーも破産の瀬戸際にある。現代の焦眉の問題であるアメリカ発グローバリゼーションと金融市場資本主義の行く末は，まさに断末魔の声をあげながら進行中である。しかし，それと対峙すべき反グローバルの労働運動や新しい社会運動は組織されて来ているが，まだ十分な勢力にまで育っていなく，的確なオルタナティヴを提示できていない。

　この間，アメリカ左翼知識人や批判理論陣営は，「新しい社会運動」が掲げる「ポストブルジョア・ポスト家父長的市民社会」構築を担うべき変革主体をめぐって，ハーバーマスに代表されるドイツ・フランクフルト学派第二世代の知見とデリダやフーコーに代表されるフランス脱構造主義との知見との論争に多大のエネルギーを注いできた。おそらく長い闘いになる「ポストブルジョア・ポスト家父長的市民社会」に向けて，「資本」側から文化ヘゲモニーを奪うにあたって「新しい社会運動」が，言語論次元における論争を踏まえて，近代啓蒙的主体論と「主体の死」論のどちらを採用するかという戦略に関わるものとなっているから，両陣営の論争は難解で高度なものとなり，かつ共闘が困難なほど激しいものになっている。

　その論争を通じて，M. ジェイが証言しているように，「アメリカの著名な批判理論家……哲学者から社会学者，歴史家，精神分析家，フェミニスト，政治理論家に至るまで……最も刺激的かつ洞察に満ちた論文」，「フランクフルト学派自身の論議をただ忠実に繰り返す水準を十分に越えるに至った」と誇りうるまで，多くの領域で刺激的かつ洞察に満ちた知的成果を積み重ねてきた

（Jay1995=1997:13-4）。

　しかしながらハーバーマスは，論文「アメリカ合衆国と連邦共和国の新保守主義者たちの文化批判」（1985）を著して，保守主義と新保守主義を糾弾したが，アメリカ左翼知識人や批判理論家の多くは，産業構造変革・情報技術革新戦略と市場経済戦略・金融資本主義戦略そして多国籍化の分析を怠り（イギリス人ハーヴェイの『新自由主義』（2005）など例外はあるが），文化左翼・大学左翼の枠を越えることが少なかった，と言えるだろう。

　レーガン政権以後，しだいにアメリカ・コミュニティーとアソシエーションが分裂に瀕して，ブッシュ大統領のかかげた「思いやりの保守主義」も「億万長者への思いやり」であり，中間層以下のアメリカ市民にとっては厳しいものであった。

　2008年11月16日ドイツ『ツァイト』紙は，イエール大学での講義を終えて帰国した直後のハーバーマスとのインターヴュー「破綻のあとで」を掲載した。ドイツ批判理論に拠りながらプラグマティズム哲学の精神にも関心を寄せてきた彼の現代アメリカに対する思いは，「破綻」をもたらした共和党ブッシュ政権に対する非難と民主党オバマ政権誕生（2009～）への期待といういわば愛憎半ばするものであるが，市民国家の枠組みを越えていくグローバリゼーションの開放性とそれを踏まえた新たな社会統合のダイナミックを洞察すること，それが今こそ肝要であると，次のように語っている。

　　2002年のブッシュ・ドクトリン……イラク侵攻（2003）の下敷きとなった……このドクトリン以来というもの，市場原理主義という社会ダーヴィニズムは，社会政策の分野だけでなく，外交政策においてもその力を振るうようになったのです。……1990年代に，私にははっきりしてきたことがあります。それは，市場が国家を越えて伸びて行く変化に対応して，政治的行為能力が超国家的な次元で伸びて行かなければならない，ということです。……資本主義と民主主義のあいだの緊張関係は，止むことがありません。［経済における］機能上必要とされる開放の動きと，［政治における］社会統合のための囲い込みの動きとが，そのつどより高いレベルで相互作用を繰り返すのが，このダイナミズムの特徴です（Habermas 2008=2009:90-101）。

　2008年秋の民主党大統領候補指名獲得選挙は，戦後生まれの黒人候補オバマ

と女性候補 H. クリントンによって争われた。そのことは，1960 年代に公民権運動とフェミニズム運動を闘ったマイノリティが，マジョリティとして登場できるまでアメリカ社会が成長したことを意味している。「そうだ，われわれはできる」（Yes, We can do !）を訴えるオバマが，共和党大統領候補白人の J. マケインに勝利した。その原動力は，レーガン政権以降 30 年間強におよぶレーガノミックスと保守主義・新保守主義によって深く分裂したアメリカ・コミュニティーとアソシエーションの再生のために，そして世界から再び尊敬されるアメリカ再生のために，若者をはじめ多くの草の根の市民が，自発的に選挙運動に参加したことにある。

　保守主義や新保守主義は，人間本性は変わらず社会も変わらないという哲学を共有しているが，保守主義を代表するハイエクの資本主義的営利万能の人間観は，M. ヴェーバーが『プロテスタンティズムと資本主義の〈精神〉』（1904-05）で鋭利に分析し，かつ辛辣に表現した，「勝利をとげた資本主義は，機械的基礎の上に立って以来，こうした禁欲的支柱をもう必要とせず」，「禁欲的今日営利のもっとも自由な地方であるアメリカ合衆国では，営利活動は宗教的・倫理的な意味はとりさられている」，そこで跋扈している「精神のない専門人，心情のない享楽人。この無のものは，人間性のかつて達したことのない段階まですでに登りつめた，と惚れる」末人のそれである（Weber, 1905=1988:269）。

　かつては疎外されたマイノリティであり今ではエリートとなったユダヤ人知識人の多くが拠っている新保守主義の人間観は，理性的反省以前の根源的悪・原罪・死の感覚・聖の感覚・有限性を深く自覚すること，そのために宗教的人間に回帰することを重視するあまり，この間の「市場原理主義という社会ダーヴィニズムは，社会政策の分野だけでなく，外交政策においてもその力を振」（Habermas）ってきた事態に，また「資本」側の「権威主義的資本主義本位の社会契約」（Bellah）や「日曜日に教会に行き，残りの日は金稼ぎだ。そのことに罪悪感を抱いていて，心が二つに引き裂かれている」（Mailer）アメリカ庶民の本当の苦しみに心を寄せることがなかった。ともあれ，ハイエクや保守主義とシュトラウスや新保守主義は，「近代」とは根本的に誤りの時代であると繰り返し，この間の市場経済主義や金融資本主義の横暴を肯定し，あるいは黙認する。

　とりわけブッシュ政権中枢を占めた新保守主義シュトラウス派は，9・11 テロ事件を幸いと，強く正しい〈帝国〉アメリカ再建のために第 46 代ブッシュ（息子，在任 2001 ～ 2009）大統領をうながして，外交政策の一環としてイラク戦

争を開始した。この間，約4000人のアメリカ兵士が死亡し，戦争に巻き込まれ推定20万人のイラク市民が無残にも命を失った。2008年12月1日放映されたABCニュースのインターヴューで，8年間を振り返りながら離任直前のブッシュ大統領は，「大統領の職にあった中で最大の痛恨事はイラクの情報の誤りであった」と釈明した[18]。

「近代」啓蒙哲学を象徴するカント道徳学の主旨は，ユダヤ教や中世キリスト教のように彼岸の根源的悪・原罪を規準に生きるのではなく，此岸に生きる人間の理性の絶えざる自己意識・自己反省のなかに道徳規準を構築し，それを目指して生きる，ということにあった。

かつて『アメリカの民主政治』のなかでA.トクヴィルは，「貴族制社会に生きる人びとは，著しく自分自身に関係のある一般的理念を持っていないのである。……そしてこれに本能的に嫌悪を感じている」，他方，「アメリカ人は，イギリス人よりも，はるかにしばしば一般的理念を使用し，そしてこれに満足している」と指摘した（Tocqueville 1835, 1840=1987:38-46）。この一般的理念の具体的形態の1つが，近代啓蒙思想に由来する自由・平等・同意という道徳規準に基づくアソシエーションが市民社会であり国家（state）であるが，それは近代理性による自己反省が構築したものである。独立革命によって建国されたアメリカ合衆国そしてアメリカ・コミュニティーを基盤とする国民（nation）の淵源は，まさしく理性的自己反省にある。オバマ政権誕生にあたって，未来のアメリカの主人公である若者と草の根の市民がその勝利の原動力となったという事実は，建国以来の理性的自己反省が甦った，と言うべきであろう。

しかしながら，オバマ政権と若者を取り巻くアメリカの現状は，厳しいものがある。

今日の経済危機が1929年の大恐慌を上回り，世界大恐慌へ発展し，それに比例してファシズムが再現するかもしれないという予想のなか（Paxton 2004=2008），どのような対策がとられるか，あるいはアメリカ批判的知識人がどのような対案を提示できるか，が問われている。ハーバーマスが『ツァイト』紙上で指摘したように，「資本主義と民主主義のあいだの緊張関係は，止むことがありません。［経済における］機能上必要とされる開放の動きと，［政治における］社会統合のための囲い込みの動きとが，そのつどより高いレベルで相互作用を繰り返す……ダイナミズム」のなかで，まさに民主主義かファシズムかが進行中である。

1972年にローマ・クラブの報告書「成長の限界」が提出された。それは，化石燃料に依存しながら，イギリスを嚆矢とする産業革命以来200年にわたって持続してきた人口成長とそれを上回る経済成長，地球収奪の上に成り立ってきた，とりわけアメリカを始めとする先進国の「豊かな社会の」あり方，その過去から現在そして未来へと向かう地球のあり方に警鐘をならすものであった。戦後世界を支配してきた〈帝国〉アメリカは，国内における労働者階級や勤労者との社会民主主義的妥協として「豊かな社会」を実現してきたが，1973年の石油危機を分水嶺として「黄昏の帝国」へと没しはじめた。それ以来，「資本」の側は，市場原理主義と金融資本主義を結合させ，社会民主主義的妥協・リベラリズムを排して〈利潤の極大化〉を追求してきた。石油危機以来この40年間，「資本」側が主導権を握りながら，社会システム，国家体制，人間観さらに宗教観をふくむイデオロギー，それらの全体的再編成を徹底的に行い，加えて，地球からの過剰な収奪を行なってきた。

　1980年代以降の「新しい社会運動」を担った批判的知識人が掲げた「ポストブルジョア的・ポスト家父長的市民社会」構築プロジェクトは，「資本」との対峙を目指したものであったが，そのプロジェクトが基づく人間論・社会論は「生活」よりも「言語」に比重を置いたものであり，変革主体も言語論に比重を置いた主体模索となった。その結果，「新しい社会運動」プロジェクトは，リベラリズム・後期資本主義国家の基盤を崩してきた市場原理主義と金融資本主義との結合という赤裸々な，未来世代をふくめて人間と地球への搾取形態の新しい資本主義の登場に十分対応できなかった。

　2008年のリーマン・ショックを経て，『資本主義の終焉と歴史の危機』（2014）を水野和夫が上梓した。その主旨は，「資本」が「空間的・物理的空間」から「電子・金融空間」まで徹底的に地球全体を収奪してきたあげく，すでに資本の自己増殖が不可能になり，避けようもなく「資本利潤率の低下」に苦慮している，そして資本主義のみならず人間そのものが，さらに地球全体が危機にあるということである。少し長いが紹介しておきたい。

　　先進諸国はいまなお成長の病に取り憑かれてしまっています。資本の自己増殖が難しくなって以来，国境の内側や外側や未来世代からの収奪まで起きるようになりました。
　　その代償は，遠くない将来，経済危機のみならず，国民国家の危機，民主

主義の危機，地球持続の危機という形で顕在化してくるでしょう。……私が
イメージする定常社会，ゼロ成長社会は，貧困社会とは異なります。拡大再
生産のために「禁欲」し，余剰をストックし続けることに固執しない社会です。
資本の蓄積と増殖のための「強欲」な資本主義を手放すことによって，人々
の豊かさを取り戻すプロセスでもあります（水野 2014:212-3）。

この間，アメリカ左翼知識人陣営が，マルクス主義，言語論，精神分析学，
脱構造主義を批判的に摂取し，「新しい社会運動」が掲げる「ポストブルジョア
的・ポスト家父長的市民社会」構築プロジェクトのゲモニー掌握のために知的
エネルギーを注ぎこみ，さらに，新しいミレニアム（millennium）を迎えるに
あたって，生産力至上と家父長制のブルジョア的資本主義に対して，より配慮
と愛の要素，美的労働を含んだ母性を帯びた社会主義を対峙させ，フェミニズ
ムと社会主義との結びつきの必要性を説いた，と筆者は論じた。リーマン・シ
ョンクに見舞われた 2008 年後のアメリカは，現代アメリカに関する左翼知識人
の願いと「資本主義の終焉と歴史の危機」の知見をともに要請しており，さら
なる分析を必要としている。

注

1）『朝日新聞』2008 年 9 月 8 日，同，2008 年 10 月 25 日，同，2008 年 10 月 14 日。
2）同，2008 年 10 月 13 日。
3）同，2008 年 11 月 9 日。
4）同，2008 年 10 月 25 日。
5）都留悦史・西崎香・橋本幸雄（2008）「ローン難民立ち往生」『朝日新聞』10 月 23 日。
6）『世界国勢図会 1985 年度版』。
7）言語哲学者 L. ヴィトゲンシュタイン（Ludwig J. J. Wittgenstein, 1889 ～ 1951）は，『論
理哲学論考』(1921)で，言語は世界と論理形式を共有しているから世界と思考を，
物理科学の原子論に倣って，単純な要素命題（論理原子）に還元して，論理文法にし
たがい記述できるという知見に関する論考（言語の論理的構造によって語られる領域
［事実認識］と神や価値など語り得ない領域［価値判断］とを峻別し）をおこなったが，
逆に，『哲学探究』（1946 ～ 49）においては，発話における「生の流れ」（日常生活で
なされている雑多で不完全な言語によるコミュニケーションこそ本当の言語であると
いう）の重要性を強調した。この知見が，フランクフルト学派第一世代の悲観主義の

基礎にある独自的意識論や脱構造主義の極左的社会論の基礎にある相対主義的言語論，それらを乗り越える理論枠（語用論的・pragmatic 言語論）としてアメリカ批判論陣営に応用された．
8) ハイエクは次のようにも語っている．
「社会主義は私企業の廃止，生産手段の私有制度の廃止を意味し，利潤を求めて働く企業家に代える中央計画機関をもってする『計画経済』体制の創造を意味する」（Hayek 1944=1992:44）．

「政治的自由は経済的自由がなければ無意味である，とよくいわれる．それは全く正しいのである……．経済的自由は選択権をもち，従って必然的に危険とその選択権の責任を負うべき経済活動の自由でなければならぬ」（Hayek 1944=1992:129）．

「さまざまの産業部門や職業の間の，人の配分が個人の選択によって行なわれている体制においては……報酬は，個人が社会の他の成員に役立つ程度に適合していること必要である．……ある一定の所得の保障ということは……他の人の犠牲において与えられる特権となる」（Hayek 1944=1992:157-8）．
9) Canter, Norman F, 1998; スチュアート・ボール，2006「保守とはなにか」『朝日新聞』1 月 30 日．
10) 田中清玄とハイエクとの交流については，『田中清玄自伝』（2008: 283-300）を参照．
11) 永井務（2004）「アメリカ左翼と文化左翼の現在」『季報 唯物論研究』89，62 ～ 70 ページ．
―――（2009）「アメリカ文化左翼とハーバーマス」『季報 唯物論研究』107，62 ～ 70 ページ．
12) グローバリゼーションとは，歴史的に見れば，近代誕生以来欧米が先駆けた資本主義化や産業革命，1850 年代以降の電信・電話・鉄道の発達や貿易・金融の飛躍的発達による世界のコミュニケーション的，経済的つながりを意味している．が，それは，とりわけ軍事コストと国民の民主化要求に耐えきれずに 1989 年から 1991 年にかけて，相次いで崩壊した東欧・ソ連社会主義諸国の資本主義市場（market）への組み込み，また強国として再登場してきた中国，インド，韓国さらにブラジルなどの興隆を背景にしながら，新しい段階におけるマーケット争奪のために，情報構造変・情報技術革新（innovation）戦略，市場原理主義戦略，新しい金融資本主義戦略，さらに製造業の多国籍化を押し進めている先進資本主義国の経済・政治政策の総体である，と言えるだろう．
13) 横江公美（2004）『第五の権力：アメリカのシンクタンク』．
14) "Control the new 'international commons' of space and 'cyberspace', and pave the way for the creation of new military service — U.S. Space Forces — with the mission of space control." in Rebuilding America's Defenses, 2001.

(http://newamericancentury.org/Rebuilding American's Defense.pdf)
15）三浦敏章『ブッシュのアメリカ』（2003）は熾烈な権力闘争を含んだブッシュ政権の内実について詳しい。
16）『朝日新聞』2006 年 9 月 9 日。
17）「不良資産買い取り——米政府，数十兆円規模」『朝日新聞』2008 年 9 月 20 日。
18）『朝日新聞』2008 年 12 月 3 日。

参考文献

Bellah, Robert, 1975, *The Broken Covenant*, The Seabury Press（=1989, 松本滋・中川徹子訳『破られた契約——アメリカ宗教思想の伝統と試練』未來社）.
Canter, Norman F, 1998, "Traditions on the Right", *The American Century,* New York: Harper Perennial.
Dahrendorf, Ralf, *1990, Reflections on the revolution in Europe*, Times Books.
Fukuyama, Francis, Y. 1989, "The End of History?" *The International Interrest*,16.
（=http://www.wesjones.com/eoh.htm）
――――, 1992, The End of History and the Last Man, New York: Free Press（=1998, 渡辺昇一訳『歴史の終わり』上，下，三笠書房）.
――――, 2004, "The neoconservative moment", *The National Interest*, Summer 2004（=2005, The right war? Cambridge University Press）.
――――, 2006, "After neo-conservatism", *The New York Times Magazine*, February.
Habermas, Jürgen, 1974, *Theorie und Praxis: Sozialphilosophishe Studien*（=1975, 細谷貞雄訳『理論と実践』未來社）.
――――, 1985, *Die Neue Unübersichlichkeit*, Suhrkamp Verlag, Frankfurt am Main（=1955, 河上倫逸監訳『新たなる不透明性』松籟社）.
――――, 2008, interview by Thomas Assheuer, "Nach dem Bankrott", *Die Zeit*, 11. 06（=2009, 三島憲一訳「インターヴュー：破綻のあとで」『世界』岩波書店，2 月号）.
Harvey, David, 2005, *A Brief History of Neoliberalism*, Oxford University Press（=2007, 渡辺治監訳『新自由主義——その歴史的展開と現在』作品社，7）.
Hayek, Friedrich A. 1944, *The Road to Serfdom*（=［1954］1992，一谷藤一郎訳『隷従への道』東京創元社）.
――――, 1973, *Low, Legislation and Liberty,vol.1: Rules and Order*, The University of Chicago（=1997, 矢島欣次，水吉俊彦訳「法と立法と自由，ルールと秩序」『ハイエク全集』第 8 巻，第 1 章「理性と進化」春秋社）.
――――, 1976, *Low, Legislation and Liberty, vol.2: The Mirage of Social Justice*（=1997,

「法と立法と自由, 社会正義の幻想」『ハイエク全集』第9巻, 第10章「市場秩序またはカタラクシー」春秋社, 150-83).

Harootunian, Harry, 2004, *The Empire's New Clothes*, Prickly Paradigm Press, LLC, Chicago (=2014, 平野克弥訳『アメリカ〈帝国〉の現在』みすず書房).

Hayden, Tom, 1962, Port Huron Statement of the Students for a Democratic Society, by SDS Papers, 1958-71 (Glen Rock: Microfilming Corporation of America, 1977), Series 1, No. 6.6).

James, Henry, 1920, *The Letters of William James*, Boston: Atlantic Monthly, 100-1.

Jay, Martin, 1995, "Introduction" (=1997, 竹内真澄訳「序文」『ハーバーマスとアメリカ・フランクフルト学派』青木書店).

Kristol, Irving, 1995, "American conservatism 1945 ～ 1995", *The Public Interest*, Ⅱ.

Lasch, Christopher, 1979, *The Culture of Narcissism: American Life in Age of Diminishing Expectation*, New York : W.W. Norton & Company, Inc. (=1984, 石川義弘訳『ナルシシズムの時代』ナツメ社, 2).

Mill, William Thomas, 1848, *Principles of Political Economy*, J.M. Robson et al. (eds), *Colliected Works of John Stuart Mill*, ⅱ—ⅲ, Tront and London (=1959-63, 末永茂喜訳『ミル経済学原理』全5冊, 岩波書店).

水野和夫 (2014)『資本主義の終焉と歴史の危機』集英社。

三浦敏章 (2003)『ブッシュのアメリカ』岩波書店。

永井 務 (2004)「アメリカ左翼と文化左翼の現在」『季報 唯物論研究』89.

――― (2008)「日本的思惟について」『応用社会学研究』東京国際大学社会学研究科, 18: 35-47.

――― (2009)「アメリカ文化左翼とハーバーマス」『季報 唯物論研究』107.

中尾茂夫 (2004)「ドルが支配する世界」『現代のアメリカ』大修館書店。

Niebuhr, Reinhold, 1953, "The Foreign Policy of American Conservatism and Liberalism", *Christian Realism and Political Problems* (=1957, 長靖子・斉藤真訳「外交政策とアメリカの保守主義及び自由主義」『原典アメリカ史第5巻』岩波書店).

西川純子 (2008)『アメリカ航空宇宙産業』有斐閣。

西村吉正 (2006)「〈金融〉というものへの視線」『早稲田学報』早稲田大学校友会, 1156.

大屋定晴 (2006)「イデオロギーとしてのグローバリゼーション」岩佐・劉編『グローバリゼーションの哲学』創風社。

Paxton, O. Robert, 2004, *The Anatomy of Fascism*, Alfred A. Knoff, Publisher, New York. (=2008, 瀬戸岡紘訳『ファシズムの解剖学』桜井書店).

Popper, Karl, R. [1950] 1954, *The Open Society and Its Enemies*, 2 vols. (=1960, 内田詔夫・小河原誠訳『開かれた社会とその敵』1部, 2部, 未來社).

篠原三代平 [1982] 1991「ハイエク動態論の再評価」『世界経済の長期ダイナミックス』

TBS ブリタニカ，150.
高橋 徹（1987）『現代アメリカ知識人論——文化社会学のために』新泉社。
滝順一（2008）「イノベーション大競争時代」『早稲田学報』1169.
田中清玄（2008）『田中清玄自伝』筑摩書房。
Tocqueville, Alexis de, 1835, 1840, *Democracy in America*（=1987，井伊玄太郎訳『アメリカの民主主義』上，下，講談社）.
寺島実郎（2001）『正義の経済学ふたたび』日本経済新聞社。
Thomas, Wiliam, 1985, *Mill*, Oxford University Press（=1987,安川隆司・杉山忠平訳『J. S. ミル』雄松堂出版）.
山本晴義（2007）「"新保守主義"について（2）（3）」『大阪経大論集』58（4）／通巻第 300.
横江公美（2004）『第五の権力：アメリカのシンクタンク』文藝春秋社。
Weber, Max, 1905, Die protestantishe Etik und der "Geist" des Kapitalismus. *Gesammlete Aufsätze Religionssoziologie*, Bd. Ⅰ（=1988，大塚久雄訳『プロテスタンティズムと資本主義の精神』岩波書店）.

第5章　正義論とカジノ金融資本主義

第1節　2011年のアメリカ社会

　2011年秋，ギリシャはアテネ・オリンピック（2004）後も累積する財政赤字を国債発行で埋めようとするにも国債の買い手が見つからない財政危機に陥っていて，EU諸国が財政支援策をどうするかが大きな問題となった。財政支援と引き換えに緊縮財政を求められた当のギリシャは，受け入れる否かをめぐる国民投票で政治対立が激しくなっている。ギリシャ危機と連動するイタリア財政危機，それにつづくスペイン・ポルトガルの財政危機とヨーロッパ全体の金融危機回避のために，国際通貨基金（IMF）も「欧州金融安定化基金」（EFSF）の再拡充，従来の4〜5倍にあたる1兆ユーロ（約106兆円）の支援を計画せざるを得ないのが2011年秋の現状である[1]。が，それら一連の経済政策は「対症療法」に過ぎない，と言えよう。

　日本では，340兆円の郵貯資金をアメリカ主導のグローバル金融市場競争への開放要求に応えた小泉政権の郵政民営化政局をなぞるかのように，「環太平洋経済連携協定」（TPP）参加の是非が政治の焦点になってきた。物品の市場参入・原産地規制・サービス事業など21分野にわたるTPP参加の損得をめぐって，民主党野田政権と財界はそれを推進しようとし，JA・全国漁業協同組合連合会・日本医師会など反対派との対立が深刻である。報道によれば，野田政権は国民に隠しているが，TPPに参加するためにはアメリカの事前承認が必要である，という。その事実は，TPPへの参加自体が，日本の損得よりは，グローバル市場競争を主導するアメリカ基準に適うこと，アメリカ財界の利益に奉仕することが第一義である，ということを示唆している[2]。

　他方，アメリカでは，8月から準備されてきた社会的正義を求める占拠行動，金融資本主義の総本山「ウォール街を占拠せよ」や「われわれは99％の側だ」と叫ぶ青年たちのニューヨーク・ズコッティ公園占拠（リバティー公園）運動（2011. 9. 7）が起き注目を集めているが，巨大メディアではなく新しいコミュニケーション手段フェイスブックを介して人びとが集まった，と言う。そのIT技術を利用する新しい戦術は，世界80ヵ国に波及している[3]。

これら抗議運動は，1960年代の公民権運動・ヴェトナム反戦運動・青年運動・対抗文化運動以来ひさしく停滞していたニューレフト社会運動がふたたび活発化し，1980年代中頃からの「新しい社会運動」のエネルギーもそこに加わったのであるが，何よりもこの間のアメリカの経済的苦境を反映している。つまり，2008年秋のリーマン・ショックで露わになったアメリカ金融システムのメルト・ダウン，それへの対症療法で小康を保ってきた金融システムが，ふたたび危機に陥った事態である。かつてマルクスが『資本論』で分析した，「信用」システムが抱え込んだ問題が対症療法で抑え込みきれなくなり，世界金融システムの総本山であるアメリカのただなかで，青年や中間層を主体とする抗議運動を引き起こすに到った，と見ることができるだろう（高野2012）。

第2節　新自由主義とカジノ金融資本主義

　ニューディール政策は，民主党F. ロルーズベルト大統領（在位1933～45）に始まり，戦後，D. アイゼンハワー（1953～61），R. ニクソン（1969～74），J. フォード（1974～77）ら共和党政権にもかかわらず，ニクソン大統領の「われわれはすべてケインズ主義者である」に表現されているように「偉大な社会」「協調的福祉資本主義」を貫く政策であり，そのイデオロギーは「リベラリズム」と理解されてきた。

　しかし，それらの経済政策は1970年代初頭には行き詰まり，リベラル政治も民主党J. E. カーター大統領（1977～81）を最後として，共和党R. W. レーガン大統領（1981～89）以降今日までほぼ40年間，外に向かって「資本」は，グローバリゼーションの御旗の下に国民国家の枠組みをこえて〈利潤の極大化〉を求めており，内に向かって「小さな政府」の御旗の下に実質賃金の低下・労働条件の悪化・社会福祉政策の劣化などによって同様に利潤の極大を求めてきた。リベラルを蔑視してきたこの40年間は，新自由主義・カジノ金融資本主義とその補完に努めてきた文化的新保守主義との時代である。この間，アメリカ中流市民の一部は富裕化し，新富裕層と呼ばれるようになったが，少なからぬ部分が下層化し，超格差社会化が進んでいる。

　たとえば，アメリカのトップ0.1％の超富裕層が国内外に46兆ドル（2011年のレートである1ドル80円で換算して3680兆円）を保有している。経済誌『フォーブス』（2011.7.25電子版）によれば，2003年導入されたブッシュ減税によ

って，アメリカ富豪層は1955年には年収の30％を税金として納めていたが，現在では18％しか国税庁に納めていない。他方，4人家族で平均的なアメリカ生活をするために，夫の6.1％が正規の仕事を終えたあとタクシードライバーなどで週1～2回小遣いを稼ぎ，主婦も週2回スーパーマーケットで働き，家計を助けている。既婚女性の就労率は，1960年の18.6％から1997年の63.6％へ上昇したが，それは生活苦からであって，いわゆる「3職夫婦」が広く見られるようになった[4]。

2008年9月リーマン・ブラザーズ破綻を引き金とする金融危機・世界同時不況のなかで，それに終止符を打つ期待に後押しされて誕生した民主党黒人大統領オバマ政権（2009～）は，巨大金融機関の救済と財政出動にもかかわらず，その実をあげないまま2011年の秋を迎えた。たとえば，カリフォルニア州サンフランシスコ近郊のバレホ市は，住宅バブル崩壊による不況で税収入が落ち込み，約5,000万ドル（38億5000万円）の負債を抱え，警察官4割の削減を強いられ，犯罪が急増した。また，1937年に制度化された自治体破産もこれまでに607件に登っている[5]。この事態に対応するためオバマ政権は，2011年10月下旬，自治体が予算管理している警察官や消防士や教員ら28万人の解雇防止に350億ドル（約2兆7300億円）を投ずる法案を提出したが，議会における共和党の反対によって廃案になった。

それらはアメリカ社会の混迷を象徴する出来事であるが，オバマ政権への期待が大きかった分，アメリカ総人口の7割，2億人を占めるアメリカ中流市民の失望も大きく，すでに2010年秋の中間選挙では，保守派の草の根運動・ティー・パーティー運動の盛り上がりもあって民主党は大敗し，2011年に入ると，次回大統領選挙（2012年秋）での共和党の政権奪回も，現実味を帯びるようになっている。

この背後にあるのは，1971年8月，貿易収支の赤字と財政赤字という双子の赤字に苦しむアメリカが，ついにドルと金の交換の一時停止の声明を出さざる得なくなった実体経済の苦境（ニクソンショック）である。この71年はブレトン・ウッズ体制（1944～）の根幹をなしてきた通貨基軸ドルの信用失墜を印す年なのであるが，ドルに代わる通貨基軸を持たない世界・主要先進国は，1973年2月，固定相場制から変動相場制へ転換すること，ドルを基軸通貨とする従来の機構維持を認め，1976年にはIMFもキングストン合意によって変動相場制を正式に承認した。

その後アメリカ金融業界は、1980年代以降本格化したIT技術・コンピューターネットワークでつながった世界市場、さらに冷戦終結と社会主義圏崩壊によって資本主義市場に投げ出された膨大な労働力・資源と諸企業を争奪する1990年代の世界市場を奇貨とし、とりわけ1999年のグラム＝リーチ＝ブライリー法によって、金融機関の証券化という新たな巨大な架空資本形成メカニズム、世界の剰余価値を合法的に収奪するいわゆるカジノ金融資本主義を完成させた。こうしてアメリカは、双子の赤字という構造的不況にもかかわらず、金の裏打ちを欠いたドルがそれに代わる基軸通貨がないという奇跡的「信用」に支えられて、世界からドルがアメリカへ還流する金融体制を維持できることになった。2008年9月のリーマン・ショックまで、アメリカはいわば砂上の楼閣の金融体制に安住してきた。

第3節　功利主義価値観の浸透

　前節で言及したように、新自由主義・カジノ金融資本主義の横暴きわまる経済政策によって、アメリカ中流市民の少なからぬ部分が下層化し、アメリカ社会の分裂が深刻になっているが、人びとの多くは、利己主義とナルシシズムにとりあえず安住している。
　こうした事態に面して文化的新保守主義は、下部―上部構造というカテゴリを借用すれば、次章で詳論するが、下部構造をなす新自由主義・カジノ金融資本主義の不正義を糺さず、社会分裂や利己主義・ナルシシズムの蔓延の原因が、アメリカ建国の宗教（市民の宗教）とそれが前提する神の下での「人間の有限性」を忘却したこと、宗教を世俗化させた近代文化ひろく「近代」に原因があると糾弾し、国民に宗教的「大覚醒」(Great Awakening)を要請してきた。
　昨今のティー・パーティー運動や文化的新保守主義が、広くリベラルも含むアメリカ中流市民に受け入れられるのは、社会論次元では、いまだアメリカ社会の分裂を経験していない建国期コミュニティーやアソシエーションへの憧憬、人間論次元では、1960年代の対抗文化運動のなかに見られたセックス・ドラック・ロックに狂う若い世代の人間的傲慢・尊大さ、浅薄な文化への嫌悪と、人間的慎みや有限性あるいは深みある文化への憧憬があるからである。
　とりわけ、イギリス重商主義の植民地体制の軛に対する独立闘争のなかで確立された建国期アソシエーションには、中世封建主義からの解放を追求した平

等・友愛・自由を掲げたフランス革命の精神，あるいは初期社会主義やプラグマティズムが一翼をなしていた改良主義的左翼にも連なる近代啓蒙思想・社会契約論が結実しているだけに，今日のアメリカ人の琴線に触れるものがある。

平等・友愛・自由を瞳とするアメリカ・アソシエーションとは，宗教社会学者 R. ベラーの一文を借りれば，「アメリカの伝統の共和主義的系譜と聖書的系譜に見出す」「社会に根を下ろした倫理的個人主義……個人と共同体が相互に支え合い，強化し合うようなあり方」である。その後の経緯は，南北戦争後の独占資本主義段階に至った1880～1920年代の間に，経済的自由・「所有権」のみを肥大化させるアメリカ資本主義の発展とともに破られた。ベラーは，1980年代のアメリカを「個人が社会から切り離され，絶対的な地位をもつ功利的個人主義と表現的個人主義」があふれ，「死ぬまで止むことのない，永続的で休み知らずの権力欲につぐ権力欲」につかれた人びとが，「生の海の中での孤島のように……死すべきわれら幾百万人が，みな一人で生きている」社会になった，と診断する（Bellah 1985=1991:338）。

第4節　J. ロールズと M. サンデルの正義論

平等・友愛を忘れ，経済的自由・「所有権」を肥大化させた超格差社会の是正をめぐって，今日のアメリカには，大きく括れば次の3つの陣営がある。

第1は，新自由主義・新保守主義陣営である。

アメリカ建国に大きな影響を与えた J. ロックの社会哲学は，そもそも〈利益追求する個人主義，それを制度的に保護する政治的自由主義〉と〈個人利益を越えた道徳的共同体をめざす，そのために道徳的文化的権威の要請〉という根本的矛盾あるいは「所有権」と「市民権」との緊張関係を含んでいるが，その後，「最大多数の最大幸福」をスローガンとする J. ベンサムに由来する「功利主義」が支配的な倫理学となった。

その倫理学は，何よりも量的総計として社会における最大幸福の実現を目指すこと，社会的弱者はその最大幸福の「滴り落ち」（trickle down）に与かることができる，という論理を内包している。その結果，貧富の構造的格差，LGBT などの社会的マイノリティあるいはネイティヴ・アメリカン，黒人など量的格差の是認に還元できない質的差別や，人間存在に関わる差別が，アメリカでは軽視されがちであったし，ときに正当化されてきた。

新自由主義・新保守主義陣営は，国内においては，ヨーロッパ諸国と比較すれば見劣りする福祉諸政策や労働者保護を規制緩和の名目の下に削減すること，外に向かっては，「資本」のクローバル化が展開できるように諸外国にアメリカ的規準を沿うことを要請し，それらを通じて，〈利潤の極大化〉を追求して止まない「資本」を代弁してきた。国家による分配的正義（社会福祉）の実施に制限をかけ，企業・個人の自由を最大限確保とする，そうした主張は，法哲学者R. ノージック，ハイエクやM. フリードマンら，また分配のあり方を問わず自由な市場の調整力に信頼をおく新古典派経済学，その極右の位置を占めて貨幣数量説を復活させた新自由主義者・マネタリズムによってなされ，リバタリアニズム（libertarianism）とも総称されている。

　第2は，J. ロールズが代表するリベラリズム陣営である。

　「公正としての正義」（1958）を掲げるJ. ロールズ（John Rawls, 1921 〜 2002）は，幸福の量的総計の最大化をめざす功利主義の内在的克服をめざして『正義論』（[1971] 1999=1979）を著した。その特徴は社会契約説を復活し，第1に，「自由で平等な契約当事者が，社会制度の基本ルールを相互に承認し合う」ことに「公正としての正義」があるということ，第2に，当の契約当事者とはもっぱら自己利益を求める主体ではなく，自己利益を規制するあるいは自己利益から自律するカント的「実践理性」を持った，いわば理念的倫理主体像を前提していることにある。そうした倫理主体が相互に承認し合える「公正としての正義」を掲げるロールズは，すべての当事者の「平等な自由」と「機会の平等」の条件が満たされているならば，才能の有無による資産の有無という「格差原理」（社会的経済的不平等）も認めなければならないとする。しかし，恵まれた才能とは，そもそも偶然的な社会的環境の産物，社会の「共通の資産」であるから，その才能によって得られた成果が，社会に再分配されることを要請する，と論じた。

　こうして彼は，せいぜいtrickle downとして消極的弱者救済を行なうにすぎない功利主義的価値体系のなかに，社会保障政策や社会経済的弱者の積極的救済という正義（分配的正義）・理念的根拠を埋め込んだ。内在的克服をめざすロールズは，政治的リベラリズムの旗手として活躍し，こうした国家による分配的正義・社会福祉さえも越権であるとする新自由主義，あるいは「資本」の専横を黙認する新保守主義陣営と対決してきた。

　第3は，『美徳なき時代』のA. マッキンタイア（Alasdair MacIntyre, 1929 〜）やM. サンデル（Michael Saudele, 1953 〜）らが代表するコミュニタリアンニズ

ム (communi-tarianism) 陣営である。彼らは，J. S. ミルや I. カントが代弁している近代啓蒙主義の道徳論，自由主義的・理性的個人主義（マルクス主義も前提しているそれ）に拠る道徳判断は，古代や中世の道徳枠組みを拒絶し，断片化したものであり，どんな種類の道徳的コンセンサスにも到達できない（「私たちが美徳なき時代に生きている」）から，「共同体にとっての善」を回復する必要がある，と説く（1984=1990:v～ix）。

ロールズの『正義論』（1971）からほぼ10年強後に上梓された『リベラリズムと正義の限界』（1982, 2nd ed. 1998）や『公共哲学』（2005）のなかで著者サンデルは，次のように論じている。

ロールズは，彼が生活するコミュニティ（家族，都市，国家）の秩序・習慣・伝統など，したがって社会的「善」にまったく拘束されない倫理主体・「負荷なき自己」あるいは自己が決定したこと以外には責任を負わない倫理主体を前提に正義論を構築している。しかし，自由主義的個人主義を出発点とするそうしたリベラリズム的正義論では，建国期コミュニティー・アソシエーションに内在していた〈利益追求を追求する個人主義，それを制度的に保護する政治的自由主義〉と〈個人的利益を越えた道徳的共同体をめざす，そのために道徳的文化的権威〉との緊張関係，つまり個人的「倫理」とそれを越えた社会的「善」との緊張関係が見失われているから，社会的「善」をある程度認める保守勢力からの非難に答えられない。他方，もっぱら利益追求を重視し，分配的正義さえ越権だとするリバタリアニズム・新自由主義は，おなじく倫理と善の緊張関係を見失っていて，とりわけ自己の都合を越える社会的「善」に無頓着である。

こうしてサンデルは，ヘーゲル法哲学の「人倫」を想起させるが，家族・都市・国家・民族・歴史などに「位置づけられた自己」から正義論を構築すべきだ，と論ずる。「位置づけられた自己」は，コミュニティーやアソシエーションに対する忠誠や義務を負うだけでなく，奴隷制・黒人差別といったアメリカ歴史の負の部分，したがって広く社会的経済的弱者への責任も負うのであり，それゆえ「分配の正義」も正当化できる，と考える。建国期アソシエーションをモデルとして，「位置づけられた自己」を軸とする個人的「倫理」と社会的「善」との緊張関係を回復すること，そこにサンデルは自らの正義論の拠り所を求めている。

しかし，奴隷制・黒人差別あるいは社会的経済的弱者の存在をアメリカ歴史のいわば質的負債と判断するには，メタ・レベルで「人間の尊厳」や「人間の

権利」という理念，近代啓蒙思想が胚胎し，フランス革命で実定法となった倫理理念が前提され，そうした理念に嚮導されなければならない。また，そうした倫理理念を構想し実現をめざした近代人の格闘の歴史に留意する必要がある。西欧史を振り返れば，初期資本主義の興隆と近代人の誕生は，中世農業経済と封建的社会に対する闘争の中からなされたこと，アメリカ史に則して言えば，イギリスに対する独立闘争の中からアメリカ・アソシエーションが建設されたという歴史的事実を踏まえなければならない。

　サンデル正義論は，建国期アメリカ・アソシエーションをいわば懐古的に前提しているが，ベストセラー小冊子T. ペイン（Thomas Paine, 1737 ～ 1809）の『コモン・センス』（1776）の「アメリカの大義は全人類の大義」という〈解放的なヴィジョン〉に嚮導されてアメリカ独立革命が闘われたという歴史的視点が弱い，と思われる。初期資本主義の変質がすすめば，建国期アソシエーションも崩壊するという歴史的視点，言い換えれば，新自由主義・カジノ金融資本主義支配に抗してアソシエーションを再構築する，新しい〈解放的なヴィジョン〉を掲げる闘争が必要されている歴史的視点が弱い，と言えよう。牧野広義が指摘するように，「サンデルのコミュニタリズムが，個人の自由や権利を軽視するものとして警戒され，保守的な立場として誤解されるのは，彼が「コミュニティーへの忠誠と連帯」やコミュニティーへの「義務」を前面に押し出して，「人間の尊厳」や「人間の権利」を正面に掲げないからである。……サンデルが語ることを避けている「平和の正義」「経済的正義」「環境的正義」などの「マクロな正義」を大いに語らなければならない」と論ずるのも，それゆえである（牧野 2011:52-61）。

第5節　等価交換と正義

　建国期アソシエーションの創出は，言うまでもなく，初期資本主義とそれを担ったカルヴィニスト市民（英米におけるピューリタン）と不可分であった。
　カルヴィニズム（ピューリタニズム）という宗教エートスを考察すれば，M. ヴェーバーが『プロテスタンティズムの倫理と資本主義の〈精神〉』（1920 ～ 21）で指摘したように，経済競争における敗者は滅びを予定された「神の敵」という「悲愴な非人間性を帯びる教説」という要素と，人間の堕落・原罪への自覚の要素（したがって人間的弱さに対する寛容と自己向上，「隣人愛」と「反

省する心」）をあわせもっている。その矛盾する要素は，神の栄光のために，実業的勤労（Industria）と世俗内禁欲（innerweltliche Askese）に勤しみ，その営利行為の産物としての豊かさを競争相手と共にすることに「隣人愛」の具体的実現を見る，という形で一応の調和をなしている。カルヴィニズム教理のなかでは〈利益追求を追求する個人主義，それを制度的に保護する政治的自由主義〉と〈個人的利益を越えた道徳的共同体をめざす，そのために道徳的文化的権威〉との緊張関係が保たれている。

　経済学の次元でアソシエーションを考察すれば，営利行為を担うbourgeois（財や経済力がほぼ等しい中小商人や自営農民）が適正価格での「等価交換」（equal exchange）を行い，それを基盤に「自由で平等な生産者の結合体」（association）・民主主義的市民社会が形成され，市民（citizen）は個人の営利行為を越えた公共善に向かわせる規範（mores）を共有できた。つまり「等価交換」こそが，アソシエーションや道徳的規範を成立させる条件であった。

　しかし，すでに言及したが，アメリカは次のような歴史を歩んできた。

　南北戦争（1861〜1865）後，初期資本主義から独占資本主義・帝国主義段階に入ると，隣人愛あるいは実業的勤労・世俗内禁欲の要素は弱まり，敗者は滅びを予定された「神の敵」という風潮が強まった。もっぱら，個人主義と政治的自由主義が強調され，〈個人的利益を越えた道徳的共同体〉の部分は，せいぜい強者による弱者への施し（trickle down）で良いとするベンサム的「功利主義」倫理が支配的となった。かつての「等価交換」を基軸として構築されていた建国期アソシエーション，「自由で平等な生産者の結合体」・「市民社会」に代わって，〈財閥―無産者〉，〈資本家―労働者〉あるいは〈強者―弱者〉の対立構造が，アメリカ社会に埋め込まれてきた。移民の波が繰り返され，新参移民が最下層をなしてきた移民社会アメリカは，民族をほぼ同じくするヨーロッパ国民国家と比較すると，その分，あからさまに利潤の極大化を追求する〈資本の論理〉が跋扈し，上部においてはベンサム的功利主義が支配的となり，それらがWASP―非主流，階層に応じた宗教会派・ゼクテ（Sekte）など，アメリカ社会を特異なものにしてきた。

　1929年の大恐慌に対応するニューディール政策とそれを継承した戦後のコーポリット・リベラリズム，つまり企業の利潤増大を妨げないかぎりで労働者側にもその分け前にあずかることを容認するという，法人企業（コーポリット）・労働組合・民主党共和党のリベラル派からなる労使協調路線こそ，ベンサム的

功利主義がアメリカ社会の主流倫理学になる舞台を用意してきた。1950〜1960年代「公正としての正義」掲げて功利主義の内在的克服・修正をめざすロールズ正義論が支持されたのも，アメリカ資本主義がコーポリット・リベラリズム，労使協調路線を容認できる経済的成長があったからである（永井 2009:1-16）。

第6節　非等価交換とカジノ金融資本主義

サンデル正義論が「マクロな正義」を語らない事例の1つが，アメリカの金融戦略についてである。貿易収支の赤字と財政赤字という双子の赤字に苦しみニクソン・ショック（1971）に陥ったアメリカが，キングストン合意（1976）による変動相場制への転換を奇貨としながら，1980年代以降本格化したIT技術・コンピューターネットワークでつながった世界市場（market）から世界の剰余価値を合法的に収奪する金融資本主義を構築した。このアメリカの国家戦略を「正義」に照らして是とするか否とするかの正義論こそ，いま必要であろう。

たとえば，2007年にサブプライム（低所得者向け）住宅ローン関連証券市場が大きく値下がりし，翌2008年のリーマン・ショックという金融危機を引き起こした際，公的資金の投入によって金融システムは救済された。その際，アメリカ金融業界を代表するゴールドマン・サックス社は，債務担保証券（CDO）という金融商品を投資家に売ったが，CDOの価格下落を狙い，高値になったCDO売って値上がり益を確保するヘッジファンドの関与を許し，その事実を投資家に知らせず大損をさせた。当のゴールドマン・サックス社は，価格下落による小さい損を見越して，空売りで5億ドル（約470億円）を儲けた。

こうしたカジノ金融資本主義を認めてきたアメリカ証券取引委員会（SEC）も，ゴールドマン・サックス社の「詐欺行為」を許すことができず，上院に提訴した。国土安全保障・政府問題委員会の調査小委員会は，同社の最高責任者（CEO）ブラックファイアンを公聴会に呼び，同氏の電子メール「われわれも損を出したが，その後，空売りでそれ以上の儲けを出した」の真意を問い糺し，その不正義を糾弾した。

また，実体経済レベルでは潤滑油として必要なドルは1日約1兆ドルであると推定されているが，国際金融市場では約40兆ドルもが売買されている。過剰となったドル資金を扱う金融業者は，値上がり益のみを貪欲に求めて，石油・小麦・金あるいは不動産販売など獲物を鷹の目で投資先に選び，投資している

が，その貪欲の負担は，結局ひろく普通の人びとや未来の世代が負うことになる。

こうした詐欺的であるカジノ金融資本主義が引き起こす，繰り返される金融危機を救済するために，アメリカ政府やユーロ諸国あるいは日本政府は，その都度，不良債権の買い入れ・公的資金の注入策，積極的財政支出・財政赤字削減策に努めるが，その効力は，本章冒頭で指摘したように対症療法的である。

カジノ金融資本主義の根幹にあるのは，1日に40兆ドルが取引される「信用」経済であるが，この信用に関して『資本論』のなかでマルクスは，「信用は，やはり富の社会的形態として，貨幣を駆逐し，その地位を奪う。生産の社会的性格にたいする信頼こそが，諸生産物の貨幣形態を，何か単に刹那的で観念的なものとして，単なる観念として，現わさせるのである。しかし，信用がゆらぐやいなや——そしてこの局面は，近代産業の循環においていつも必然的にやってくる——，こんどはすべての現実の富が，実際にかつ突然に，貨幣すなわち金銀に転化されなければならない。それは，気違いじみた要求であるが，しかし制度そのものから必然的に生じてくるものである，というべきである。……恐慌時には，すべての手形，有価証券，商品を一挙に同時に銀行貨幣に換えるべきであり，さらにこの銀行貨幣のすべてを金と交換可能にすべきである，という要求が現れる」と分析した（Marx［1867～94］=1988:1000-2）。

論文「リーマン・ショック後の米国における経済危機とその行方——危機はなぜ繰り返されるのか」のなかで萩原信次郎は，マルクス時代の信用とは，せいぜい商業信用，銀行信用，株式制度に基づく信用システムであったが，「1999年にアメリカで成立したグラム＝リーチ＝ブライリー法は，商業銀行，投資銀行，保険会社，信託銀行，いずれの金融機関をもまたがる金融持株会社の創設を解禁することで……新たな架空資本形成メカニズムを完成に導いたということができるだろう」と指摘する。また彼は，そうした架空資本メカニズムの下で，すべての債権を一定の手数料を取って投資家に売り払うという証券化がなされ，年金基金，生命保険，住宅ローン，自動車ローン，コンピューターリース，トラックリースなど「事実上すべての貸付から生ずる債権を証券化する現象が起こっている。2007年夏からヨーロッパに起こり，2008年9月15日リーマンブラザーズ破綻で一気に金融恐慌となった世界経済危機は，この経済の証券化に基づく膨大な架空資本形成と崩壊に基本的要因があったということができる」と論ずる（萩原 2011:40-50）。

つまり，古くは，実体経済の取引を円滑化するために誕生した貨幣形態が，

取引の恒常のなかで生じた「信用」に駆逐され，新しくは，その信用という架空資本メカニズムが，グラム＝リーチ＝ブライリー法とグローバリゼーションによってこの詐欺的でもあるカジノ金融資本主義を完成させ，全世界を覆うようになった，というわけである。

　本章を終えるに当たって，2つの懸念を記しておきたい。
　1つは，本論執筆中の2011年11月の時点では，国民投票に賭けようとしたギリシャ首相を交替させる方向で，またイタリア首相の辞任と引き換えに，EU諸国は財政支援を行なう方向に進んでいたが，借金をより大きい借金（＝財政支援）でとりあえず破産を防ぐということ，それがもたらす一時的好景気というバブル経済は，いつか必然的に破裂するということである。グローバリゼーションにともない全世界を支配しつつある信用経済は，本質的に構造的危機を抱え込んでおり，それに切り込まない対症療法は，より病気を潜在化させ重篤化させる形で，つまり1929年の恐慌を拡がりと深刻さにおいて，より重篤化した形で世界恐慌を引き起こすのではないか，という懸念である。
　2つ目は，正義に関わるものである。
　中世カトリックは，日々の営利行為・世俗職業とくに商業・高利貸しの企業利子・営利欲を蔑視したが，とりわけ，コミュニティー外（異邦人）との間では詐欺行為も許されるとするユダヤ人の営利行為・「パーリア資本主義」（Paria-kapitalismus）を認めなかった。他方，神の絶対性・救済予定説を堅信するプロティスタンティズムは，経済競争における勝者である証を望むならば，あるいは救済を予定された信者である「救いの確証」（Certitudo salutis）を得たいならば，日々の営利活動を「神の詔命」（Beruf, calling）として励むべき，と説いた。そ前提には，Aという生産者が職業（Beruf, calling）に励み生産物A'を作り，Bという生産者も職業に励み生産物B'を作ることで，両者が属するコミュニティーの経済生活が豊になる（「隣人愛」が具体化する）があり，また，生産物A'と生産物B'が等価交換に則って交換される保障，つまり経済的正義（Justice）の原則が合意されているということがある。言い換えれば，生産を高めるのに必須の「社会的分業」（social division labor）が機能する前提は，経済的正義が確立していることであり，その分業制度に基づく近代資本主義の繁栄は，コミュニティー内やアソシエーション間で正義が共有されていることである。
　詐欺的でもあるカジノ金融資本主義にまで高まった現代資本主義は，「パーリ

ア資本主義」に変質し、ついに出自である「資本主義の〈精神〉」を投げ捨てるところまで来たのではないか、と懸念する。現代資本主義がみずから滅びの途を歩んでいるとすれば、戦後アメリカにおける指導的な知識人であり、1980年度のベスト・セラー『ナルシシズムの文化』(1979)の著者C.ラッシュの一文が、今日あらためて胸に迫ってくる。彼は次のように警告していた。

　あらゆるブルジョワ文化は、建設的なアイディアをみんな使い果たしてしまったように見える。ブルジョワ社会は、おのれを滅ぼそうとして迫ってくるさまざまな困難に立ち向かうだけの意志をなくしてしまった。西欧資本主義の政治的危機は、そのまま西欧文化の一般的危機を反映している。西欧社会では、現代の歴史が進みゆく道を理解することができない、あるいは、その歴史に方向を指し示してやることができないまま、絶望感ばかり広がっている。自由主義はブルジョワはなやかりし頃の政治思想なのだ。だからそれは……政治的に破綻している。知的にも破綻している（Lasch 1979=1984:2）。

注

1)「IMF、追加支援を検討：欧州基金拡充の後ろ楯に」『朝日新聞』2011.10.29.
2) 榊原英資 (2011)「米国基準を押し付けてくる」『朝日新聞』2011.11.2.
　加藤紘一 (2011)「『バスに乗れ』は米の焦り」『朝日新聞』2011.11.6.
3) 高祖岩三郎 (2011)「共有財産の奪還と新しい世界形成：ウォール街占拠の思想」『朝日新聞』2011年。
4) 肥田美佐子 (2011)「消えゆくアメリカ——加速する"超格差"の実体」『The Wall Street Journal 日本版』2011.8.19.
5)「警官を雇えぬ街：貧富拡大　夢が見えぬ国」『朝日新聞』2011.11.6.

参考文献

Bellah, Robert, 1975, *The Broken Covenant: American Civil Religion in Time of Trial*, New York, The Seabury Press（=1983、松本・中川訳『破られた契約』未來社）.
———, 1985, *Habits of the Heart: Individualism and Commitment in American Life*, University of California Press, Berkeley（=1991、島薗ほか訳『心の習慣』みすず書房）.
Lasch, Christopher, 1979, *The Culture of Narcissism: American Life in an Age of Diminishing*

Expectations, W. W. Norton & Company, Inc. New York（=1984，石川義弘訳『ナルシシズムの時代』ナツメ社）.
MacIntyre, Alasdair,［1981］1884, *After Virtue: A Study in Moral Theory*, University of Notre Damme Press, ed.,（=1993，篠崎栄訳『美徳なき時代』みすず書房）.
牧野広義（2011）「サンデルの公共哲学について」季報『唯物論研究』11.
Marx, Karl, 1867-95, *Das Kapital*, 3Bde, MEW, Bd. 23-5（=1988，資本論翻訳委員会訳『資本論』10，新日本出版社）.
永井務（2006）『アメリカ知識人論』創風社。
───（2009）「アメリカと知識人」『応用社会学研究』19，東京国際大学大学院社会学研究科。
───（2011）「D. ベルと N. チョムスキー」季報『唯物論研究』118.
Paine, Thomas, 1776, *Common Sense*.
萩原信次郎（2011）「リーマン・ショック後の米国における経済危機とその行方──危機はなぜ繰り返されるのか」季報『唯物論研究』118.
Rawls, John, 1971, *A Theory of Justice*, Harvard University Press（=1979，矢島銀次監修『正義論』紀伊国屋書店）.
高祖岩三郎（2012）「世界を〈脱占領〉しよう」『世界』2月号，岩波書店。

第6章　新保守主義知識人と左翼知識人
——D. ベルと N. チョムスキー——

は じ め に

　この間，反リベラル・エスタブリシュメント（anti-liberal Establishment）が，レーガノミックスや金融資本主義，またグローバリゼーョンを押し進めた結果，アメリカ社会は〈超格差社会〉と称されるまでに変質した。出自と知的環境（つまりユダヤ人と東部有名大学）をほぼ同じく，戦後アメリカを代表する2人のユダヤ知識人，D. ベル（Daniel Bell, 1919 ～ 2011）と N. チョムスキー（Noam Chomsky, 1928 ～）を取り上げ，「黄金の時代」から〈超格差社会〉へのなかで，前者が文化的新保守主義者として反リベラル・エスタブリッシュメントへ転向し，後者が左翼知識人として人民の側に立ち続けている，その間の違いを明らかにしたい。

　かつて「ニューヨーク知識人」に位置していた両者は，社会学的理念としてアメリカ建国期コミュニティー（community）やアソシエーション（association），「市民の宗教」（R. Bellah）への思い入れを共有していたが，その後，「近代」資本主義と文化に関して異なる準拠枠と人間観を選択した結果，歩む道を異にした。協調的資本主義の下でアメリカ「資本」が資本蓄積を確保できなくなると，ベルの場合，その能力主義の人間観と超越神の下での階統的秩序という〈高級—低級〉の芸術観が，近代啓蒙思想と市民権の具体的表現である価値観の多様性や複数政党制を許容していたリベラリズムを「民主主義の過剰」や「民主主義の病弊」と否定し，資本蓄積を確実にするために，テクノクラート・エスタブリッシュメントによるアメリカ社会の技術・軍事的編成を黙認してきた。

　多くの中間層の没落をともなう〈超格差社会化〉に翻弄されてきたアメリカ大衆は，生活の全ての領域において過去回顧と現状維持という〈保守感情〉と不安を高めつつある。同時に，かれらの激しい怒りが，カリスマ的指導者を渇望し，行動的暴力を許す広い意味でのファシズム，つまり，事実上の支配的価値への統合を願いつつある。ベルとチョムスキーという2人の知識人を論ずることで，そこに顧みるべき教訓とそれを克服するアメリカ社会の困難と希望に

ついて論じたい。

第1節 『イデオロギーの終焉』時代のD.ベル

1 疎外された若きベルとマルクス主義

　2011年1月25日に逝去したユダヤ人社会学者でハーバード大学名誉教授ベルは、若く日に論文「疎外の寓話」（1946）を寄稿し、第2章でも引用したが、白人アングロサクソン・プロテスタント（WASP）が主流をなしているアメリカ社会においては、「若いユダヤ人は、なすすべも持たず、意識だけがあった。彼が意識しているのは、彼がそこから出てきたユダヤ文化と、彼が入ることのできない、あるいは入ろうとは望まない異邦人の文化との距離である。……しかし、この理解と抑制の緊張関係は、新しい種類のユダヤ人を生み出した。それは、意識的にこの状況を受け入れ……自己の疎外と現代の悲劇の性質を知るために利用する、疎外された世代のユダヤ人である」と語った（Bell［1946］1980=1990:287）。

　1920年代初頭の喧騒の繁栄、その直後1929年の大恐慌を体験したロシア系ユダヤ人ベルは、アメリカ市民社会主流への仲間入りを許されず、ロシア革命のユダヤ人指導者L.トロツキーの影響下にあった多くの「ニューヨーク知識人」と同じく、出自のヨーロッパ文化への憧憬を抱きながら、大恐慌と疎外を強いる、あるいは到来した大衆消費社会のなかで、ジャズ音楽やハッピーエンドのハリウッド映画、まき散らされる（broadcasting）ラジオ放送など、アウラ（aura）喪失の通俗的で安直な「大衆文化」をすすめるアメリカ独占資本主義と現代アメリカ文化に「現代の悲劇」を感じていた。

　大恐慌と疎外、現代の悲劇の分析のために、ベルをはじめとするニューヨーク知識人は、いわゆる伝統的マルクス主義を受けいれた。というのもマルクス主義は、利潤追求・搾取あるいは過剰生産や金融政策不備のはてに大恐慌に至った資本主義的経済編成、アウラ・悲劇的世界観の忘却のはてに欲望の体系と功利主義、また消費主義に毒されたブルジョア的文化編成、それらをラジオ・鉄道など諸技術の開発による科学技術至上主義的社会編成、それら三位一体的編成を労働価値論に拠りながら根源的（radical）に批判する、唯一の体系的原理を意味していたからである。

2　技術史観と宗教的人間観への転向

　第二次大戦に参加によって大恐慌の「資本主義的世界システム」の機能不全から脱した戦勝国アメリカは，金融・経済・軍事にわたる領域で圧倒的支配力を手にし，冷戦下の西側諸国を「アメリカ支配の下での平和」（Pax Americana）に組み込んだ。

　「軍産複合体」（military-industrial complex）に金融と学問（知識）を加えた軍事・産業・金融・学問の複合体による新しい資本主義的世界システムの下，法人企業（コーポリット）と労働組合そして民主党や共和党リベラル派からなる政治体制・「コーポリット・リベラリズム」（E. S. Greenberg）が，法人企業の利潤増大を妨げないかぎり労働者もその分け前に与かるという労使協調政策を採用し，また技術革命・生産性革命（innovation）によって，社会人口の多数をしめる中間層は，冷戦下の1950～1960年代，自由・民主主義・福祉政策・高等教育・大量生産消費の「黄金の時代」を謳歌することができた。この時期，大量生産・大量消費を享受できる中間層の増大が見られた。

　西側社会においては，「市民権」を重視する近代啓蒙の自由・民主主義という普遍的価値観や福祉政策についても普遍的合意が存在し，また「互酬性の規範」を中心に組み立てられた豊かな高度産業が実現した社会で，構成員がどのように各自の社会的役割に順応化・内面化するかを「AGIL図式」を使って説明したのが，周知のT. パーソンズ（Talcott Parsons, 1902～1979）の構造＝機能社会学であった。

　第二次大戦後から1960年代前半にかけてアメリカ社会学に君臨し，戦後日本社会学にも大きな影響を与えた，そのパーソンズ社会学の隠れた意図は，資本主義を矛盾を内蔵する機構としてとらえ，歴史軸上に位置づけるマルクスとマルクス主義を学問として否定すること，具体的には，生産手段の「所有」を基軸とする生産関係・階級のもと企業は生産を行うが，その生産が〈利潤の極大化〉・搾取を伴っていると指摘するマルクス主義の分析枠が，経験的に実証できていない形而上学的仮説にすぎない，と論ずることにあった。

　スターリン独裁下の「収容所群島」ソヴィエトを見据えながら，ベルが上梓した『イデオロギーの終焉――1950年代における政治思想の枯渇について』（1960）の主眼も，構造＝機能社会学の視点から東西の高度産業社会の社会編成の共通性を指摘することにあった。国家資本主義と化した東欧社会主義国では，

編成の主たるあり方が〈党官僚 — 大衆〉として，協調的資本主義の西側では〈管理者 — クライアント〉となっているが，ともに生産力の増大・高度技術の応用をめざしており，その過程では生産手段の「所有」を基軸とする生産関係や階級対立という諸規定はさほど機能していないから，それらを重視するマルクスやマルクス主義の知見は形而上学的仮説であり，その政治的イデオロギーも終焉した，と宣告することにあった。

ベルは『ポスト産業社会の到来』(1973) のなかで，『豊かな社会』(1958) の J. K. ガルブレイス (John K. Galbraith, 1908〜2006)，『経済成長の諸段階：一つの非共産主義宣言』(1960) の W. W. ロストウ (Walt W. Rostow, 1916〜2003)，『産業の社会に関する18講』(1962) の R. アロン (Raymond Aron, 1905〜1983) らの主張と同じく，次のように述べた。

> 最近まで西欧社会学は，大部分がマルクス主義の影響下にあった……から困難が起こった。……なぜなら，マルクスは生産の社会的諸関係（すなわち所有）と生産力（すなわち技術）の両方を採り，それを単一の様式のなかに容れたからである。しかし，もし経済学の二つの次元——所有次元と技術の次元——をはっきり区分［するならば］……所有の軸に沿って，われわれは封建主義，資本主義，社会主義の伝統的なモデルをもつ。他の軸，技術もしくは知識の軸に沿うならば，別の継起，すなわち前工業，工業，そしてポスト工業社会である（Bell 1973=1975:1-6）。

繰り返しになるが，近代資本主義においては生産手段の「所有」，広く「資本」が，生産関係や階級関係のあり方を規定し，社会的諸関係の編成に隅々まで影響する結果，人びとは資本（貨幣）自体が価値の源泉であるかのように考え（＝「虚偽意識・false consciousness」），資本（貨幣）の獲得に邁進する（＝資本の「物神崇拝・fetishism」）というマルクスの資本主義を経済的矛盾と捉える見解を軽視する，延いては否定することにベルの本意があった。

生産力（すなわち技術や知識）が最重要な指標とみるベルの知見は，戦後の社会編成に見られるサーヴィス経済，技術革新・理論的知識，職業分布における専門職・技術職階層（プロフェショナル）が重みを増してきている諸変化，ポスト工業・知識社会の兆候をいち早く指摘することができた。だが同時にベルは，ポスト工業社会における対立は，マルクスやマルクス主義が主張する「所

有」，生産力と生産関係を基軸とする経済的矛盾・階級的対立ではなく，職業組合間や〈知的エリート—非知的エリート〉間のいわば表層的対立があるだけで，その政治的噴出も押さえ込む多くのメカニズムを持っている，と論じた。

資本主義経済における「所有」や「分配」のあり方をめぐる問題を根本問題と見なさなくなったベルは，「市民権」に与かれないネイティヴ・アメリカン，黒人や移民，またコーポリット・リベラリズムの恩恵（trickle down）に与かれない下層市民や彼らマイノリティ，広く「人民」への，ヘーゲルの「主人—奴隷の弁証法」を応用すれば，「歴史」を創造する〈普通の人びと〉への共感を失ったかと思われる。

「エスタブリッシュメント」を担うアカディミック・エリートとなったベルは，〈帝国〉アメリカと軌を一にする協調的福祉資本主義やWASP文化に異議申し立てた1960年代の公民権運動やヴェトナム反戦運動とりわけ脱物質的・自己表出主義的色彩の強かった対抗化運動など，社会運動に参加した青年たちを，建国期アメリカのコミュニティーやアソシエーションと並んで重要な基軸であった「宗教」を忘れ，アウラを喪失した世代である，と理解するようになる。

より詳しく言えば，超越神に嚮導されながら信仰義認論・聖書原理・信仰者の自律を説くプロテスタンティズム，その後のカトリックやユダヤ教をも包摂する「市民の宗教」を青年たちが無視していることへの危機感の深まり，つまり偉大なる神と卑小なる人間との間には絶対的距離があり，ギリシャ哲学を継承した反省的理性を突き詰めて，最後に超越神に賭けざるを得ない「市民の宗教」の神学のあり方ではなく，対抗文化運動や「新しい宗教運動」にみられたように，自己霊（spiritual）と自然霊との間には相対的距離しかなく，反省的理性の断念や放棄によって自然霊との一致（神秘体験・さとり）を得ること，あるいは，生命が生まれ（挙体性起の存在論）そこに帰っていく宇宙万物への回帰や母なる自然秩序への回帰を説く，東洋的宗教への若者たちの傾斜に対する危機感であった。

また，人間の本質が歴史的存在であるよりも宗教的存在にあると捉える，ベルの人間観の変化であった。「市民の宗教」が共有する超越神におよばないという感覚（人間の有限性・卑小さ・つつしみ）を忘れた若い世代の傲慢さ，社会革命によって新しい人間を創造できるという尊大さへのベルの嫌悪感であった。その危機感や嫌悪感が深まれば深まるほどベルは，自らの出自である超越神ヤハウェを崇拝するユダヤ神学へ傾斜せざるを得なかった。

後年，ソヴィエトの崩壊を目撃したP. E. ドラッカー（Peter F. Drucker, 1909 ～ 2005）が，「経済システムとしての共産主義は崩壊した。共産主義は……経済的な平等をもたらす代わりに，前例のない経済的特権を享受する官僚群からなるノーメンクラツーラをもたらした。とりわけ信仰としてのマルクス主義は『新しい人間』をつくり出せなかった。代わりにマルクス主義は，『古いアダム』のもつ最悪の部分のすべてを強化した。……腐敗，貪欲，権力欲であり，嫉妬，不信，圧政，秘密主義であり，欺瞞，窃盗，威嚇であり，何よりも犬儒主義（cynicism）であった」（Drucker 1993=1993:13809）と語ったが，同じくベルも，社会主義「ソヴィエトは，歴史で説明するべきなのであろうか。それとも神学で説明すべきなのか。われわれの多くの者にとって，答えは歴史ではなく人間の本質にあった。そしてそれは，マルクス主義の終焉を意味した。人間が律法の束縛から解き放たれるとき，殺人の機会が起こるという事実は，ユダヤ主義に回帰しはじめた人びとにとって，思想上の重要な考慮すべき事柄になった」と語る（Bell 1980=1990:288）。

第2節　新保守主義知識人としての D. ベル

1　超越神の下の高級芸術と統合された自我

自らの出自である超越神ヤハウェを崇拝するユダヤ神学への回帰と表裏をなしているのが，ベルの芸術観である。1930 ～ 50 年代の知的環境のなかで育ったベルは，論文「1960 年代の感性」のなかで 1950 年代の芸術観と 1960 年代のそれとの違いを，次のように述べている。その2つを紹介して彼の意図するところを紹介しておきたい。

　　［1950 年代の芸術観には］階統的秩序があり，享受者の側にも文化的区分（高級，中級，低俗など）がある，という考えがあった。その考えかたは，必然的に芸術における理念を喚起し……複雑性，アイロニー，両義性，逆説性などのテーマ……それらが，批判的態度，執着の断念，距離感覚などを促し，ある信条至上経験へののめり込み，没入，没我的献身などから人を守るものだった（Bell 1971=1975:103）。

[1960年代の芸術観の] 距離の崩壊ということは，合理的宇宙観すなわち15世紀の代表的建築家アルベルティ以来，美的経験について西欧的観念を形成してきている合理的宇宙観が瓦解したことを意味する。……この距離の崩壊ということは，たんに文化的事象に，また芸術作品を過程に解消することを意味するだけでなく，さらに自我の経験の解消をも意味する（Bell 1971=1975:105）。

超越神の下での階統的秩序（＝合理的宇宙観）の崩壊は，統合された自我経験の解消であると見るベルの見解は，『資本主義の文化的矛盾』（1976）『20世紀の散歩道』（1980=1990）を貫く主題でもある。とりわけ，対抗文化運動に参加したWASP青年たちのセックス・ドラック・ロック音楽に我を忘れ，建国以来の瞳であったアメリカコミュニティーとアソシェーションからの逸脱，あるいは合理的代的自我の解体，さらにカルトなど「新しい宗教運動」の興隆など，1960年代の社会現象を苦々しく思っていたベルは，次のように論ずる。近代資本主義は，経済・科学領域では，機能的合理性・効率性に相応しい道徳をうながし，政治領域では，権利・平等に相応しい正義を基軸原理とし，他方，文化領域では大量消費・利潤追求のために絶えざる新しい美・快楽主義に駆り立てる傾向がある。しかし，三者を調停するかつての超越神・超越的価値を失った現代資本主義は，後者の新しい美・快楽追求が前二者の道徳や正義の崩壊を導く「資本主義の文化的矛盾」を内蔵している，と。

資本主義の矛盾はどこから生じたのか……それは，経済領域において必要とされている組織の種類と規範に対して，今や，文化の中心を占めている自己実現という規範が，分裂を引き起こしているためである（Bell 1976=1976: 上, 46-7）。

われわれは，ほとんど全面的な反制度・道徳律廃棄論的な文化の中に生きている。……新しい宗教が出てくるとすれば——私はそうなるだろうと思うが——，それは今での経験とは異なり，過去に回帰し，伝統を探り，人間に一連の導きの糸を探し求めようとする宗教である（Bell 1980=1990:667）。

超越神への信仰放棄は，統合された自我経験の解消であり，超越神を放棄し

てきた「近代文化」（modern culture, その芸術的表現としての modernism あるいはその延長上にある postmodernism）こそが，現代資本主義における社会分裂・人間分裂の元凶である。その上でベルは，モダニズムやポストモダニズムという表象とる近代文化，それと表裏をなしてきた民主主義・平等などを包摂する総体としての「近代」（modernity）批判へと飛躍する。

「現代の悲劇」とは，宗教を世俗化させてきた近代，あるいは超越神が持っていた統合力・距離を枯渇させた近代文化にあるから，新しい美や快楽主義の表現母体である近代文化は否定されなければならない，とベルは訴えた。

つまり，もはやおそらく若き日の「自己の疎外」は消え失せ，「現代の悲劇」をもっぱらアメリカ建国期の「市民の宗教」，彼自身にとっては超越神ヤハウェを失った結果，人間の有限性・つつしみを自覚した統合的自我形成が困難（内面規範の崩壊）に晒されていること，とりわけヴァーチャル・リアリティの世界において困難になっている，とベルは考える。E. シルズ（Edward Shils, 1911～1995），R. ニスベット（Robert A. Nisbet, 1913～1996），S. M. リプセット（Seymour M. Lipset, 1922～2006），P. L. バーガー（Peter L. Burger, 1929～），そしてベルともに『パブリック・インタレスト』誌の主幹である N. グレイザー（Nathan Glazer, 1923～）らとともに，1770年代中頃のニューイングランドに起きた信仰復活運動に匹敵する絶対神への「大覚醒」（Great Awakening）をアメリカ国民に訴え，文化的新保守主義思潮の鼓吹につとめた。

２　ベルの反近代（anti-modern）と親近代化（pro-modernization）

「近代」批判から「大覚醒」へいたるベルは，公民権運動からヴェトナム反戦運動，対抗文化運動から新しい宗教運動にいたる1960～70年代の社会運動が潜ませていた近代啓蒙とその社会文化的文脈に共鳴できなかった。

ベルの視点や感性の特徴は，資本主義的社会編成に関わって，第１に，資本主義が「所有」を優先させ〈利潤の極大化〉を許容すること，第２に，この〈利潤の極大化〉優先に沿うように，経済・科学領域では経済・科学至上主義として，文化領域では新奇性・快楽主義として編成されている視点の軽視であり[1]，第３に，権利と平等（「市民権」）を追求する政治領域の原理が〈利潤の極大化〉と対立する場合，同じく新保守主義に属するS. P. ハンチントン（Samuel P. Huntington, 1927～2008）が，「われわれ民主主義諸国の国民は，民主主義の基本前提とその働きを再検討しなければならない」と語ったように，「民主主義過

剰」「民主主義の病弊」を説き，近代市民社会の根幹をなす市民権を制限すること（Huntington Samuel. P, Michael Crozier and Joji Watanuki 1975=1976），第4に，黒人の公民権運動とネイティヴ・アメリカンの自決運動（red power），またヴェトナム支援国際会議において「ヴェトナムの大義は全人類の大義である」と総括されているヴェトナムの闘いが，独立戦争に際して「アメリカの大義は全人類の大義」（Thomas Paine, 1776, *Common Sense*）の精神を継承していること[2]，つまり，黒人の公民権運動，ネイティヴ・アメリカンのレッドパワーの闘い，ヴェトナム人民の闘いのどれもが，近代啓蒙の精神を継承し前進させる闘いであることに冷淡であること，第5に，戦前から1950年代までに人格形成を行なった多くの知識人と同様ベルは，対抗文化運動の本質が，近代啓蒙のプロテスタント的狭隘（中産階級の業績主義・認識的合理性・経済的努力を核とする道具主義的志向）にたいする表出主義的志向（正真正銘の自己表出・他人に関する関心・宗教的哲学的欲求）にあることを受け入れ難かったことである（Spates, James L., and Jack Levin, 1972:326-53）。

　そうしたベルは，他の新保守主義知識人と同じく，自由・民主主義・福祉政策・大量生産消費からなる「豊かな社会」を是認し，とりわけ技術力・生産力の向上をめざす「近代化」（modernization）を擁護するが，「資本」「所有」をめぐる生産関係・階級対立概念の軽視によって「資本」「所有」に切り込む分析の刃が鈍った，と思われる。1980年代以降の市場原理主義・グローバリゼーションあるいはIT技術（イノベーション）を軸とするアメリカ資本主義の新たな展開の諸々の裏面，また超格差社会化や中流市民の没落に目配りすることができなくなり，「市民権」と一体である近代啓蒙思想つまり「近代」（modern）にたいする批判にエネルギーを注ぐことになった。

3　新保守主義と反リベラル・エスタブリッシュメント

　宗教的人間観への傾斜とともにベルは，建国期アメリカの宗教精神とマイノリティに厳しいコミュニティーやアソシエーションの復活とを掲げる文化的新保守主義に棹さし，アメリカ「資本」のためこの間の「超格差社会」をもたらす諸政策を黙認することになった。が，この間，アメリカでなされた「資本蓄積のための条件を再構築し，経済の権力を回復する政治的プロジェクト」（D. Harvey）とは，前章までの考察と重なるが，ほぼ次のようであった。

　先進産業社会における「生産力・技術革新」にのみ留意する『ポスト工業社

会の到来』(1973) をベルが上梓した2年前，ニクソン大統領は金ドル交換停止の声明を出さざるをえなくなったが，その1971年は，戦後アメリカ経済を引っ張ってきた自動車・石油・家電製造力がドイツ・日本などに凌駕されたことによる貿易収支赤字，膨大なヴェトナム戦費・軍事費，社会福祉などの財政赤字によって，通貨基軸ドルの信用失墜を印す年でもあった。

　しかし先進資本主義国は，固定相場制から変動相場制への転換によってドルを基軸通貨とする従来のブレトン・ウッズ体制 (1944～) を容認し，2008年リーマン・ショックによる金融システム溶解の危機に晒されながらも，今日までその体制は存続している。この間，東欧社会主義諸国の崩壊 (1989～1991) があり，福祉国家という形で社会主義の諸理念を取り込んできた資本主義は，強力な対抗理念である「市民権」(「平等」や「労働権」) を軽視し，経済の利潤極大化，文化の功利主義化，社会の科学技術主義化，それらをあからさまに進めることに躊躇しなくなった。

　アメリカ企業は，イデオロギー次元における新自由主義・新保守主義 (両者には見解の相違がある) を養分として，「自己責任」「小さな政府」「福祉国家の解体」よって自己救済と強化を図ってきた。1980年代以降本格化した世界史を変えるIT技術・コンピューターネットワークでつながった世界市場，社会主義諸国の崩壊によって膨大な労働力・資源と企業が世界市場に投げ出された，それら1990年代の拡大した世界市場を奇貨として，カジノ金融が本質をなす経済のグローバリゼーションによって，アメリカ資本は国内外の余剰価値を吸収してきた。E. ホブズボーム (Eric Hobsbawm, 1917～2012) の一文を借りれば，「黄金の時代」の終わりを印した「1973年後の20数年の歴史が，世界が方向感覚を失い，不安定と危機にすべり込んでいく」(Hobsbawm 1974:403=1996: 下173)，それを好機としてアメリカは逃すことがなかった。

　あたかもそれは，貿易収支赤字と財政赤字との「双子の赤字」でアメリカの病症が増悪にありながら，金融政策によって一時的局面としての好転を示す，そうした構図である。F. フクヤマの『歴史の終わり』([1989] 1992=1998) は，この20年間における冷戦勝利とアメリカの局面的勝利を記したものであり，B. クリントンの民主党政権 (在位1993～2000) ときこそ，IT・カジノ金融バブルによる過剰消費に酔ったカネ万能の功利主義が，社会のすみずみまで浸透した時代であった。

　国外における搾取は，南北問題とからむさまざまな民族紛争，ニューヨーク

の世界貿易センター地下でのイスラム原理主義者による爆発事件（1993）の遠因となったが，とりわけ2001年9・11テロ後の共和党J. W. ブッシュ（在位2001～2008）大統領の「悪の枢軸」演説（2002）は，同党レーガン大統領の「悪の帝国」演説（1984）を引き継ぎながら，国防力を強化した「強いアメリカ」による世界支配再強化，一極支配・排外主義を宣言するものであった。

　国内においては，小さい政府・歳出抑制による財政均衡，企業の規制緩和・企業と富裕層への減税による経済成長，そこに利益を見いだす大企業や反リベラル・エリート層が諸政策を行なってきた。また9・11テロ後の排外主義は，アメリカを多様性の許さない不寛容な社会にしてきた。若き日に「疎外と現代の悲劇」を公にしていたが，今や知的エリートとなったハーバード大学教授ベルは，これらアメリカ国民の不安と社会危機をもたらす反リベラル・エスタブリュッメントの国内支配と世界支配を黙認した。

第3節　左翼知識人：N. チョムスキー

1　プラグマティズムと左翼知識人

　かつてWASPが主流をなすアメリカ社会において「疎外と現代の悲劇」を味わっていたユダヤ知識人の多くが，軍産学複合体やコーポリット・リベラリズムによって実現した「豊かな社会」「近代化」の肯定へと傾斜するなかで，それと一線を画する批判的知識人グループが存在した。かれらグループは，社会学的にはコミュニティーとアソシエーションを，認識論的には柔軟で開放的で「協同的」（co-operatively）探求を重視するプラグマティズムというアメリカ哲学を母胎として育った。その中に，経済の資本主義的編成批判に主眼を置くマルクス主義知識人グループ，あるいは西欧マルクス主義にも学びながらブルジョア的文化編成や科学技術至上の社会編成に批判の主眼を置く若手知識人グループがあった。

　前者に連なるのが，コーポリット・リベラリズム体制を遂行する『新しい権力者』（1948）『パワー・エリート』（1956）を抉ったC. W. ミルズ（Charles W. Mills, 1916～1962），青年時代に雑誌「カトリック労働者」の編集者でアメリカ社会民主党創立者でもあった『もう一つのアメリカ：合衆国における貧困』（1962）のM. ハリントン（Michael Harrington, 1928～1989）らである。彼らは，

資本主義分析には生産手段の「所有」「資本」を基軸とする生産関係や階級という準拠枠は不可欠であり，コーポリット・リベラリズムや独占資本主義の経済的発展に与かれない白人貧困層や，「市民権」から実質的に排除されている黒人やネイティヴ・アメリカンや移民，広く「人民」への共感を忘れることがなった。

　後者のブルジョア的文化編成や科学技術至上の社会編成に切り込んだのが，経験批判論や現象学，西欧マルクス主義のG. ルカーチ（György Lukács, 1885～1971），フランクフルト学派第1世代とJ. ハーバーマス（Jürgen Habermas, 1929～）を中心とする第二世代，それら西欧哲学とアメリカ・プラグマティズムから学んだ，P. ピコーネ（Paul Piccone, 1940～2004）らの『テロス』誌の現象学的マルクス主義であり，『西欧社会学の来るべき危機』（1970）を上梓したA. グールドナー（Alvin Gouldner, 1929～1980）らのラディカル社会学である。

　2　アソシエーション，デューイ派教育，チョムスキーの言語学

　言語哲学者B. ラッセル（Bertrand Russsell, 1872～1970）とともに独立派左翼であり，前者グループにより多く共感する言語学者N. チョムスキーも，軍産学複合体やコーポリット・リベラリズムに棹ささない一人である。ユダヤ人を出自とするチョムスキーが，ベルがいう「疎外された世代のユダヤ人」の悲しみをどれだけ共有していたか定かでないが，あるところで「私自身は非常に恵まれていて，およそ1歳半から12歳まで，進歩的な考え方のデューイ派の教育を日常的に受けていました。子供たちはなにごとにも挑戦することが奨励され，自分たちで進んで勉強をし，ものごとを自分で考えぬくことが求められていました。つまり，何かを経験するとは，そういうことなのです」と述べている（Chomsky 2002=2008:390-1）。

　ここで注目したいのは，チョムスキーもプラグマティズム教育のなかで自己形成したことである。プラグマティズムの特色は，社会学的には，建国期のコミュニティーを基盤としつつも，それとは対極をなすアソシエーション型市民社会を理想とすること，認識論的には，何でも役に立つことが真理だとか実践を強調する実用主義（practicalism）ではなく，アカデミーで教授される観念のみでなく，普通の市民・人びとが広く理念や観念に嚮導されながら，自らが考え抜き行動し，それら諸経験のなかで暫定的真理を確認し，他者と協同的に，つまり集団的認識・コミュニケーションによって，より普遍的真理を追求していくこと，人間論的には，その真理性を確認しつつ正義の心と美の心を，真善

美の三位一体的人格形成をめざすこと，その際，行動や経験を担う人間の生物学的・心理学的・倫理的資質あるいは社会の伝統的経験の厚み・個性にも注目する，そして，自らの人格と自らが属する社会との向上を願うことにある。

人間形成における生物学的・心理学的資質に関してチョムスキーは，高潔さとそれに相応しい自由を求める願いが人間の生得的本性であると説く言語学者K. W. V. フンボルト（Karl Wilhelm von Humboldt, 1767～1835）に学びながら，高潔さと自由という道徳体系を発達させる生物学的能力・「道徳的評価のための知的器官」つまり「生得的言語能力」を人間は持っているかもしれない，と理解している（Fox 2001=2004:16-7）。

そうした言語論・人間論をもつチョムスキーにとって，言語・高潔さ・自由はアカディミーの独占物ではなく，プロテスタントのスローガン「丘の上の町」（J. Winthrop, 1630）や「独立宣言」（1776）・「合衆国憲法権利の章典」（1791）に結実しているように，独立戦争への闘いやタウン・ミーティングに参加する市民が，それぞれの小さな力を協同させ，知恵をもって創ってきたアメリカ社会の歴史的経験の厚み・個性であり，アソシエーション型市民社会の「常識」（common sense）である。

それは，社会学者 C. H. クーリー（Charles H. Cooley, 1864～1929）の用語を借りれば，新大陸アメリカにおいて，諸個人の社会性（我われというコミュニティー感覚）と第一次的理想（親切，忠誠，公正など）の養成所としての家族・近隣集団・子供の遊び仲間・同輩集団などの第一次集団（primary group）を母胎として，国家・政党，企業・労働組合など特定の目的のために合理的に組織された第二次集団（secondary group）が形成されてきた，そうしたアメリカ社会の個性であり，アメリカ人民が蓄積してきたアソシエーションの経験である。

プラグマティズムが継承してきた社会哲学も，アメリカの歴史的経験に基づきながら，高潔・自由・平等を理想と掲げ，「もし政府があらゆるところで，アソシエーションに取って代わると，商工業に劣らず，民主的な人びとの道徳と知性が危険に遭遇するであろう」（Tocqueville 1888=1987: 下，204-5）を心に刻みながら，生活の技・財産を持つ各人の私生活を尊重しつつ，人びとの同意による社会・国家論，とりわけ労働によって得た財産・所有を重視する自由・平等（市民権）からなる J. ロック（John Locke, 1632～1704）的社会哲学よりも，所有と市民権の両立を目指した第三代大統領 T. ジェファソン（Thomas Jefferson, 在位 1801～1809）と，その紐帯を隣人愛や悔い改めが補強するキリ

スト教・ユダヤ教を軸とする「市民の宗教」を人びとが共にすること、それらの再生を願ってきた。

　しかしチョムスキーは、上述したようにプラグマティズムのなかで育ち、アソシエーションの再生を願いながらも、労働によって得た個人の財産・所有を絶対視するロック的ブ・ル・ジ・ョ・ワ市民社会論、また限定的普通選挙・秘密投票・一票の価値の平等など議会制度の急進的改革を主張しつつも、苦痛を避け快楽（その手段としてのカネ）追求を肯定するJ.ベンサム（Jeremy Bentham, 1748～1832）的功利主義を越えてきた。

　南北戦争後の独占資本主義と帝国主義段階における諸々の危機の現出、たとえば大恐慌（1929）やネイティヴ・アメリカン虐殺や黒人奴隷をいわば「原罪」として抱え込んだ人種・移民諸問題の噴出のなかで、アメリカの所有権と市民権の両立をはかったジェファソン的市民社会・草創期アソシエーションの欺・瞞・と崩・壊・、それと連動する人びとの内面規範の欺瞞と崩壊からチョムスキーは目をそらすことがなかった。現代アメリカにおいて高潔・自由・平等を軸とするアイデンティティや自我形成がいかに困難であるか、を彼は体験した。それらの危機体験は、マイノリティや下層労働者に凝縮している「市民権」や富の公平な「分配」のためには、アメリカ社会の歴史的再構成と人びとの内面規範の再構成が不可欠である、という思いに向かわせた。その一点にチョムスキーは、自らの天才的言語能力を注いできた、と言えるだろう。

　「道徳的評価のための知的器官」である言語能力・内面的規範と社会再構成とは、ともに人間と社会の高潔さと自由を確実にする方向へ曖昧ながらお・そ・ら・く・収斂していくものであり、そこを目指すことが彼の意図する「良識」（bon sens）なのである。

　また彼は、工場運営の権限を労働者が握り、互いに自律的労働者として工場の運営にあたる労働者評議会（Worker's Council）、合理的な生産と分配を目指す「労働者の国家」の実現を願った。だが、レーニンとトロツキーによる権力掌握後、ソヴィエト評議会が骨抜きされた結果、とりわけスターリン下でソヴィエト連邦は「国家社会主義」・〈特権的党官僚 ─ 大衆〉へ変質したと糾弾する。同じく、先進資本主義国ではアソシエーション型市民社会に代わって〈管理者 ─ クライアント〉へ変質したと見る。チョムスキーの理想とは、「外的権威なしに生産と分配を組織し、すべての社会制度を民主的に支配する、自由な生産者の世界」を創ることである（Chomsky 1972=1975:86）。財産権を絶対視せず、功利

主義も当然視しない，その意味で理念型（Idealtypus）としてのアソシエーァョンを回復することである。

3　脱構造主義哲学と新保守主義哲学へのチョムスキーの批判

　第二次大戦後，アメリカ社会が安定し成熟するとともに，財界とエリート層が軍産学複合体を支配し，後継者を自らの階層から補充する「エスタブリッシュメント」体制が確立するようになった。その結果，国民の多くは，選挙投票という形でしかアメリカ政治に参加できず，実質的参加から自ずと排除されてきた。

　1980年代以降の反リベラル・エスタブリッシュメントによる「資本蓄積のための条件を再構築し，経済の権力を回復する政治的プロジェクト」が，かつてアソシエーァョン型市民社会を「超格差社会」へ変質させ，実質賃金低下や労働条件の改悪あるいは福祉費削減に苦しむ人びととの不満や怒りが，この間，保守主義のキリスト教原理主義や草の根保守主義の「ティー・パーティ」（Tea Party）に吸い上げられ，当のいわば強欲アメリカ資本主義を擁護する保守主義陣営の強化へ誘導させられてきた。

　チョムスキーは，1890年代の人民党解党以来，資本主義システムの分析を踏まえた対抗団体が1960年代の一時期を除いて存在しないと指摘しつつ，1930年代ファシズムの場合と同じく，1970年代以降のキリスト教原理主義の台頭は，高度工業社会カナダとアメリカにおける特異な代替行為の反映であり，アメリカの危機は簡単にファシズム運動へ進む暴力性を秘めている，と警告する（Chomsky 2002=2008:78-85）。

　他方，多くの左翼知識人は，1980年代に急激にすすんだIT技術・遺伝子工学などの技術革新が新たに創り出しつつあるヴァーチャル・リアリティの世界や情報・文化領域の比重の増大を反映して，そこにおける近代主体の変容に関心を絞り，R. ジャコビィ（Russell Jacoby, 1945～）が『最後の知識人』（1987）で嘆いたように，グラムシ，フーコー，デリダに口角泡を飛ばすことが，知の最前線にあると信ずる書斎的「大学左翼」に停まるだけであった。中流市民の知的エリートとしての彼ら左翼知識人は，新自由主義・新保守主義，市場原理主義・金融資本主義，グローバリズムと真正面から対決せず沈黙をまもり，その恩恵に与るばかりであった（Jacoby 1987）。

　かつてヴェトナム戦争を黙認する多くの同僚にたいして「知識人の責任」

（1967）を問うた言語学者チョムスキーは、その後もマスメディアから無視され排除され続け、小さな集会でいわば孤立無援状態で現代アメリカを批判してきた。が、たとえば講演集『権力を見抜く』（2008）のなかで、それら大学左翼知識人が拠る構造主義、差異の言語論やその応用でもある脱構造主義論を唱える「デリダやラカン、アルチュセールなどの本を読むと、さっぱり理解できません。……正直に言えば、彼らの言っていることは全部ペテンです」と止めを刺している（Chomsky 2002=2008:390-1）。

同様に、試行錯誤する経験を重視するプラグマティズム教育を高く評価するチョムスキーは、A. ブルーム（Allan Bloom, 1930～1992）の『アメリカ・マインドの終焉』（1987）を取り上げ、1960 年代の社会運動を「左翼のニーチェ主義、もしくはニーチェ主義の左翼化」あるいは思想の寛容を許す理神論や近代リベラリズムの鬼子と糾弾し、草創期アメリカ・コミュニティーや「市民の宗教」への回帰を願っている新保守主義の同書を「開いた口がふさがらないほど馬鹿げた内容です。……あの内容が基本的に言っているのは、教育は海兵隊のやり方を手本にすべきで、万人向きの「偉大な思想」の正典を選び、それを無理やり勉強させることです。……これがブルームの提唱している教育モデルです」と酷評している（Chomsky 2002=2008:385）。

チョムスキーの変わらない関心は、「資本主義システムは本質的に、貪欲さが原動力になっている。……資本主義の理論では、貪欲さという個人の悪徳が公共の利益につながるとされていて……このような動きが続ける限り、資本主義システムが自滅することは自明」（Chomsky 2002=2008:102）なのに、「現代社会の中心にあるこの問題を扱う学術的職業は存在しないということ」（Chomsky 2002=2008:398）にある。とりわけ 1960 年代の社会運動・市民運動の高まりのへ反省から、「人びとを武力で抑えられないなら、彼らの考えをコントロールしなければならない」という認識が頂点に達し（Chomsky 2002=2008:25）、企業・政府・マスメディア・大学が一個のプロパガンダ広報企業となり、状況の一局面をあらわす「したたり（trickle down）論」や「国民国家終焉論」を喧伝しながら、市場原理主義・金融資本主義・グローバリズムがもたらす国内における超格差社会化や国外における第三世界人民への新たな搾取を容易にし、またそれら諸事実を隠しつづけてきている、と非難する。

結 び に

　すでに述べてきたようにベルは,「資本」「所有」をめぐる生産関係・階級対立概念の軽視によって現代資本主義に切り込む分析の刃が鈍り，1980年代以降，反リベラル・エスタブリッシュメントが進めてきた市場原理主義・グローバリゼーションあるいはIT技術を活用したアメリカ資本主義の新たな展開の裏側，つまり，協調的資本主義・「コーポリット・リベラリズム」によって増加した中間層を主流とするアメリカ社会の超富裕者層（1％）・富裕層（10％）とそれ以外の下層階級への分裂，総体として中流市民の没落と「超格差社会」への変質に目配りすることができなくなり，むしろアメリカ国民に超越神への「大覚醒」を訴えた。

　ユダヤ神学に傾斜・回帰した晩年のベルは，宗教原理主義・宗教右派の「神はイスラエルを愛する人を愛し，イスラエルを呪う人は神に呪われる」に共鳴してか，あるいは悩みながらもか，パレスチナを抑圧するイスラエルへの批判に口をつぐんだ。

　他方，ベルとは対照的にチョムスキーは，イスラエル入国を拒否されながらも，パレスチナ抑圧を糾弾し続けている。彼によれば，私有財産制・利潤追求・市場主義の総体としての近代資本主義とその展開，ブルジョワ的市民社会とベンサム的利主義文化が，人間に「富と権力を可能な限り増すことを求め」，「市場関係と搾取と外部権力に服従する」人間を競争旺盛な人と称えるのであり，その資本主義の基礎をなす人間観が，「最も深遠な意味で非人間的で，耐え難い」のである。チョムスキーによれば，現代の危機とはとりわけ，「資本」「所有」を優先させる現代資本主義が強いる機制に由来するのであり，「市民権」を重視する近代啓蒙文化に由来するのではない。

　近代文化の枯渇論を説くベルらの文化的新保守主義とは，ハーバーマスの一文を借りれば，「危機の諸原因を，経済や国家装置の機能様式に求める」ことから人びとの目を逸らせ，資本主義的近代化（modernization, 工業・科学技術主義）を肯定し，文化的近代を拒否すること（Habermas 1985:78-95），つまり「所有権」優先させる新保守主義者は，不合理な差別・抑圧を否定する近代啓蒙思想の遺産である，法の下での人民の平等・自由つまり近代民主主義を否定するのである。

　独占資本主義と帝国主義段階におけるアソシエーアョン型市民社会の形骸化，

社会的自我や内面的規範の危機は，広く近代資本主義とブルジョワ文化の止揚（チョムスキーはこの用語を使わないが）を目指す闘いのなかで，とりわけ1980年代以降の新自由主義・新保守主義，市場原理主義・金融資本主義，グローバリズムに対決する闘いのなかで，アソシエーアョンの止揚をめざしてアメリカ「人民」が克服すべきものである。

だがそこには，アメリカ・アソシエーアョンに深く染みこんだ，各人の労働によって得た財産・所有に基づく自由・平等と同意というJ.ロック的社会契約論と，またサラダボールとも称される移民社会からなる歴史，あるいはM.ヴェーバー（Max Weber, 1864～1920）が『プロテスタンティズムの倫理と資本主義の〈精神〉』（1920-1）のなかで指摘したように，プロテスタンティズム自体がもつ「選民 ─ 非選民」意識による社会的敗者に過酷な社会的ダーヴィニズムを受容してきたアメリカの社会意識（Weber［1920-1］1963=1972:158, 171, 208），さらにR.ニーバー（Reinhold Niebuhr, 1892～1971）の『アメリカ史のアイロニー』（1952）が警告した，とりわけ快適追求を達成させた科学技術が「人間の運命をより大きな矛盾に直面させたという」アイロニー，あるいは外交政策の「アイディアリズムが……自分の置かれている立場から諸目的の全領域を完全に把握しようとするが故に，アイディアリズムは転じて非人間性へと変わる」というアイロニー（Niebuhr 1952=2002:102;223），それらに無頓着である社会意識も重層して，1980年代以降ますます腐敗度を増してきたベンサム的功利主義を止揚する困難さがあり，2001年のブッシュ政権があからさまに示した「強きアメリカ」を標榜する〈帝国〉アメリカを解消する困難さがある。

それらゆえ，近代アメリカの啓蒙思想と「市民の宗教」に基づいたアソシエーアョン型市民社会を構築した伝統・理念的個性を持ち，かつ先進資本主義・工業社会であるアメリカとその「人民」のアイロニーに満ちた体験のなかに，プラグマデイズム哲学者J.デューイ（John Dewey, 1859～1952）の少し長めの一文を借りれば，「民主主義と人類の唯一の，究極の，倫理的理念は，私にとっては同義である。民主主義の理念，自由，平等，友愛の理念は，霊的なものと世俗的なものとの間の区別がなくなり，ギリシャの理論，およびキリスト教の神の王国の理論のなかでのように，教会と国家，社会の神聖な組織と人間的組織とは一つであるような社会を代表する」（Dewey 1888=1995:213），そのような人類前史のユートピアを止揚する諸需要が潜んでいるかもしれないのである。

注

1）「近代資本主義の機構は，こうした［対抗文化的］生活様式を取り込み商品化する。大量消費によって促進された，こうした快楽主義がなかったならば，消費関連産業は倒産するであろう」（Bell 1980=1990:583）とベル自身が分析しているが，彼の分析は「資本」への分析まで深まらない。
2）1973年ローマで開催されたヴェトナム支援国際会議における最終日の総括的声明の最後を閉めくくる文句。古在由重・右遠俊郎，1981:102（『思い出すこと，忘れえぬひと』同時代社）。

参考文献

Bell, Daniel, ［1945］1980, "A Parable of Alienation", *The Jewish Frontier, in The Winding Passage*, Cambridge, M. A. : Abt Book（=1990, 正慶孝訳「アメリカ社会におけるインテリゲンチャ」『20世紀の散歩道』ダイヤモンド社）.
―――, 1971, "Sensibility in the 60's". *Commentary*（=1975, 高橋葉子訳「60年代の感性」『現代思想』3（7），青土社）.
―――, 1973, *The Coming of Post-Industrial Society*（=1975, 内田ほか訳『脱工業社会の到来』上巻，ダイヤモンド社「日本語版への序文」1～6ページ）.
Bloom, Allan, 1987, *The Closing of the American Mind*, New York:Simon & Schuster Inc.（=1988, 菅野盾樹訳『アメリカン・マインドの終焉』みすず書房）.
Chomsky, Noam, 1972, *Problems of Knowledge and Freedom:Russell Lectures*, New York: Pantheon（=1975, 川本茂雄訳『知識と自由』番町書房）.
―――, 2002, *Understanding Power*, ed., Peter R. Mitchell and John Schnoeffel, The New Press（=2008, 田中美佳子訳『現代世界で起こったこと』日経BP社）.
Fox, Jeremy, 2001, *Chomsky and Globalization*, Icon Books, Ltd（=2004, 坂田薫子訳著『チョムスキーとグローバリゼーション』岩波書店）.
Fukuyama, Francis, Y. 1989, "The End of History ?" *The International Interrest*, 16（=http://www.wesjones.com/eoh.htm）.
―――, 1992, *The End of History and the Last Man*, New York: Free Press（=1998, 渡辺昇一訳『歴史の終わり』上，下，三笠書房）.
Dewey, John ［1888］1915, "Ethnics of Democracy", *The Early Works, 1882-1898, Volume 1, 1882-1888*, Southern Illinois University Press（=1995, 河村望訳「民主主義の倫理」『デューイ＝ミード著作集1，哲学・心理学論文集』人間の科学社）.

Drucker, Peter F. *Post-Capitalist Society*, Harper Business (=1993, 上田・佐々木・田代訳『ポスト資本主義社会』ダイヤモンド社).

Habermas, Jürgen, 1985, "Neoconservative Culture Criticism in the United States and West Germany:An Intellectual Movement in Two Political Cultures", *Habermas and Modernity*, (ed.) Richard Bernstein, Polity Press.

Hobsbawm, Eric, 1994, *Age of Extremes: The Short Twentieth Century 1914-1991*, Michael Joseph Ltd., the Penguin Group, London (=1996, 河合秀和訳『20世紀の歴史』下巻, 三省堂, 173頁).

Huntington, Samuel P., Michael Crozier and Joji Watanuki, 1975, *The Governability of Democracies* (=1975, 綿貫譲治監訳『民主主義の統治能力——その危機の検討』サイマル出版会).

Jacoby, Russell, 1987, *The Last Intellectuals:American Culture in the Age of Academy*: New York The Noonday Press Books.

Niebuhr, Reinhold, 1952, *The Irony of American History*, New York:Charles Scribner's Sons (=2002, 大木英夫・深井智朗訳『アメリカ史のアイロニー』聖学院大学出版会).

Spates, James L. and Jack Levin,1972, "Beats, Hippies, the Hipsgeneration, and the American Middle Class:an Analysis of Values", *International Social Science Journal*, 24 (2).

Weber Max, 1920-21, *Gesammelte Aufstze zur Religionsoziologie*, 3 Bde, 5. Auf., 1963 (=1972, 大塚久雄訳『プロテスタンティズムの倫理と資本主義の精神』岩波書店).

第7章　アメリカ大統領（予備）選挙
―― 2016年のアメリカ ――

は じ め に

　2016年秋のアメリカ大統領選挙は，民主党の元国務長官 H. クリントンが約290万票多い48.2％を獲得したが，アメリカ特有の選挙制度に助けられて，得票率46.1％の共和党の不動産王 D. トランプ（Donald Trump）が全米の30州，選挙人583人の約60％の306人を得て，勝利した。

　大統領（予備）選挙は，第二次大戦後のパクス・アメリカーナ（植民地をもたない新植民地主義）の下で「黄金の時代」を謳歌できた（1945〜1970頃）〈帝国〉アメリカが，自らの寄生性や腐朽性を悪化させ，アメリカ資本主義誕生に不可欠であった「国民国家」（nation-state）の構成諸要件を溶解させた社会的状況のなかで行われた。

　構成諸要件とは，入植時のコミュニティー（community）以来の最も包括的利益を表現する国民（nation），その国民がつくっている各種の「アソシエーション」（association）と国家（state）であり，さらに，「市民の宗教」における「心の習律」，経済における「等価交換」，政治における「民主主義」，そして高水準で多様な「高等教育」である。これらの諸要素の溶解を背景とする2016年大統領選挙は，独立戦争に際して T. ペインがアメリカ住民に呼びかけた「アメリカの大義は，ほとんど全人類の大義である」（1776）が危急に瀕していることを明らかにした。

第1節　大統領選挙前（1993〜2016）のアメリカ

1　大統領選挙前の社会経済の構造的危機

　大統領選挙は，以下の4つの政治潮流が戦った[1]。

① 強いアメリカと労働者擁護を訴えながら，新自由主義や金融資本主義の極

大化に努める D. トランプ（Donald Trump, 1946 ～）の共和党右派（＝極右）
② 強いアメリカを掲げて均衡財政・福祉削減・減税など新自由主義や金融資本主義をすすめる共和党主流派（＝中道右派）
③ B. オバマや H. クリントン（Hillary Clinton, 1947 ～）が代弁する民主党（＝中道左派）
④ B. サンダース（Bernie Sanders, 1941 ～）が代弁する民主党左派（＝民主社会主義）

上の4つの潮流はアメリカ社会経済の構造的危機をそれぞれの仕方で反映したものであったから，前章までの議論と重複するところもあるが，以下の項目に絞り，冒頭のテーマを検討したい。

（1） 経済の構造的変化
ⅰ） 寄生性・腐朽性の悪化（1970年代～）
「黄金の時代」は次の諸領域を柱としていた。金融領域における，ドルを通貨基軸と認めたブレトン・ウッズ協定，世界の諸通貨の競争的切り下げや周期的投機を回避し，信頼できる国際決済制度としての「国際通貨基金」（IMF，1947 ～），各国の保護関税に起因する大恐慌の再来を回避するための「関税と貿易に関する一般協定」（GATT，1947 ～ 1990）の体制。軍事領域における，冷戦下での米ソ2大超大国による核軍事力に支えられた世界支配（Pax Russo-Americana）と多国籍企業による低開発国の（石油メジャー，セブン・シスターズにみられるように）資源収奪の軍事的保証（Martin 2001 ＝ 2002:19-49）。産業領域における，自動車産業の高い技術力と生産性にもとづく高度な国内総生産（GDP）。貿易領域における，金融力・軍事力・産業力を背景に多国籍企業が，直接投資，農業・鉱山・石炭・石油・工場・通信システム・交通機関などの買い占めと建設によって，国内総生産を上回る富（＝不労所得）を世界各地から収奪する（＝世界に冠たる国民総生産・GNP）体制。知の領域における，近代市民社会の4段階（宗教革命・市民革命・産業革命・教育革命）の実現，とりわけ民主主義的政治・最新科学技術の開発・生産力史観を核とする「近代化論」によるパックス・アメリカーナーの正当化。

これら諸領域を柱として，植民地を持たないアメリカは，「搾取をアメリカ多国籍企業の指令のもとに」行う新植民地体制・帝国主義を確立し（Greenberg

1985=1994:205-7)，「黄金の時代」「豊かな社会」を謳歌できた。

　しかし，パックス・アメリカーナー維持のために，1970年には「世界の30ヵ国に100万人以上の兵士を駐留させ，4つの地域防衛同盟に加盟し，42ヵ国と相互防衛条約を結び，100近くの国に軍事援助・経済援助を行う」が，その軍事費偏重が，財政赤字や資本形成の阻害，労働生産性の上昇を妨げ，軍事研究の開発も民生技術と結びつかなかった（P. Kennedy 1987=1988: 下，174-347）。

　国民総生産（GNP）の指標は，パックス・アメリカーナーに守られたアメリカ多国籍企業が，国内総生産（GDP）に加えてどれだけ海外からの収入・不労所得を我がものとしているかを示すが，同時に，新植民地体制・〈帝国〉アメリカの寄生性・腐朽性を表す指標でもある。短期的利益を求める株主に配慮するアメリカ企業は，その収入に安住して，研究開発の優位をしだいに低下させ，日本・ドイツと比較した場合，実体経済の大黒柱である石炭，鉄鋼業・自動車・航空機，部品産業・工作機械・家電などの老朽化を放置してきた。

　自動車不況に面したクライスラー社は25の工場閉鎖，7.4万人の労働者解雇を強行したが，アイアコッカ会長は460万ドルの役員報酬を得た。その事例に「支配階級の頽廃」を見ることができるが，また，貧富格差拡大・家族制度と教育制度の崩壊による文盲率の増大（20％，1981）など「労働の質の低下」も顕著である。それらの結果，アメリカ経済は，「米国製造業の競争力の弱体化に対応して，自国工場を閉鎖しつつ，地価が安い低賃金国に投資する（産業空洞化）ことによって墓穴を掘」ってきた[2]（金田 1993：61）。

ⅱ）対症法としての新自由主義（1980年代〜）と金融資本主義（2000年代〜）

　第4章や第5章で詳論したように，寄生性・腐朽性の増悪による国力低下への対応として反リベラル・エスタブリュシュメント（財界・国家官僚・エリート知識人）は，〈資本蓄積〉を最優先させるべく，経済政策の転換と国家戦略の転換を行った。

　経済政策転換としては，レーガノミクスの延長上に「ワシントン・コンセンサス」（1989）を強行し[3]，より総括的に国家戦略の転換（①イノヴェーション戦略，②市場原理主義戦略，③金融資本主義戦略，④イデオロギー戦略）を行った。キリスト教原理主義とハイエク的保守主義また新保守主義者が，それら政策を支持するか黙認した。

　対内的には，新自由主義・市場原理主義の「小さな政府」の下に，実質賃金

低下と労働条件改悪また社会福祉政策の劣化を，対外的には，グローバリゼーションの下に国民国家の枠組みをこえて〈利潤の極大化〉を求めきた。たとえば，その金融資本主義の下に，ヘッジ・ファンドはタイやメキシコや韓国に外貨投機を仕掛け債務不履行（default）に落としこめ，日本の場合，強いられたプラザ合意（1985）のドル安円高政策から，超低金利・金融緩和・内需拡大政策によるバブル経済が起こったが，それがはじけると，アメリカ巨大金融機関は，巨額の不動産投資で苦しんでいる北海道拓殖銀行（1997.11）や長期信用銀行（1998.10）の株の空売りをしかけて破綻させ，安値買収や不動産の簿価の5～30%で買い叩くなどを行った。

1982～1990年にかけてアメリカは，海外から巨額の富の収奪とそれに依拠する大規模政府支出・連邦減税・石油価格の下落もあって，史上最長の平時の景気拡大を，さらに1991年不況をはさんで，2001年3月のまで一人勝ちを続け，過剰消費を謳歌した。

その間に，金田重喜の総括を借りれば，「「繁栄」は途方もない貧富の格差を拡大しながら，過剰貨幣資本，過剰生産資本，過剰商品資本を累積し，古典的な恐慌の前提条件を成熟させたのである」（金田 2002:406-7）。

ⅲ）イノヴェーション（Innovation）

東欧社会主義国の崩壊（1989～91）は，アメリカ一極支配（Pax Americana）の再強化と膨大な軍事費削減を可能にし，平和の配当として，双子の赤字の1つである財政赤字を黒字にしただけでなく，新しい科学技術領域においてイノヴェーションを本格化させた。軍事部門に緊縛されていた科学・技術が，宇宙工学・電子工学・情報通信・バイオ等の先端技術・金融工学に開放され，先端技術における優位と特許権の独占をアメリカは手にするとともに，旧東欧社会主義国を先進資本主義の市場（market）に囲い込み，拡大した世界市場からマネー・フロー分析（money flow analysis）に威力を発揮するIT駆使の金融工学でも優位に立った。シカゴとウォール街が，金融取引の中心地になる。

1980年代に徐々に始まっていたこのイノヴェーションは，労働市場の構造変化（高学歴・高賃金の熟練労働者と低学歴・低賃金の肉体労働者など）と企業のグローバル化をより一層促し，自動車・建設・家電製品などに供給した鉄鋼工業の繁栄（1970年代）から衰退（安価な鉄鋼の輸入・技術の腐朽・市場喪失，1980年）へ，それによる再編（国際合弁事業の開始）を強制した（川端 1993:

109-39)。

　アメリカ実体経済の主柱であった石炭・鉱山・鉄鋼業・自動車・農業などに従事する労働者の時間当たり賃金は下がり，実質賃金も絶対的にも低下し[4]，他方，90年代には本格化したイノヴェーションに与かる高度技術者労働者の賃金は上昇した。しかし全体として見れば，『1994年米国経済白書』が指摘したように，労働組合の弱体化，インフレによる労働者の実質賃金の目減りが明らかである（佐藤 1995:65-89）。

　アメリカ経済繁栄の中心地は，北部スノーベルトから西南部サンベルトや金融のシカゴ・ニューヨークへ移動した。が，遠くない将来，低技術労働者だけでなく中程度技術者をふくむ中間層もAIやロボットに仕事を奪われる局面にある[5]。

（2）　社会の構造変化
 ⅰ）グローバリゼーションと国民国家の緊張関係の崩壊
　実体経済の軸をなす製造業の競争力の弱体化に対処するために，また欧州連合（マーストリヒト条約（欧州連合条約，1993）とECを発展させたEU統合）に対抗するためにアメリカは，アメリカ・カナダ・メキシコの3ヵ国間の関税をゼロとする北米自由貿易協定（NAFTA, 1994）を締結し，これまで以上にグローバリゼーションを推し進めた。財界は，販路の拡大・低賃金加工工場の設置・エネルギー・サーヴィス市場の囲い込みを理由に，民主党は，メキシコ経済が発展すれば，麻薬貿易・不法移民の抑制につながるとの理由で賛成した（実際は，アメリカからの輸入を増大させてメキシコは通貨危機に陥った）。一方，労働団体は，1/6の賃金と安い地価に惹かれてアメリカ企業がメキシコに殺到して国内工場が閉鎖され，とりわけ自動車・家電製品など第2次産業を空洞化するとの理由から反対し，環境団体は，環境基準の低下を理由に反対した。またP.ブキャナン（Patrick, J. Buchanan, 1938～）ら共和党右派も，自由貿易協定は主権の譲渡になると反対した。

　これらNAFTAの推移から浮かび上がってきたのは，次章で検討するが，グローバルに〈利潤の極大化〉追求する「資本」とその遂行者である〈財界・エリート経済人〉が，母胎である「国民国家」の基盤，つまり産業空洞化・労働の質の低下・公共倫理の溶解，「国民国家」の政治的契約・紐帯であるアメリカ民主主義の否定に至ることを厭わない，ということである。

〈帝国〉アメリカ・新植民地体制の寄生性・腐朽性から目をそらし，J. ミルや I. カントに代表される「近代」が析出した〈個人—共同体〉にかんする社会契約，啓蒙的思想が，公共倫理の溶解の遠因であると説いたのが，たとえば，スコットランド生まれで 1970 年からアメリカの諸大学で教鞭をとっている A. マッキンタイア（Alasdair MacIntyre, 1929 〜）である。若き日にマルクス主義者として出発した彼は，ソヴィエト連邦がスターリニズムに変質した遠因は，両主義の源である近代の道徳的個人主義にある，と論じ，『美徳のなき時代』（1981／84）のなかでは，奴隷制の上にあったギリシャ的共同体の「善」，アリストテレス的「美徳」（virtues）に帰ること，あるいは農奴制の上にあったトマス・アクィナスのトミズムを公共倫理の準拠枠とすべきである，と強調している（MacIntyer 1984=1993: v—vii）。

ii）エスタブリッシュメントとアウトサイダーの緊張関係の激化

エスタブリッシュメント（Establishment）とは，社会的流動性が弱くなり，指導的な財界人・政治家・法曹・宗教家・マスメディア幹部・高級軍人そして官僚や体制派知識人などエリート階層が，自らの階層から後継者を補充し，学閥・学閥など諸要素が融合した特権層からなるある種の機構を，アウトサイダー（Outsider）とは，その機構から排除され疎外されている多くの国民を意味する。

戦後アメリカ社会では，2種類のエスタブリッシュメントが見られた。

1つは，1929 年の大恐慌後から J. カーター大統領（在任 1977 〜 1979）までの，アメリカという「国民国家」という枠組みの上に，福祉協調資本主義を担ったリベラル・エスタブリッシュメントであり，2つは，レーガノミックス・自由主義・金融資本主義を執行してきた反リベラル・エスタブリッシュメントであり，そのイデオローギ代弁者が保守主義者と新保守主義者である。反リベラル・エスタブリッシュメントは，リベラル協調資本主義の世界観を「近代文化枯渇論」で，その社会的地位を「新しい聖職者階級」として攻撃し，連邦支出の容赦ない削減・減税の組み合わせによるインフレ率の引き下げ，強いアメリカを選挙公約に R. レーガン政権を誕生させて，権力を獲得した。

どちらのエスタブリッシュメントも，基本政策としては，多国籍企業や金融会社の〈資本蓄積〉を優先し，国内の工場を閉鎖して生産拠点を途上国に移す一方，途上国の低賃金・劣悪労働条件を先進国アメリカに逆輸入し，その過程で生ずる諸問題を「自己責任」として扱った。そして，かれらに不満な国民を

アウトサイダーと位置づけ，1970年代に説かれた「民主主義の病弊」や「民主主義の機能不全」を準えるように，国民主権を厄介視している。

政権交代を繰り返しながら，産業空洞化・国民国家崩壊・移民増加などの事態を放置する首都ワシントンに巣くう両エスタブリシュメントへの国民不満は，有権者の62%が，民主・共和の二大政党体制を好ましくない，という数字に表れている。

〈帝国〉の寄生性・腐朽性から，かつて利益を得ていた多数派を占める白人中間層とりわけブルーカラー労働者は，産業空洞化・国民国家崩壊・移民増加を旧来の価値観と慣習を脅かすものと，〈右翼─左翼〉〈共和党─民主党〉の政治軸に代えて，短絡的な〈エリート─庶民〉によって投票先を決めるようになってきた。その短絡性は，反移民・反黒人・反女性・反LSBなど多文化主義の否定と表裏をなし，アメリカ社会の不寛容も高まってきた。

R. ホーフシュターターの名著『アメリカにおける反知性主義』（1963）は，「反知性主義」（anti-intellectualism）を「憎悪を一種の信条へと上昇させる精神類型……は，それぞれの時代にさまざまなスケープゴートを見出してきた」と規定したが（Hofstadter 1963=2003:33），2016年アメリカを覆っていたのは，まさしくそのような反知性主義と不寛容である。

2　大統領選挙前の政治地図

（1）中道右派

R. レーガン政権の終了とソヴィエト崩壊（1991. 12）後，目標を失った共和党にN. キングリッチ（Newt Gingrich）は，強いアメリカの再生・均衡財政・福祉削減・減税を柱とする「アメリカの契約」（1994）を提示し，共和党もそれを基本政策として定めた（「ギングリッチ革命」）。

ブッシュ（息子）政権（在任2001～2009）

「アメリカの契約」を継承したブッシュ（息子）政権は，共和党右派のネオコン・シュトラウス派（Straussian）と組み，強いアメリカ再生を掲げる外交政策に関して，古くは「天下ったエデン」「明白な天命」の国，「自由，平等主義，個人主義，ポピュリズム，レッセフエール」という5つの信条からなる例外国アメリカ（American Exceptionalism, Lipset 1996=1999:18）を誇り，金融力・軍事力・産業力を背景に，巨大多国籍企業がGNPを確実にする経済政策を最大限

実行した。国内では、均衡財政・福祉削減・減税を掲げて、累進課税の最高税率を 39.6％から 35％へ、富裕層を中心とする投資所得にたいする配当課税を通常所得と同率の 15％に引き下げ、遺産税を 55％から 2010 年末には完全撤廃するなど、いわゆる「ブッシュ減税」(「2001 年経済成長減税法案」、「2003 年雇用成長減税法案」)の強行によって経済成長を促し、「トリクル・ダウン」を期待した。しかし、財政赤字を増大させ、経済成長を阻害するものであっただけでなく、トリクル・ダウンによる富の再分配は起きなかった。

2001 年 9.11 同時多発テロに襲われると、「米国愛国者法案」(2001) を成立させ[6]、2003 年には「イラクは大量の破壊兵器を保有している」という話をでっち上げ、イラク侵略戦争を開始した (2003.3)。

(2) 中道左派
B. クリントン政権 (在任 1993～2001)
クリントン政権は、当初、福祉重視の「アメリカ再生」掲げて新自由主義的政策の転換を目指したが、1994 年 11 月の中間選挙で共和党に大敗して以降、「アメリカの契約」を主張する共和党との妥協を強いられ、福祉削減の福祉改革法案 (1996) や均衡財政政策を行った。

1990 年代後半の IT による好景気にかかわらず同政権は、労働者の賃金を上昇できず、「ワシントン・コンセンサス」の合法的機関としての「世界貿易機関」(WTO, 1995) を創設し、銀行・証券会社分離法 (グラス＝スティーガル法) を撤去する「グラム＝リーチ＝ブライリー法」(1999) を可決して、銀行による証券業務 (ディーリング業務を除く) の道を開き、巨大架空資本形成のメカニズム・カジノ金融資本主義を法的に支援した。

B. オバマ政権 (在任 2009～2017)
「「繁栄」は途方もない貧富の格差を拡大しながら、過剰貨幣資本」蓄積に起因するリーマン・ショック (2008.9) は、ブッシュ (息子) 政権の政策を引き継ぐ共和党候補 J. マケインの敗北、黒人大統領候補 B. オバマの勝利をもたらした。金融危機・世界同時不況への対応を期待されたオバマ政権は、何よりもまず金融機関のメルトダウンを国民税金の投入によって修復し、金融資本主義を救った。おそらくそれは、オバマの選挙資金の 1/4 が 200 ドル以下の小口献金から得ていたが、残り 3/4 がゴールドマン・サックス、JP モルガン・チェース、

シティ・グループなどの大口献金により賄われていたことと関係があるだろう。

　これまでも高齢者・身体障害者のための医療保健制度（Medicare），社会保障受給資格を持たない低所得者や障害者に基礎的医療を提供する州運営の医療扶助制度（Medicated）があった。が，6人に1人のほぼ4,700万人が医療保険に未加入で，貧困層では2人に1人が未加入である事態を是正すべく，公的保険ではなく企業経由による民間保険加入という点で不十分であったが，オバマは大統領として「患者保護並びに医療負担適正化法」（通称 Affordable Care Act=オバマ・ケア）に2010年3月に署名した（2012年最高裁判所で合憲判決）。民主党の悲願であった国民皆保険をめざすオバマ・ケアが成立し，2014年1月1日から適用が開始された[7]。

　しかしながら，「ブッシュ減税法」の延長阻止（とりわけ全納者の上位2％を占める富裕層減税の阻止）を目論むも，「アメリカの契約」に倣った「アメリカとの誓約」（A Pledge to America，ブッシュ減税継続，軍事費以外の財政赤字の削減，オバマ・ケアの改変）を選挙公約に掲げた共和党と「ティー・パーティ運動」の猛威によって，2010年秋の中間選挙で民主党は下院多数派を失い，12月にはブッシュ減税の2012年末まで延長する「2010年減税法」に署名せざるを得なかった（広瀬 2010.11）。

　また，巨大金融機関の救済と財政出動によって，大手金融機関の経営者の報酬が急騰する一方，労働者の賃金は下落し，失業も長期化して，貧富格差はリーマン・ショック以前よりも拡大した。

　そうした状況の中で2012年秋の大統領選挙で，共和党 M. ロムニー候補と争って再選をめざすオバマは，公平に関して富裕税の導入・再分論を掲げ，金融機関は「まやかしの利益を得てきた」，あるいはグローバル資本主義の象徴である北米自由貿易（NAFTA）が国内ブルーカラー労働者を失業させると反対を訴えて勝利（2012）した[8]。米最高裁の同性婚合憲判決（2015.6）をも得えた。

　オバマ大統領と国務長官ヒラリーの同政権は，労働力率や賃金上昇率は依然として低いが，民間部門の雇用を1000万人創出し，大手銀行を解体することなく，金融安定を阻害する過剰なレバリッジを大幅に削減させ，環境政策も進めた。が，軍にテロリストという自己判断権を与え，合衆国市民を秘密逮捕し，無期限に拘留する権限を与える「国防権限法」（2011）を成立させた[9]。

（3） 中道路線の結果

J. カーター政権後，共和・民主党の中道路線政権の経済政策は，〈帝国〉アメリカの寄生性・腐朽性の増悪に起因する産業空洞化を国内製造業の地道な育成によって埋めるのではなく，新自由主義・金融資本主義・グローバリゼーションという総じて対処療法に終始した。

大量のドル札や国債発行（通貨安競争＝ドルの信用下落）・長期金利引き下げ・住宅ローン引き下げ・公的年金など，巨額のマネーを株式市場運用へと誘導してインフレを煽り，株価上昇させ，その儲けを企業の設備投資に回させ，新しい製品の生産・需要の創出によって経済成長を促そうとする狙いがあった。

事実，レーガノミクスによる 1982 年から 1989 年まで 92 ヵ月続いた景気拡大（代表的な 500 銘柄で構成する S&P 500 指数で 3.3 倍），クリントン政権下での IT 革命による 1991 年の景気拡大（new economy），それに続くグラム＝リーチ＝ブライリー法によるカジノ金融資本主義による 2001 年まで 120 ヵ月の景気拡大（同指数で 4.9 倍），さらにリーマン・ショックによる株価暴落後の 2009 年 6 月から 2016 年 9 月までの 87 ヵ月におよぶ景気拡大（同じく 2.3 倍）があった。

しかし，この間の景気拡大・株価上昇の多くは，ブッシュ減税や規制緩和またタックスヘヴン（tax heaven）などで優遇された，かつて独占資本主義期に「泥棒貴族」と称された末裔である，金融商品や株売買場に秀でた大企業や富裕層や新富裕層が食し，資産保留され，設備投資・賃金上げに回らず，富の再分配がされなかた。

社会的正義・公正に関心がなく，せいぜい功利主義的価値観しか持たないマネタリストたちの楽観的な「滴り落ち効果」（trickledown effect）に反して，上位 0.1％ の金持ち資産が下位 60％ に匹敵し，3％ の富裕層が富全体の 1/2 を占める結果になった。

その富裕層も，純資産 1 億〜10 億ドルのロックフェラー家など 19 世紀末以来の数千世帯のアッパー・リッチスタン，純資産 1000 万〜1 億ドルの起業家，企業家，投資家など 200 万世帯のミドル・リッチスタン，純資産 100 万〜1000 万ドルの企業幹部，医師，弁護士，銀行員，デザイナー，アナリスト，資産運用マネジャーなど，専門職を生業とする 750 万世帯のロウアー・リッチスタン（「新富裕層・new Richistan，2004 年で総世帯数の 9.05％」）という具合に層をなしている。その新富裕層（資産 100 万ドル以上で，1995 年以降に急増した 30〜40 代の高学歴で勤勉である）も，収入の 1/3 をもっぱら投資利益から得て，

不動産税廃止のために共和党支持している（Frank 2007=2007: ⅰ-ⅷ）。

　R. フランク（Robert Frank）の『リッチスタン』（2007）によれば，「これほど多くのアメリカ人が，これほど短期間に，これほど豊かになったのは前代未聞のことである。製造業では中国やインドに水をあけられているアメリカも，こと富豪を生み出すことにかけては世界に君臨しているのだ。いまやアメリカの資産 100 万ドル以上の世帯数は，歴史上初めてヨーロッパを上回った」（Frank 2007=2007: ⅰ-ⅱ）。

　ともあれ，総じてアメリカ総世帯数の 11％，900 万世帯が「エスタブリッシュメント」として格差社会アメリカの上位を占めている。他方，アメリカ社会の下位は「アウトサイダー」という被管理の対象に位置づけられ，疎外されているだけでなく，その実質賃金もインフレの下で過去 24 年間の著しく下落し，社会福祉費削減，労働条件の改悪などが行われ，かつての生活水準を保つために「3 職夫婦」が増加し，中間層の少なからぬ部分が下層化し，生活環境が悪化した。たとえば，年収 1 万ドル以下の女性が心臓病で亡くなる割合は，2 万 5000 ドル以上の女性より 3 倍以上高く（2001），成人 31 人に 1 人の計 730 万人が受刑状態にあり（2007），金融危機による 800 万人の雇用減（2008～2009）のなかで貧困から這い上がれないワーキング・プアー（working poor）が増加した。

　高福祉高負担のデンマーク・スウェーデン・スイス・オーストリアなど北欧型福祉国家と比較して，国家や企業あるいは家族に頼らず自己責任・受益者負担が強調されるアングロサクソン社会のアメリカでは，医療保険や教育費の受益者負担が当然とされ，アフガニスタンやイラクで戦死するアメリカ兵の欠員を埋めようとする軍隊側の働きもあって，若者たちが大学進学や医療保険を得るために軍隊を志願せざるを得ない「経済的徴兵制」（economic draft）も強まってきた（布施 2015）。

　これらの結果，白人の富裕層は大都市中心部から郊外へ逃げ出し，カメラ・赤外線センサー・高い剣先フェンスで自衛する「要塞の街」（gated community）に住み，それとは対照的に，貧困層やマノリティが住む大都市中心部は荒廃がすすんでいる。

　アメリカ・コミュニティーの深刻な分裂だけでなく，人々の心の荒廃もひどくなった。米国経済会議（NEC）議長 L. サマーズによれば，「規制緩和された世界の難しさは，底辺に向かって徹底した競争につながる点にあります。グレ

シャムの法則『悪貨は良貨を駆逐する』です」という倫理のない状態である[10]。その心の荒廃は，資本主義勃興期にアダム・スミスが『諸国民の富』(1776) の基礎付けである『道徳感情論』(1759) で論じた，資本主義は想像力・共感・愛の欲求・他者承認を基盤としている，という主旨とは正反対である。

ほぼ 35 年前，C.ラッシュ (Christopher Lasch, 1932～1994) は『ナルシシズムの文化』(1979) を上梓したが，そのナルシシズムは怒りに変わり，『ファシズムの解剖学』(2004) を上梓した R. O. パクストン (Robert O. Paxton, 1932～) の一文を借りれば，「アメリカは，テロリズムが国の安全にとって大きな脅威となっているなどという議論をするなかで，テロリズムの疑いを口実に法の支配を停止しまった」だけでなく，「民主主義のかわりに大衆に基盤をおいた独裁をもってこようとする運動が段階を追ってしだいに強大化し，覇権をうち立てようとする傾向」，つまり，いわゆるファシズムを許す社会心理が広まっている (Paxton 2004=2008:5)。

第 2 節　大統領（予備）選挙 (2016) のアメリカ

大統領選挙の，予備選挙から本戦にいたる選挙戦では，前節で言及したアメリカ社会経済状況のなかで，中道派の H.クリントン，民主党左派・社会民主主義の B.サンダース，共和党右派・極右の D.トランプという 3 潮流が戦った。

1　中道派　H.クリントン

オバマ大統領の前国務長官として H.クリントンは，敗戦の弁明によれば「正しいことのために戦うことに価値がある，と信じ続けて」，法の支配や平等，信仰と表現の自由，「これらを守り続けなければならない」を信条に[11]，医療保険改革法（オバマ・ケア）・米最高裁の同性婚合憲判決・1000 万人の雇用創出・過剰なレバリッジ削減・環境政策に努めていた。人口中絶問題に関しては，カトリック教会の堕胎否定論を反映した生命尊重主義 (pro-lifer) にたいして，中絶可能な医療施設増設や中絶ピル「RU—486」を認めた夫 B. クリントン大統領と同様に，妊娠女性の判断を尊重する選択尊重主義 (pro-choicer) を訴えた[12]。

B.サンダースも，「ヒラリー・クリントンが好きじゃないって？ それでもいい！ 彼女に投票してくれ。もしトランプが大統領になったら，この国は破滅だ。

人種差別をし，女性を性的に侮辱することを吹聴する自慢する人間が，君たちの大統領でいいのか？」「トランプがレイシストだと知りながら彼を候補から引きずり下ろさない共和党幹部たちよ，そんなに職と地位を失うのが怖いか。そこまでの覚悟がないなら，とっとと政治家をやめちまえ！」と H. クリントンを支持した[13]。

クリントンが勝利していれば，1960〜70年代の社会運動の2つの柱であった公民権運動とフェミニズム運動が，黒人大統領オバマと女性大統領ヒラリーの誕生へと結実することになり，当時代を生きている私たちも，「啓蒙の過程に居合わせることができるのは，ただ当事者のみ」（Habermas 1963=1975:621）という幸運の一端に与るはずであった。

しかし，『ワシントン・ポスト紙』の出口調査によれば，全女性の54％がクリントン，42％がトランプ，既婚女性ではクリントンが49％，トランプが47％で，大卒以外の白人女性ではクリントンが34％，トランプが62％であって，女性自身が「ガラスの天井」を破らなかった[14]。

『ニューヨーク・タイムズ』など全米ほぼ全部の新聞社から支持を得たヒラリーも，ゴールドマン・サックス，バンク・オブ・アメリカ，モンガン・スタンレー，USB，フィルディ投資などから大口献金を得ていて，E. トッドの言によれば，「クリントン氏はじんましんがでるほど嫌いだ。帝国主義的で新自由主義的なリーダー」だった[15]。

選挙中に暴露されたヒラリー電子メールは，1970〜2000年代の共和党政権に大きな影響を与えた新保守主義（ネオコン）に，つまり自由主義と民主化を御旗に掲げながら，アメリカ覇権主義を追求し，親イスラエル政策を支持し，2003年のイラク戦争に見られたように，国連の集団安全保障措置よりも先制攻撃・予防戦争を主張する外交政策により親近感を抱いて，国務長官として外交政策の先頭に立ってきた，ことを明らかにした[16,17]。

2　民主社会主義　B. サンダース

議会で唯一「民主社会主義者」を名乗る無所属議員として民主党と院内会派を組んで大統領候補に立候したのが B. サンダースである。彼は，シカゴ大学時代に人種差別撤廃を訴え，公民権運動の原動力となった「人種平等会議」（CORE）に参加し，富裕層増税・最低賃金引き上げ・高等教育学費の無料化・米国内の雇用を失わせる環太平洋連携協定（TTP）反対・インフラへの投資を主張して，

民主党予備選挙で健闘した [18, 19]。

　サンダースに先立って，実は，久しく停滞してきた労働組合運動や1980年代中頃に登場してきた「新しい社会運動」など左翼側が，反リベラル・エスタブリッシュメントに対する抗議運動を組織し始めていた。

　たとえば，反NAFTA闘争である。21世紀における先進国間と途上国の対立を調整し，国際貿易ルールを決める世界貿易機関（WTO）の第3回閣僚会議がシアトルで開催（1999.11）されたが，国際自由労働組合総連合（ICFTU, 1949〜2006，国際労働組合連合・ITUC, 2006〜）傘下のアメリカ総同盟・産別会議（AFL—CIO, 1955〜）は2万人の労働者を抗議行動に送り，メキシコや南アフリカの労働者や環境保護者らあわせて数万人が会議を包囲し，会議は決裂するとともに中断された。この「シアトルの闘い」の際，全米鉄鋼労連のベッカー会長は，「労働権をはじめとする人権や環境保全などの合意が，WTO協定の中軸にすえられないかぎり，WTOを拒否する」と発言し，またデモ隊も，国家からの助成金を支給されて安価に製品を生産できるアメリカ企業・多国籍企業が途上国に市場開放を迫る結果，途上国経済を徐々に衰退させるとの理由からNo More NAFTA！を掲げた。

　反金融資本主義闘争としての「ウォール街占拠運動」（Occupy Wall Street）も，そうした闘争の環をなしていた。2010年の中間選挙で民主党が大敗し，オバマ政権の支持率が40％前半に低迷し，次の大統領選挙における共和党の政権奪回の可能性が膾炙される最中の2011年9月，金融資本主義の総本山「ウォール街を占拠せよ」「われわれは99％の側だ」が起きた。それは，上意下達の決定ではなく，総会方式の決定・参加民主主義を強調する1960年代の学生運動や「新しい社会運動」の闘争スタイルを継承する抗議行動であった。この間，中東の独裁国家が国家管理のメディアではなく，フェイスブックを介した抗議運動によって次々と打倒されていたが，それら「レイバーネット・ウェブサイト」戦術に倣い，フェイスブックを介して青年たちが組織したものである（van Gelder 2011=2012）。民主社会主義者サンダースの健闘は，再活性した労働運動と「新しい社会運動」の協働からエネルギーを得ていると言えるだろう。

3　共和党右派・極右　D.トランプ

　政治経歴がないD.トランプに先立って，ブッシュ（息子）政権は共和党の公約ともいうべきN.キングリッチの「アメリカの契約」（強いアメリカを掲げ，

均衡財政・福祉削減・減税など，1994）を実行し，草の根保守主義「ティー・パーティ運動」は「アメリカとの誓約」を掲げて，再選を目指すオバマ政権を揺さぶり，保守主義・新保守主義勢力もそれに加勢していた。

先の言及と重なるが，オバマ政権の巨大金融機関の救済と財政出動にもかかわらず失業率が8.5％にのぼり，貧富格差もリーマン・ショック以前よりも拡大し，期待値が高かった分，総人口の70％の2億人をしめるアメリカ中流市民の失望も深かった。「ティー・パーティ運動」は，建国期コミュニティー・アソシエーションへの原点回帰・個人の財産権の絶対視・自己責任論を掲げ，2010年中間選挙で共和党を勝利させ，オバマ大統領にブッシュ減税の2012末までの延長を飲ませた（「2010年減税法」）。さらに，オバマ・ケアによる保険料の強制的徴収・増税で割りを食う白人中間層の不満を背景に，2013年9月には翌年からのオバマ・ケア実施反対のために予算案を下院で否決し，2週間強の政府機関閉鎖と債務不履行（default）の脅しで，上院で多数派を占めるオバマ民主党政権を土壇場まで追い詰めた。

全米にホテルやカジノを所有する不動産王トランプのとった選挙戦術の1つは，ファクトチェック（事実確認）が行ったウェブサイトが明らかにしたように，発言の7割以上が虚偽もしくは虚偽に近い煽りであった。たとえば，アメリカの低賃金労働を支えている5400万人のヒスパニックを「彼らは不法入国して麻薬犯罪やレイプ事件を起こす」あるいは「中国人は米国人の職を奪い工場を奪っていった。それなのにアメリカは中国に1兆4000億ドル（約168兆円）もの借金がある」「日本にも1兆4000億ドルの借金がある。……日本とは協定があって日本が攻撃されれば米国は直ちに救援しなければならないが，アメリカが攻撃されても彼らは何もしてくれない」，また，クリントンなら移民を「6億5000万人」を受け入れると煽った。

2つ目は，アメリカでは教養よりカネが尊敬され，「カネへの愛情は，アメリカ人の行動の根底にある第一の，さもなければ第二の動機である」（T. トクヴィル）をもつアメリカ人の社会心理につけ込み，最富裕層の出自をうまく隠してアメリカンドリームをなしとげた成功者として中流階級に信じ込ませたことである。

3つ目は，〈帝国〉アメリカの寄生性・腐朽性の増悪への対処療法として反リベラル・エスタブリッシュメントが強力に進めた新自由主義や金融資本主義そしてグローバリゼーションこそが，労働条件の改悪と国内製造業の空洞化をも

たらしてきた，その事実をから人びとの目を逸らす戦術である。富豪を生み出すことにかけては世界に君臨している一方で，製造業ではドイツ，日本，中国，インドの後塵を拝し，金融資本主義の競争にも敗北した多くの中間層の怒りや不満を汲み上げることに成功した。かつて鉄鋼や自動車産業など国内製造業と民主党の州であったミシガン，ペンシルベニア，ウィスコンシンは今や「錆び付いた州」(Rustbelt)となり，ブルーカラー白人労働者は，単純な善悪の二分法（弱いアメリカと強い中国，イスラム国）と不可能な政策（イスラム教徒の入国禁止・メキシコと国境に壁を造る）に熱狂した。

4つ目は，1960年代以来の黒人，女性，性的少数者の社会進出（文化的多元主義）にたいする白人男性優先主義者の「鬱屈」（とりわけ人種差別・女性蔑視感が強い中西部や南西部の白人）と強いアメリカ（アメリカ第一主義）を組み合わせることであった。

それらの戦術の組み合わせに成功したトランプは，サンダースを支援していた若者の一部も，「トランプの破壊的なまでのファシズム精神に陶酔しはじめていた。特に米国の底辺で支える米国8000万人ミレニアム世代の支持が動いた。学費ローンで苦しめられた若者，移民に仕事を奪われ続けた若者層，格差の底辺であえぐ若者層が，トランプの「粉砕・Disrupt」を熱狂的に支持したのだ。……最優先すべきは「強いアメリカよ再び！」だったのだ。そのためにはアメリカ人の結束が必要であり，本音で語れる，エリートでない市井の層の声だった」[20]。

大統領選に勝利したトランプ共和党右派・極右政権は，国務長官に財界を代弁し，環境問題への取り組みに否定的でもあるエクソンモービル会長兼最高経営責任者（CEO）R. ティラーソン，強いアメリカのために国防長官に元米軍中央司令官の「狂犬」J. マティス，大統領補佐官（国家安全保障担当）にM. フリン退役陸軍中将，情報管理強化のために中央情報局長官（CIA）にM. ポンペン下院議員，司法長官に人種差別的発言をしたことのあるJ. セッションズ上院議員，金融資本主義のためにウォール街からの金融規制強化法（ドッド・フランク法，2010）廃止の要望を実行する商務長官に投資家W. ロス，財務長官にゴールドマンサックス出身のS. ムニューチン，労働長官に最低賃金引き上げに否定的な実業家A. ハズダー，保健福祉長官にオバマ・ケアに否定的なT. プラス下院議員を就任させ，予定している[21]。

おわりに

　トランプ勝利と同時に行われた下院選挙での共和党勝利は，新自由主義や金融資本主義に苦しんできた白人を主とする中間層と下層が，財界と経済エリート層からなるエスタブリョシュメントというワシントンのお偉いさんを「敵」と定め，白人中流層の溜飲を下げる罵倒術に長けているトランプに熱狂し，罠に落ちてしまった結果である。反知性主義の最悪の形態である怨念から彼らは，民主党・共和党左派からなる中道派を政治の主役から引きずり落とし，当の体制をより暴力的に進める共和党右派・極右を主役に押し上げた。

　共和党右派・極右は，「簡単な10のステップで実現できる」（N. ウォルフ）戦術に沿ってアメリカをファシズム化しようするであろうが[22]，その事態は，本章冒頭で触れたように，「アメリカの大義は，ほとんど全人類の大義である」という近代啓蒙の結晶としてのアメリカのアイデンティーが危急に瀕していることを伺わせる。

　強いアメリカ回復と徹底した市場原理主義と自己責任（最小国家）を信奉する新自由主義，つまり弱肉強食の社会進化論を信奉するトランプや共和党右派・極右にとって，財界やエリートの倫理の全ては〈利潤の極大化〉であり，それに修正をかける富の〈再分配〉や社会民主主義，国民主権の民主主義そのものが詰まるところ「敵」である。しかしながら資本主義は，〈利潤の極大化〉〈限界なき拡大生産〉の否定を媒介してしか機能しないのである。

　労働組合や社会的紐帯の弱体化によってアトム的個人に分解された国民の社会心理が，かつての「ナルシシズムの文化」（Lasch）から競争に敗北した怒りと怨念へと亢進し，競争から脱落したアメリカ社会の多数派を占める中流層や下流層が，徹底した市場原理主義と軍事国家アメリカとの結びつき，つまり広い意味での〈ファシズム〉到来を受け入れつつある。国際関係の観点でみれば，再び〈帝国〉国家間の生き残りをかけた競争が激化するだろう。

　2016年の大統領選挙が自証したのは，植民地なき〈帝国〉アメリカ，新自由主義と金融資本主義が，「「繁栄」は途方もない貧富の格差を拡大しながら，過剰貨幣資本」を累積し，「恐慌の前提条件を成熟」させてきたということである。

　しかし，D. トランプの獲得投票率は46.1％で，社会民主主義者B. サンダースも支えた女性大統領候補H. クリントンのそれが48.2％であったということ

は，1960～70年代の社会運動を体験した世代からみれば，アメリカは今，「啓蒙の過程」とファシズムの過程の岐路にある，ということであろう。また，H. クリントンが獲得投票率で多数を占めたことは，アメリカの行方について過度に悲観することもない，ということを示唆している。

注

1） Immanuel Wallerstein,「トランプ大統領と世界」『朝日新聞』（2016. 11. 11）。
2） 戦後アメリカとは対照的な道を歩んだのが，第二次大戦で全ての海外利権を失い，既存の独占的秩序も崩壊し，資源の乏しいので勤勉と勤倹貯蓄，技術進歩と生産性向上による高品質と低価格によって，海外貿易に頼る以外に生存の道がなかった日本とドイツである（金田 1993:55）。
3）「ワシントン・コンセンサス」（1989）とは，① インフレ抑制のための高金利政策，② 法人・富裕層への減税，③ 公共サーヴィスの有料化など「コスト・リカバリー」政策，④ すべての分野での競争促進政策，⑤ 民営化，⑥ 労働市場の規制緩和，⑦ 自由貿易の奨励，⑧ 短期投機資本を含む資本勘定の国際化・自由化，⑨ 多国籍企業や富裕層が合法的に脱税できる「租税回避地・tax heaven」の黙認である。
4） ゼネラル・モーダーズ（GM），フォード，クライスラー（現FCA）の自動車産業大手3社の製造拠点であるデトロイト郊外は，典型的な錆び付いた工業地帯であり，1980年代の安価で高品質の日本車やドイツ車の流入や原油高で，アメリカ自動車業界は極度の販売不振に陥った。賃金カット，生産の自動化，NAFTA締結によるメキシコへの進出で，3社の従業員は3万5000人解雇され，授業員の賃金も1/2以下に下がった（北島忠輔「主なき家々『収入は半分』：ラストベルト──さびた街が託した希望──」『東京新聞』（2016. 12. 17）。
5） D. ベルは，第1次産業（農業，牧畜，水産，林業，狩猟）の衰退，産業社会を特徴づける第2次産業（工業，製造業，建設公共事業，ガス・電気事業）の漸増と停滞，「脱産業社会」を特徴づける第3次産業（商業，金融，運輸・通信，公益事業，家事使用人，非物質的産出物を生産するサーヴィス事業）の飛躍的増大，第4次産業（第3次サーヴィス部門の運輸・通信，商業，金融，保険・不動産，個人サーヴィス分野の拡大）を経て，第5次産業（科学技術と専門知識の高度化に対処する教育部門，長寿社会を保証する保健サーヴィス部門，これらサーヴィス部門を拡充して，生活環境全体との調和をはかる統治部門）へと比重が増していく，と予想している（Dell 1973=1975）。
6）「米国愛国者法案」（2001）は，情報収集に関する規制緩和，テロ行為に関係あると疑われる人物の拘留や国外追放に関する規制緩和，テロリズム定義の拡大などを内容

とする。

7）最高裁判所での合憲判決が確定するまで，保険加入の義務付けと非加入者への罰金条項にかんして，バージニア州連邦地方裁判所は「加入に関する個人の選択の自由の問題」を侵害すると判決し（2010. 12），フロリダ州連邦地方裁判所はさらに踏み込んで違憲判断を下し（2011. 2），ジョージア州連邦高等裁判所も違憲判断を下した（2011. 8）。それら裁判所の判断は，格差社会を部分的ながら是正しようとするオバマ政権の努力を否定するものであった。

8）"Why I Am Leaving Goldman Sachs" *New York Times*, 2012. 3. 14.

9）ロシアに亡命した元国家安全保障局職員 E. スノーデンによれば，アドレスの最後に「.com」が付くすべてのメールは，NSA のスーパーコンピューターによって検索可能であるという。G. オーエルが『1984 年』（1949）で描いた情報管理社会が現実化している，とも言えるだろう。

10）L. サマーズ「過信が恐怖に，繰り返される金融危機」『朝日新聞』（2010. 4. 6）朝刊。

11）H. クリントン，『朝日新聞』（2016. 11. 8）。

12）1973 年の「ロー対ウェイド事件」で妊娠女性の判断を尊重する最高裁判決がなされた。

13）長野美保「新大統領決定目前！ 大劇戦地ネバタで聞く〈米国民の叫び〉」ダイヤモンド・オンライン（2016. 11. 8）。

14）『毎日新聞』（2016. 11・23　9：30）配信。『ニューヨーク・タイムズ』の出口調査によれば，人口の約 70％をしめる白人の 58％がトランプに投票し，全女性の 56％がトランプに投票した。学歴別の投票先は，高卒以下でトランプに，大卒以上ではクリントンが多かったが，大卒以上の白人に限ればトランプが 49％を獲得し，クリントンが 45％にとどまった。収入別では年収 5 万ドル（約 540 万円）以上ではトランプ票が多かった（『東京新聞』2016. 11）。

15）エマニュエル・トッド「進むグローバル化，米も悲鳴」『朝日新聞』（2016. 10. 4）。

16）http://graphics.wsj.com/hillary-clinton-email-documents/pdfs/C05795332.pdf.

17）元経済政策担当の財務次官補でウオール・ストリート・ジャーナルの元共同編集者 P. C. ロバート（Paul Craig Robert）によれば，ヒラリーもファシズム化戦略を追求しているのだという。

　　http://www.stragic-culture.org/news/2016/04/13/president-killary-would-the-world-survive-president-hillary.html（=http://eigokiji.cocolog-nifty.com/blog/2016/04/post-7ce5.html

18）萩原信次郎の紹介を借用すると次の 6 政策である。① 富裕者と大企業への課税強化。所得税の累進性を強化し，富裕層，ウォール街の投機家たちに増税する。② 連邦最低賃金を 2020 年までに，時給 7.5 ドルから 15 ドルに引き上げる。③ 道路，橋梁，

鉄道,その他のインフレ整備に5年間で1兆ドルを投資し,少なくとも1300万人の雇用をつくりだす。④「どん底に向かう競争」をもたらす自由貿易政策(NAFTA,TPP)をやめ,低賃金国の最低賃金引き上げを促す。⑤ 公立大学の授業料をタダにし,貧しさゆえに大学進学をあきらめることをなくす。⑥ 単一機関の公的医療保険による国民皆保険制度をつくり,すべての市民に権利としての医療を保障する(萩原 2016: 14-5)。

19) https://berniesanders.com/
20) 神田敏晶「まさかの瞬間!ドナルド・トランプが米国大統領となる日」
 http://bylines.news.yahoo.jp/kandatoshiaki/
21)『朝日新聞』(2016. 11. 12)。
22) Naomi Wolf, http://www.guardian.co.uk/world/2007/apr/24/usa.comment

参考文献

Bell, Daniel, 1973, *The Coming of Post-Industrial society* (=1975, 内田ほか訳『脱工業社会の到来』上,下,ダイヤモンド社).

Bellah, Robert. N, 1975, *The Broken Covenant*, The Seabury Press (=1983, 松本・中川訳『破られた契約』未來社).

Ehrenreich, Barbara, 2001, *Nickel and Dime*, c/o International Creative Management Inc (=2006, 曽田和子訳『ニッケル・アンド・ダイム』東洋経済新報社).

Frank Robert, 2007, *Richistan*, Crown Publisher, New York (=2007, 飯岡美紀訳『ザ・ニューリッチ』ダイヤモンド社).

布施祐仁 (2015)『経済的徴兵制』集英社。

Greenberg, Edward E. 1985, *Capitalism and the American Political Ideal*, M. E. Sharpe, Inc. (=1994, 瀬戸岡紘訳『資本主義とアメリカの政治理念』青木書店).

Habermas, Jüngen, 1963, *Theorie und Praxis:Sozialphilosophishe Studien* (=1975, 細谷貞雄訳『理論と実践』未來社).

―――, 2008, "Nach dem Bankrott" *Die Zeit* (=2009, 三島訳「インタビュー:破綻のあとで」『世界』岩波書店).

Harvey, David, 2005, *A Brief History of Neoliberalism*, Oxford Press (=2007, 渡辺訳『新自由主義』作品社).

広瀬淳子 (2010. 11)「アメリカ・ブッシュ減税の延長問題」『国立国会図書館調査及び立法考査局』。

金田重喜 (1993)「アメリカ資本主義の栄光と没落」『苦悩するアメリカの産業――その栄光と没落・リストラの模索』創風社,3〜76ページ。

――――(2002)「監訳者のあとがき」金田重喜監訳『現代アメリカ産業論』創風社.
川端望「アメリカ鉄鋼業のリストラクチャリング――衰退と転換のプロサセス」金田重喜編著『苦悩するアメリカの産業――その栄光と没落・リストラの模索』創風社.
Kennedy, Paul, 1988, *The Rise and Fall of the Great Power: Economic Change and Military Conflict from 1500 to 2000*, Random House（=1987, 鈴木主税訳『大国の興亡』上，下, 草思社).
Krugman, Paul, 2016, "Column" *New York Times*（=2016,「オバマ大統領の教訓 完全な成功ではなくても」『朝日新聞』2016. 4. 8).
Lasch, Christopher, 1980, *The Culture of Narcissism: American Life in An Age of Diminishing Expectation*, W. W. Norton & Company, Inc., New York（=1984, 石川義弘訳『ナルシシズムの時代』ナツメ社).
Lipset, Seymour, M.1996, *American Exceptionalism*, W.W. Norton & Company（=1999, 上坂昇・金重紘訳『アメリカ例外論』明石書店).
MacIntyer, Alasdair, 1981, 84, *After Virtue, A Study in Moral Theory*, Second Edition, University of Notre Dame Press, Notre Dame,Indiana（=1993, 篠崎栄訳『美徳なき時代』みすず書房).
Martin, Stephen, 2001, "Petroleum", *The Structure of American Industry, 10th edition*, Adams Walter & James W. Brock, ed., New Jersey: Prentice Hall, Inc（=2002, 金田重喜監訳『現代アメリカ産業論』創風社).
萩原信次郎（2016）「バーニー・サンダースとは何者か？ 何がサンダースを押し上げたのか？」『バーニー・サンダース自伝』大月書店，3～17ページ.
Paxton, O. Robert, 2004, *The Anatomy of Fascism*, Alfred A. Knoff, Publisher, New York（=2008, 瀬戸岡紘『ファシズムの解剖学』桜井書店).
Sanders, Bernie,（1997）2015, *Outsider in the White House*, Verso Books（=2016, 萩原信次郎監訳『バーニー・サンダース自伝』大月書店).
佐藤英夫（1995）「アメリカ経済」『90年代の世界経済』創風社.
高祖岩三郎（2012）「世界を〈脱占領〉しよう」『世界』2月号，岩波書店.
堤美果（2008）『ルポ 貧困大国アメリカ』岩波書店.
van Gelder, Sarah and the staff of YES! Magazine, 2011, *This Changes Everything*, The Positive Futures Network（=2012, 山形浩生ほか訳『99％の反乱：ウォール街占拠運動のとらえ方』パジリコ株式会社).

第8章　現代資本主義の終焉とアメリカ民主主義
　　　　　——理論的検討——

　　　　　　　　は　じ　め　に

　第二次大戦後，植民地なき新植民地国家アメリカは，世界的国家独占（「アメリカ〈帝国〉」）の構築に成功し（Harootunian, 2004=2014:10）「豊かな社会」を実現し，その代償として，〈帝国〉アメリカの内部に寄生性や腐朽性を悪化させてきた。2016年大統領選挙は，アメリカ資本主義の誕生・維持に不可欠であった「国民国家」（nation-state）の構成諸要件を溶解させた社会的状況のなかで行われた。入植時におけるコミュニティーを基盤に，社会における「アソシエーション」，「市民の宗教」における「心の習律」（勤勉と勤倹，合理的精神，隣人愛），経済における「等価交換」，政治における「民主主義」そして「高等教育」の確立，つまり「社会的正義」（Rawls 1971）やアメリカのアイデンティーが瓦解しつつあるなかでの選挙であった。その結果が極右政権の誕生である。
　戦後アメリカ資本主義も，〈限界なき拡大再生産〉が可能な下で〈利潤の極大化〉を追求してきたが，1970年代初頭にはそれが不可能であることが明らかになる。それ以降，アメリカ資本主義は，対内的には，中下層をそして広く国民から富を吸い上げ，対外的には，NAFTA締約によってメキシコやカナダから富をアメリカへ還元し，あるいは世界の国内総生産（GDP）の56％をしめる（2009）アジア太平洋地域の争奪をめぐって中国が主導する「東アジア地域包括経済提携」（RCEP）に対抗すべく「環太平洋連携協定」（TPP）の締結を試みてきた[1]。さらに，ブラッセルのEUの実務担当エリートと組んで環大西洋地域の富をアメリカに還元すべく「環大西洋貿易協定」（TTIP）締結を目論んできた[2]。その果実の多くを多国籍企業とその富裕層が食し，中下層の市民は，むしろ途上国の劣悪な労働条件の逆輸入によって実質賃金をはじめとして生活水準を下げてきた。
　冒頭で触れたように，〈利潤の極大化〉を本性とする私的企業・資本は，すべてを商品化し，資本蓄積を高めながら世界市場制覇（globalization）を目指すが，その行き着く先は，自らの出自であるコミュニティーと国民国家の破壊で

ある。〈利潤の極大化〉に嚮導された資本主義と産業主義は，高度になればなるほど，哲学的に表現すれば，ヒトとヒトの諸関係を商品と商品の，モノとモノの関係に変装し，さらにすべての存在を搾取の対象として，人間の緩慢な死と自然破壊への要素を蓄積する。

2016年大統領選挙は，自らの基盤であるとともに抵抗の諸要素・〈否定性〉（negativity）としてのコミュニティー・国民国家・自然の破壊が，とりわけ破壊されてきた中下層のアメリカ市民の怒りが，反知性的にまで噴出したことを自証するものであった。言い換えれば，〈利潤の極大化〉を最優先してきた資本主義と産業主義は，それに抵抗する社会的正義を求める社会民主主義や労働運動という〈否定性〉を巧みに抑圧し，体制内化してきた結果，資本主義の自らの基盤（労働者・市民，国民国家・市場，そして公平な市場を保証する政治体制としての民主主義）を崩し，あまりにも巧みに成功したゆえに自己否定に陥る，そのアイロニーを自証した。

本章では，〈否定性〉としての旧来の労働運動と「新しい社会運動」の活性化に留意して，過度の資本主義と産業主義を乗り越え，生活の回復・向上をめざす方向を，自然発生的な地縁的結合のコミュニティーを基盤としつつも，そのの対極にあって，めざす目的のために人為的に組織されたアメリカの〈アソシエーション〉とユーゴスラヴィアの〈自主管理・self-management〉を鍵概念として考察する。

以上のテーマを，① 資本主義と国民国家はその誕生からして不可分であるが，独占資本主義は当の国民国家を破壊してきたこと，② 資本主義経済の「所有権」と民主主義の「市民の権利」が緊張状態にあり，「所有権」最優先が市民の権利を破壊してきたこと，③ 民主主義かファシズムかの岐路にあるアメリカは，〈アソシエーション〉の伝統と〈自主管理〉の経験に学びながら民主主義の道を歩むべきこと，という順序で検討したい。

第1節　資本主義と超技術社会・超国民国家

前章までに論じたよう，パックス・アメリカーナー体制下の長期にわたる世界市場独占体制は，自らのなかに胚胎したアメリカ資本主義の寄生性・不朽性に起因する1973年末以降の一連の経済危機，アメリカの国力と資本蓄積力の低下に対処するために，権力を掌握する財界と経済エリートが，対内的には，国

家戦略の転換（イノヴェーション戦略，市場原理主義＝新自由主義政略，金融資本主義戦略，イデオロギー戦略）を強行し，対外的には，グローバリゼーションを強行してきた。これら資本蓄積の全社会的再編を行ってきた結果，ふたたび資本主義経済の基本的矛盾が露わになってきた（伊藤 1988：29-31）。

基本的矛盾は，まずは「国民国家」と「超国民国家」（meta-state）・「超技術社会」の対立として現象する。グローバリゼーションが強行されればされるほど，「国民国家」が退き，後者が前景へという現象である。

この現象の下で2つの診断が下されるようになった。

1つは，かつて 1950～60 年代の D. ベルなどの「ポスト産業社会論」や R. ダーレンドルフなどの「ポスト資本主義論」が「近代資本主義のもっとも本質的な要素は，その階級的性格にあるのではない。資本主義をそれに先行する伝統的社会秩序から区別する決定的な断絶は，資本主義的生産企業の合理化された性格である」（Giddens 1973=1977:38-43）と強調したように，NAFTA 締約国を決定的に規定しているのは社会の合理化・「超技術社会」であり，したがって，それに起因する物象化された社会・超技術的社会では，〈支配層・エリート－被支配者・クライアント〉が基軸であるから，生産と分配の問題は政治外的（extra-politically）・合理的・技術的に解決出来る，というハーバーマスやアレントの診断である（Epstein 1966=1998）。それと対峙するためには，労働運動と参加民主主義や脱物質主義を掲げた社会運動（1960 年代の青年運動や対抗文化運動や 1980 年代後半からの「新しい社会運動」のように）の活性化が必要である。

2つは，グローバリゼーションの進化とともに「国民国家」は解消され，NAFTA や TTIP 締約国間あるいは EU では多国籍企業あるいは現代資本主義は「超国家」の地平で活動する，という診断である。

どちらの場合も，資本主義においては「経済」や「階級」が社会的諸関係を貫徹する基軸であるという視点が軽視されているのだか，ここでは，所有権や貨幣制度また市場（market）に深く関わる「経済」，再分配に深く関わる「階級」や社会的生活基盤（infrastructure）などに焦点を合わせて，資本主義と国民国家の関係について少し論じたい[3]。

資本主義と国民国家をめぐる原理論的考察を行ったのは，日本では原田三郎（1914～2005）・田中菊次（1918～）に連なる経済学者（奥泉清［1931～］・金田重喜［1932～］・佐藤秀夫［1949～］）である。両氏に先立って師の宇野弘蔵（1897～1977）は，田中の要約によれば，資本主義とは〈労働力の商品化〉を

核心的契機とした流通形態・市場経済が生産関係に及んだものであり,「資本主義があたかも永久に続くかの如くに捉える原理論」を構想しているが（田中 2007：145-70)[4]，原田は，資本主義の成立自体が「国民国家」・「国家権力」に訴えることなしにはあり得なかった，と次のように主張する。

　資本制経済の内的編成（資本，土地，賃労働）はその成立の始原からして賃労働の創出をめぐって国家権力を必然ならしめた（いわゆる本源的蓄積）が，本来的の資本制的蓄積も，その本質的な契機たる産業予備軍の維持，供給をめぐって，国家権力に訴え，かつ土地所有者の協力を求めざるをえないのである。それは，自己運動としての資本・賃金労働関係の拡大再生産が，歴史的に必然ならしめる諸関係である。以上が経済学における国家の必然性についての，私の考え方の方向である（原田 1979：11)。

　従って後半体系（「国家，外国貿易，世界市場」）も，前半体系（「資本，土地所有，賃労働」）からの発展の必然性が問われうる経済的諸範疇として獲得されるべきである（原田 1979：9)。

　原田・田中の見解を踏まえれば，資本主義の本性をなす資本・土地所有・賃労働つまり所有権・貨幣制度・市場などの「経済」，国家・外国貿易・世界市場つまり社会的生活基盤・「グローバリゼーション」・超国民国家，さらに，再分配に深く関わる「階級」は，国家権力による制度の裏付けなしには市場で機能しないから，それらの諸問題に分析にあたって，超技術社会とか超国民国家という枠組みのみでは，皮相な現象の記述に終始する，ということである[5]。
　したがって，超技術的（過度に物象化された）社会における〈支配層・エリート─被支配者・クライアント〉的編制，生産と分配に関わる問題，また多国籍企業主導のグローバリゼーションによる超国民国家という諸現象，それらに起因する諸問題を分析にあたっては，前者の超技術的・超国民国家の枠組みと国家権力・国民国家のそれがともに必要である。
　アメリカにおける「スノーベルト」（Snowbelt）や「錆びた地帯」（Rustbelt）に典型的にみられる国内産業の空洞化，また貧富の格差拡大や国民の怒りは,「ワシントン・コンセンサス」や「国家戦略」といった国家権力の関係で理解されるべきであり，またアメリカ資本主義が〈利潤の極大化〉を渇望し，自らの出

自であるアメリカコミュニティーを基盤とする国家の構成要件（アソシエーション，心の慣律，等価交換，民主主義，高等教育，高度産業），あるいは多人種・多移民からなる国民国家を保持する伝統（社会的正義）や矜持の経済的基盤を失ってきたことの反映である（奥泉 1995：279）。

フランスの家族人類者 E. トッド（Emmanuel Todd, 1951～）が，「いずれにせよ，この大統領選でグローバル化の神話は終わり，国家回帰に拍車がかかるだろう。……国民国家があってこそ国家間の協力が可能になる。欧州は国を越えることを夢見た結果，何もできなくなっている。……（ユーロ）のような単一通貨は「ジャングル」をもたらすと言ってきた。現在，欧州は完全な閉塞状態だ」と言うのも，そうした文脈からであろう[6]。

第2節　所有権と市民の権利（分配）との緊張関係

前節では，〈利潤の極大化〉を本質とする資本制的編成（資本，土地，賃労働）は，その始源からして暴力を行使する国家権力を要請し，〈限界なき拡大再生産〉（外国貿易，世界市場」）も〈利潤の極大化〉を貫くために戦争を厭わない国家権力と不可分である，と論じた。

しかし，同時に，国家権力に守られた〈利潤の極大化〉〈限界なき拡大生産〉は，それを否定する要素（等価交換，心の習律，民主主義，アソシエーション，教育，広く社会的正義）が働いてこそ，まさしく機能してきた。資本主義とは，市場経済（個人利益追求の極大化）と非市場的要素（勤勉，禁欲，相互信頼や社会的正義という文化的要素）であり，「言いかえれば，資本主義はそれがたんに資本主義でなかったゆえに成功したのであった。利潤の極大化と蓄積は，それが成功するための必要条件であったが，十分条件ではない」のである（Hobsbawm 1994: 342-3=1996a: 85-6）。

〈利潤の極大化〉を「所有権」にその否定的要素を「市民の権利」（社会的正義，民主主義，所得の再分配など）に凝縮して考察すれば，両者は緊張関係にあり，それが維持される限りで資本主義は機能する。資本主義をこの緊張関係でとらえてきたのが，1960年代のニューレフトの一翼を担っていたラディカル経済学とその後1980年代に学派を形成するようなったアナリティカル・マルクス主義である。

新自由主義や金融資本主義が拠る新古典派経済学は，マルクスの労働価値論

を採用せず，経済や人びとの行動を決定づけるものは市場（market）での競争と交換であるとして，もっぱら市場の調整力に信を置き，そのための経済政策を重視する。アナリティカル・マルクス主義も，搾取は資本主義だけでなく封建制や社会主義においても存在したし，存在するから，資本主義における搾取は労働価値論を前提にしなくてもよい，という見解に立つ。したがって，階級を説明するために労働価値論は必要ない，と解釈する。

　他方，ラディカル経済学は，人間は社会的存在であり，習慣・制度・組織などの文化や正義のあり方によっても決定づけられるというマルクス学派の伝統を復活させ，当の市場でも資本側の権力と労働側の対抗力が働いている，と捉える。その上で彼らは，マルクスの労働力商品論に拠りながら，資本側は生産手段を「所有」することで労働側からより多くの剰余労働力を抽出する，そういう「社会的蓄積構造」（Social Structure of Accumulation）を内蔵しており，その具体的分析につとめている[7]。つまり，ラディカル経済学は経済を資本と労働の相剋として捉えてきた。

　労働価値論に関しては，このようにラディカル経済学とアナリティカル・マルクス主義とは見解を異にするが，分配の正義に関しては見解を同じくしている。

　R. ローマ（John Roemer, 1945～）と同じくアナリティカル・マルクス主義を標榜するコロラド大学のJ. メイヤー（John Mayer, 1937～）は，「アナリティカル・マルクス主義の主導的テーマは，階級分析を戦略的合理性の理論に結合することである。……戦略的国家概念は，政治を階級闘争の中心的領域に位置づけ……ここに，階級・国家・合理性のあり得るべき結びつきが存在」する（1994:202=2005:183）とした上で，「近代自由義者は……資本主義経済が生産財を個人の権力の有効な基盤にし，それによって国家権威主義の支配領域を制限しているのだから，民主主義の安定にとって資本主義経済は不可欠だ，と主張する。……しかし，富は支配の一形態であり，資本主義の経済システムはきわめて非民主的であるために,資本主義と民主主義は本来的に緊張状態係（inherent tension）にある」と強調する（Mayer1994:194=2005:176）。

　資本主義と民主主義，「所有権」と「市民の権利」（社会的正義）の不安定な均衡（unstable balance）に関して,すでにラディカル経済学のS. ボルズ（Samuel Bowels, 1936～）とH. ギンティス（Herbert Gintis, 1940～）の『民主主義と資本主義：貧困，コミュニティー，そして近代思想の矛盾』（1986=1986-7）は，

両者の調整（accommodation）の形態をこれまで5つの形態と将来の望ましい1つに整理している（Bowels Samuel, and Herbert Gintis 1986: 41-62; 204-5= 1986, 1987）[8]。

① J. ロック的調整：　貴族特権にたいする闘いの際，ブルジョワジーが掲げた「所有権」が，労働者階級によるブルジョワジーの所有権支配への挑戦へ応用されるのを阻止するために,労働者階級の「市民権」を剥奪する形態。

② T. ジェファーソン（在位1801-9）的調整：　すべての白人男性を財産の「所有権」者とみなして「市民権」を認める。いわゆるアソシエーション（association）が成立していた形態。しかし，資本主義勃興期の地域では実現不可能であっただけでなく，資本の大集積ともにその現実性が失われた。

③ J. マディソン（在位1809-17）的調整：　所有権に挑戦してくる労働者階級を分裂させ，征服する形態。

④ J. ケインズ的調整：　「国家」の政策が，限定的な社会福祉をマクロ経済運営に結びつけて，資本主義（「所有権」）と民主主義（「市民権」）を両立させること（協調的資本策・リベラリズム）を可能にした形態。

⑤ 市場経済的調整：　反リベラル・エスタブリッシュメントが「所有」を最優先させ，「市民権」の制限を図ってきた形態。

⑥ ポスト自由主義的民主主義：　ジェファーソン的社会（association）観とマルクス的（社会正義に関して搾取・階級分析などを重視する）社会観の総合を目指す形態。自由と民主主義が社会組織の究極的目標であるから，国家の役割拡大よりも職場や地域共同体の権限を強化する形態。そのためには，4つの要素（a. 大規模な経済活動を行う者は，民主主義の結果責任を負う，b. 経済上の生計手段を確実に入手できること，c. 真に民主的な文化の発展,d. 個人と国家の間に樹立され一連の民主主義の制度）が肝要である。

メイヤーは,国家・政治論の構築につとめている同学派のポーランド出身で『資本主義と社会民主主義』（1985）『民主主義と市場：東欧と南米における政治改革と経済改革』（1991）の著者 A. プシェヴォスキー（Adam Przeworski, 1940〜）の初期の見解，つまり国家と階級との関係に留意していた〈民主主義安定性論〉に拠りながら，上記の「ポスト自由主義的民主主義」をより具体化している。そもそも民主主義とは，本来的に分権的性質をもつシステムであり，かつ不確

実であるから,「安定した民主主義を確立するためには,民主的競争における敗者にとってその敗北のコストが大きすぎる（民主主義の有効性の欠如）とき,また将来勝利する機会が非常に小さい（公正の欠如）とき,民主主義制度は危険に危晒される」から,民主主義安定のためには「市民権」（社会的正義）が不可欠である（Mayer 1994:197=2005:180）。

言い換えれば,自然発生的な地縁結合（＝コミュニティー）ではなく,掲げた目的のもとに結ばれた典型的な「アソシエーション」,A.トックヴィルの『アメリカのデモクラシー』(1835-40) が描いたそれは,ジェファーソン大統領政権期（1809-17）において「所有権」と「市民権」が緊張関係にありながら,両立していた社会のあり方を抽出したものである,ということになる。

「所有権」と「市民権」のどちらかに比重を置くかは,それぞれの政治経済状況によって異なるが,理念型としてのアソシエーションこそが,アメリカ人の心の習律をなし,『歴史哲学講義』(1822-31) の G. ヘーゲルの言葉を借りれば,「アメリカは未来の国である。……古いヨーロッパの歴史的倉庫に退屈しているすべての人びとにとって憧れの国」アメリカの社会伝統である（Hegel 1882-31=1954:126-33）。

第3節　アソシエーションと自主管理

1　アソシエーション

市民社会論とアソシエーション論に関しては,日本にも議論の積み重ねがあり,前者の市民社会論に関しては,以下の知的営みがあった。第二次大戦以前,個人の日本国家へ滅私奉公（社会有機体説や家族国家論を援用した）と,天孫降臨神話イデオロギーが融合した,いわゆる国体論が支配し,左翼陣営においても,個人の党への奉仕と,自然科学的・実証主義哲学を本質とするマルクス・レーニン主義イデオロギーが融合した,前衛党論が支配的であった。

和辻哲郎（1898～1960）の『人間の学としての倫理学』(1934) にみられるように,個人（利己心）の国家への滅私奉公こそが動物でない人間の存在理由（＝倫理）である,と説く国体論に対して,高島善哉（1904～1990）『経済社会学の根本問題』(1941) や大河内一男（1905～1984）『スミスとリスト』(1943) あるいは内田義彦（1913～1989）『経済学の誕生』(1961) らは,A.スミス研

究につとめながら，経済行為のなかに個人（利己心）が社会化される過程，その果実である「市民社会論」を対峙させた[9]。

　戦前・戦後の日本におけるそうした市民社会論を踏まえながら，市民社会の核を「アソシエーション」として明示したのが，田中清助（1923〜1995）の「マルクスにおけるAssoziationの概念について」（1967:2-21），「アソシアシオン論序説」（1972），「Associationの系譜：イギリスの場合」（1975：105-18）などの諸論文である。

　田中は，スコットランド生まれで後にコロンビア大学教授として社会学・政治学を担当し，社会をコミュニティー，アソシエーション，社会集合（階級，大衆など）の3形式に分類したR.マッキーヴァー（Robert MacIver, 1882〜1970）の「アソシエーションの所説に出会ったとき，当時支配的であった超国家主義的論調にはっきり対立していたその主張は，私の記憶にかなり深い刻印を遺したのであった」（田中1975:107）と語る。

　マッキーヴァーの見解は，次のように要約できるだろう。

　社会は人間の利害（interest）・差異性（difference）と同類性（likeness）の関係から構成されている。同類性という紐帯は，共通利益（common interest）を代弁する「社会価値の貯蔵庫」である記憶，伝統，信条，宗教である。その同類性のもっとも自然的な母胎は，「そのメンバーが，共同生活の相互行動を許すもろもろの利益の達成を，共通の目的として認める社会的統一」・コミュニティー（community）であり，その最も包括的利益を共有するコミュニティーを表す術語が国民（nation）である。他方，コミニュニティーを基盤に特定の部分的利益を実現するための人為的な社会的組織（association）として，家族，企業，労働組合，教会，政党などがある。が，ここで最も留意すべきは，国家（state）もまたアソシエーションであり，家族，企業，教会などと形式的には同列の地位にあることである。コミュニティーが共有する包括的利益・紐帯に反して，各アソシエーションが部分的利益に走るとき，抗争が生ずるが，国家（国家権力）はコミュニティーの包括的利益・紐帯という「社会秩序の一般的な外的状態を維持するために，その目的に役立つように，強制力を与えられ政府が，制定した法を通じて活動する」。しかし，アソシエーションの一部をなす国民権力の源泉は，何よりも国民の同意，国民主権に由来する。つまりマッキーヴァーは，国家はそれ自体で絶対的存在であり，いわば国家への全面委任を正当化するヘーゲル的国家論に多元的国家論を対峙させたのである（辻 1980:48-60）[10]。

このようなマッキーヴァーのアソシエーション論に啓発されながら，次いで田中は，「Association という言葉はマルクスがはじめて用いたものではなく，当時の経済学や社会主義文献のなかに散見されたもの」であり，「イギリス経済学を由来する流れと，フランスの現実に発した流れ」があるが，『経済学批判要綱』(1858) において当のマルクスは，アソシエーションを，普遍的交換の実現以後に，「生産手段の共同占有および管理を基礎として Assoziation にはいった諸個人の自由な活動交換」と構想していた，と論ずる（田中 1967:5）。

田中は，以上の議論をより要約して，「第一次大戦前後からイギリスやアメリカで起こった多元的国家論において，国家の超越性が否定され，その論者の一人，マッキーヴァーによれば，アソシエーションは地縁的結合のコミュニティー (community) の対極で，めざす目的によって結合した人為的団体とされ，形式的には家族や国家も教会と労働組合と同列であるされた」（田中 1988:14）と定義する[11]。

ここでの問題の核心は，地縁的結合のコミュニティーの対極にあって「めざす目的によって結合した人為的団体」，「形式的には家族や国家も教会と労働組合に同列である」アソシエーションの2つの柱，つまり生産手段の「所有」と「市民権」の緊張関係をどのように理解するかにある，と言えよう。

第3章で論じたように，アソシエーションをトックヴィルは，自然的に成長してきた協調的人間関係（交通・交通形態）・コミューン（「コミュニティー」）と家政的な集権的国家（超国家主義）や貴族制的有機体との中間にあって，相対的自立性を確保している，また，ある特定の目的の下に自由な意識的な成員が結合している自己立法的な，上位下位の秩序がない契約共同体 (covenant community) と析出した。そして彼は，その相対的自立性の根拠が，平均水準の財産と人智（知識，徳，力）を備えている，独立生産者・成員間の等価交換（普遍的交換の実現）を土台としつつ[11]，アソシエーション自体が税収入によって財産を持ち，その運営は理事 (selectman) あるいはその下にある職員（課税額査定者，収入役，保安官など）を通じてなされている，と理解している[12]。

つまり，建国期アソシエーションは，先ずは，「所有」（財産・自己利益・利己心）とその極大化を否定する「市民権」（それを支える知識・徳・力あるいは道徳的合意・共感の総称としての市民理念・社会的正義）からなるのであるが，同時に，平均水準の所有と市民権を備えている成員，かつその成員の範囲（たとえばタウン，郡，そして国民国家）が明確であり，何よりも成員間の等価交

換を土台にしていた。問題の焦点を絞れば，アメリカ民主主義の核をなす自由（freedom）と平等（equality）の緊張関係は，平均水準の財産（所有）と平均水準の人智（市民権思想）を持つ人々の経済的等価交換を土台とする，かつ範囲が明確な，契約（contract）のあり方，調整に直結している，ということになる。

2　自主管理

　平均水準の所有の問題は，直ちに自由の根拠である「私的所有」（private property）と平等（市民権）の根拠でもある他の所有形態（共同的所有，社会的所有，国家的所有）との調整のあり方に，そして同じく，人智の問題もその優劣の関係にどう関わるかにつながる。ここでは，「私的所有」と他の所有形態との関係を，アソシエーションを社会主義の経済や社会制度に埋め込もうとした旧東欧社会主義国ユーゴスラヴィアにおける「自主管理」（self-management）を参考に考察し，後者の問題は，ロココ・サロンやコーヒー・ハウスを起源としてフランス革命期に始まった「公教育」やその教育を文化資本とする者（intelligentsia）とそうしない者（intellectual）との相剋については，論が錯綜するのでここでは論じないことにしたい（Coser 1965=1970，高橋［1974］1987: 191，Gouldner 1979= 1988）。

　第3章で詳論したように，「プラハの春」の先頭に立ったK.コシークは，ハンガリー社会主義という名の国家資本主義・官僚的中央集権体制の下では，労働が生産強化のための生産力に矮小化され，生産関係が〈特権的党官僚—人民〉と歪曲されている事態を克服するために，正統派マルクス主義認識論に現象学的マルクス主義を対峙させた。当然のことながら，人民（ヒト）は生きる（＝社会的生産と再生産）ための全ての行為に関わっており，コミュニケーション的行為や宗教的行為，また「血と肉をそなえた現実の個人」の行為も生きることであるから，それら全てを包摂する概念が「労働」である，とコシークは理解した（Piccone 1976=［1976］1981:67-87）。

　同様に，ユーゴスラヴィアで東欧社会主義の民主化運動の先頭に立ったのが，「プラクシス」（Praxis）学派であり，その代表的哲学者がM.マルコヴィチ（Mihailo, Marković, 1923 ～ 2010）である。

　トックヴィルは，「アソシエーション」が私的所有の財と理事が運営する財という異なる所有形態から成っていると析出したが，プラクシス派も，私的所有とそうではない所有形態（共同的所有，社会的所有，国家的所有）との関係，

つまりアソシエーションの現代的あり方を求めて「自主管理」を実験した。

マルコヴィチによれば，ユーゴスラビアが「自主管理」を採用した第1の理由は，党官僚から人民を解放するためであった。そのためには，社会主義とは前衛党を代弁する〈党官僚〉が〈人民〉を指導する編制であるを正当化する正統派マルクス主義哲学を乗り越えること，とりわけデカルト的二元論やガリレオ的「自然の数学化」論に基づく近代自然科学の認識論を克服することが必須だったという[13]。

近代自然科学の核にある「効率の概念は，あらゆる人間的な意味を剥奪し，その概念は一目したところ価値自由でイデオロギー的に中立であるが，精査して見ると，イデオロギーを装填したものあり，自然とともに存在する社会にたいしてある種の有害な，また危険な態度を強めている」(Marković 2011:166)。「それゆえに，知識と道徳性の総合としての理論にかんする古代の見方を復活させなければならない。つまり，科学は，たんに所与の内容を記述し，理解し，説明するだけではなく，まさにその本質的な（特定の倫理的な観点からみた）諸限界を研究し，それらの限界を克服する諸可能性および諸方法を指示するような批判的活動として把握されるべきなのである」(Marković 1974=1955: iii)。

近代科学主義の「限界を克服する諸可能性および諸方法を指示するような批判的活動」とは，デカルト的二元論に代えて〈主体—客体〉の内在的関係に留意する経験批判論や現象学や西欧マルクス主義，あるいはフランクフルト学派や現象学的マルクス主義の知的営みである。が，前章までに論じてきたから，詳論しないでおく。

第2の理由は，同時に，国家的所有や社会的所有また共同的所有だけでは，ユーゴスラヴィア人民に「財」の合理的利用や効率向上また技術革新について無関心を促し，経済発展を停滞させ，阻害するからであった。つまり，ユーゴスラビア人民と知識人が，「財」の合理的利用や技術革新に関心を持つことが必須なのである。そのためには，古代ローマでは私的所有が奴隷制の発展の法原理であり，近代では私的生産物が「商品」として「市場」で交換され，発展を促してきた発展の法原理であるように，その法原理を内蔵した近代資本主義の実績を評価することが大切である。というのも平田清明（1922〜1995）の一文を借りるならば，「「レーニン主義」ロシア……国家所有をもって社会主義的所有なるものの第一概念とするとは，国家社会主義に他ならないからである」(平田 1969: 336-7; 1988: 374)。

私的所有を法原理とする近代資本主義が，〈利潤の極大化〉と〈限界なき拡大再生産〉の下で，帝国主義や新自由主義や金融資本主義という負の実績を積み重ねてきたことについては，これまで言及してきたからここでは論じない。
　第3の理由は，近代資本主義が内蔵する「所有」と「市民権」，自由と平等の調整のためには，「すべての企業における被雇用者は経営委員会に彼らの代表をもち，会社のすべての意思決定と純利益の分配に参加できるようになっている」制度が必要となるからである[14]（Marković 1974=1995: iv）。
　以上の理由から，〈主体―客体〉の分離・〈党官僚―人民〉を内在的に克服する組織，そして自由の根拠である「私的所有」と平等の根拠である「市民権」を媒介する試みが「自主管理」である。その「発展した自主管理は，一方で，資本と市場が強制する現代の効率性を追求する浪費的で非合理なモデルを，他方では，権威主義的政治機構が命令する同種のモデルを克服する歴史的機会」につながっている，とマルコヴィチは強調する（Marković 2011:170）。
　さらに彼は，「1989～1990年にセルビアとモンテネグロにおいて改善策として複数政党制と自由選挙が導入されたが，これには市場経済とすべての所有形態（私的所有，共同所有，社会的所有，国家的所有）の平等な法的地位がともなった。1990～1995年の時期には，住民の大多数の断固とした支持を得た民主主義的な社会システムが構築された」（Marković 1974=1955: vi）と報告し，この自主管理は，「パリ・コミューンそしてその経験からのマルクスによる分析から80年後，社会主義運動は忘れられた理念――自主管理（自治）を再び発見した。このことによって社会主義は，その魂，その深く人間的な価値，そしてその普遍的，歴史的意義を回復した。それはまさに，西欧において社会主義の時代が過ぎ去り，主として後進国の工業化の1つの特殊な経路の実践の理論として生き残るように思われた時においてなのだ。民主主義的な社会主義，したがって自主管理社会のみが現代資本主義のラディカルな否定，つまるところラディカルな人間化を意味する。それは，ポスト資本主義の初期的，過渡的形態のより一層の発展の必然的経路である」と論じた（Marković 1968=1995:123）。

（1）　自主管理と国民国家
　アソシエーションは私的所有とその極大化を否定する市民権を柱とするが，加えて，トックヴィルは，平均水準の所有と市民理念を備えている成員，かつその成員の範囲が明確であると指摘していた。マルコヴィチも，地縁血縁的ユ

ーゴスラヴィア民族（コミュニティー）とそれを超える市民的基盤，つまりアソシエーションの現代的形態である自主管理も国民国家を基盤とする，と論ずる。

　西ヨーロッパでは民族的な覚醒と統一へのロマン主義的な文化と運動が19世紀を通じて民族国家を誕生させた。……民族という概念は，もっぱら民族的な基盤のうえに建てられたものではなく，また，市民的な基盤のうえにも建てられたものである。すべての個人が，市民であるとともに国家を規定する民族の成員でもあることを認めることにより，「一市民一票」および「多数決による意思決定」のような基本的な民主主義諸原理を実現することが可能になった（Marković 1974=1955: viii）。

　というのも自主管理も，本章第1節で考察したように「超技術社会・超国民国家」へと直ちに一般化することは，自らの基盤であるコミュニティーを基盤とする諸アソシエーション，つまり国民国家（成員の範囲）から切り離すことであり，「自主管理」自体が成り立たないからである。「すべての企業における被雇用者は経営委員会に彼らの代表をもち，会社のすべての意思決定と純利益の分配に参加できるようになっている」自主管理が，企業や会社に導入されたとしても，それぞれの「土地」にあって，それぞれの企業や会社が創出する商品を「市場」で交換し，また外国貿易し，さらに富の不均衡を是正する「再分配」のためには，成員の範囲が明確で民主主義的「国家権力」が必要となるからである。

　同時に，貿易を「国民国家」・「国家権力」間のそれに全面的に委ねることは，自国の利益を主張して妥協にいたらず，保護貿易主の果てに戦争に直結した歴史を教訓にすれば，国民国家・国家権力のあいだでも社会的公正を機能させる機関（例えば国連やEU）も必要になる。現在，アメリカのみならずEU離脱を選択したイギリスも保護主義に走っているが，戦前の愚を繰り返す危惧がないとは言えない。

　アソシエーションと「自主管理」に関しては，まだまだ討究する課題が残されているが，それは他日を期すことにして[15]，ここでは「自主管理」が，東欧社会主義における〈党官僚―人民〉，協調的福祉資本主義（ケインズ的調整）における〈テクノクラート―クライアント〉を克服すべくこころみた実験であり，

今日の新自由主義（市場経済的調整）の失敗を克服する方向性を示している，と強調しておきたい．

　以上の3つの理由に底流しているのは，M. ヴェーバー（1864〜1920）の，歴史上はじめて西欧において「合理主義」が誕生し，カトリック的超越神とその下での階的秩序を失った「近代」が，宗教，経済，科学，芸術の領域への分裂（「神々の争い」）と世界の没意味化の只中で苦悶しながら，ただ一つその「合理主義」があらゆる組織を「普遍的官僚制」へ編制し，人びとの自由を奪い，「鉄の檻」へ押し込めていく，他方で，それと表裏をなして「非合理的なもの」を蓄積していく（大衆社会化とカリスマの希求）という事態である（厚東 1998: 74-5）．

　他方，「所有」と「市民権」の「ポスト自由主義的民主主義」的調整は，西欧「近代」の「没規範的で物件化された総社会的調整にはらまれている深い危機」（田畑 2015:12），その克服を目指す構想であり企てである，と言えるだろう．

　「所有」（私的所有，共同所有，社会的所有，国家的所有）と「市民権」を「市場経済」において調整するユーゴスラビア「自主管理」の実験は，ユーゴスラビアを含む東欧社会主義国の崩壊（2003年のセルビア＝モンテネグロ連合創設から2006年における消滅）で挫折し，「『自主管理社会主義』と呼んでいるものが，遠大なヴィジョンにとどまっていて，私たちが生きているあいだに実現されうるモデルではない」（Marković 1974=1955: vii）という予想が現実となった．

　しかし，「アソシエーション」とその現代的形態である「自主管理」は，〈党官僚―人民〉〈テクノクラート―クライアント〉そして新古典派経済学の〈市場経済的調整〉に共通するM. ヴェーバー流の管理社会化を乗り越える道を示した．

　言い換えれば，「物象化概念にかかわる最大の問題は，この一世紀をにわたる知的営みが，代替案あるいは存在の非物象化的国家を描けなかった」（Wade 2014:15）のではなく，「アソシエーション」とその現代的形態である「自主管理」の実験は挫折に終わったとはいえ，「代替案あるいは存在の非物象化的国家」構想を実践的に対峙させた．なぜ出来たかと言えば，「アソシエーションの期待を断念すること，労働とその成果を労働する者自身が自由にするための努力を放棄することは，人間が動物の世界から人間として姿を現した時から脈々として続いてきた夢を否定することである」からである（田中 1975:116）．

　そうした「アソシエーション」と「自主管理」の高い理念・文化なくしては，つまり「資本の支配が労働者間に共通の状況，共通利害を作りだすだけでは，［労

働者は］即自的階級にとどまっている。それが向自的階級となり共産主義社会を実現していく発展の基盤となるは，労働者のアソツィアチオンの成立が１つの条件なのである」（田中 1988:14-5）である。老革命家・石堂清倫（1904～2011）の最晩年の洞察によれば，その理念・文化にかかわる「ヘゲモニーとアソシエーションは「知識人」抜きには考えられず，これはマルクスを大きく越えています。」（石堂 2001: 69-70），本論の立場で言えば，知識人のみならず広く「市民」が高い理念・文化を持つこと，それに嚮導されること，つまり「マルクスとグラムシの視線をたどることによって，新しいものを予見すること」が必須なのだ，ということになる（石堂 1999）。

第４節　現代資本主義の終焉とアメリカ民主主義の脆弱

先に M. ヴェーバーの「普遍的官僚制」・「鉄の檻」と「世界の没意味化」コスモス・「非合理的なもの」の重荷に耐えきれず，カリスマの希求という構図に言及したが，住谷一彦（1925～）は，『プロテスタンティズムと資本主義の〈精神〉』（1904-5）は「近代に独自な産業資本の形成過程を，小ブルジョア的商品生産者層の自己分解として捉える方法的視角ないし理論的構想を提起したのでしたが，これこそは，マルクスの経済理論を土台として，とくに『資本論』第３巻に……示唆されつつ形成されてくるレーニンの国内市場形成の理論，とくにそこに示されている資本主義発達に関するいわゆる２つの途（アメリカ型とプロシア型）の構想と基本的にはまったく一致するとみてよく」（住谷，1970:113）と指摘し[16]，また，次のように論じている。

　　ヴェーバーによれば，こうした反マモン［強欲の神 Mammon］的な非合理的なパトスを核心とする資本主義の精神……［が］原型のままにおこなわれるならば，それはファシズム以外の何物でもなく，また精神なき専門職業人の「異常な尊大さをもって粉飾された機械的化石化」が起こるという指摘は，現に高度に発達したアメリカなどの先進資本主義諸国の現状をほとんどそのまま描き出しているといってよ［い］（住谷，1970:112-3）。

アメリカ型の「市場形成」を，マルクス・レーニンと同様に，「小ブルジョア的商品生産者層の自己分解過程」と捉えるというヴェーバー・住谷の洞察，そ

して，小ブルジョワ商品生産者のアソシエーションを支えていたプロテスタンティズム信条，つまり「反マモン的な非合理的なパトスを核心とする資本主義の精神……［が］原型のままにおこなわれるならば，それはファシズム以外の何物でもない」という洞察は，2016年アメリカ大統領選挙の分析にも有効である。

　先の第1節において，資本主義の本性をなす所有権・貨幣制度・市場などの「経済」，社会的生活基盤・「グローバリゼーション」，さらに再分配に深く関わる「階級」間の闘争は，国家権力による制度の裏付けなしにはうまく機能しない，と論じた。その論にヴェーバー・住谷の洞察を重ねるならば，第1に言えることは，自己分解していく「小ブルジョア的商品生産者層」を「国内市場」へ統合するためにアメリカ国民国家が必要であるということ，つまり，「グローバリゼーション」が「小ブルジョア的商品生産者層」・中下層市民が拠るべき国民国家アメリカから疎外し，放り出された不安と怒りを蓄積してきた，ということである。第2は，1960～70年代の「対抗文化運動」から続く表出主義を「小ブルジョア的商品生産者層」の「反マモン的な非合理的なパトス」（節制・規律・勤勉・誠実・純潔などの徳目）の裏切とする，怒りの高まりである [17]。

　繰り返しになるが，〈利潤の極大化〉をむき出し追求してきた先進資本主義国，とりわけアメリカ資本主義は，植民地なき〈帝国〉アメリカの「寄生性・腐朽性」に甘んじて，ドイツ・日本・中国・インドなどの生産力に圧倒され，アメリカ「支配階級の頽廃」と「労働の質の低下」とから国内での〈限界なき拡大生産〉が不可能になった。『ジャパン・アズ・ナンバーワン：アメリカへの教訓』（1979）や『美徳なき時代』（［1981］1984），『アメリカ・マインドの終焉』（1987）が上梓されてベストセラーになったのも，体制側の危機感を反映していたからである。それでもあくまで〈利潤の極大化〉を追求する反リベラル・エスタブリシュメントつまり〈財界と経済エリート〉は，新自由主義政策によって過去150年かけて獲得してきた労働者の権利と市民への福祉政策（富の再分配）を取り上げ [18]，ドルを増刷する金融資本主義政策によって中下層の富を収奪し，その膨大な負債を未来の世代に課してきた。国外に向かっては，アメリカ第一主義（America First）の国是によって，メキシコとカナダの富を長期に収奪するNAFTAを締結したように，アメリカ巨大多国籍企業は，途上国と先進国を問わず広く世界から富を収奪し，その富を〈財界と経済エリート〉が独占してきた。

2016 年アメリカ大統領選挙は，新植民地主義・〈帝国〉アメリカの「寄生性・腐朽性」と，〈財界と経済エリート〉が強行してきた新自由主義とカジノ的金融資本主義とグローバリゼーションのあまりの成功，その「繁栄」が途方もない貧富の格差を拡大しながら「過剰貨幣資本」を累積し，〈利潤の極大化〉の否定でもある「市民権」・民主主義つまりアメリカ・アイデンティーの抑圧を反映していた。言い換えれば，現代資本主義の終焉とアメリカ民主主義の脆弱を自証した。

お わ り に
――労働運動・「新しい社会運動」とアメリカ民主主義の希望――

現代資本主義の終焉とアメリカ民主主義の脆弱の只中からのトランプ政権誕生（2017～）は，法治国家のあり方を無視し，「民主主義のかわりに大衆に基盤をおいた独裁をもってこようとする運動が，段階を追ってしだいに強大化し覇権をうち立てようとする」（Paxton 2004=2008:5）兆候を示している。新自由主義とカジノ的金融資本主義とグローバリゼーションに因る中下層の疎外感や生活破壊の怒りは，移民や非キリスト教徒をスケープゴートとして「憎悪を一種の信条へと上昇させる精神類型」・「反知性主義」（Hofstadter 1963=2003:33）に堕し，「小ブルジョア的商品生産者層」の原型的プロテスタンティズムの「反マモン的な非合理的なパトスを核心とする資本主義の精神」が内包している「狂信に近い信念と暴力をともなう行動によってのみ局面が打開される」（渡辺 1992:282）という習律（habit）を煽っている。その大衆的高まりが，建国期アソシエーションの精神に帰れと説く，キリスト教原理主義や「ティー・パーティ運動」などアメリカ保守主義を支えてきたし，支えている[19]。

これらの反知性主義といわゆるファシズム的傾向は，アメリカにとどまらずEU においても見られる。EU 内の各資本主義は，競争に勝つため企業に有利な政策を行い，労働者は，劣悪な条件で働かなければ然る可き給料がもらえなくなった。EU からの英国離脱（2016）は，EU を仕切るブリュセルの官僚組織がグローバル化と格差拡大を強行し，報われないと感ずる大衆の怒りが，大陸から押し寄せる移民への不満へ転化し，「反民主主義的ブリュセルの官僚組織から実権を取り戻す」という離脱派のスローガンがイギリス国民の心に響き，残留派の「専門家の意見に耳を傾けるべきだという主張は，逆に反発を招いた」か

らである[20]。フランスにおける極右政党「国民戦線（FN）」の台頭の根底にあるのも，国民国家フランスの主権と地域的伝統をEUの経済一元化に同意できない，という生活保守主義と移民排斥という反知性主義とである[21]。

他方，イギリス・リバープールでは港湾労働者復職のためにITを活用する労働者の国際連帯組織「レイバーネット・ウェブサイト」（1995）が立ち上げられ，その後イギリス，アメリカ，カナダ，オーストラリア，ドイツ，オーストリア，インド，韓国，ラテンアメリカ諸国そして日本など各国で設立され，環境や平和運動や女性運動など諸課題にも取り組んできた。

「シアトルの闘い」の12年後，2011年5月スペインでは，リーマン・ショック後も改まらない経済格差や新自由主義的な緊縮財政に苦しむ若者たちがマドリートの広場を占拠する「15M運動」を自然発生的に起こし，2016年6月のスペイン総選挙では「15M運動」から生まれた新政党「ポデモス」を中心とする左派連合が第三党になった。2011年9月，前年の中間選挙で民主党が大敗し，オバマ政権の支持率が40％前半に低迷し，翌年の大統領選挙における共和党の政権奪回の可能性が膾炙される最中，金融資本主義の総本山「ウォール街を占拠せよ」「われわれは99％の側だ」を掲げる「占拠運動」（Occupy Wall Street）が起きた。それらは，ギリシャの「シリザ」に，さらに経済格差・緊縮財政・失業・移民・環境を論ずるパリ中心部の共和国広場占拠の「膝を屈しない夜・Nuit debout」に引き継がれ，イタリアでは「5つ星運動」がイタリア首相を辞任に追い込んだ。

アメリカに議論を戻せば，2016年の選挙は，D.トランプの獲得投票率は46.1％で，社会民主主義者B.サンダースも支えた女性大統領候補H.クリントンのそれが48.2％であった。ということは，1960～70年代の社会運動を体験した世代からみれば，アメリカは今，「啓蒙の過程」とファシズムの過程の岐路にあることになる。また，H.クリントンが獲得投票率で多数を占めたことは，アメリカの行方について過度に悲観することもない，ということを示唆している。

後者に関しては，究極目的を自由と民主主義におき，ケインズ的調整がともなう国家の役割拡大よりも，職場や地域共同体の力の強化を目指すために，ジェファーソン的社会観とマルクス的社会観の総合を企てきた「ポスト自由主義的民主主義」が，無視し得ない社会勢力として登場したといえるだろう[22],[23]。

先の議論と重なるが,「近代」に関する M. ヴェーバーの診断は, 遠くギリシャにおいて誕生した「合理主義」だけが貫徹する過程が「近代」であり, 社会を分裂させ, 世界から意味を剥奪し, あらゆる組織を官僚化し, 人びとを「鉄の檻」へと収容するが, それと表裏をなして「非合理的なもの」が蓄積していく, という悲観主義であった。しかし, 理性を合理主義に矮小化し,〈利潤の極大化〉とそのための〈限りなき拡大再生産〉強行してきたのは, 何よりも「所有」を最優先させてきたブルジョワ的自由主義・資本主義である。2016 年大統領選挙におけるリベラル派の健闘の背後には, 合理主義を再び「理性」の枠内に納め,〈利潤の極大化〉と〈限界なき拡大再生産〉を「市民権」(社会的公平・正義) の下で調整する企て,「ポスト自由主義的民主主義」構想がある。つまり, 再活性化した労働運動と「新しい社会運動」の協働, そしてアメリカ民主主義の最良の伝統がある。

　〈利潤の極大化〉と〈限界なき拡大再生産〉の追求してきた現代資本主義は, それを「否定」する諸要素を抑え込むことにあまりに巧く成功したがゆえに, 終焉を迎えつつある。

　他方,「ポスト自由主義的民主主義」構想は, 物的財の生産にかかわる第 1 次産業と第 2 次産業, 財の流通やサーヴィスにかかわる第 3 次産業と第 4 次産業, さらに保健・教育・研究・統治などの第 5 次産業への重心移動, それらに因る第 1 次産業・第 2 次産業の途上国への移転 (鉄鋼・石炭・石油・自動車などのアメリカ国内産業の空洞化), 1990 年代に本格化した IT 技術による第 3 次産業 (運輸・通信・公務など)・第 4 次産業 (商業・金融・保険・不動産取引)・第 5 次産業 (保健・教育・研究・統治) における低学歴の肉体労働者の需要減と高学歴の中程度技術者の需要増大, さらに, 最近の人口知能 (AI)・ロボット産業におけるイノヴェーションが, 中程度技術者・サーヴィス労働者の失業を強いるという予想, これらの事態にどう対応するか, が問われている。

　これらイノヴェーションと関わりながら現代は,〈利潤の極大化〉と〈限界なき拡大再生産〉の「否定」である市民権・社会的正義・民主主義の活性化, そしてアソシエーションの現代的形態である「自主管理」のより一層の具体化を要請している。「近代」の普遍的倫理原理を内蔵するアメリカ民主主義は, その課題に取り組む力と伝統, そして希望を宿している, と言うべきであろう[24]。

第 8 章　現代資本主義の終焉とアメリカ民主主義　255

注

1）http://Trans-Pacific Partnership, Office of the United States Trade Representative, State Benefits from Trade with the Asia-Pacific Region, California. Cf.
http://gigazine.net/news/2011110...
2）「フランクフルトで数万人が大通りを埋めつくすデモ。『米国の餌食になる』『働く条件が引き下げられる』訴え、この日ドイツ各地で計 16 万人が参加」江渕崇『The Asahishinbun GLOBE』2016. 11, No. 187.
3）Babara Epstein, 1966「合衆国におけるラディカル・ポリティクスを論ずる」、Stanley Aronowitz, 1966、「ラディカリズムに向けて——アメリカ左翼の死と再生」。ともに『ラディカル・デモクラシー』（1998, 三嶺書房）に所載されている。
4）田中の見解をそのまま引用すれば、以下のごとくである。
　「いわゆる宇野理論は、『資本論』を流通論・生産論・分配論に再構成し、労働力の商品化を核心的契機とした流通形態の生産過程によって『資本論』を純化し、「資本主義があたかも永久に続くかの如くに捉える原理論」を構想し、マルクスの 6 部編制の「プラン」を原理論・段階論・現状分析という三段階論に組み換えている。（……その「原理論」は『資本論』の主内容を小論でいう"原理論的方向"において捉えるものであって、『資本論』の悪しき純化といわなければならない。また、従来のいわゆる正統派的見地は、『資本論』を基本的に完成されたものとみて、『資本論』において"資本と労働"や"資本と土地所有"の問題が基本的に解明されたものとし、『資本論』から「Ⅳ）国家」への上向を説こうとしている（例えば富塚・服部・本間編『資本論体系』有斐閣、参照）」。田中　2007 : 170、「『資本論』と「国家」——「Ⅳ）国家」への上向の問題——」『新しい社会の経済学』創風社。
5）近代「市民社会」は暴力や戦争を行う国家権力による「国民国家」構築なしには実現しなかったということ、だから、かつて「市民社会」の構成員が戦争に徴兵される男性に限定された。
6）E. トッド「進むグローバル化、米も悲鳴」『朝日新聞』（2016. 10. 4）。ここでトッドの見解を紹介したが、アメリカとの軍事同盟の桎梏から脱却するための日本核武装提言や、アジア周辺諸国への戦争責任・贖罪意識が強すぎるため、担うべくリーダーシップをとっていない、という提言に賛成する訳ではない。
7）ラディカル経済学は、① 市場における競争と選択、② 市場、企業内、社会における支配と権力の行使、③ 経済諸制度の変化、という三次元の分析を重視する。
8）ラディカル経済学者として民主主義の実質的回復を願う両者の論文の一部が、邦訳されている。Bowels Samuel and Herbert Gintis, 1967, "The Invisible Fist," *Schooling in*

Capitalist America: education and the contradictions of economic life（＝北村圭史訳「見えざる拳——乖離する資本主義と民主主義」『世界』390, 1. 岩波書店）．民主主義の復興を願う左翼側から政治経済エリートの〈民主主義過剰論〉を批判した論文が，Bowles, S. "The Trilateral Commission: Have Capitalism and Democracy Come to a Parting of the Way?"（=1977, 石川経夫訳「資本主義と民主主義は共存しうるか——〈民主主義過剰〉論を批判する」『世界』383, 岩波書店）である．また，S. ウォーリンの杉田敦訳「革命的行為とは何か——民主主義の復興のために」『世界』453, 1983, 岩波書店，がある．

9）この問題に関しては，野沢敏治，2010,「日本とスミス——近代市民社会論をつきぬけて（その1）」（『千葉大学経済学研究』第25巻第3号）が参考になる．

　高島善哉については，

　「高島は，スミスはマルクスと比較すると，市民社会を自然［超歴史的］と見る点で，歴史的ではないと釘をさしています．歴史はマルクス的にいうと，古い共同体→市民社会→新たな共同体へと進むと考えたからです．……［スミスの場合］国家は結局，市民社会に吸収されるのです．……これで分かるように，高島は国家に対して批判的なのです．……ヘーゲルのように国家への道を急ぐな，と．こういう高島のスミス研究は和辻哲郎に対立したと言えます」と論ずる．

　大河内一男については，

　「大河内の『道徳感情論』の研究も……利己心が社会化される過程を追いました．……人は「一方的で甘い観察者」ではなく「無関心で中立的な観察者」によって「共感」されるように自分を抑制します．その調整を対象化すると，社会ルールとなり，道徳律ともなります．それが人の内面に住みつくと，「良心」となります．……こうして利己心から秩序が生まれるのです．近代では利己心はホッブズのように狼対狼を生むから絶対主義的な国家に従わねばならないのではなく，またロックのように理性でもって利己心を統制しなければならないのでもない．倫理は経済の上から，あるいは外から説かれるのではなく，経済のなかから生まれるのです．……当時の日本国家は利己心を国策への滅私奉公と超絶無比の日本精神で超えようとしていました」と論ずる．

　内田善彦については，

　「こうして高島の国家＝市民社会論と法的視点，大河内の経済倫理的・一般規則形成論は……日本の資本主義は市民社会を作ってきたか，と問うたのです．これは日本だからできたスミス研究であって，欧米社会にないものでした．このスミス研究をさらに押し進めたのが，内田義彦です」と論じている．

10）まずマルクス主義を弾圧し，次いで自由主義弾圧のために，「国家の理想」(1937)を寄稿した東京帝国大学経済学部教授・矢内原忠雄（1893〜1961）を辞職に追い込

第 8 章　現代資本主義の終焉とアメリカ民主主義　　257

んだ。同じく，教授・河合栄治郎（1893～1944）の『フアシズム批判』『時局と自由主義』『社会政策原理』『第二学生生活』を内務省が発売禁止処分（1938）し，大審院が有罪とした。それというのも，河合の多元的国家論が「国家を他の部分と同列に置き，国家の絶対性を否定するものであるが故に」であり，また「国際連盟に類する国際的組織の樹立を提唱し，このためには，各国の主権の自己制限もやむ得ないとしたことは，主権の絶対性を否認し，それ故に……神聖な天皇の御地位の冒涜を意味する」からであった（辻清明 1980:50-1）。その後，早稲田大学教授・津田左右吉（1873～1961）の『古事記及び日本書紀の研究』『神代史の研究』『日本上代史』『上代日本の社会及び思想』も発売禁止（1940）され，津田も教授職を追われた。

11) さらにマルクスは，「人間と自然の物質代謝を合理的に規制し，自分たちの gemeinschaftlich（共同態的）な管理のもとに置くということ，つまり，力の最小の消費によって，自分たちの人間性に最もふさわしくもっとも適合した条件の下でこの物質代謝をおこなうことである」（『資本論』第 3 巻「三位一体的定式」）と構想していた，と田中は論ずる（田中 1967）。

　　アソシエーションが地縁的結合（コミュニティー）とは対極に位置する概念であることに関して，論文「初期マルクスにおける市民社会論の出発点——「真の民主制」論をめぐって」で藤田悟も，「ヘーゲルが，［法的に組織された国家＝］ソシエタス・キリウス（societas civilis）とは原理的に異なる新しい市民社会概念を導入したことによって，国家と市民社会」の違いを洞察し，「『ヘーゲル国法論批判』において「真の民主制（die wahre Demokratie）」とは，Sozietät と呼ばれている，旧来の自然必然的な共同体とは異なる，新たなる人間の結合様式の総体として形作られる社会を意味している。……これこそ後に Assoziation というマルクス思想の中心的概念へと発展していく」（藤田 2003:106）と論じている。

12) 前掲論文で野沢が，スミスの『国富論』の基礎に経済的道徳（＝慎慮）がある，と指摘するが正鵠を得ている。

　　「スミスは確かに利己心を前提にして『国富論』を書いている。が，批判されているのは封建地主や重商主義の利己心であって……それとは別に認められる利己心がある。……つまり近代的な産業資本と労働者の利己心であり，これらが国民的な生産力の形成につながる。……しかも彼らは，勤勉と節約の経済道徳＝「慎慮」の徳を身につけている。……その結果が，健全な産業構造と国内市場の形成であり，そしてその上で外国市場に進出する。こうして「富」の追求と「徳」の成立は併行する。……このアカディミックな学史研究が，明治以来の日本の商工主義と逆転した富み作りとを批判したものであること，明白です」（野沢 2010）。

13) トックヴィルは，次のように分析している。

　　「郡会議は一定の範囲で住民への課税権を有し，その限り，立法府そのものである」

(Tocqueville, 1835=2005: 1巻, 上, 129)。

「人民主権の教義が支配する国ではどこでも，各人は主権者の等しい一部を構成し，国家の統合に平等に参加する。各人の知識，徳，力はみな等しいものとみなれている」(Tocqueville, 1835=2005: 1巻, 上, 129)。

「ヨーロッパの集権論者は，地方に自治を任せるより，政治権力が直接治める方が行政はうまくいくと主張する。中央権力が開明的で，地方は無知のとき……その主張は正しいであろう。けれどもアメリカにおけるように人民の知識が開け，自らの利害に目覚め，これを絶えず意識しているときには，そうではないと思う」(Tocqueville, 1835=2005: 1巻, 上, 143)。

14)「ユーゴスラヴィア社会には依然として経済的および政治的疎外の両方の諸形態が存在している。勤労者階級はまだ搾取されている 。今度は，新しいエリート，すなわち官僚層とテクノクラート層によってである。市場経済は不可避的に資本—賃金関係を再生産するであろう。自主管理……その一層の発展は，職業的政治の暫時的消滅を必要とし，地域，共和国および連邦の次元における労働者評議会の形式を必要としている。真に参加する民主主義のための基本的な前提条件は，最初はラディカルな民主化であり，次ぎに政党の消滅である」(1983:33, 岩淵慶一・三階徹編著『マルクス哲学の復権：「プラクシス」派の哲学』時潮社)。

15) たとえば論文「アソシエーション論と個人的所有」(秋葉節夫 2002:55-89) は，「当のアソシエーションの基礎をなすと思われる「個人的所有」概念については，残念ながら共通理解がない」(秋葉 2002:55) と総括しつつ, 社会主義における私的所有とは，消費手段の個人的所有であり，生産手段は社会的所有であるとする説 (エンゲルス『反デューリング論』, 不破哲三, 林直道), 生産手段は私的所有であるとともに社会的所有とする説 (平田清明『市民社会と社会主義』(1969, 岩波書店), 財の稀少性の下では利害対立が顕著であるから私的所有と社会的所有の両立は非現実的であるとする説 (西村可明『現代社会主義における所有と意思決定』(1986, 岩波書店) がある，と論じている。

『増補新版 マルクスとアソシエーション』(新泉社, [1994] 2015) を上梓した田畑稔 (1942〜) は，平田説 (「個体的所有と社会的所有を対立概念と思うのはまったくの誤謬である。いわんや社会主義では生産手段は共有で，生活手段は私有だとみなすのは，無概念的思考の絶頂である」平田 1969:119) に賛成しつつ (田畑 2015:197), さらにまず，「〈アソシエーション論的転回〉をとおして，われわれはまず，「近代市民社会」がはらむディストラクティヴ（解体的）な性格を再確認するだけで自足してしまう悪弊を断ち，未来社会を構築するプロダクティヴな運動，ポジティヴなエネルギーという視点に立ち……生活の社会的再生産過程に対する主体的コントロールを確立すべきだとするマルクスのアソシエーション理念は，市場調整や官僚調整のような

第8章 現代資本主義の終焉とアメリカ民主主義　259

没規範的で物件化された総社会的調整にはらまれている深い危機」(田畑 2015:12) にどのように対峙し,「結局のところ近代の巨大な物件的,知的,組織的権力の支配の不可避的進行を確認するだけに終わったヴェーバーの官僚制との大きな対照をなす」(田畑 2015:183) アソシエーションが,どのように具体化されるべきか,を問わなければならないと強調する。

　さらに田畑は,「アソシエーション」の下での「必要労働時間」と「自由時間」と「自由な個人性」に関して,次のように論ずる。「アソシエーションの下でも,「必要労働時間」の短縮が大衆規模での「自由時間」の拡大に転化するためには,大衆自身が「自由時間」を領有するために労働交換原理にもとづいて闘争することが前提になるだけでなく,労働交換によって充足される「社会的に必要(必然的)な欲求」の拡大が,生産性の上昇を下まわることが前提になる。また,「自由時間」が「労働過程」と〈好循環〉するというマルクスの認識には,「自由時間」を単に労働のための準備時間ないし休息時間と見ず,「より高次の活動のための時間」(MEGA^2 II—1—589) と見るマルクスの人間観が前提されていることに注目しておく必要がある」と論ずる (田畑 2015:199)。つまり「資本制生産が支配的な近代市民社会の内部で開始された労働者たちによるアソシエーション過程の完成として,未来社会が構想されなければならない」(田畑 1994:197) と強調する。

　ところで『資本論』第1巻第24章第7節「資本主義的蓄積の歴史的傾向」で「否定の否定」としてマルクスが論じた内容は,ほぼ次の内容であった。
　封建社会および資本主義への過渡期に広く存在する個人的な私的所有が小経営の基礎であり,「労働者自身の自由な個性の発展の1つの条件」である。この生産様式は,生産手段や土地の分散を条件としており,社会的生産の自由な発展を阻害するから,その制限を突破しようとする力と情熱が社会のなかで生じ,多数の小所有者が滅ぼされ,労働者と生産手段の結合が破壊され,少数者の私的所有者の手に生産手段が集中する暴力的過程(本源的蓄積)が発展する。このますます少数者に富が蓄積する過程で,実は,私的生産手段がますます社会的で共同体的な生産手段へ転化している。つまり「資本主義的生産は,1つの自然的過程の必然性をもって,それ自身の否定を生み出す。それは否定の否定である。この否定は,私的所有を再建しないが,資本主義時代の成果,すなわち協業と土地および労働そのものによって生産される生産手段の共同占有(Gemeinbesitz)あるいは社会的所有(gesell-schaftliche Eigentum)」への転化を背景に,資本主義的生産の中で結合され訓練され組織される労働者とその反抗も増大し,資本主義的生産様式の限界に達するのであるが,その共同占有に基づいて個人的所有(individuelle Eigentum)あるいは「人格的(persönlich)所有」が再建される (吉野 1999)。

16) 論文「ポスト・ハーストの経済および社会福祉ガバナンス・モデルに関する一考察——アソシエーティヴ・デモクラシーの可能性を求めて——」で福地潮人は，19世紀リベラリズムの「国家—市民社会—市場経済」を前提にした3大ドクトリンの失敗を，次のように要約している（福地 2001:63-88）。
   ① 旧ソ連の計画経済型ガバナンスの失敗
   　国家が完全に自律し，市民社会—市場経済を無視した。
   ② ケインズ主義型ガバナンスの失敗
   　戦後～60年代までの国家の経済介入（国民国家経済政策）による高度成長と完全雇用で成果を出すが，70年代に入ってからの賃金高騰とインフレ，超国民国家的経済への移行（1973年の通貨相場の不安定化，80年代の規制緩和による株式市場の国際化，EU，FAFTAなど超国家的経済貿易ブロック）を背景に国民国家経済の成長の滞り。
   ③ 市場原理主義ガバナンスの失敗
   　「社会正義」の枷から自由になった市場こそは最良の経済メカニズムになるという「俗悪な弁神論」。

17) それに続けて住谷は，「マルクス経済学とはおよそ異なった理論的性格を示すドイツ歴史学派経済学の世界から抜けだして，マルクスからレーニンへと展開していく資本主義分析の歴史理論と内容的に重なり合うレヴェルにまで理論の密度を示すヴェーバーの「資本主義の『精神』」論……この水準が当時いかにずば抜けていたかは，その頃の歴史学派，オーストリア学派，新古典派あるいはマルクス学派のいずれをみても，レーニンただ1人をのぞいてまったくといってよいほど資本主義の発達過程をこうした小ブルジョア的商品生産者層の自己分解過程として捉える理論的構想を示し得た者がいなかった事実からも判断できるのではないでしょうか」と論ずる（住谷 1970: 113-4）。

18) M. ヴェーバーが『プロテスタンティズムと資本主義の〈精神〉』を書く際に分析したB. フランクリン（Benjamin Franklin, 1706〜90）『自伝』は，次の13の徳目を掲示している。節制 Temperance, 沈黙 Silence, 規律 Oder, 決断 Resolution, 節約 Frugality, 勤勉 Industry, 誠実 Sincerity, 正義 Justice, 中庸 Moderation, 清潔 Cleanliness, 平静 Tranquility, 純潔 Chastity, 謙譲 Humility）である（Franklin 1945=1980:174-5）。

19) 1828年に10時間労働を要求する繊維労働者のストが起き，1929年にはオーウェンの指導によって労働者党が結成された。

20) 「反マモン的な非合理的なパトス」が狂信と妄想となったのが，マサチューセッツ州で起きた「セーレム魔女裁判」（1692）である。そのパトスに白人至上主義とキリスト教原理主義が融合した組織が，KKK・「アメリカ・ナチ党」・武装民兵組織「ミ

リシア」などであり，アメリカ保守主義を支えている。彼らは，白人によるアメリカ支配・厳格なキリスト教原理主義，反同性愛・反中絶・反女性解放・反黒人・反ユダヤ・反対抗文化を信条としている。

21）島麻友美，2016,「英国の EU 離脱：民主主義の難しさを示す」『東京新聞』（2016. 7. 5）．

22）そして日本においても，新自由主義を採用した小泉改革とカジノ金融資本主義を本格化したアベノミックス，それらは企業を優遇して格差拡大を強行し，報われないと感ずる大衆の不満をナショナリズムへ誘導し，高止まりの政権支持率に後押しされて，第二次大戦後 70 年間本格的に手を付けてこなかった軍需産業の振興，その法的措置としての憲法 9 条の破棄と国防軍の設置をプログラムの俎上に乗せてきた。西谷修，2015,「緩和の「宴」は終わりに」『東京新聞』（2015. 9. 1）．

23）したがってピコーネと『テロス』誌が，現代の最大問題は，ニューディール政策以降の後期資本主義と強力なフォード主義との合体，総称としてのリベラリズム・管理体制の下での物象化の深まり，国民国家を超えてグローバルな展開（管理社会化）の運営にあたっている専門的技術者・エリートにあるとのみ診断し，さらなる物象化を「否定」するために，極右勢力に期待する戦略は間違いである。『テロス』誌は，自由主義・議会制・法治国家が全面的に商業化された市場社会に至るとみて，その「否定」のためにヒットラー的決断・独裁を擁護する C. シュミット（Carl Schmit, 1888 ～ 1985），グローバリゼーショを押し進める新保守主義（neo・conservatism）を批判する共和党内の守旧保守主義（paleo・conservatism）の P. E. ゴッドフリード（Paul E. Gottfried, 1941 ～），おなじく普通の人びとを犠牲にするヨーロッパ連合（EU），新自由主義（neo・liberalism），自由市場至上主義そして平等主義を批判するフランス新右翼の A. ドゥブノワ（Alain de Benois,1943 ～）らの「否定」を高く評価する。が，それは本末転倒である。つまり『テロス』誌は，〈偏狭，排外主義，人種的差別，地方主義〉に彩られた守旧保守主義・ポピュリズムとの提携を探り，結局は，リベラリズム的制限から特権的に免除された「資本」，市場経済主義・新自由主義を擁護するに至ったのは，ジェファーソンのアソシエーション的社会観とマルクスの社会観と総合をめざしてきた「自主管理」「ポスト自由主義的民主主義」の実験と，その未来への展望を正しく評価できないからである

May, Colin, 2009,"Where Marx and Conservatives Meet: The Writings of Paul Piccone". http://www.c2cjournal.ca/2009/06/where-marx-and-conservatives-meet-the -writings-of-paul-piccone）．

24）この構想の具体化は簡単ではない。というのも田中が指摘するように,『経済学批判』「序説」でマルクスは，「1 つの社会構成体は，それの十分容れうる生産諸力が発展し尽くすより前に没落することはないし，新しい，より高度な生産諸関係が物質的に存立

できる条件が,古い社会自体の胎内で既に生まれ終わっているより以前に,そういう生産関係が座につくことはない。そこからして人類は常に解決しうる課題のみをたてる」からである(田中,1987:211-18)。

参考文献

秋葉節夫(2002)「アソシエーション論と個人的所有」『社会文化研究』広島大学総合科学部教紀要,28.

Bloom, Allan, 1987, *The Closing of the American Mind*, Simon & Schuster Inc. New York (=1988,菅野盾樹訳『アメリカン・マインドの終焉』みすず書房).

Bowels Samuel, and Herbert Gintis, 1986, *Democracy and Capitalism: Poverty, Community, and the Contradictions of Modern Thought*, New York: Basic Book (=1986,宇沢弘文訳『アメリカ資本主義と学校教育1』岩波書店;1987,宇沢弘文訳『アメリカ資本主義と学校教育2』岩波書店).

Coser, Lewis, A. 1965, *Men of Ideas: A Sociologist's View*, The Free Press (=1970,高橋徹監訳『知識人と社会』培風館).

Epstein, Barbara, 1966, David Trend, ed., *Radical Democracy: Identity, Citizenship, and the State*, New York, Routledge, Inc (=1988,佐藤ほか訳『ラディカル・デモクラシー』三嶺書房).

Franklin, Benjamin, 1945, *Benjamin Franklin's Autobiographical Writings*, ed. Carl Van Doren (=1980,松本重治訳『世界の名著40,フランクリン,ジェファソン,マンディソン他,トクヴィル』中央公論社).

Gouldner, Alvin, 1979, *The Future of Intellectuals and the Rise of the New Class* (=1988,原田達訳『知の資本論──知識人の未来と新しい階級』新曜社).

Harootunian, Harry, 2004, *The Empire's New Clothes: Paradigms Lost, and Regained*, Prickly Paradigm Press LLC, Chicago (=2104,平野克弥訳『アメリカ〈帝国〉の現在』みすず書房).

Hegel, Georg, W. 1882-31, *Vorlesungen über die Philosophie der Geschichete* (=1954,武市健人訳『歴史哲学』上,岩波書店).

藤田悟(2003)「初期マルクスにおける市民社会論の出発点──「真の民主制」論をめぐって」『立命館産業社会論集』第39巻第3号。

福地潮人(2001):63-88ページ「ポスト・ハーストの経済および社会福祉ガバナンス・モデルに関する一考察:アソシエーティヴ・デモクラシーの可能性を求めて──」『立命館産業社会論集』第37巻第2号。

Giddens, Anthony, 1973, *The Class Structure of the Advanced Society*, Hutchison & Co. Ltd.,

London（＝1997，市川統洋訳『先進社会の階級構造』みすず書房）．
厚東洋輔（1988）「ヴェーバー（M）」『社会学事典』弘文堂．
原田三郎（1979）「経済学における国家の問題」『社会科学の方法』4月号，お茶の水書房．
平田清明（1969:336）『市民社会と社会主義』岩波書店．
─────（1988:374）「私的所有」『社会学事典』弘文堂．
Hobswam, Eric, 1994, *The Age of Extremes──A History of the World, 1914-1991*, Vintage Books, New York（＝1996，河合秀和訳『20世紀の歴史』下，三省堂）．
石堂清倫（1999）「特別インタビュー」『図書新聞』2467号，12.25.
─────（2001）『20世紀の意味』平凡社．
伊藤誠（1988）「先祖がえりする資本主義」いいだもも・平田清明・伊藤誠編『いまマルクスが面白い』有斐閣．
岩淵慶一・三階徹編著（1983）『マルクス哲学の復権：「プラクシス」派の哲学』時潮社．
MacIntyre, Alasdair［1981］1984, *After Virtue: A Study in Moral Theory*, University of Notre Dame Press, Notre Dame, Indiana（＝1993，篠崎栄訳『美徳なき時代』みすず書房）．
MacIver, Robert. M.［1917］1935, *Community: A Sociological Study; Being an Attempt to Set Out the Nature and Fundamental Laws of Social Life*. 3d ed. London: MacMillan（＝［1975］2009，中久朗・松本通晴監訳『コミュニティ 社会学的研究：社会生活の質と基本法則に関する一試論』ミネルヴァ書房）．
Marković, Mihailo, 1967, *Humanism and Dialectics*『ヒューマニズムと弁証法』（＝1970，岩田昌征・岩淵慶一訳『実践の弁証法』合同出版）．
─────, 1974, *The Contemporary Marx: Essays on Humanist Communism*, Nottingham Spokesman Books（＝1955，市川達人・岩淵ほか訳『コンテンポラリィ・マルクス』亜紀書房）．
─────, 2011, "Self-management in efficient", *Life without Money*, Pluto Press, London.
Mayer, Thomas, F. 1994, *Analytical Marxism*, Sage Publications（＝2005，瀬戸岡紘監訳『アナリティカル・マルクス主義』桜井書店）．
奥泉清（1995）「経済のグローバリゼーションと国民国家」『90年代の世界経済』創風社．
Przewoski, Adam, 1985, *Capitalism and Social Democracy*, Cambridge University Press.
─────, 1991, *Democracy and the Market: Political and Economic Reforms in Eastern Europe and Latin America*, Cambridge University Press.
Piccone, Paul, 1976, "Czechosolovak Marxism: Karel Kosík", *Critique（Schotland）*, 8:7-28（＝［1976］1981，粉川哲夫訳「カレル・コシークと東欧の社会主義」『資本のパラドックス：ネオ・マルクス主義をこえて』せりか書房）．
Rawls, John, 1971, *A Theory of Justice*, Harvard University Press（＝1979，矢島欽次監訳『正義論』紀伊國屋書店）．

住谷一彦（1970）『マックス・ヴェーバー』NHK ブックス。
高橋徹（1974）［1987］「「ラディカル社会学」運動の現状と未来」『現代アメリカ知識人論』新泉社。
田中菊治（2007）「『資本論』と「国家」——「Ⅳ）国家」への上向の問題——」『新しい社会の経済学』創風社。
―――（2013）『論究　資本論』創風社。
田中清助（1967）2-7,「マルクスにおける Assoziation の概念について」『社会学評論』第 18 巻第 3 号, 有斐閣).
―――（1972）「アソシアシオン論序説」『思想』岩波書店, 12 月。
―――（1975）「Association の系譜：イギリスの場合」『大阪大学人間科学部紀要』1.
―――（1987）『年報人間社会学』8, 大阪大学人間社会学部。
―――（1998）「アソシエーション」『社会学事典』弘文堂。
田畑稔（1994）［2015］『増補新版 マルクスとアソシエーション』新泉社。
Tocqueville, Alexis de, 1835, *De La Démocratie en Amérique*（=2005，松本礼二訳『アメリカのデモクラシー』岩波書店).
吉野傍「個人的所有の再建」命題を巡る論争（1）『さざ波通信』(1999. 11. 19)。
Vogel, Ezra, F. 1979, *Japan as Number One: Lesson for America*, Harvard University Press（=1979, 広中和歌子・木本彰子訳『ジャパン・アズ・ナンバーワン：アメリカへの教訓』TBS ブリタニカ).
Wade, Bell. Jr. 2014, "A Phenomenological takes on the Problem of Reification", *Moderna Språk*.
渡辺一夫（1992）『フランス・ルネッサンスの人々』岩波書店。

付　論

　本書の主テーマは，とりわけ第二次大戦後から今日にいたる「資本」が主導する〈利潤の極大化〉とその〈限界なき拡大再生産〉を内蔵した現代資本主義と高度産業主義の成功が，まさしく成功ゆえに欧米先進国における終焉，また出自である近代民主主義の否定へと雪崩を打っていること，他方で，その成功への左翼的反省が，アメリカの場合，第二次大戦前の左翼改良主義，戦後の公民権運動とヴェトナム反戦運動，青年運動と対抗文化運動，今日の労働運動と「新しい社会運動」として具体化してきたということにある。

　そもそも国民国家（nation-state）アメリカは，ヨーロッパから新大陸に移住してきた人々の私的所有を紐帯とするコミュニティーを基盤としてnationを作り，同時に，私的所有極大化の「否定」として民主主義・社会的公平・市民宗教を紐帯とする人為的アソシエーションを組織し，さらにコミュニティーとアソシエーションの対立，諸アソシエーション間の抗争を，広くは所有と正義を調整する最大アソシエーションとしてstateを創出し，その存在を認めてきた，そういう伝統を持っている。

　アメリカ知識人とりわけ左翼知識人は，そうした社会的紐帯（構成諸要件）と知的伝統からエネルギーを汲み上げながら，アメリカ社会の民主主義的再生と止揚を目指してきた。「悲劇的世界観」（Goldmann）・「人間観」（Gabel）・「語用的（pragmatic）言語論」を土台に，かれらの社会運動と知的努力，その展望を最後にあらためて「付論」として，以下の10に要約しておきたい。

1）労働運動と左翼改良主義とプラグマティズム

　国民国家アメリカは，その内部に対立しつつも互いに補強する3つの潮流を持っている。1つは，『聖書』を媒体とする〈神―個人〉の神学に拠って回心（conversion）した信者からなる宗教共同体をめざすプロテスタンティズムであり，2つは，社会契約論に拠った〈市民・citizen ― 国家・state〉をめざす近代啓蒙思想であり，3つは，功利主義（utilitarianism）である。それらの担い手は，選ばれた者として神と積極的にかかわる自律的信者であろうし，また多様な移民が農業や産業という人間のもっとも古典的な労働・額に汗する労働に従事し

ながら，前述したように，私的所有を尊重する自然的な共同体（community，その最も包括的な共同体としてのnation），部分的な利益・理念の実現をめざす人為的なアソシエーション（association）・市民社会，それらの調整にあたる最大のアソシエーションとして国家・国家権力を創出した。アメリカ市民・国民は，その国民国家の運営に積極的参加することを尊重し，そうした宗教や労働や社会的正義に棹さす習律（habit）を，つまり自律性を尊重している。

そうしたアメリカ的習律から闘いのエネルギーを得ながら，大恐慌以前，社会ダーウィン主義をも援用した独占資本主義の劣悪な労働条件・低賃金に抗するため，労働者はたとえば「世界産業労働組合」（1905）を結成して，社会主義労働運動を展開した。1890年代から第一次大戦をはさむ1920年代とりわけ「革新主義の時代」（1901～1920）にかけて，その労働運動をユートピア社会主義・制度経済学派・シカゴ学派そしてプラグマティズムからなる「改良主義的左翼」が支え，大恐慌（1929）後のニューディール政策（1933～）を準備する知的環境を作った。

プラグマティズムを代表する1人であるG.ミードは，自然的共同体（community）の上に共通の目的（契約）に嚮導された人為的社会組織（association）である市民社会と国家の関係を担い手に焦点を合わせ，つまり〈市民―国家〉を〈主我・I―客我・Me〉と捉え直した。そして，自律性と多様性（自由・複数の価値観・寛容）を尊重する社会と国家を担う市民の核をなすのは反省であり，諸問題に面した場合，その反省する〈主我〉（＝自律的信者・ひと）が，しだいに肥大化する国家権力や官僚機構にたよらず，他者と協同して〈客我〉である社会・国家を再構成する過程が肝要である，つまり絶えざる他者との対話（コミュニケーション）や民主主義的協同行為が肝要である，とミードは構想した。J.デューイも，反省を本質とする近代の精神と民主主義と教育とは不可分である，と説いた。

このアソシエーションの伝統とプラグマティズムを母体として，ニーチェ哲学のラディカリズムの影響も加わって，1910年代にグリニッジ・ヴィレッジ知識人，プラグマティズム的抒情詩的左翼と称される多くの若手左翼知識人が育った。

その社会的公平・正義に経済学的土台を与えるのが，世界大恐慌後のニューディール経済政策を導いたJ.ケインズの『雇用，利子および貨幣の一般理論』（1936），いわゆる近代経済学である。社会投資・需要増加による所得増加（そ

の計量的法則を明らかにできるとする乗数理論）を目ざすマクロ経済学をケインズは構想し，〈利潤の極大化〉を本質とする資本主義経済のなかに分配(distribution)の正義を実現しようとした。市場への国家介入という経済政策は，革新主義運動の枠組みをこえた強力なローズヴェルト連合の成立とあいまって，独占資本主義の修正をうながして福祉国家資本主義へ高め，同時期に導入された集権的工場組織フォード＝テイラー・システムが飛躍的な生産性向上を可能にした。そして，広く後期資本主義国家と称される社会を構築した。

同時期あるいは第二次大戦後（1935頃〜1965頃），K.マルクスとS.フロイトに親しんでいた多くが若きユダヤ人である「ニューヨーク知識人」は，大恐慌後の後期資本主義国家におけるマルクス主義とモダニズムとの間に，政治経済的ラディカリズムと文化的ラディカリズムとの間に橋を架けようと試みた。D.ベルが証言するように，彼らは，ヨーロッパにおける故国を失った流浪民族ユダヤの悲しみと，WASPが支配するアメリカでのユダヤ人の疎外を融合させて沈殿しつつ，その悲しみと怒りを淵源として，とりわけモノ欲望の解放と功利主義を浸透させてきた〈利潤の極大化〉〈限界なき拡大再生産〉を最優先する資本主義とブルジョア文化の浅薄さを非難した。

2）「黄金の時代」とテクノクラート知識人

第二次大戦後アメリカは，後期資本主義・協調主義的福祉国家としてしばらくは「黄金の時代」を謳歌する。アメリカは，外交ではパックス・アメリカーナの下に世界を組み込み，国内では「豊かな社会」「高度産業社会」へ離陸させた。この時代に寄り添うように誕生したテクノクラート知識人は，分配の正義とマクロ経済政策に拠る企業・労働組合・リベラル左派からなる「コーポリット・リベラリズム」が支えるこの繁栄とを「技術力」「生産力」を重視する理論枠組みで分析した。たとえば，T.パーソンズの機能主義社会学やD.ベルの『イデオロギーの終焉』(1960)などの「ポスト産業社会」・「ポスト資本主義社会」論である。それは，宗教改革・民主主義・産業革命・高等公教育を我がものとした戦後アメリカを肯定する「近代化論」に凝縮され，「人類がつねに夢見てきた祝福されるべき合理的な世界」へ誘う植民地を持たない新植民地主義の〈帝国〉アメリカの諸政策を正当化した。しかしその近代化論は，パックス・アメリカーナの下での〈帝国〉アメリカ「資本」の諸政策，資本主義発展の原動力であるとともに「矛盾」の原因でもある赤裸々な「資本蓄積」を人びとの目からそ

らす役割を果たすものでもあった（Harootunian）。したがって，「近代化論」は，〈帝国〉アメリカを時間・歴史の概念なしの分析にとどまることになった（北川 1999）。

3）ニューレフト運動とフォーディズムとフランクフルト学派

「黄金の時代」や合衆国憲法の理念にもかかわらず，第二次大戦後も黒人とネイティヴ・アメリカンの貧困と被差別は根深かったから，1950年代中頃に公民権運動やレッドパワーが組織され，その後の1960～70年代の白人青年たちの社会運動の先駆けとなった。ヴェトナム戦争（1954～1973）の実態は，「軍産複合体制」とパックス・アメリカーナ下での富の収奪機構の保持にある，と考える彼ら青年は，さまざまなラディカル組織たとえば「民主社会をめざす学生同盟」（SDS, 1960）を組織した。

青年たちは，建国以来の宗教的・道徳的紐帯である聖書的伝統と共和制的伝統からなる「市民の宗教」やプラグマティズム哲学が織り込まれた「教養教育」（liberal art）なかで育ったから，「ポート・ヒューロン宣言」（1962）にみられるように，「理性」と「道徳」を尊ぶ自律的市民であろうとし，反差別・正義・参加民主主義・平和の伝統に沿ってアメリカの再建を試みた。ヴェトナム戦争を黙認する知識人や大学同僚の「知識人の責任」（1976）をあえて問うたN.チョムスキーを育てたのも，自ら語っているようにプラグマティズム哲学である。

ほぼ10年時代が戻るが，「黄金の時代」の最中にあった1950年代末のビート世代の登場は，もっぱら富者や強者に有利な「自由主義的功利主義モデル」によって蚕食されながら，結局は，物質的幸福や自己利益を可能にする集権的産業組織・「フォーディズム」（Fordism）に安住している豊かなアメリカに潜む社会的病理，あるいはその豊かさを可能にしてきたピューリタン的経営エートスと科学・技術主義にたいする「文化革命」のはじまり告げる事件であった。ビート世代の異議申し立ては，1960年代後半により広汎な「対抗文化運動」へと発展する。

青年運動と対抗文化運動を担った彼ら青年は，労働者階級のみを変革主体とする正統派マルクス主義，協調主義的福祉資本主義に賛同するリベラリズム，あるいはテクノクラシーとは一線を画し，自らを「ニューレフト」（new left）と称して，とりわけテクノクラート・インテリゲンチャに矮小化されない「新しい知識人」を掲げて，知識人の役割や参加民主主義を重視した。

『現代アメリカ知識人論――文化社会学のために――』(1987) で高橋徹が詳論したように，正統派マルクス主義における搾取や絶対的貧困への解消，また改革主義左翼・リベラルにおける分配の富裕層や強者への偏りの是正に共感しながらも，ニューレフトは，これまで看過されてきた福祉資本主義国家における管理強化，先進産業社会における科学・技術主義の支配，つまり両者に底流する「物象化」に異議申し立てた。そのために彼らは，後期資本主義（協調主義的福祉資本主義）の特色である人間の物象化・事物化の解明のために，プラグマティズムの認識枠をこえて，現象学や西欧マルクス主義そしてフランクフルト学派を学ぶことからはじめた。

というのも，すでに E. フッサールらの現象学は，客体―主体の関係性・関係行為を捨象するデカルト的二元論を克服する枠組みとして，E. マッハらの経験批判論の「純粋経験」に注目し，その純粋経験（質料・Hylē）が，ガリレオ的「自然の数学化」やデカルト的二元論に媒介されて，〈操縦者テクノクラート―ロボット大衆〉という社会編制へ，また産業革命・分業化を媒介して人間存在の歯車化へ帰結すると洞察し，「反省」を本性とする自由でありかつ自己規律する理性的存在者とその人々からなる社会の回復を目指していたからである。

フランクフルト学派・批判理論第一世代の狙いも，ファシズムや後期資本主義の管理社会に生活する当人たちの〈ヒト―ヒト〉関係が，あたかも〈モノ―モノ〉関係として変装する，また科学的・数学的法則（＝実証主義）に合致した世界として現象する事態を，あるいは〈管理―被管理〉が当人たちの意識に内面化され「自発的従属」「権威主義的パーソナリティ」がはびこる事態を，〈ヒト―ヒト〉関係の倒錯と分析し，あるべき〈ヒト―ヒト〉関係，あるべき社会や宗教の再構築を目指すところにあった。

同じく「純粋経験」を哲学の出発点においた W. ジェームス，それを「経験」と捉えた J. デューイらプラグマティズムに育った青年知識人たちは，現象学やフランクフルト学派に加えて西欧マルクス主義に学びながら，「微視的社会」システムをなす「家族，性，労働現場，文化活動，言語その他の形でのコミュニケーション，社会的相互行為，制度，イデオロギーにおける疎外の諸形態［に関する］現象学」，「それらの背後まで入り込み，より広い社会階級的な諸力（「巨視的社会」システム）の動態的な歴史的理解」に関するマルクス主義，両者の統合を探ろうと論じた (Howard and Klare 1972)。

しかしながら，フランクフルト学派第一世代を代表するホルクハイマーとア

ドルノは〈ヒト―ヒト〉が〈モノ―モノ〉関係として物象化する事態を打開する認識枠を構想できず,悲観主義に陥った。他方,自我形成における歴史・社会・文明を重視する新フロイト学派の左派に属するN. O. ブラウンや「反精神医学」の旗手R. D. レインそしてH. マルクーゼらは,C. フーリエの社会主義的構想に連なりながら,抑圧からの性の解放と社会の解放(＝社会主義)が同時に達成されなければならないと強調し,道具的合理性に取り込まれない身体的な「美」や「エロス」あるいは「今ここ」体験だけが「大いなる否定」を発揮できる,と論じた。「対抗文化」を唱導した3人の哲学は,つまるところ「性の政治学」を実践することであった。

1960年代末になると対抗文化運動に参加する若者たちの社会的性格は,SDSなど旧ニューレフト運動に結集した理性と道徳を尊ぶ自律的人間類型,〈過去―現在―未来〉への時間軸上に構築されるべきと考える統合的自我像に代わって,むしろ「今ここ」で「財産より人権を,テクノロジカルな要求より人間的必要性を,競争より協業を,暴力よりセックスを,集中より分散を,生産者より消費者を,手段より目的を,隠蔽より開放を,社会の形式より個人の表現を,汗水たらすことより満足することを,エディプス的愛より共同体的愛を優先」させるべき,とする色彩を濃くした。

「壮大な革命性や全面的否定」をめざしたニューレフト運動と対抗文化運動は,木村敏の術語を借りれば,「祭のさなか」(intra festum)的狂気に陥った。ニューレフトがウェザーマン派へ,対抗文化運動がセックス・ドラッグ・ロックに染まったウッドストック音楽祭(1969)へ変質し,その後,宗教の神秘主義的体験(悟り)を求めて,キリスト教よりも東洋の宗教に傾斜した「新しい宗教運動」が登場する。そのオカルティズム(occultism)を強めたセクトの一部は集団自殺した。

しかしながら,R. イングルハートの『静かなる革命』(1977)や『先進産業社会における文化変容』(1990)が,先進工業国家における意識調査データーに基づいて実証的したように,それらの運動は,反経済成長主義・脱物質主義という「文化革命」を志したものであり,H. ドライツェルが整理したように,アナーキーな文化変容とともに,脱物質的価値・「新しい感性と新しい共同性」,つまりその後の「ポストブルジョア・ポスト家父長的市民社会」(Cohen)の萌芽が育っていた。

4）寄生性・腐朽性，新古典派経済学・金融資本主義，グローバリゼーション・イノヴェーション

ヴェトナム戦争や社会福祉費による財政赤字と輸入超過の貿易赤字という「双子の赤字」が，ニクソンショック（1971）や石油危機（1973）によって赤裸々になり，協調主義的福祉資本主義国家（後期資本主義）とそれを支えるコーポリット・リベラリズムが維持しがたくなった。「黄金の時代」の繁栄にいわば凭れかかってきたニューレフトの青年運動や対抗文化運動も，1970年代初頭にはほぼ自壊する。

「黄金の時代」の只中でアメリカは，実は自らの土台を崩す〈帝国的〉寄生性・腐朽性を増悪していた。その理由の１つは，パックス・アメリカーナ維持のための膨大な軍事費が，財政赤字や資本形成の阻害し，軍事研究の開発も民生技術と結びつかず，労働生産性の上昇の妨げとなったこと。２つは，国民総生産（GNP）から海外からの収入・不労所得を引いた国内総生産（GDP）の数字の大きさが示しているように，海外からの膨大な収入にも安住してアメリカ企業は，研究開発費を削り，実体経済の大黒柱である石炭，鉄鋼業・自動車・航空機，部品産業・工作機械・家電などの老朽化を放置してきたこと。３つは，経営困難に陥ったクライスラー社は25の工場閉鎖し，7.4万人の労働者解雇を強行したが，アイアコッカ会長は460万ドルの役員報酬を手にしたように「支配階級の頽廃」が顕著であること。４つは，貧富格差拡大・家族制度と教育制度の崩壊による文盲率の増大（20％，1981）など「労働の質の低下」も顕著であることである。それらは，新植民地主義・〈帝国〉アメリカの寄生性・腐朽性を自証している，と言えるだろう（金田，1993）。

アメリカ国力・「資本蓄積」の低下への対処療法として反リベラル・エスタブリシュメント（財界と経済的エリート）は，1970年代後半からリーマン・ショックをへて今日まで，「資本蓄積のための条件を再構築し，財界と 経済エリートの権力を回復するための政治的プロジェクト」（Harvey），「資本」側の巻き返しを行ってきた。レーガノミクスの延長上に「ワシントン・コンセンサス」（1989，① インフレ抑制のための高金利政策，② 法人・富裕層への減税，③ 公共サーヴィスの有料化など「コスト・リカバリー」政策，④ すべての分野での競争促進政策，⑤ 民営化，⑥ 労働市場の規制緩和，⑦ 自由貿易の奨励，⑧ 短期投機資本を含む資本勘定の国際化と自由化，⑨ 多国籍企業や富裕層が合法的に脱税できる「租税回避地」の黙認）を強行し，より総括的には，国家戦略の転換（①

イノヴェーション戦略，② 市場原理主義戦略，③ 金融資本主義戦略，④ イデオロギー戦略）を行った。

　これらの政策・戦略の本質は，製造業の弱体化から国内での〈限界のなき拡大再生産〉による資本蓄積が不可能になったから，〈利潤の極大化〉を求めて，対内的には，市場原理主義・新古典派経済学の貫徹によって労働者や市民の諸権利の簒奪や実質賃金の低下を強行し，対外的には，グローバリゼーションを強行し，さらに金融資本主義によって実体経済の不振を埋め合わせるだけでなく，それ以上に世界と中下層から富を収奪することが主眼であった。

　新古典派経済学に関して，たとえばレーガノミックスを引き継いだブッシュ（息子）政権は，均衡財政・福祉削減・減税を掲げて，累進課税の最高税率を39.6％から35％へ，富裕層を中心とする投資所得にたいする配当課税を通常所得と同率の15％へ引き下げ，遺産税を55％から2010年末には完全撤廃するなど，いわゆる「ブッシュ減税」を行った。それによって経済成長を促し，富のしたたり（trickle down）を期待するものであったが，長期的にみれば財政赤字を増大させ，経済成長を阻害するだけでなく，トリクル・ダウンによる富の再分配は起きなかった。

　金融資本主義に関して，冷戦終結によって軍事部門に緊縛されていた科学・技術が，宇宙工学・電子工学・情報通信・バイオ等の先端技術・金融工学に開放され，アメリカは先端技術における優位と特許権独占を掌握するとともに，旧東欧社会主義国をも市場（market）に取り込み，拡大した世界市場からマネー・フロー分析に威力を発揮するIT技術を駆使する金融工学でも優位に立ち，海外から，そしてアメリカ中間層と下層から富を収奪してきた。「ワシントン・コンセンサス」の合法的機関としての「世界貿易機関」（WTO, 1995）を創設し，銀行・証券会社分離法（グラス＝スティーガル法）を否定する「グラム＝リーチ＝ブライリー法」（1999）を可決して，銀行による証券業務（ディーリング業務を除く）の道を開き，巨大架空資本形成のメカニズム・カジノ金融資本主義を法的に正当化した。

　その結果，「製造業では中国やインドに水をあけられているアメリカも，こと富豪を生み出すことにかけては世界に君臨しているのだ。いまやアメリカの資産100万ドル以上の世帯数は歴史上初めてヨーロッパを上回り」（R. Frank 2007），世界では上位0.1％の金持ち資産が下位60％に匹敵し，3％の富裕層が富全体の1/2を占めることになった。最近では，8人の大富豪の財が30億人の

それと同じである。

　グローバリゼーションに関して，たとえば北米自由貿易協定（NAFTA, 1994）の締結に支えられてアメリカ巨大企業は，賃金高の国内工場を閉鎖して，メキシコ・カナダを対象に販路の拡大・低賃金加工工場の設置・エネルギー・サーヴィス市場の囲い込みを目論んできた。他方，国内製造業のメキシコへの移転，メキシコの低賃金・劣悪な労働条件が逆輸入され，また資本蓄積の過程で生じている社会的諸問題を「自己責任」として扱い，長年かけて獲得した労働者や市民の諸権利は失われた。

　1980年代に徐々に始まっていたイノヴェーションも，労働市場の構造変化（高学歴・高賃金の熟練労働者と低学歴・低賃金の肉体労働者との乖離）と企業のグローバル化をより一層促した。自動車・建設・家電製品などに供給した鉄鋼工業の繁栄（1970年代）は，1980年代には衰退（安価な鉄鋼の輸入・技術の腐朽・市場喪失）へ向かい，企業の多国籍化を促した。

　キリスト教原理主義とハイエク的保守主義また新保守主義者が，以上の諸政策を積極的に支持するか黙認した。

　この過程で「国民国家」アメリカの構成諸要件の腐蝕が早まり，アメリカ社会の基盤であるコミュニティーやアソシエーションの分裂が拡大し，超格差社会化とともに心の荒廃もひどくなった。「民主主義のかわりに大衆に基盤をおいた独裁をもってこようとする運動が，段階を追ってしだいに強大化し，覇権をうち立てようとする傾向」，いわゆるファシズムを許す社会心理が広まってきた（R. Paxton 2004）。

5）活性化した労働運動

　他方，国民国家の墓穴に掘るにいたる「格差社会化」や「グローバリゼーション」の強行に左翼陣営は，労働運動の活性化と「新しい社会運動」の協働を軸に対抗を試みている。

　たとえば反NAFTA闘争である。21世紀における先進国間と途上国の対立を調整し，国際貿易ルールを決める世界貿易機関（WTO）第3回閣僚会議の開催に抗議して（1999），国際自由労働組合総連合傘下のアメリカ総同盟・産別会議（AFL―CIO, 1955～）は2万人の労働者を開催地シアトルに結集させ，メキシコなどの労働者や環境保護者らあわせて数万人が，会議を包囲し会議も決裂した。全米鉄鋼労連のベッカー会長は，「労働権をはじめとする人権や環境保全な

どの合意が，WTO 協定の中軸に据えられないかぎり，WTO を拒否する」と発言し，またデモ隊も，国家からの助成金を支給されて安価に製品を生産できるアメリカ企業・多国籍企業が，途上国に市場開放を迫ることが途上国経済を徐々に衰退させると「No More NAFTA！」を掲げた。反金融資本主義の闘いである「ウォール街占拠運動」(2010) も，そうした闘争の環をなしている。闘争スタイルは，前衛党の上意下達ではなく，総会方式の決定・参加民主主義を強調する 1960 年代の学生運動や「新しい社会運動」の闘争戦術，「レイバーネット・ウェブサイト」戦術にならったものであった。

6) ポスト・フォーディズムと「新しい社会運動」

1970 年後半以降もアメリカ左翼とりわけ左翼知識人は，エコロジー運動・差別反対運動・フェミニズム運動・都市社会運動・新宗教運動・反核平和運動に取り組んだ。が，左翼陣営の衰退は覆いがたく，「社会主義者の会議」(1985) の分科会「左翼の危機」で語られたのは，「歴史」の変革を掲げてきた「非宗教的左翼」が，新しい文化・新しい道徳へのアピール力を失った，という歎きである。

しかし，それら諸運動に参加した左翼知識人は，近代「市民社会」を持ったことのない社会主義国ポーランドにおけるレフ・ワレサ率いる独立自主管理労働組合「連帯」(1980) に，「法の支配と市民権の保証，自由な公衆の場，独立した結社の多元性等を通じて市民社会の再構築という考え方」(Arato 1981) を見いだした。「新しい社会運動」を後期資本主義国における「生活の質」・「市民社会をいっそう民主化するプロジェクト」として，より具体的には「ポストブルジョア的・ポスト家父長的市民社会」をめざすと定義しはじめた (Cohen 1985)。

その戦略に関して彼らは，3 つの事柄に留意した。1 つは，1900 年代初めに導入された工場内作業工程の細分化・熟練労働の単純化・労働時間の科学的管理を軸とする集権的労働組織のテイラー＝フォーディズムと，それが作り出す富を享受する「アメリカン・ウェイ・ライフ」とに関する A. グラムの知見（「物象化」と「功利主義的文化」）に学びながらも，すでに青年運動や対抗文化運動が表出していたポスト物質主義や参加民主主義，また工場内における分権的労働組織を要求する傾向（フォーディズムの機能不全）に注目し，より非集権的組織・小規模組織・ネットワーク社会の要請（ポスト・フォーディズム）に留

意すること。2つは，フォーディズムに因る物象化に抗する拠点，つまり「生活世界の有機的基盤の破壊に対する抵抗」の拠点を「コミュニケーション的合理性」に拠って「公共圏」をめぐる戦いというハーバーマスの議会主義的闘争・防御的闘争をこえること。3つは，そのために建国期アソシエーションに遡り，その伝統からエネルギーを得ながら，市民のより一層の自立性や多元性の構築へと闘争のラディカル化（ラディカル民主主義）が要請されている，と留意することであった。

7）「新しい社会運動」・言語論をめぐる路線対立

労働運動が活性化したとはいえ左翼陣営は，総体的にみれば「資本」と真正面から対峙できる力がなかったし，多くの知識人がリベラル派からも去り，中間派―右派―新保守主義知識人が多数を占めるようになった。そうしたアメリカにあっては，大学左翼知識人が対抗プロジェクトを引き受けざるを得なかった。すでに分権的組織の要求・脱物質主義的価値の広がり，情報化社会への進展など文化や価値また意識に関わる領域の比重が相対的に増していたから，その構成要素である言語に知識人の関心が集中していた。実際，1970年代の哲学や批判理論において「言語論的転回」がおきていた。

「ポストブルジョア的・ポスト家父長的市民社会」を掲げる「新しい社会運動」の闘いも，来るべき社会に向けて言語を核としてどのような社会像，どのような人間像を構想するか，その戦略と展望をめぐって，大学左翼知識人は2つの陣営に分かれた。1つは，カント的理性人間と〈未完の近代〉を説くハーバーマスに代表されるフランクフルト学派第二世代の知見であり，2つは，欲望・生命力と偶然性，ポスト近代を強調するフランス脱構造主義の知見である。その論争に，同じく言語論を核とする多彩なフェミニズム論も関わった。

青年運動系の知識人・ハーバーマス派

ハーバーマス社会学の主旨は，第1に，自己と他者とが共有する「関心」に基づく集団的認識，対話的行為・合理的コミュニケーションの中でなされるべきものであること，第2に，その認識を担うべき主体はカント哲学に凝縮されている啓蒙的・自律的主体であること，第3に，近代プロジェクトは未完である，に凝縮できるであろう。

青年運動の嗣子たちは，第1に関して，プラグマティズムに流入している2

つの伝統，つまり建国期以来のプロテスタンティズムの〈神—個人〉という自
律性重視と〈市民—国家〉の社会契約（アソシエーション）論を糧として育っ
てきたから，「プラグマティズムとハーバーマスは，合理性が本質的に対話的で
あり，またコミュニケーション的であるという理解を共有し，ともに対話的形
式の合理性や合理化がもたらす倫理的・政治的結果を追求する」（Bernstein）こ
と，第2に関して，「物象化された日常的実践を癒すためには，認識論的要素，
道徳—実践的要素そして美的—表現要素が，むりなく相互作用をするようにする
しかない」（Habermas）のであり，それを担う主体は，理性の反省力を核とする
啓蒙的・自律的主体であること，第3に関しても，「啓蒙に対する懐疑，西洋合
理主義に対する理性的な批判，「進歩」に伴う利得と損失の注意深い査定に求め
られているのは，これら［理性の反省力］である」と近代を〈未完のプロジェク〉
と捉えることにはほぼ異論はなかった。かれらハーバーマス派は，これらの見解
を「ポストブルジョア的・ポスト家父長的市民社会」構築への嚮導理論として
受け入れた。

対抗文化系の知識人・脱構造主義派

　対抗文化運動の嗣子たちは，「構造主義」・「脱構造主義」の知見に好意的で
あり，ハーバーマス的知見に同意しなかった。
　理由の第1は，人間の本質は理性的自律主体にあるのではなく，何よりもニ
ーチェがいう欲望や権力に，構造主義者フーコーがいうように永遠に自己超越
する「分散する主体」に，あるいは言語論的には脱構造主義者デリダがいうよ
うに意識の根幹をなす言語の差延，つまり自己意識の差延的運動や象徴能力に
ある，と考えるからである。第2は，ハーバーマスが世界・人間を〈過去—現
在—未来〉時間軸で捉え，掛け替えない〈現在〉を軽視しているからである。
欲望や権力あるいは差延的意識を本質とする人間とその世界は，なによりも偶
然的であり，「今ここ」を満たすことが大切であるからである。第3は，フラン
クフルト学派第一世代のマルクーゼが強調したように，道具的労働と理性的言
語に抑圧されているエロス・リビドーや欲望の回復と解放こそが，「道具的技術
的合理性および自然支配に対する非妥協的批判」の完遂につながるからである。
だから疎外や物象化や全体主義が跋扈する現代社会に対して美（Aavant-garde）
や分散する主体（Foucault）や崇高感情（Lyotard）や差延の言語（Derrida）を
拠点に対決する必要がある。第4は，ハーバーマスのコミュニケーション論が，

旧来の改良主義的政治・リベラリズムに過ぎず,むしろポスト・フォーディズムに対応する「新しい社会運動」に必要とされているのは,フーコーがいう「複数の抵抗」・「移動可能な,また移動する抵抗の拠点」からなる反集権的組織論であるからである。

こうした「構造主義」・「脱構造主義」の見解は,「水瓶座とか孤立的個体化の過程がいよいよ完成するパラダイムを信仰する」(Bellah)若い世代や,また「自己対象化」や認識の徹底的ラディカリズムを強調する「プラグマティズムの解釈学的転回」を行った R. ローティなどネオ・プラグマテズム,P. マンなどの「イエール学派」(1967)の主張,それらとも重なり,アメリカ・アカデミー界の一部に好意的に受け入れられた。が,そのラディカリズムは,悪無限的相対主義と紙一重であった。

8) 社会主義フェミニズム論と「北米フランクフルト学派第三世代」

「新しい社会運動」は〈ニューレフト青年運動＝親ハーバーマス〉と〈対抗文化運動＝親脱構造主義〉という戦略の違いを含んできたが,それは「ポスト家父長的市民社会」をめざすフェミニズム論にも大きな影響を与えた。

多彩なフェミニズム論(伝統的リベラル・フェミニズム,ラディカル・フェミニズム,精神分析的＝ジェンダー・フェミニズム,ポストモダン・フェミニズム,社会主義フェミニズム)があるが,ここでは〈コールバーク＝キリガン論争〉と社会主義フェミニズム論に言及するにとどめておきたい。

L. コールバーグは,スーパー・エゴを内面化することが道徳であるという S. フロイトの学習論的立場を斥けて,青年は規範に対して能動的に対処し,それを自己の認知構造に同化させるという,道徳の「構造―発達アプローチ」図式を示し,青年後期と成年期における脱習慣的水準(第5段階「社会契約論的な法律志向」～第6段階「普遍的な道徳的原理志向」),とりわけ第6段階の倫理から道徳への発達段階の最終に位置するカント的道徳論こそが,正義・公平・権利を重視する「普遍的な道徳原理志向」である,と論じた(1976)。この見解は,カント的自律的主体の回復をめざすハーバーマス社会学の人間論とも重なるものであった。

これに対して J. マーフィと C. キリガンは,論文「青年後期と成人期における道徳発達：コールバーク理論の批判的再構成」(1980)において,「脱習慣的水準」に属する第6段階の「普遍的な道徳原理志向」を「脱習慣的な形式主義」と規

定し，その第6段階に新しく「脱習慣的な文脈主義」を挿入した。文脈主義に沿った身体的な，他者に開かれた，配慮（care）と責任といった女性の豊かな感受性の徳目も考慮されるべきだ，つまりジェンダーで異なる道徳論が考慮されるべきだ，と強調する。彼女たちの意図は，コールバーグやハーバーマスが重視する正義と権利という「普遍的な道徳原理志向」が，実は，実体―客体を分離する自然科学・空間的認識に優れた男性をモデルとする道徳であって，身体的・現象学的認識に優れた女性が排除されている，むしろ配慮と責任という感性豊かな女性の道徳が大切でないか，ということにあった。

社会主義フェミニズム

そうした論争の中から社会主義フェミニズムが登場してきた。たとえばS.バック＝モースは，きわめて示唆に富む論文「美学と非美学」（1992）なかで，身体的経験を捨象して真・善・美の三位一体をめざすカントの理性的に統合された自我に対して，アドルノの術語を借りて，身体的経験に錘を下ろした「ミーシス的言語」に立脚した，開放的でかつ統合的な，美的に統合された理性的な自我を提示している。あるいはD.ケルナーは，家父長制と生産力主義を前提とする資本主義や社会民主主義に対して，配慮と愛を含み，反生産至上主義の生活のあり方に基づく社会主義を対峙させ，フェミニズムと社会主義とが結びつく必要性を説いている。

こうして，あるべき女性像に関してアメリカで深められた多様なフェミニズム論は，来るべき「ポスト家父長的市民社会」構想に大きな示唆を与えるものとなった。

「北米フランクフルト学派第三世代」

同様に，〈ニューレフト青年運動＝親ハーバーマス〉と〈対抗文化運動＝親脱構造主義〉の論争から，『テロス』誌グループを中心に「北米フランクフルト学派第三世代」が登場してきた。ハーバーマスの三領域（認識論的要素，道徳―実践的要素，美的―表現要素）の「利得と損失の注意深い査定」を行う理性の反省力に期待するという大枠の下に，対抗文化運動の経験や構造主義・脱構造主義の知見に触発されながら，非同一やミメーシスを強調したアドルノらフランクフルト学派第一世代に学ぶことで「ポストブルジョア的・ポスト家父長的市民社会」戦略をより肉付けできる，と彼らは主張する。

9）アメリカ左翼知識人の哲学：プラグマティズムと現象学的マルクス主義

　ここであらためて，かれらアメリカ左翼知識人の行動や言説の基盤に現象学とプラグマティズムがあり，その両哲学をマルクス主義と統合した「現象学的マルクス主義」という新しい概念が，「資本」が主導する搾取と商品化・事物化に抗する分析装置として機能してきた，と強調しておきたい。

　独占資本主義や後期資本主義そして東欧社会主義（国家資本主義）に共有されているのは，〈限界なき拡大再生産〉であり，それを実現するための高度資本主義化と高度産業社会化が，「市民社会」の基盤を徐々に腐食させ，瓦解させてきた，と左翼知識人は考える。先進国西欧資本主義の場合，経済と産業の運営にあたって，総じて人間的なものを商品・モノに還元（物件化）することで〈限界なき拡大再生産〉と〈利潤極大化〉・資本蓄積が追求され，後進国東欧社会主義の場合，労働の余剰をすべて生産設備の増設・資本蓄積に注ぎ込んできた。その結果，人間の営みである労働が生産強化のための生産力に矮小化され，生産関係が〈管理エリート　対　クライアント〉あるいは〈特権的党官僚　対　人民〉に矮小化されてきた。

　この間，非正統派マルクス主義知識人は，コミュニティー基盤の上に構築される〈ヒト―ヒト〉関係が〈モノ―モノ〉関係へ倒錯する現象（物象化）の解明につとめ，あるべき〈ヒト―ヒト〉関係・アソシエーションの再生と止揚に努めてきた。

　かれらは，『唯物論と経験批判論』（1909）に代表される正統派マルクス主義の〈主体―客体〉の関係性を分離する客体主義・素朴唯物論に代り，〈主体―客体〉の関係性に留意し，あるべきアソシエーションを構築するための認識論として，先に言及したように，現象学とプラグマティズムに学んだ。現象学から，「質料」のガリレオ的「自然の数学化」やデカルト的〈主体―客体〉分離が客体主義（「ヨーロッパ諸科学の危機」）へ，〈テクノクラート―大衆〉へと帰結することを，そして，反省を本質とする「主体」・自由でかつ自己規律的な理性的存在者からなる市民社会の回復への方途を学び，またプラグマティズムから，純粋経験・経験から「普通の人びと」がアソシエーションを創造し，さらに「創造的民主主義」に拠りながら偉大なコミュニティー・アソシエーションへの方途を学んだ。

　マルクスの労働の「疎外」を核に「プラハの春」など社会民主主義運動の先頭に立ったK.コシーク，「本来性」を核とするH.マルクーゼのハイデガー的マ

ルクス主義の知見も加えて，P. ピコーネが主幹である『テロス』誌グループは，現象学的マルクス主義の創出に努めた。かれらは，搾取とともに「人間」の商品化・物件化が，何よりも「資本」主導の下で人びとの日常生活・日常経験が物件化される経験へと還元される事態に起因しているから，搾取からの解放と人間の「本来性」を回復するためには，若きピコーネの言によれば，「マルクスがヘーゲルを唯物論化したように，批判的ないし現象学的マルクス主義は，生活世界（Lebenswelt）を土台として，労働者を超越論的主体と解釈することで，フッサールを"唯物論化"しなければならない」と考える（Piccone, 1976）。

　現代社会において誰を〈超越論的主体〉と規定するかに関して左翼陣営は，たとえば労働者，知識人，女性，大衆などと見解が分かれ，それが諸社会運動の戦略に直結するから，陣営内の論争は熾烈なものなる。が，より人間的文化と民主主義的社会への構築への志は共有するから，〈利潤の極大化〉のもと〈限界なき拡大生産〉を優先させる「資本」側の戦略と真正面から対抗するためには，活性化した労働運動と「新しい社会運動」の協働が要請されている。また，広く環境問題など生活を営む上での諸問題に関わる「市民」が〈超越論的主体〉となる資格があり，なるべきであろう。その点で，『歴史と階級意識』（1923）でG. ルカーチが変革主体をプロレタリアートに限定した，それを拡大する必要がある。

10）アソシエーションと自主管理

　「市民」を〈超越論的主体〉とした社会的組織が，アメリカ建国期のアソシエーションであり，その現代的形態が東欧社会主義国ユーゴスラビアの民主化運動の「自主管理」（self-management）である。その理論的支柱を提供したのが，「プラハの春」の先頭に立ったK. コシークの認識枠組みと同じ文脈に立つ「プラクシス」（Praxis）学派であった。

　トックヴィルが，「アソシエーション」は私的所有の財と理事が運営する財という異なる所有形態から成っていると指摘したように，「プラクシス」学派は，私的所有とそうではない所有形態（共同的所有，社会的所有，国家的所有）に留意し，「自主管理」という実験を行った。

　プラクシス学派の一員であるM. マルコヴィチによれば，国家的所有だけでは，ユーゴスラヴィア人民に「財」の合理的利用や効率向上や技術革新について無関心を促し，経済発展を停滞させ，阻害するからであった。私的所有に基づい

た生産物が「商品」として「市場」で交換されることを保障することが，経済発展の力・近代の法原理であるから，それを内蔵してきた近代資本主義の益を評価すること，だが同時に，〈利潤の極大化〉と〈限界なき拡大再生産〉の下で帝国主義や新自由主義や金融資本主義の追求という損を克服することが，肝要である。そうした近代資本主義の損益，「所有」と「市民権」，「自由」と「平等」を調整する制度，すなわち「すべての企業における被雇用者は経営委員会に彼らの代表をもち，会社のすべての意思決定と純利益の分配に参加できるようになっている」制度が，「自主管理」であった。そして，この「自主管理」は，たんに経済的損益に関わるだけでなく，「パリ・コミューンそしてその経験からのマルクスによる分析から80年後，社会主義運動は忘れられた理念——自主管理（自治）を再び発見した。……［それはまさに］民主主義的な社会主義，したがって自主管理社会のみが，現代資本主義のラディカルな否定，つまるところラディカルな人間化を意味する。それは，ポスト資本主義の初期的，過渡的形態のより一層の発展の必然的経路である」とマルコヴィチは論ずる（Marković, 1968）。

　言い換えれば，「自主管理」は，近代西欧において初めて誕生した「合理主義」が，生活世界を宗教，経済，科学，芸術の領域へ分裂させ（「神々の争い」），世界から意味剥奪し，人びとの自由を奪い「鉄の檻（コスモス）」へ押し込めていくというM.ヴェーバーの悲観主義から解放される道筋をしめした。というのも「自主管理」は，私的所有，共同的所有，社会的所有，国家的所有の法的平等を確認し，4つの所有形態の関係のあり方を，その具体的社会状況のなかで検討することを通じて「合理主義」の暴走をも反省の対象にする古代哲学以来の「理性」を働かせる制度であるからである。つまり，それは，「資本」優先の下での高度資本主義と高度産業化が強制する「鉄の檻」・物象化を「否定」する哲学的知恵を働かせる構想であり，始まったばかりの実験に他ならないからである。

あ と が き

　本書『資本主義の終焉とアメリカ民主主義』は,『アメリカ知識人論』（2006）後のアメリカ社会と知識人を論じてきた諸論文と書き下ろし論文からなっているが, 2016 年大統領予備選挙における民主党 B. サンダースと H. クリントン両候補, そして共和党 D. トランプ極右政権誕生を踏まえても考察した。

　本書を貫く主題は, とりわけ第二次大戦後から今日にいたる現代資本主義・産業主義のあまりにも巧みな成功が, 今日の欧米先進国における現代資本主義の終焉と, 出自である近代民主主義を否定する極右政権の誕生を促し, 他方で,〈成功〉へのラディカルな反省が, 公民権運動とヴェトナム反戦運動につづく青年運動や対抗文化運動という形をとり, また今日の労働運動の活性化と「新しい社会運動」の登場を促している, ということにある。

　第二次大戦後アメリカは, 世界各地に軍事基地を置き兵士を駐留させながら, 植民地を持たない新植民地主義（パックス・アメリカーナ,〈帝国〉アメリカ）に拠って圧倒的な繁栄を謳歌してきた。が, そのただなかで〈帝国〉に不可避の寄生性・腐朽性を胚胎し, その後の不振を通じて「国民国家」(nation-state) アメリカの構成諸要件を腐蝕させてきた。この構成諸要件とは, 1 つは, 社会における自然的・地縁的な利益を共有するコミュニティー（その最も包括的な利益の共有を表現する国民・nation), 部分的な利益・目的の実現につとめる人為的な社会組織である多様な「アソシエーション」, アソシエーション間の抗争を調整する最大のアソシエーションとしての国家 (state), そのコミュニティーとアソシエーションの統合を表す国民国家 (nation-state) である。2 つは,「市民の宗教」における「心の習律」（勤勉と勤倹, 合理的精神, 隣人愛) であり, 3 つは, 経済における「等価交換」, 4 つは, 政治における「すべての人々は平等に創られている」理念の下に人びとが契約した「民主主義」（社会的公正・正義）であり, 5 つは, 教育における多様で高水準な第二次大戦後の「高等教育」であり, 6 つは, 技術における「高度産業」である。

　アメリカ知識人とりわけ左翼知識人は, 社会的伝統（構成諸要件）と知の伝統からエネルギーを汲み上げながら, アメリカ社会経済の民主主義的再生と止揚を目指して, さまざまな社会運動に参加し, 運動を前に進めるために理論析

出に携わってきている。

　かれらの運動と知の営みの軌跡と展望を考察するにあたって本書は，次の世界観，人間観，言語論を土台に置いた。
　近代啓蒙の結晶であるアメリカ独立革命の精神を受け継ぐ左翼知識人は，「近代」では普遍的価値や超越神の追求が挫折を宿命づけられているとしても，反省的理性によって普遍性や超越性を追求するということ。つまり彼らは，「悲劇的世界観」に受容しながら，それゆえにより民主主義的価値が具現する市民社会の実現を目指すという世界観。
　正常な人格と意識は，主体と客体の弁証法的均衡から成っており，その主体は欲望と力を志向するだけでなく「本来性」を目指す存在であり，搾取や過度の物象化は，社会経済的諸条件が提供する「人間的な生命発現の総体」を疎外するという人間観。
　言語の本質が，たんに差延的関係・偶然や象徴能力にあるのではなく，コミュニケーションにおいては意味の開放性と確定性が同時に働くという言語論。

　以上の世界観・人間観・言語論を土台に置きながら，とりわけアメリカ民主主義の社会的基盤であるアソシエーションとその伝統から知的に析出されたプラグマティズム，そして民主主義と社会的公平の回復と止揚を目指している現代の労働運動と「新しい社会運動」に留意し，それを支える認識論としての現象学的マルクス主義を討究した。というのも，左翼知識人は，アソシエーションとプラグマティズムから知的エネルギーを得ながら，マルクス主義や現象学や西欧マルクス主義，フランクフルト学派や脱構造主義の知見を受容し，労働運動，ニューレフト運動，フェミニズム運動，「新しい社会運動」を支える認識枠組みの構築につとめてきたからである。
　かつて M. ヴェーバーは，近代西欧において初めて「合理主義」が誕生し，カトリック的超越神とその下での階的秩序を失った「近代」は，宗教，経済，科学，芸術の領域への分裂（「神々の争い」）と世界の没意味化の只中で苦悶しながら，ただ１つその「合理主義」があらゆる組織を「普遍的官僚制」へ編制し，人びとの自由を奪い「鉄の檻」へ押し込めていくが，それと表裏をなして「非合理的なもの」を蓄積していくと捉えた。
　人びとが「鉄の檻」へ押し込められて行くとは，本書の視角から見れば，「資

本」主導の下で「普遍的官僚化」と高度産業化が強行され，それを「否定」する古代の哲学的知恵が省みられず，「自然」と「人間」の商品化・事物化，広く物象化が進行している，ということに他ならない。

その克服の知恵・認識枠組みは，「マルクスがヘーゲルを唯物論化したように，批判的ないし現象学的マルクス主義は，生活世界を土台として」，労働者のみならず広く市民を「超越論的主体と解釈する」それであろうし，その具体的実践が，アソシエーションの現代的形態である「自主管理」であったし，今もそうである。

〈利潤の極大化〉を最優先するアメリカ資本主義は，その「否定性」を巧く抑圧してきた結果，自らの出自である「国民国家」アメリカの構成諸要件（アソシエーション，心の習律，等価交換，民主主義，高等教育，高度産業）を蚕食し，総括的に表現すれば「社会的公平」を放棄してきた。アメリカ現代資本主義はまさしくその成功ゆえに終焉を迎えつつある。その混乱のなかで行われた 2016 年大統領選挙は，アメリカが民主主義かファシズムの岐路に差しかかっている，と自証した。

「超越論的主体」としての市民に期待されていることは，「大富豪以外のすべての国民から犠牲を期待している，権威主義的資本主義本位の社会契約」に「労働者と消費者が集団的計画過程に実質的に参加する形をとる，より民主主義的な類の社会契約」の創出に実践的に参加することである。そのためには，建国期アメリカにおいてアソシエーァションを形成していた市民が，自己利益という功利主義的道徳ではなく，巾広い道徳的合意をなしていたように，「新しい合意を得るに必要な宗教的・道徳的・政治的諸要因を 1 つに結びつける」社会運動を発展させること，「そのような社会運動は，アメリカの経済体制の改革に関わらなくてはならない」（R. Bellah）のである。

アメリカ民主主義の本質は，それを目指す社会運動にある。「民主主義の倫理」（1888=1955:213）で語ったデューイの見果てぬ夢が，それを証明していると言えるだろう。

　民主主義と人類の唯一の，究極の，倫理的理念は，私の心にとっては同義である。民主主義の理念，自由，平等，友愛の理念は，霊的なものと世俗的なものとの間の区別がなくなり，ギリシャの理論，およびキリスト教の神の王国の理論のなかでのように，教会と国家，社会の神聖な組織と人間的組織とは 1 つであるような社会を代表する。

前書では稲葉三千男，太田秀通，住谷一彦，高橋徹の諸先生の名を記し，その学恩に感謝したが，この間「アソシエーション」（田中清助）を「自治」として実践されてきた社会学者・北川隆吉先生，執筆中にアドヴァイスを下さった名古屋大学の黒田由彦先生，そして東北大学経済学部の諸先生の仕事を私に紹介し，今度も本書刊行を引き受け下さった千田顯史・創風社社長の名を記して御礼を申し上げたい。

　この本を若き日にP. A. クロポトキンと有島武郎を慕った亡き父と，家族を支えた母に捧げ，妻と娘にも感謝したい。

著 者 略 歴

永井 務(ながい つとむ)

- 1945 年　加賀市に生まれる。
- 1969 年　早稲田大学第一文学部卒業。
- 1973 年　早稲田大学大学院文学研究科修士(哲学)。
- 1976 年　早稲田大学大学院文学研究科博士課程単位取得退学。
- 2017 年　名古屋大学環境学研究科論文博士(社会学)。

鹿児島短期大学，東京国際大学教養学部・人間社会学部・アメリカ校・言語コミュニケーション学部および社会学研究科教授をへて 2016 年退職。この間カリフォルニア大学バークレイ校社会学部客員研究員(1984～85)，オレゴンン州ウイラメット大学客員講師(1991)，コロラド大学ボルダー行動科学研究所客員研究員(1998～2000)。

著書：『社会思想史の構図』共著(八千代出版，1989 年)，『物象化と近代主体』編著(創風社，1991 年)，『アメリカ知識人論』(創風社，2006 年)，『アメリカ知識人の社会思想と批判理論』(名古屋大学，2017 年)，『現代資本主義の終焉とアメリカ民主主義』(創風社，2017 年)。

翻訳：『ハーバーマスとアメリカ・フランクフルト学派』共訳(青木書店，1997 年)，『アメリカ批判理論の現在』M. ジェイ編・永井監訳(こうち書房，2000 年)，『心理学とポストモダニズム』S. クヴァル編・永井監訳(こうち書房，2001 年)。

現代資本主義の終焉とアメリカ民主主義
──アソシエーション，プラグマティズム，左翼社会運動──

2017 年 3 月 15 日　第 1 版第 1 刷印刷	著　者　永井　務
2017 年 3 月 25 日　第 1 版第 1 刷発行	発行者　千田　顯史

〒113―0033　東京都文京区本郷 4 丁目 17―2

発行所　(株)創風社　電話(03) 3818―4161　FAX (03) 3818―4173
　　　　　　　　　　振替 00120―1―129648
　　　　　　http://www.soufusha.co.jp

落丁本・乱丁本はおとりかえいたします　　　　印刷・製本　光陽メディア

ISBN978―4―88352―230―9

川又俊則（1966年生。日本大学，立教女学院短期大学，他講師）著

ライフヒストリー研究の基礎
―― 個人の「語り」にみる現代日本のキリスト教 ――

46判上製　260頁　本体　1700円

　近年，人文・社会科学のさまざまな分野で成果が挙げられているライフヒストリー研究。本書は，そのライフヒストリー研究を行ってきた社会学の若手研究者が，自らの研究をまとめ直した最新の研究成果である。次のような3部構成になっている。

　第Ⅰ部は，「ライフヒストリーの基礎の基礎」とも言うべき，用語の問題や方法論・資料論，先行研究の検討などが，三編の論文により論じられている。第1章では，用語の整理が行われた後，社会学だけではなく，歴史学・地理学・心理学・民俗学・人類学・教育学などの分野における先行研究を概観し，ライフヒストリーとはどのようなアプローチなのかをまとめた。第2章では，口述史と自分史を比較し，ライフヒストリーの資料自体の問題と，その方法論に関する諸議論を整理した。さらに第3章では，宗教研究へライフヒストリー・アプローチを導入することの有効性を論じた。

　第Ⅱ部は，ライフヒストリー・アプローチによる事例研究である。対象者にインタビューし，その人生に関する「語り」をまとめた「口述史」と対象者自身が自らの人生を綴った「自分史」をそれぞれ用いた実証研究を行い，日本のキリスト教に関する新たな視座を四編の論文にて提示している。第4章と第5章は，〈牧師夫人〉の諸問題を扱った。第4章は，〈牧師夫人〉自身の調査結果やさまざまな「語り」を示しつつ，このテーマに関する現代的課題の整理を行った。それを踏まえて，第5章では，ある牧師夫人の口述史を描いた。さらにこのテーマの今後の展開をも示した。第6章と第7章は，従来のキリスト教研究で等閑視されていた「信者周辺」への論究を，自分史を積極的に用いることで試みたものである。第6章は，信者・信者周辺・非信者という類型のもと，自分史の記述に見られる信者や信者以外の信仰生活の諸相をとらえようとした。第7章では，第二次大戦後のいわゆる「キリスト教ブーム期」に受洗した人々の，その後を追った。

　第Ⅲ部は，ライフヒストリー研究の今後の展開を示した論文を二編揃えた。まず，自分史を高齢者たちの重要な自己表現の一つと見なした第8章では，1990年代以降，人口に膾炙した散骨や生前葬などと自分史が，同じ位相にあるという見解から，その比較検討を行った。さらに第9章では，自らを含む4名の大学・短大教員が指導した学生たちのライフヒストリー調査を，教員・学生のそれぞれの記述から考察した。そして，ライフヒストリー・アプローチが社会調査，ひいては社会学教育に効果があることを示した。

　以上，本書のすべての章を簡潔に紹介した。自らの宗教社会学立場による事例研究を軸に，ライフヒストリー研究の過去・現在そして未来への展望を含んだ内容になっている。

第Ⅰ部　ライフヒストリーの基礎の基礎
　第1章　ライフヒストリーとは何か
　第2章　ライフヒストリー・アプローチの問題系――
　　　　 口述史と自分史の資料論・方法論
　第3章　宗教研究とライフヒストリー
第Ⅱ部　ライフヒストリー・アプローチの実際
　第4章　〈牧師夫人〉研究の課題
　第5章　ある〈牧師夫人〉のライフヒストリー
　第6章　信者周辺への接近――自分史を資料として
　第7章　戦後ブーム期の信者たち
第Ⅲ部　ライフヒストリー研究の展開
　第8章　大衆長寿社会における自己表現の方法――
　　　　 自分史と〈受葬〉にみる
　第9章　社会学教育としてのライフヒストリー

株式会社　創風社　東京都文京区本郷4―17―2　　　　TEL 03―3818―4161
http://www.mmjp.or.jp/soufushiya　　振替 00120―1―129648　FAX 03―3818―4173

------------きりとり線------------

創風社刊
申し込み書

TEL 03―3818―4161
FAX 03―3818―4173

書店でご購入の場合，この用紙をお持ちください。

ライフヒストリー研究の基礎

46判上製　260頁　本体　1700円

川又　俊則著　本体1700円（　　）部

取り扱い書店名

稲葉三千男　著

コミュニケーション発達史

コミュニケーションの歴史について言語の発生からニューメディア時代の現代にいたるまでを通史として書き下す。

著者紹介　　1927年生れ
　　　　　現在，東京大学名誉教授

目次

- 第1講　序論 ── コミュニケーションの定義および発達段階
- 第2講　動物のコミュニケーション，とくに類人猿の
- 第3講　ヒトにおける話し言葉の発生
- 第4講　文字の発明・文字の機能
- 第5講　さまざまな古代文字の物語
- 第6講　グーテンベルクによる印刷術の発明
- 第7講　書物の出現と普及
- 第8講　新聞の登場 ── 世界の場合，日本の場合
- 第9講　写真から活動写真，映画へ
- 第10講　世界を駆けめぐる電波
- 第11講　花開くかニューメディア，21世紀へ向けて
- 第12講　何のためのコミュニケーションなのか

稲葉　三千男　　　　　　　　　46判　定価2000円

昼さがりの詩

ボードレールを中心にして，ヴェルレーヌ，ランボーなどの詩を定形詩・押韻詩として訳出。

株式会社　創風社　　東京都文京区本郷4-17-9-601　振替00120-1-129648
　　　　　　　　　　☎ 03-3818-4161　　FAX 03-3818-4173

------------ きりとり線 ------------

書店でご購入の場合，この用紙をお持ち下さい。　　取り扱い店

創風社刊
申し込み書

コミュニケーション発達史　46判　280ページ

☎ 03(3818)4161
FAX 03(3818)4173

稲葉三千男 著　　　　1500円（　）部

James S. Olson, Susan Wladaver-Morgan 著
監訳：土屋慶之助（静岡大学），小林健一（東京経済大学），須藤 功（明治大学）
(DICTIONARY OF UNITED STATES ECONOMIC HISTORY)

アメリカ経済経営史事典

A5版558頁 8pt 2段組　9000円

　1929年のはじめ，著名な民主党の政治家で金融に精通したバーナード・バルーク(Bernard Baruch)があるジャーナリストに，金融に関するニュースが新聞の第一面に躍り出たときは国民が苦悩する時代が到来したときだと語った。その発言の直後に株価が大暴落し，バルークの懸念は現実のものとなった。今日では，金融に関するニュースは新聞の第一面や，主だったテレビやラジオのニュース番組に，連日ように登場している。アメリカ人が株価，貯蓄貸付組合スキャンダル，銀行の経営破綻，貿易不均衡，政府の財政赤字，インフレーション，国際金融危機，失業，貧困，都市の窮状，ジャンク・ボンド，さらには税金に関する情報を浴びせかけられずに過ごせる日はほとんどない。ニュースの伝達技術は急激に伸び続けているにもかかわらず，アメリカ人の経済生活の最大の関心事は少しも新しいものではない。アメリカの歴史のまさにその最初から，アメリカ人は経済的機会や経済的資産の取得，そしてこれらの問題を取り巻く政治的・社会的諸問題に取りつかれてきたのである。

　そこで私はこの『アメリカ経済史事典』で，アメリカの過去の経済的な諸問題や事件に関する基本的な情報を探し出そうする学生や学者，また図書館員のために手軽な参照手段を提供しようと努めた。本書は百科事典というよりはむしろ辞典である。一巻本とするために，経済や政治経済の特定分野の歴史的発展について，長く網羅的な小論を提供することはしなかった。その代わりに，この一巻本の参照手段はアメリカ経済史に属する1,300以上の項目――著名な男性・女性実業家，労働組合指導者，知識人，政府高官，法律，企業，労働組合，経済的概念，選挙，利害集団，および歴史的事件――について，基本的な情報を提供している。また，この事典にはアメリカ経済史に関する参考文献が収録されている。（「序文」より）

訳者――折原卓美（名城大学）・小林健一・三瓶弘喜（熊本大学）・須藤功・土屋慶之助・松本幸男（静岡産業大学）・柳生智子（慶應義塾大学）（50音順）

著者――ジェームス・オルソン(James S. Olson)の略歴
1969年ニューヨーク州立大学ストーニー・ブルック校で博士号を取得し，1972年からテキサス州のサム・ヒューストン州立大学歴史学部で教鞭をとり，現在は同教授。Saving
Capitalism: The Reconstruction Finance Corporation and the New Deal,
1933-1940, Princeton University Press, 1988; Bathsheba's Breast:
Women, Cancer, and History, Johns Hopkins University Press,
2002など多数の著作がある。

㈱ 創風社　東京都文京区本郷4―17―2　振替　00120―1―129648　TEL 03―3818―4161
soufusha.co.jp　FAX 03―3818―4173

------------------------------ きりとり線 ------------------------------

創風社刊 申し込み書	書店でご購入の場合，この用紙をお持ちください。 アメリカ経済経営史事典 ISBN978-4-88352-151-7 A5上製　558ページ 土屋慶之助監訳 本体9000円（　　）	取り扱い書店名
TEL 03―3818―4161 FAX 03―3818―4173		

大友 伸一（経済学博士〔東北大学〕、宮城学院大学非常勤講師）著

恐慌論研究から証明される資本主義の終焉
―― 労働価値原則の消滅と最期の恐慌（競争の実観） ――

A5判上製 648頁　本体 3800円

……「貨幣資本の過多」について理論的には十分なほどに展開されてはいるはずなのであるが，しかし現今の市場原理主義や，その内実と言うべき金融依存的資本主義の専横・跋扈の現状を見ていると，どうしても言い足りなかったという思いを抑えることが出来ない。すなわち，金融偏重へと傾斜する現代資本主義の動きは，労働価値原則の観点からはきわめて異常で奇異なものであり，本質的に意味なきものである。ゆえに，このさいそれを完膚無きまで叩き潰しておく必要があると思う。（本書「はじめに」より）

（主要目次）

第Ⅰ部　1929年の大恐慌　序章　第1章 1929年恐慌の前論　第2章 重工業的生産力の後半段階としての自動車産業　第3章 アメリカ重工業の世界史への登場　第4章 吉冨勝氏の大恐慌論から「自動回復力」　第5章 吉冨勝氏の議論とJ・K・ガルブレイスの注目すべき指摘　第6章 時代の雰囲気　第7章 1920年代前半のアメリカにおける投機出現の出発点　第8章 フロリダの土地投機　第9章 ニューヨーク株式市場　第10章 アメリカ的な重工業の型　第11章 時代の雰囲気を創ったもう1つの契機　第12章 時代の雰囲気とニューヨーク株式市場の活況 ①　第13章 時代の雰囲気とニューヨーク株式市場の活況 ②　第14章 1920年代の前期好況　第15章 アメリカ 1920年代の循環を総括する　第16章 侘美光彦氏の『世界大恐慌』について　第17章 ガルブレイスの指摘からの補足　第18章 崩壊前夜　第19章 大恐慌の最終章　第20章 ニューヨーク株式市場の巨大崩壊　第21章 ニューヨーク株式市場最終崩壊　第22章 ゴードン，マックス『アメリカの死んだ日』　第23章 恐るべき最後の策謀　第24章 グラス・スティーガル法　第25章 ニューディール政策　第26章 ニューディール政策よりも戦争経済　第27章 戦争の経済的意義　第28章 戦争の開始　第29章 生産の無政府性について　補論 資本主義経済に必要な有効需要とは紙幣のことではない　第30章 ケインズ的発想による1929年大恐慌のまとめ　第31章 経済の計画化の問題　第Ⅱ部 第2次世界大戦後の経済　第1章 ブレトン・ウッズ体制　第2章 イギリスの金本位制とアメリカの金本位制　第3章 ドル散布の問題　第4章 スタグフレーション　第5章 1980年代のアメリカの危機　第6章 レーガノミックス　第7章 レーガン政策のもう1つの側面　第8章 原理の変更　第9章 資本主義経済の最期の準備を整え始めた1980年代　第10章 経済の金融化，「金融派生商品」について　第11章 労働価値法則の終焉　第12章 全体として見た資本主義経済の成長　第13章 前世紀の前半に消し去ったはずの金融暴走資本主義の再登場　第14章 生産しない資本主義　第15章 カジノ資本主義　第16章 第3次世界大戦　第17章 投機経済の成長　第18章 1990年代クリントン政権の時代　第19章 階級闘争史観について　第20章 労働価値原則の終焉と最期の恐慌 その1　第21章 労働価値原則の消滅と最期の恐慌 その2　第22章 労働価値原則の消滅と最期の恐慌 その3　最終章 時代の状況についての考察　結びに代えて

著　書：『恐慌理論とバブル経済』（2001年，創風社）

株式会社　創風社　東京都文京区本郷4―17―2　　振替 00120―1―129648　TEL 03―3818―4161
soufusha.co.jp　　　　　　　　　　　　　　　　　　　　　　　　　　　FAX 03―3818―4173

―――――――――きりとり線―――――――――

創風社刊
申し込み書

TEL 03―3818―4161
FAX 03―3818―4173

書店でご購入の場合，この用紙をお持ちください。

大友 伸一 著
『恐慌論研究から証明される資本主義の終焉』
ISBN978―4―88352―214―9
本体 3,800円（　　　）部

創風社 図書目録 希望（　　　）部

取り扱い書店名

有江大介（横浜国立大学名誉教授）著

社会を科学する
―― "経済" とはどういう世界か ――

A5判並製180頁　本体1800円

　この本は，経済学や法学，社会学など社会科学（social science）と呼ばれる学問領域がどのようなものなのかについて説明し，理解してもらうことを目標としています。第Ⅰ部では社会科学，特に経済学とはどういう学問かという点について，その方法論から見た特色をつかみ取ってもらいます。第Ⅱ部は，経済学の基軸的な概念・用語を紹介し，説明をするとともに，現代の経済学や社会科学の状況についてコメントします。具体的には，「労働」や「所有」，ものの「値打ち」や「契約」などの，古典派から現代経済学に至る経済学を構成する主要概念の内容と歴史を解説・検討します。第Ⅲ部では，社会科学は，明治以降の「輸入学問」であることの意味についても，西欧 VS. アジアという，今なお色あせない視点から考えたいと思っています。

（主要目次）

　第Ⅰ部 「科学という枠組み」：社会科学のための科学　第1章「科学」とは（1）：辞書から見ると　第2章「科学」とは（2）：専門家の視点から　第3章 プラトンとプラトン主義　第4章 アリストテレスとアリストテレス主義　第5章 科学的探求の手続き（1）：科学の基本ルール　第6章 科学的探求の手続き（2）：帰納法はどこまで信用できるか？　第7章「反証可能性」（K. ポパー）による暫定的解決　第8章 パラダイム論・MSRPの経済学への適用　第Ⅱ部 社会科学のキーワード：経済・社会を読み解く言葉の成り立ちと内容　第1章 "おかね" について考える　第2章 ものの "値打ち" とは何か　第3章 "労働" について考える　第4章「契約」とは何だろうか　第5章 経済に「正義」はあるか　第6章 経済から見て社会が「進歩」するとはどういうことか　第7章「自由」とは何か。では，"経済的自由主義" とは　第8章「権利」とは何か。"健康で文化的な最低限度の生活" とは　第9章「所有」とは何か。第10章「公共性」とは。第11章「幸福」とは――eudaimonia と happiness――　第12章 "冨の科学" から "交換の科学" へ　第13章「平等」と「公正」　第Ⅲ部 日本の社会科学　第1章 近代化のための「洋学」　第2章 翻訳学問としての経済学　第3章 現代日本の社会科学：「洋学」を脱皮したか？

株式会社　創風社　　東京都文京区本郷 4―17―2　　振替 00120―1―129648　TEL 03―3818―4161
soufusha.co.jp　　　　　　　　　　　　　　　　　　　　　　　　　　　　　　FAX 03―3818―4173

·· きりとり線 ··

創風社刊 申し込み書	書店でご購入の場合，この用紙をお持ちください。	取り扱い書店名
TEL 03―3818―4161 FAX 03―3818―4173	**有江大介『社会を科学する』** 　　ISBN978―4―88352―239―2 　　本体 1800円（　　）部 　　創風社 図書目録 希望（　　）部	

島崎 隆（一橋大学名誉教授）著

《オーストリア哲学》の独自性と哲学者群像
——ドイツ哲学との対立から融合へ——

A5判並製 200頁　本体 2000円

　本書は，旧著『ウィーン発の哲学』（未來社，2004年）の続編である。旧著の展開を踏まえて，それをより豊かに，個別の哲学者に即して詳細に展開した。全体的構想やオーストリアの歴史的・文化的などの幅広い背景については，旧著のほうが詳しいので，是非そちらをご参照いただきたい。さて以下に，本書の目的意識を四点簡潔に述べたい。詳細は以下の本文でも明らかになるだろう。

　第1はオーストリアの哲学や思想（以下簡潔に，《オーストリア哲学》と表現する）の独自性を，いわゆるドイツ哲学と区別して展開することである。同じドイツ語圏であるということで，《オーストリア哲学》は何となくドイツ哲学と一体化されて論じられてきた。反省すると，ウィーンでの研究滞在前の自分がかつてはそうであった。あたかも《オーストリア哲学》などは無きがごとしであったのが事実である。もっとも，オーストリア本国では，ルドルフ・ハラーを始め，《オーストリア哲学》の独自性の研究は存在するし，その翻訳もあるが，日本の哲学界がそれを正当に理解し，受容しようとしない状況である……（本書「まえがき」より）。

（主要目次）

第1章　《オーストリア哲学》の独自性と19世紀転換期（世紀末状況）
第2章　フリッツ・マウトナーと《言語論的転回》の開始
第3章　エルンスト・マッハの哲学とレーニンの批判
第4章　フェルディナント・エーブナーにおける信仰のことばと形而上学批判
　　　　——時代の病理に抗して
第5章　マルチン・ブーバーの《対話の社会主義》
第6章　ウィトゲンシュタインはヘーゲル，マルクス，禅と融合可能か
第7章　新ヘーゲル主義の登場とポスト分析哲学
　　　　——対立から融合へ
第8章　アルフレート・アドラーの心理学の流行と現代
補論　　プロレタリアートと宗教——オットー・バウアー

株式会社　創風社　東京都文京区本郷 4—17—2　振替 00120—1—129648　TEL 03—3818—4161
soufusha.co.jp　FAX 03—3818—4173

------------- きりとり線 -------------

創風社刊
申し込み書

TEL 03—3818—4161
FAX 03—3818—4173

書店でご購入の場合，この用紙をお持ちください。
島崎 隆
『《オーストリア哲学》の独自性と哲学者群像』
ISBN978—4—88352—240—8
本体 2000円（　　）部
創風社 図書目録 希望（　　）部

取り扱い書店名

コミュニケーションの総合理論

橋元三十雄（東久留米市長、東京大学名誉教授）著

序章 動物のコミュニケーションと言語の発生

動物のコミュニケーションについての比較的新しい研究成果を紹介しながら、新しいヒトの発声や感情によるコミュニケーションが、どういう経路から、ある程度まで生まれうるかを、くわしく述べていく。3 問題にも触れている。しかし、それはけっしてヒト言語の到達するほどのものではない。そこまで達するまで、人間の言語の特質を、その発生の段階から明らかにしてきた。

第1章 形のコミュニケーティ

主題は一度に、人間のコミュニケイトとして成立させている様子としての、発音身辺の不分り口にしいた体信任ジョルという作業ので、「それで驚き見たちの家」、1年に1度の家族や同じ単語の4とりりと住む情継娘ゴール発見と同。ドリップや課題におけるパロットは? また、ジョルシュ・パタランの秘密を何か探索しているか。光てこうながある。ビのコミュニケイトが一発誘導活アナリルを多案の対象にする。

第2章 コミュニケイトの歴史

17世紀末の1695年、ライプニッツは、コミュニケイシヨンという言葉を含むタイトルの論文を書いた。このタイプのゆけだく、ディカートともルソーも、自分の役割を持てた。目的のコミュニケイトの様相の体験、初めて美としてのヒトの有害な同時に、それを組織でコミュニケーションの究明は基地のだけでない。コミュニケイトの芽ざめコミュニケーションを意識をした。

第3章 コミュニケイトのコミュニケーシヨン

シャノン・モールみない、理論化を起点たように、前世紀における相互に給与を与えた式を見られる。儀式的な要因である。ゲッチナリトリルのギトナット、ドロリットンの少ケラン、ハインズ（ニューキー、ア中畑）のモネ、グランドイチブロブラッマなどす、それぞれを新しい拘論がある。コミュニケイトの間のコミュニケーションを意識して、コミュニケイト内のコミュニケーションを放置している。

第4章 コミュニケイトコミュニケーシヨン

私が心連志奉 G.H. ミードの所論重かき引きになから、コミュニケイトコミュニケーションの関係修を ている。コミュニケーシヨンなどには、コミュニケイトは機能対に成立を不能をとなない。しかし、そこには どういうコミュニケイトを前道するか、個々の動物体の発達を保障するコミュニケイトを実装やるかたに、① G・H・ミードのlCme、② ミードの自我 ある（つて）

株式会社 倒囲代社　東京都文京区本郷4-17-2

TEL 03-3818-4161　振替 00120-1-129648　FAX 03-3818-4173

http://www.mmjp.or.jp/soufushiya

きりとり線

創風社 刊

申し込み書

コミュニケーションの総合理論

A5判上製 250ページ

書店にて購入の場合、この用紙をお持ち下さい。

橋本三十雄著　定価 3200円（　）　部

☎ 03(3818)4161　FAX03(3818)4173

マスコミの総合理論

稲葉三千男著

A5判上製 472ページ　　著者紹介　1927年生まれ
　　　　　　　　　　　現在，東京経済大学
　　　　　　　　　　　教授，東京大学名誉教授

目次

第1章　コミュニケーションの理論
I　コミュニケーションの理論における主要な論点
II　メディアとシンボル
III　中批正一の"現存性の終わり"
IV　オースティンの"現存性の終わり"
V　世界をつなぐことば
VI　コミュニケーション意識の変遷

第2章　マスコミ論
I　マルクス主義のマス・コミュニケーション論
II　現代大衆論の方法
III　マス・コミュニケーションの広義規定
IV　マス・コミュニケーションの広義規定
V　マス・コミュニケーションの再度提唱
VI　組織体としてのマス・コミュニケーション

第3章　ジャーナリズム論
I　現代マスコミ労働の特質
II　マスコミュニケーションと生産的労働

第4章　ジャーナリズム論
I　ニュース価値判断と客観性
II　対立する概念
III　派生
IV　放送ジャーナリズムの前進
V　放送における記録と記録

第5章　広告論
I　広告の本質──一般的アプローチ
II　広告についての階級考察
III　家庭の目と広告
IV　テレビ・広告・大衆
V　電波料理論のマルクス主義的転回
VI　視聴率についての考察

『コミュニケーションの総合理論』
稲葉三千男著　　　3,200円

株式会社　創風社　東京都文京区本郷4-17-2
TEL 03-3818-4161　FAX 03-3818-4173
振替　00120-1-129648
http://www.minp.or.jp/souhushiya

きりとり線

書店でご購入の場合，この用紙をお持ち下さい。
取り扱い書店名

創風社刊
申し込み書

マスコミの総合理論
稲葉三千男著　　　4,800円（　）部

☎ 03-3818-4161
FAX 03-3818-4173

永井務（東京国際大学）著

アメリカ知識人論

A5判上製　352頁　本体　3200円

1章　1920〜1940年代におけるアメリカ左翼知識人
- 1節　1920年代のアメリカ資本主義とポピュリズム運動
- 2節　労働運動とプラグマティズム的・叙情詩的マルクス主義
- 3節　1930〜1940年代における高度産業・修正資本主義への離陸とインテリゲンチャの誕生
- 4節　マルキストとトロツキストおよびニューヨーク知識人
- 5節　西欧マルクス主義と批判理論および亡命フランクフルト学派知識人

2章　1950年代におけるアメリカ批判理論
- 1節　「黄金の時代」における労働運動と左翼雑誌
- 2節　マッカーシズムとニューヨーク知識人
- 3節　「イデオロギーの終焉」論と機能主義社会学，ポスト資本主義社会論
- 4節　苦悩する左翼知識人と批判的アメリカ分析
- 5節　ビート世代の登場とアメリカ社会の病理の噴出

3章　1960年代の知識人論
- 1節　SDSと青年運動
- 2節　対抗文化運動とマルクーゼ
- 3節　ラディカル社会学

4章　1970〜80年代における保守主義・新保守主義とアメリカ批判理論
- 1節　1970〜80年代における保守主義と新保守主義の経済政策および「民主主義の病弊」論
- 2節　1970〜80年代の保守主義思想
- 3節　1980年代と新保守主義の思想
- 4節　「ナルシシズムの文化」とアメリカ批判理論
- 5節　新保守主義とハーバーマスの闘い
- 6節　ハーバーマスのコミュニケーション労働について

5章　1970〜80年代における構造主義・脱構造主義とアメリカ批判理論
- 1節　フランクフルト学派第一世代
- 2節　フランクフルト学派第二世代
- 3節　フランス構造主義の思想
- 4節　フランス脱構造主義の思想
- 5節　構造主義・脱構造主義に対するフランクフルト学派第二世代とアメリカ批判理論の闘い

6章　1990年代におけるアメリカ批判理論（1）
　　　──『テロス』誌と文化左翼──
- 1節　1990年代のアメリカ社会と批判理論
- 2節　『テロス』誌グループの思想
- 3節　対抗文化運動を継承するアメリカ批判理論

7章　1990年代におけるアメリカ批判理論（2）
　　　──新しい社会運動──
- 1節　新しい社会運動とは
- 2節　フォーディズムと旧左翼運動
- 3節　ポスト・フォーディズムと「新しい社会運動」
- 4節　「新しい社会運動」と批判理論
- 5節　新古典派経済学と新保守主義下での「新しい社会運動」

8章　1990年代におけるアメリカ批判理論（3）
　　　──フェミニズム──
- 1節　フェミニズム論の社会的・歴史的背景
- 2節　さまざまな現代フェミニズム論
- 3節　ポストモダン・フェミニズムと社会主義的フェミニズムの出会い

最終章

㈱創風社　東京都文京区本郷4—17—2　振替　00120—1—129648　TEL 03—3818—4161
soufusha.co.jp　info@soufusha.co.jp　FAX 03—3818—4173

···きりとり線···

創風社刊
申し込み書

TEL 03—3818—4161
FAX 03—3818—4173

書店でご購入の場合，この用紙をお持ちください。

永井務著　アメリカ知識人論

本体3200円（　　）部
ISBN4-88352-099-4

創風社 図書目録 希望（　　）部

取り扱い書店名

高橋満・槙石多希子編著

ジェンダーと成人教育

46判上製　272頁　本体　1800円

　女性の社会的活動，労働との関連に焦点をおいた究明を試みながら，社会教育，成人教育に新たな研究の課題と方向を提起する。「女性問題学習」研究や多様な領域で使われるエンパワーメントなど基礎概念を批判的に読み解きながら，労働社会における労働権の学習，この労働社会の彼方を展望しつつ，協同組合，「新しい労働」と学びとの関連を明らかにする。中国，韓国の女性の社会参加と学習との関連をとりあげることをとおして，ジェンダー，成人教育，そして国家の問題も視野にいれる。

序　労働・ジェンダー・成人教育 (高橋)

I　女性の学びの理論的地平
　1. 社会教育における女性の学習研究
　　　──「女性問題学習」を中心に (槙石)
　2. 社会参加と成人教育
　　　──エージェンシーとしての女性(高橋)
　3. エンパワーメント・ポリティクスと女性 (松本)

II　社会的労働と女性の学び
　4. 「労働」の場の分断と女性の学び (笹原)
　5. 労働権と女性の学び
　　　──働く女性の学習活動から──(広森)
　6. 協同組合と女性の学び (朴)
　7. 「新しい労働」と女性の学び (村山)

III　国家・ジェンダーと女性の学び
　8. 女性のキャリア開発と学習
　　　──中国の事例(李)
　9. 女性運動における仕事づくりと学び
　　　──韓国の事例(鄭)

執筆者

高橋満　　東北大学大学院教育学研究科　教授
槙石多希子　仙台白百合女子大学人間学部　助教授
笹原　恵　静岡大学情報学部　助教授
広森直子　青森県立保健大学　助手
李蔣平　　中国大連理工大学日本語学科　教授
鄭賢卿　　韓国水原女性会教育部長（東北大学大学院
　　　　　教育学研究科博士課程満期退学）
松本　大　東北大学大学院教育学研究科　博士課程後期
村山浩之　東北大学大学院教育学研究科　博士課程後期
朴　賢淑　東北大学大学院教育学研究科　博士課程後期

関連著書

高橋　満著『社会教育の現代的実践』
46判上製　本体1700円
ISBN4-88352-070-6

高橋　満著『ドイツ福祉国家の変容と成人継続教育』
A5判上製　本体2600円
ISBN4-88352-081-1

㈱創風社　東京都文京区本郷4—17—2　振替　00120—1—129648　TEL 03—3818—4161
　　　　soufusha.co.jp　　info@soufusha.co.jp　　FAX 03—3818—4173

──────────きりとり線──────────

創風社刊
申し込み書

TEL 03—3818—4161
FAX 03—3818—4173

書店でご購入の場合，この用紙をお持ちください。
ジェンダーと成人教育
高橋　満　槙石多希子編著
本体1700円（　　）部
ISBN4-88352-097-8
創風社 図書目録 希望（　　）部

取り扱い書店名

ウォルター・アダムス，J・W・ブロック著　川端望（東北大学）訳

アダム＝スミス，モスクワへ行く
───市場経済移行をめぐる対話劇───

A5上製　152頁　本体　1900円

　本書は、東欧のある架空の国の首相のもとへ、アメリカから経済アドバイザーがやってくるところから始まる対話劇です。この国は、集権的計画経済から市場経済への移行を進めようとして様々な課題に直面しており、アドバイザーはこれを支援するためにやってきました。首相とアドバイザーは、市場経済移行に関わる様々な課題について7日間の討論をおこないます。

第1日　アジェンダ
　進むべき道が概観される。登場人物は、市場化、私有化、ハイパー・インフレーションのコントロール、ビック・バンモデルについて議論する。

第2日　市場化
　価格統制をただちに全面的に解除することが勧告される。討論者たちは、見えざる手、所得格差、ソフトな予算制約、不可避のトレード・オフとしての一時的ハイパーインフレーションについて議論する。

第3日　独占のジレンマ
　独占的価格設定はジレンマをもたらす。討論者は、共産主義の巨大化志向、資本主義的カルテル、自由貿易、合併とコングロマリット化、コンテスタブル市場理論の視角から見た法の支配と規制的・構造的補正政策の対立について議論する。

第4日　私有化
　私有化は、非国有化と新しい企業家的ベンチャーと定義される。討論者たちは、共産主義者的スタイルと資本家的スタイルのフィードバック問題、移行の巨大な規模、国有財産を市場に評価させる方法、国有財産を移転する多様な道筋、つまらぬいかさま師や巨大な略奪者による妨害について討論する。

第5日　安定化
　安定化は縫い目のない織物であることがわかる。討論者たちは、財政政策、金融政策、ビックバン・モデルについて討論する。

第6日　政府と市場
　アメリカのケースは、政府と市場のインターフェースを照らし出す。討論者たちは、公衆衛生と安全、強欲、負の外部性と市場の補正、政治的影響力と政治過程の掌握における不均衡、軍隊、現代の福祉国家におけるセーフティネットについて議論する。

第7日　内在的緊張
　内在的な緊張は、容易な解決に抵抗する。討論者たちは、レント・シーキングと既得権益の保護、規模の不経済、そして経済学者の理論に順応しようとする人生の、うんざりするような失敗について議論する。

株式会社　創風社　　東京都文京区本郷4—17—2　　　　　　　　　　　　　　　TEL 03—3818—4161
http://www.mmjp.or.jp/soufushiya　　　　　振替 00120—1—129648　FAX 03—3818—4173

------ きりとり線 ------

創風社刊 申し込み書	書店でご購入の場合，この用紙をお持ちください。	取り扱い書店名
TEL 03—3818—4161 FAX 03—3818—4173	**アダム＝スミス，モスクワへ行く** A5上製　152ページ 川端望訳　本体1900円（　　）部	

岩佐茂・劉奔（原博昭）編著
グローバリゼーションの哲学

46判上製　280ページ　本体2000円

　国際的には南北の貧富の格差が，国内的には所得格差，地域格差がひろがりをみせている。それは市場万能論，新自由主義的政策の結果でもあるが，新自由主義が闊歩している今日のグローバリゼーションのなかで，もしマルクスが生きていたら，どのようにこの現実を判断したのであろうか。この問題意識に沿って，本書は，日本と中国の研究者が協力して纏められた。

　今日のグローバリゼーションは，肯定的側面か，否定的側面のどちらかに力点をおいて語られることが多いが，本書は，マルクスの視点からその構造的把握を試みようとしたものである。

中国側の研究を編集した劉奔氏は，中国残留孤児で，『大地の子』のモデルの１人ともみなされている方であるが，本書は，編著者二人の長年にわたる研究交流のなかで生まれることになった。

第１章　グローバリゼーションの両価性
　　　　　　　　　　　　　　岩佐　茂（一橋大学教授）
第２章　グローバル化時代におけるグローバルな問題
　　　　――環境問題に即して――
　　　　　劉　奔（原博昭）（中国社会科学院哲学研究所『哲学研究』前副編集長）
第３章　資本のグローバル化と大工業
　　　　　　　　　　　　　　宮田和保（北海道教育大学教授）
第４章　文化帝国主義を批判する
　　　　　　　　　　　　　　黄力之（上海市党学校教授）
第５章　グローバルなリスク社会と新自由主義の幻影
　　　　　　　　　　　　　　庄　友剛（蘇州大学助教授）
第６章　グローバルな発展における公正性
　　　　　　　　　　　　　　馮　顔利（西南師範大学教授）
第７章　周辺資本主義国における「普遍性」問題
　　　　　　　　　　　　　　明石英人（日本女子大学附属高校教諭）
第８章　生存・生活世界・承認
　　　　――エコ・フェミニズムとフランクフルト学派の架橋の試み――
　　　　　　　　　　　　　　三崎和志（法政大学非常勤講師）
第９章　イデオロギーとしてのグローバリゼーション
　　　　――反グローバリゼーションの論理と運動の視点から――
　　　　　　　　　　　　　　大屋定晴（東京医科歯科大学非常勤講師）

参考：岩佐　茂著『環境の思想――エコロジーとマルクス主義の接点』46判上製　1500円
　　　岩佐　茂・劉　大椿編『環境思想の研究――日本と中国で環境問題を考える』46判上製　3200円

創風社　東京都文京区本郷４―１７―２　振替　00120―1―129648　TEL 03―3818―4161
soufusha.co.jp　info@soufusha.co.jp　FAX 03―3818―4173

――――――――――――――――――――きりとり線――――――――――――――――――

書店でご購入の場合，この用紙をお持ちください。

取り扱い書店名

創風社刊
申し込み書

グローバリゼーションの哲学

岩佐 茂・劉奔 編著　2000円（　）部

TEL 03―3818―4161
FAX 03―3818―4173

ISBN4-88352-115-X

創風社 図書目録 希望（　）部

吉本 惣一（横浜国立大学）著

「経済学」としてのエミール・デュルケーム社会学
――『社会分業論』の新しい解釈――

ISBN978-4-88352-224-8 A5上製　200ページ　本体2000円

　本研究は，デュルケーム社会学を経済学的観点から分析し，デュルケーム社会学に内在する経済的側面の重要性を明らかにすることを目的としている。さらに，このことを通して，逆に，経済学が無視してきた社会的側面を考察し，自由主義を基調とした当時のフランス主流派経済学やマンチェスター学派等への批判を下地にして，エミール・デュルケーム (ÉmileDurkheim:1958－1917) の「社会経済学」が，実は方法論的個人主義に立脚し，社会から独立した個人像を想定する伝統的な経済学の抱える問題を乗り越える一つの手掛かりを提供していることを明らかにする。社会学の巨匠として，社会学の領域において膨大な数のデュルケーム研究が存在している。この時期，多くのデュルケーム研究書が刊行され，その流れは1980年代になっても続き，デュルケームの方法論，宗教論，認識論等，デュルケーム社会学の様々な側面に焦点を当てて分析が行われている。しかし，それらはデュルケームの社会学的方法や宗教社会学に関して大きなウェイトが置かれており，デュルケームの経済的側面に関する研究は少ない。また，経済学においてデュルケームが参照されることはほとんどなく，経済学の分野からのデュルケーム研究は全く不十分といわざるをえない。デュルケームが対峙していた近代社会とは，デュルケーム自身が認めているように経済社会であり，デュルケーム社会学において経済的領域の分析は欠くことのできないものといえる。それゆえ，デュルケーム社会学に内包する「社会経済学」を経済学の中で発掘することは，社会学においても軽視されがちであったデュルケームの経済的側面を「社会経済学」として再評価するという点でも重要である。

目　次

序
第一部　デュルケーム社会学の経済的領域
　第一章　社会分業論の構造　第二章　デュルケームと経済――経済学批判から社会経済学へ――
　第三章　デュルケームの「社会経済学」　補論　デュルケーム「社会経済学」の経済思想史的位置

第二部　デュルケーム社会理論のミクロ・アプローチ：ゲーム論による現代社会制度分析
　第四章　デュルケーム社会理論における制度変化　第五章　デュルケーム社会理論のゲーム論的解釈

参考文献　外国語文献　日本語文献

株式会社　創風社　　東京都文京区本郷 4―17―2　　振替　00120―1―129648　TEL 03―3818―4161
　　　　　　　　　soufusha.co.jp　　　　　　　　　　　　　　　　　　　　FAX 03―3818―4173

田中　菊次（東北大学名誉教授）著

論集：新しい世紀の経済学

A5判並製　240頁　本体　2400円

序説　新しい世紀、新しい社会の経済学は？

第1論　経済学と社会主義
　　　──人間・自然・社会の新しい時代のために──
1）いま真に問われるべき課題性は？
2）プルードン『貧困の哲学』とマルクス『哲学の貧困』
3）マルクスにおける経済学と社会主義
4）プルードンの「体系」とマルクスの「プラン」

第2論　人間・社会と貨幣，貨幣とは何か？
　　　──経済人類学のマルクス貨幣論批判──
1）現在・貨幣の問題性
2）岩井克人の"貨幣・宙づり"論
3）マルクスの商品・貨幣論の問題性
4）吉沢英成の"貨幣・象徴"論
5）おわりに

第3論　マルクスの「価値形態」論と「交換過程」論
　　　──学説と論争の本源的検討──
Ⅰ）はじめに
Ⅱ）マルクスの「価値形態」論と「交換過程」論
　1）問題の原点──『経済学批判』（第1分冊）の「商品」論
　　A）"価値形態"について
　　B）"交換過程"について
　2）『資本論』（初版）の"価値形態"と"諸商品の交換過程"
　　A）"価値形態"について
　　B）「諸商品の交換過程」について
Ⅲ）マルクスの「価値形態」論と「交換過程」論の内実とその問題性
　1）マルクスの学説の内実
　　A）その原点的なものについて
　　B）その基本的なものについて
　2）マルクスの学説の問題性
　　A）"価値と価格の背離"について
　　B）"労働（力）の商品化"について
　　C）"形態論"と"過程論"の論理について
Ⅳ）おわりに──学説と論争の総括・試論

第4論　『資本論』の未完成と新MEGA・第Ⅱ部門の公刊
　　　──マルクスの『資本論』の仕上げ作業──
1）はじめに
2）マルクスの『資本論』仕上げの最終到達点
3）マルクス経済学の研究における新たなる進展
4）『資本論』の完成のための諸課題
5）おわりに──21世紀はマルクスの「後半体系」の時代

第5論　『資本論』と「国家」論
　　　──「Ⅳ」国家」への上向の問題──
1）マルクスの「書かれざる主篇」──「Ⅳ）国家」
2）現行版『資本論』と「国家」論
　a）『資本論』における"資本と労働"の問題
　b）『資本論』における"資本と土地所有"の問題
3）『資本論』の仕上げから「Ⅳ）国家」への上向へ

終章　マルクスの『資本論』および「プラン」の完成のために
　　　──体系の眼目となるべきもの──

付篇・Ⅰ
座談会：学問としての経済学を求めて

付篇・Ⅱ：A Summary in English of my studies

事項・人名・索引

参考：田中菊次著『マルクス経済学の学問的達成と未成』
　　　A5版上製　420頁　本体3800円
　　　ISBN4-915659-07-0

　　　柴田信也編著『政治経済学の原理と展開』
　　　A5版上製　240頁　本体2400円
　　　ISBN4-88352-046-3

㈱創風社　東京都文京区本郷4−17−2　振替 00120−1−129648　TEL 03−3818−4161
soufusha.co.jp　FAX 03−3818−4173

──────────────きりとり線──────────────

創風社刊
申し込み書

書店でご購入の場合，この用紙をお持ちください。

取り扱い書店名

論集：新しい世紀の経済学
田中菊次著　本体2400円（　　）部
ISBN978-4-88352-125-8
創風社　図書目録　希望（　　）部

TEL 03−3818−4161
FAX 03−3818−4173

仲島陽一 著

共感を考える

四六判上製　294頁　本体2,000円

（主要目次）

第Ⅰ部　共感に向けて，共感をめぐって
　第1章　共感の思想に向けて
　第2章　うらむ・うらやむ・ねたむ──情念の論理と倫理──
第Ⅱ部　いろいろな思想と共感
　第1章　西洋古代後期思想における同情の否定
　第2章　モンテーニュにおける共感
　第3章　憐れみにおける芸術と実生活
　第4章　模倣・共感・独自性──フランス啓蒙美学──
　第5章　ベンサムと共感の思想
　第6章　アメリカの社会と文化における共感
　第7章　アメリカ思想における共感
第Ⅲ部　いろいろな理論と共感
　第1章　生物学と共感
　第2章　生理学および病理学と共感
　第3章　ゲーム理論と共感
第Ⅳ部　いろいろな文芸と共感
　第1章　日本文芸における「あはれ」と「あはれみ」
　第2章　共感論からみた『源氏物語』
　第3章　「赤い糸」をめぐる史的考察序説

株式会社　創風社　東京都文京区本郷 4—17—2　振替　00120—1—129648　TEL 03—3818—4161
soufusha.co.jp　FAX 03—3818—4173

··きりとり線··

創風社刊
申し込み書

TEL 03—3818—4161
FAX 03—3818—4173

書店でご購入の場合，この用紙をお持ちください。

仲島陽一 著『共感を考える』

ISBN978—4—88352—221—7

本体 2,000 円（　　）部

創風社 図書目録 希望（　　）部

取り扱い書店名

仲島 陽一（東京国際大学非常勤講師）著

共感の思想史

46判上製　300頁　本体　2000円

他人の気持ちがなぜわかるのか？　他人の感情がなぜ自然に自分に移ってしまうのか？　共感は生まれつきの作用か，無意識の心理か？　なぜ共感したりされたりするとうれしく思うのか？　同情する心は大切か，それとも同情はよくないことなのか？　なぜ気の毒な人に同情しなかったり他人の不幸を喜んだりする人がいるのか？　自分にかかわりのない他人や死者，他の生き物や無生物にも共感できるのか？　なぜ作り物の芝居や小説の人物に感情移入するのか？　芸術家は鑑賞者の共感を求めているのか？　神や仏は人間に同情しているのか？　市場経済や民主政治は共感を育てるのか壊すのか？　教育や医療と共感能力とはどのようにかかわるか？　共感について思想家たちの考えは共通しているのか，それとも別々なのか？　——古今東西の思想において「共感」がどう考えられているかを検討しつつ，これらの問題を考察する。

第1章　日本語における共感
　　　——「共感」は新しい言葉——

第2章　仏教——慈悲と共感——

第3章　儒家思想——仁と共感——

第4章　アリストテレス
　　　——古代ギリシャの共感論——

第5章　原始キリスト教
　　　——慈愛と共感——

第6章　近世情念論
　　　——近世情念論と共感——

第7章　ヒューム
　　　——共感の心理の仕組み——

第8章　スミス
　　　——共感と市民社会——

第9章　レッシング・カント・シラー
　　　——ドイツ古典美学と共感——

第10章　ショーペンハウアー
　　　——同情の形而上学——

第11章　フォイエルバッハ
　　　——共感の神学と人間学——

第12章　マルクス
　　　——共感と社会変革の思想——

第13章　ニーチェ
　　　——同情批判と前期ファシズム——

第14章　リップスとフロイト
　　　——感情移入と深層心理による共感——

第15章　シェーラー
　　　——価値倫理学と比較思想論による共感——

第16章　アレント
　　　——同情批判と現代政治思想——

第17章　共感と現代の諸理論
　　　——社会心理学・発達心理学・臨床心理学・
　　　　感情社会学——

㈱ 創風社　　東京都文京区本郷4—17—2　振替　00120—1—129648　TEL 03—3818—4161
　　　　　　soufusha.co.jp　info@soufusha.co.jp　　FAX 03—3818—4173

··きりとり線··

創風社刊
申し込み書

TEL 03—3818—4161
FAX 03—3818—4173

書店でご購入の場合，この用紙をお持ちください。

共感の思想史

仲島 陽一著　本体2000円（　　）部

ISBN-4-88352-122-2

創風社 図書目録 希望（　　）部

取り扱い書店名